이광수와 저우쭤런의 근대문학론

민족 · 문학 · 진화

저자

리둥메이(李冬梅, LI, Dong-mei)

인하대학교 한국어문학과 박사. 중국 칭다오빈해대학 교수. 주요 논문으로는 「이광수와 무샤노코지 사네아쓰의 이상촌 문화운동」(2015), 「동아시아의 예로센코 현상」(2017), 「암살의 유래」(2018), 「이광수와 왕국유의 근대문학 개념 비교연구」(2018), 「일제시기 중국에서 출판된 조선인 저서에 대한 고찰」(2019)이 있다.

이광수와 저우쭤런의 근대문학론

민족·문학·진화

초판 인쇄 2020년 6월 29일 **초판 발행** 2020년 7월 13일

지은이 리둥메이 **펴낸이** 박성모 **펴낸곳** 소명출판

출판등록 제13-522호 **주소** 서울시 서초구 서초중앙로6길 15, 1층

전화 02-585-7840 **팩스** 02-585-7848

전자우편 somyungbooks@daum.net **홈페이지** www.somyong.co.kr

값 28,000원

ISBN 979-11-5905-480-8 93810

한국연구원
동아시아
심포지아
8
EAS 008

이광수와 저우쭤런의 근대문학론

민족 · 문학 · 진화

리둥메이

A Study on the Modern Literature Theory of
Lee Gwangsu & Zhou Zuoren:
Nation·Literature·Evolution

일러두기

이 책은 『이광수전집』(삼중당, 1962)과 『周作人散文全集』(廣西師範大學出版社, 2009)을 기초자료로 삼았다. 이하 해당 자료를 인용할 경우, 본문에서는 '글명, 권수 : 면수'로 각주에서는 '글명, 책명, 면수'로 표기하였다.

책머리에

나는 10년 전인 2009년에 인하대학교에 석사과정으로 입학했다. 수업 시간에 홍정선 교수님께서 한국어 문장이 왜 이 모양이냐고 혼내셨던 기억이 아직도 생생하다. 그로부터 10년의 세월이 흘렀지만, 여전히 매끄럽게 다듬어지지 못한 문장은 부끄럽기 그지없다. 한국어 문장은 향후 연구와 함께 풀어 나가야 할 큰 과제이다.

비교문학 연구는 한국문학을 전공하는 외국인에게 상대적으로 접근하기 용이한 연구 방법이다. 그러나 본 연구에서 비교문학적 접근을 취하고 있는 이유는 연구의 상대적 용이성 때문만은 아니다. 비교문학 연구는 '비교'가 열어 주는 더 넓은 시야로 한국과 중국의 문학을 바라본다는 장점이 있다. 본 연구에서 이광수와 저우쭤런에 주목한 까닭은 두 사람이 근대문학의 중심에 서 있었다는 공통점이 있기 때문이다. 또한 루쉰보다는, 저우쭤런과 이광수 사이에 더 많은 유사성을 발견했다는 점도 두 사람을 비교 연구하는 이유가 되었다. 저우쭤런이 소설을 쓰지 않았다는 점을 제외하면, 저우쭤런과 이광수는 사회적 역할이나 문학론에 있어서 적지 않은 유사성을 보여준다. 두 사람의 문학론을 중심으로 유사성과 차이점을 규명하는 작업은 기존 연구에서 간과해 오던 동아시아의 근대화 과정에 기여한 숨은 요소들을 발견하는 계기가 되리라고 생각했다.

(반)식민지 지식인 이광수와 저우쭤런은 민족을 근대로 이행시키기 위해 진화론, 상호부조론, 민족심리 진화론, 자유연애, 근대문학 개념,

미학, 미사학, 민속학, 민족문학론 등과 같은 서구의 지식 담론을 동원하였다. 조금 과감하게 말하자면 민족과 문학에 대한 그들의 근대화 기획은 서양의 문예이론에 근거를 둔 것이라 해도 틀린 말은 아니다. 이 책은 고증학적 방법론을 기반으로 서구의 담론들이 어떤 경로를 통하여 한국과 중국으로 유입되었는지를 추적하였다.

이 책은 이광수와 저우쭤런의 문학론을 크게 민족의 재건과 문학의 근대화, 두 부분으로 나누어 살펴보았다. 민족의 재건 부분에서는 민족심리학과 근대적 연애관, 그리고 상호부조론을 어떻게 수용하였는지를 고찰한다. 민족을 재건하려는 이광수와 저우쭤런의 기획은 심리, 신체, 단체의 세 측면에서 민족을 개조하고자 하였다. 민족개조에서는 민족성, 즉 민족심리가 논의의 핵심이었다. 민족성 담론이 활발하게 전개되던 시기에 두 사람은 모두 귀스타브 르 봉의 『민족 진화의 심리학적 법칙』을 근거로 민족의 개조를 주장하였다. 르 봉은 군중심리 이론으로 잘 알려져 있지만, 그의 민족심리 진화론이야말로 20세기 초 동아시아의 민족 담론의 전개에 있어서 핵심적인 역할을 수행하였다. 민족심리가 진화할 수 있다는 것은 민족개조의 전제 조건이었기 때문이다. 이광수의 근대적 연애관과 저우쭤런의 성 해방에 대해서는 많은 연구가 이루어졌다. 그러나 민족개조라는 전제하에서 자유연애와 성의 해방은 민족의 신체인 새로운 국민을 만들기 위해 첫 발걸음이 된다는 점에 주목한 연구는 없었다. 두 사람의 논의는 민족의 신체를 확보한 후 단체 결성의 단계로 나아간다. 상호부조론의 수용은 민족의 하부구조인 단체를 결성하는 이론적 근거가 된다.

문학론에서는 근대문학 개념의 수용, 민족문학 담론 그리고 프로문학에 대한 비판을 중심으로 서술하였다. 자국에 근대문학 개념을 처음으로 소개한 이광수와 저우쭤런을 중심으로 서양의 근대문학 개념이 한국과 중국으로 전파되는 과정을 추적하였다. 이광수의 지정의론은 미학이라는 새로운 학문의 동아시아 유입과 긴밀한 관계가 있었다. 민족문학 담론과 프로문학에 대한 비판 부분에서는 다시 르 봉에 주목한다. 이광수와 저우쭤런은 르 봉의 군중심리학을 근거하여 프로문학을 비판하였던 것이다. 르 봉을 계속 호명하는 이유는 그의 심리학이 민족(문학)에 있어 막강한 영향력을 행사하였기 때문이다. 새로운 민족과 민족문학을 구축하기 위해서는 민족심리의 유전과 진화가 중요한 요소였기 때문이다.

민족의 진화를 위해 갖은 노력을 기울인 이광수와 저우쭤런은 약속이나 한 듯이 비슷한 시기에 친일파가 되었다. 이 책은 이광수와 저우쭤런의 민족진화론적 성격에 주목하고 있고, 또 저자 자신이 친일문학까지 연구를 확장하지 못한 탓에, 이 글에서는 두 사람의 친일문학을 다루지 않는다. 최근에 식민지 시기에 중국에서 출판되었던 한국인의 항일서사들을 들여다보고 있다. 중국에서 발생한 한국의 항일문학을 조명하면서 이광수와 저우쭤런의 친일 문제를 다루지 못한 아쉬움을 달래고 있다.

이 책은 박사논문을 수정하여 단행본으로 펴낸 것이다. 체계적인 구도를 가지고 짜임새 있게 서술해야 하지만 능력이 부족한 탓으로 '읽는 맛'까지는 담아내지 못했다. 박사 졸업은 공부의 시작이라는 어느 선생님의 말씀으로 위안을 삼고 싶다. 박사 과정의 공부를 정리하면서 향후의 연구 방향을 진지하게 고민하고자 한다.

박사논문을 다시 보니 인하대 5남202 연구실에서 보낸 시간이 떠오른다. 박사논문을 쓰다가 고통에 못 이겨 울음을 터뜨리고 만 제자에게 따뜻한 커피 한 잔을 건네 주셨던 자상한 지도교수 김동식 선생님은 나에게 최고의 스승이시다. 부족한 한국어 실력으로 단행본을 출간한다는 사실을 아신다면 건방진 짓이라고 하시며 책망하실 테지만, 이 책이 선생님께 작은 선물이 되었으면 좋겠다. 박사과정을 마치기까지 많은 가르침을 베풀어주신 인하대 선생님들, 그리고 논문을 집필하는 데 도움을 아끼지 않은 동학과 선후배님들께도 감사하다는 말씀을 전하고 싶다.

한국문학을 접하면서 여러 한국인 선생님들을 만나 뵙게 되었다. 한 분 한 분과의 소중한 만남은 저자에게 한국 학계가 따뜻하고 인정이 많은 곳이라는 인상을 깊게 새겨 주었다. 따뜻한 한국인의 전형이신 성균관대 박진영 선생님께 깊은 감사를 드린다. 학회에서 우연히 만난 후로 지금에 이르기까지 배려와 격려를 아끼지 않으셨다. 이번에 한국연구원 동아시아 심포지아 총서에 들어갈 수 있는 영광을 얻게 된 것도 박진영 선생님의 노고 덕분이다. 외국인 연구자에 대한 한국 학자들의 격려와 지지가 새로운 동아시아를 만들어 가고 있다는 생각이 든다. 혜택을 받고 있는 저자는 한중 양국의 문학 연구 발전에 조금이나마 기여하기 위해 노력하고자 한다.

귀국한 후 중국에서 학문의 길로 인도해 주신 김병민 선생님과 우림걸 선생님께 고개를 숙여 감사드린다. 주말에도 연구실에 태산같이 앉아서 공부하시는 두 분 선생님은 중국학자의 귀감이셨으며, 저자의 나태함에 경종을 울려주셨다. 매번 부족함을 느끼면서도 학문의 길을 포기하지 않고 나아갈 수 있었던 것은 좋은 선생님들을 만났기 때문이다.

고향을 떠날 때마다 밥 한 끼 더 먹고 가면 안 되냐고 조르는 조카들은, 또 다 큰 딸이 밥을 못 먹을까 봐 반찬을 가득 챙겨 주시는 부모님께서는 한국어를 모르시지만, 이 자리를 빌려 저자의 사랑을 전하고 싶다.

2020년 6월,

중국에서 리둥메이

차례

제1장

이광수와 저우쭤런의 '만남'

19세기 말, 진화론의 세계

근대 초기 한국과 중국에서는, 메이지유신을 통해 근대국가로 부상한 일본이 새로운 배움의 대상이 되었다. 날로 일본 유학생은 늘어갔으며, 그 가운데 이광수(1892~1950)와 저우쭤런周作人(1885~1967)이 있었다. 이광수는 1905~1910년, 1915~1919년 두 차례에 걸쳐 일본에서 수학하였고, 저우쭤런은 1906~1911년 사이에 일본에서 유학생활을 하였다. 두 사람이 서로 만났는지는 확인할 수 없지만 이광수와 저우쭤런은 4년 동안이나 일본에서 살아가고 있었다. 이런 경험 때문인지는 몰라도 두 사람의 인생 궤적은 놀라울 정도로 유사하다. 두 사람은 최초로 서양의 근대문학 개념을 자국에 소개하였으며 민족주의운동에 정신적 자극을 주었다. 이광수는 「조선청년독립단선언서」를 기초하여 3·1운동에서 일종의 정신적 지주 역할을 담당하였고, 저우쭤런은 『신청년新青年』지에 가담하면서 5·4운동의 정신적 지도자가 되었다. 3·1운동과 5·4운동이 실패한 후 이광수는 민족개조에 힘을 기울였고, 저우쭤런은 '신촌新村' 운동을 통해서 사회개조를 시도하였다. 신흥하는 프로문학에 대하여 두 사람은 모두 비판하는 입장을 취하였다. 민족을 더 나은 것으로 개조하려던 두 사람은 1930년대 말부터 친일 행위에 경도되었다.[1]

두 사람의 수많은 유사성 가운데, 가장 중요한 것은 (반)식민지 사회의 지식인으로서 민족의 개조를 목표로 문필활동을 하였다는 점이다. 19세기 말에 출생하여 서양의 침략으로 자국이 피폐해지는 과정을 몸소 경험한 지식인으로서 멸망해 가는 민족을 구원하는 것을 자신의 사명으로 여기고, 민족 부활의 방도에 대해 고민했을 뿐 아니라 그 방도를 실천하고자 했다. 그리고 상호부조론, 민족심리 진화론 및 자유연애 등 학설을 수용하여 민족의 재건을 도모하였고 서양의 근대문학 개념, 미학, 미사학 그리고 민속학 등 서양의 문학론을 동원하여 새로운 민족문학을 구축하려고 하였다. 또한 민족개조든 민족문학의 구축이든 (반)식민지 사회에서 도태라는 위험에 처한 민족을 부활시키기 위해 온갖 노력을 기울였다.

이광수와 저우쭤런이 가장 먼저 마주한 것은 진화론이었다. 일본에서는 생물학자 헥켈Haeckel의 저서 『생리학生理學』(1882)과 『진화요론進化要論』(1888)이 출판되면서 진화론이 활발하게 소개되었다.[2] 중국은 옌푸嚴復의 『천연론天演論』이 1897년에 번역・발표되고 1898년에 출간되면서 진화론이 본격적으로 유입되었다. 이 시기부터 동아시아는 약육강식・생존경쟁으로 대

1 김윤식, 『이광수와 그의 시대』 1・2, 솔, 1999; 錢理群, 『周作人傳』, 北京十月文藝出版社, 1989.

2 와다 토모미, 방민호 역, 『이광수 장편소설 연구』, 예옥, 2014, 129면.

변되는 진화론의 체계로 휩쓸려 들어갔다. 당시 약육강식·생존경쟁의 질서 속에서 내우외환에 시달리던 조선과 중국은 도태될 위기에 봉착해 있었다. 그러나 생존경쟁과 도태라는 단순화된 도식을 넘어서 진화론을 살펴볼 필요가 있다. 옌푸의 『천연론』으로 생물진화론은 약육강식으로 대변되는 사회진화론으로 인식되었지만, 한편에서는 생물의 진화에 생존경쟁과 더불어 상호부조라는 요소가 중요하게 작용한다는 내용을 포함하였다. 아나키즘의 대표인물인 크로포트킨은 1902년 『상호부조론』을 출간하여 진화에 있어서 상호부조가 생존경쟁보다 더 중요한 역할을 한다는 것을 지적하였다. 생존경쟁과 상호부조를 포괄하는 이론으로서의 진화론은 민족위기에 빠진 한중 지식인에게 민족부활의 희망을 주었다.

민족의 진화와 개조

제1차 세계대전의 발발로 상호부조론의 중요성이 차차 드러나게 되었다. 1918년 일본에서는 상호부조론에 근거한 아타라시키무라新しき村가 건설되기 시작했다. 아타라시키무라 건설은 저우쭤런과 이광수에게 자극을 주었다. 이에 저우쭤런은 아타라시키무라의 베이징 지부를 설립하였고, 이광수는 작품을 통해 이상촌에 대한 구상을 보여주었다. 이광수는 「민족개조론」에서 개조의 방법으로 자치적인 단체를 내세우면서, 이를 『상호부조론』으로부터 차용한 것이라고 밝혔다. 이광수와 저우쭤런의 민족개조에는 강권적 국가라는 존재를 부정하는 태도가 내포되어 있는데 국가를 개인의 자유를 억압하는 것으로 간주한 그들의 주장은 아나키즘사상과 일치한다. 아나키즘과의 관계 속에서 1920년대의 민족개조

사상을 다시 한번 면밀히 살펴볼 필요가 있다.

민족개조는 민족성의 개조로부터 시작해야 한다는 것이 이광수와 저우쭤런의 공통된 주장이다. 민족성 담론에 대한 연구는 하가 야이치의 『국민성10론國民性十論』을 비롯해서 1900년대 일본에서 활발하게 진행되었다. 저우쭤런은 1910년대부터 낙후된 중국의 현실과 나약한 민족성에 대하여 지속적으로 비판해 왔다. 그는 중국인의 우매함으로 민족이 도태될지도 모른다며, 민족의 부활을 위해서는 민족성 중에서 어리석은 성분을 제거해야 한다고 역설하였다. 민족성에 대한 반성과 신문학에 대한 주창을 바탕으로 저우쭤런은 중국 신문학운동의 정신적 지도자가 되었다. 이광수는 1920년대 민족개조론에서 조선 민족의 근본적 성격이 좋지만 부속적 성격이 좋지 못한다고 지적하면서 부속적인 조선의 민족성을 개조해야 한다고 주장하였다.

그러나 저우쭤런과 달리 이광수는 민족성 비판으로 현재에 이르러서도 반민족주의자로 간주되는 경향이 있다. 이러한 차이는 1900년대 중국과 조선이 민족성 이론을 수용하는 과정에서 기인한다. 중국에서는 지식인들이 일본에서 논의되었던 민족성 담론을 바로 수용한 반면 조선에서는 민족성에 대하여 활발하게 토의가 이루어지지 않았다. 일본에서도 민족성 담론은 서양의 이론에서 영향을 받았다. 귀스타브 르 봉Gustave Le Bon은 1900년부터 『민족 진화의 심리학적 법칙』과 『군중심리』로 동아시아에 큰 영향을 주었다. 르 봉에 의하면 민족의 발전은 민족성에 의해 결정된다. 저우쭤런의 글에서 르 봉의 이론이 명시적으로 등장하고, 「민족개조론」에서 이광수도 이를 언급한다. 이광수와 저우쭤런의 민족개조사상에 있어서 르 봉의 민족성 이론에 대한 고찰은 반드시 선행되어야 할 과제이다.

르 봉에 의하면 민족성은 유전되는 것이다. 따라서 민족성을 개조한 후 이를 계승하고 발전시키는 것이 중요한 과제가 된다. 이 점에서 새로운 세대의 부상이 중요한 논의의 대상이 된다. 아동의 성장이 민족의 미래를 결정한다는 인식에서 우생학이 만들어졌다. 인간을 봉건적 도덕으로부터 해방하고 '정'과 '성'이라는 인간의 본성을 인정해야 한다는 것이 이광수와 저우쭤런의 공통된 주장이다. '정'과 '성'이라는 인간 본성을 강조하면서 이광수와 저우쭤런은 자유연애와 자유결혼의 필요성을 주장한다. 이와 더불어 후대의 건강을 위하여 결혼 상대방의 혈통을 따져 보아야 한다고 역설한다는 점에서 이광수와 저우쭤런이 우생학적 연애관을 가지고 있었음을 짐작할 수 있다.

서양 근대문학 개념의 수입

한편 이광수와 저우쭤런은 최초로 자국에 서양의 근대문학 개념을 수입한 사람이다. 저우쭤런의 「문학의 의의와 사명 그리고 최근 중국논문의 오류를 논함論文章之意義暨其使命因及中國近時論文之失」과 이광수의 「문학의 가치」, 「문학이란 하오」는 모두 일본 유학 시절에 발표된 것으로 일본 지식계의 영향을 받았다. 저우쭤런은 미국인 헌트Theodore Whitefield Hunt의 『문학론』(1906)을 차용했다고 밝혔는데 헌트는 일본 지식인들이 자주 인용한 이론가였다. 헌트와 함께 윈체스터Caleb Thomas Winchester도 일본 지식계에 큰 영향을 준 문학 이론가였다. 혼마 히사오本間久雄의 『신문학개론』은 윈체스터의 『문학비평의 제 원리』(1899)를 광범위하게 인용하였다. 『문학비평의 제 원리』에서 윈체스터는 문학 작품의 가치가 영속적이라고 주장한다. 이 주장은 혼마 히사오의 『신문학개론』과 이광수의 「문학이란 하오」에 그대로 수용되었다. 때문에 이광수 문학관 연구에 있어서 윈체스터 등 서구 이론가의 영향력을 살펴볼 필요가 있다.

이광수 연구에 있어서 지정의知情意 삼분법은 피할 수 없는 과제이다. 일본에서는 19세기 말부터 미학에서 지정의 삼분법이 활발하게 토론되기 시작하였다. 미학과 문학을 연구하였던 시마무라 호게쓰島村抱月는 문학 영역에서도 지정의 삼분법을 사용하였고, 이광수는 자신의 문학론을 전개하면서 시마무라 호게쓰의 『문학개론』을 적극 수용하였다. 1900년대에 미학의 대두와 더불어 미사학도 흥기한다. 언문일치운동에 장려되는 사회적 분위기에 힘입어 문장을 중요시하는 미사학은 널리 수용되었다. 이때 일본에 거류 중인 류스페이劉師培나 장타이옌章太炎은 미사학을 직접 수용하였고, 저우쭤런은 두 사람과 긴밀한 관계를 유지하였다. 문학이라는 용어가 이미 literature의 번역어로 정착된 시기에 일본 유학 중이던 저우쭤런은 literature를 문장으로 번역하고, 중국의 언문 불일치가 민족의 쇠락을 초래한다고 지적하였다. literature를 문장으로 번역한 저우쭤런의 작업은 언문일치와 미사학의 관계 속에서 숙고할 필요가 있다.

서구의 문학 개념을 수입하면서 문학이냐 민족이냐 하는 양자택일의 문제가 발생한다. 이광수와 저우쭤런은 매우 이른 시기부터 민족성을 거론한다. 「문학이란 하오」에서 이광수는 서양의 신문명 속에서 새로운 조선문학을 건설하자는 발언까지 나아가고, 저우쭤런은 중국 신문학의 맹아가 외국에서 유입되었다는 도발적인 주장을 펼친다. 문학을 추구하다가 민족을 버린다는 오해를 초래할 수도 있는 대목이다. 귀스타브 르 봉은 문학과 문자는 민족성의 외적 표현이며, 외국문학을 자국어로 번역하는 순간 국문에 의해 근본적 변화를 겪게 된다고 언급했다. 이광수와 저우쭤런의 '문학론'은 바로 이러한 맥락에 놓여 있다. 1910년대에 조선문학은 오직 장래에 있다고 선언했던 이광수는 1920년대에 이르러서 민요를 비롯한 전통문학에 상당한 관심을 표현하였다. 저우쭤런 역시 1900년대부터 민요를 민족의 소리로 인식하였다. 두 사람의 변화에는 민속학의 영향이 적지 않았다. 민속학의 관점에서 고대부터 유전되어 온 민요는 민중 심리의 표현으로서 민족성을 대변하는 것이었다. 즉 민속학에서는 민요를 통해서 민족성을 확인할 수 있다고 보았다. 민요가 민족성을 계승하고 표현하는 수단이라고 보았기 때문에 이광수와 저우쭤런은 민요를 민족문학으로 다루었던 것이다. 두 사람의 민요 연구는 민족문학의 기원을 찾는 데 목적을 두었다.

이광수와 저우쭤런이 민족성에 근거하여 민족문학의 복원에 힘을 기울이던 시기에 프로문학이 등장하였다. 분노와 살인 등 부정적 감정에 기초한 선전문학은 새롭게 형성되는 민족성에 해를 준다고 보았기 때문에 이광수와 저우쭤런은 프로문학을 비판하는 입장에 섰다. 민족을 계급으로 나누어 계급투쟁을 선동한다는 점 또한 이광수와 저우쭤런이 프로문학을 수용할 수 없었던 이유였다. 1920년대 아나키스트는 마르크스주의자와 계급투쟁과 상호부조론에 관하여 논쟁한 바가 있었는데 이광수와 저우쭤런의 프로문학 비판은 그 연장선에 있었다. 이 책에서는 이광수와 저우쭤런의 민족문학론을 귀스타브 르 봉의 민족성 이론과 크로포트킨의 상호부조론과의 관계 속에서 고찰해 보고자 한다.

제2장

국파와 재건

격동의 시대와 지식인의 일생

1. 부권의 부재

이광수와 저우쭤런은 모두 파란만장한 삶을 살았다. 두 사람은 어린 시절에 가정의 쇠락과 민족의 쇠퇴를 겪었고, 후일 민족의 재건에 힘을 기울였다. 이광수는 동학혁명과 청일전쟁이 일어나기 두 해 전인 1892년에 평안북도 정주군 갈산면 돌고지 마을에서 태어났다. 이광수는 부모님에 대해 "왜 아버지는 저렇게 마르고 두 볼이 움쑥 들어가서 궁상이 끼고, 어머니는 저렇게 못났을까……"라고 쓸 정도로 자랑스러운 존재로 생각하지 않았다. 「그의 자서전」이나 「나」에는 아버지에 대한 회상은 많지만 아버지 때문에 "부끄러움을 참을 수가 없어서 죽고 싶었"던 이광수에게 아버지는 무능한 존재일 수밖에 없었다. 실질적으로 이광수는 고아가 되기 전에 이미 아버지를 상실한 것과 다름이 없었고, 불과 열한 살의 나이에 변변치 못한 부모를 콜레라로 잃고 고아가 되었다. 때문에 그에게 강력한 아버지 상은 존재할 수 없었다.

"대다수는 거의 앎이 없는 인물, 함이 없는 인물이니 그 앎이 없는 인물, 함이 없는 인물되는 우리 부노父老가 어찌 우리들을 교도教導할 수 있으며 혹 있다 한들 그런 부로의 교도를 받아 무엇에다 쓰리오?"[1] 「금일 아한 청년의 경우」에서 언급되는 앎이 없는 인물, 함이 없는 인물이 바로 이광수의 아버지 상이었다. 부끄러움만 주는 아버지는 이미 부권을 행사할 수가 없었다. 사르트르는 자서전에서 아버지의 죽음이 그에게 자유를 주었다고 적고 있다. "가장 권위 있는 지배자라도 다른 사람의 이름으로, 아버지라는 거룩한 기생자의 이름으로 명령을 내리고, 자기가 겪은 추상적 폭력을 남에게 행사한다."[2] 아버지라는 존재는 아들 위에 군림하여 아들을 짓누를 권력을 가진다. 즉 부권은 일종의 폭력에 해당한다. 사르트르에게 아버지의 죽음이 자유를 주는 것이었다면 이광수의 무능한 아버지는 이광수에게 자유를 주는 동시에 우승열패라는 생존 법칙을 깨우쳤다.

「그의 자서전」에서 김 교리에게 혼삿말을 건네다가 거절을 당한 치욕을 맛본 이광수는 "아무리 해서도 김 교리 집보다 더 잘 살리라고 맹세를 하였다". 이광수의 아버지가 김 교리 딸을 며느리로 달라고 청할 수 있었던 것은 김 교리가 과거 이광수 증조부의 덕으로 과거에도 들 수 있었기 때문이었다.[3] 이는 『재생』의 한 장면을 연상시킨다. 주인공 성재는 세의世誼를 근거로 함 사과에게 채무 이행 기간을 연기해 달라고 청한다.

1 「금일 아한 청년의 경우」, 『이광수전집』 1, 528면.
2 장 폴 사르트르, 정명환 역, 『말』, 민음사, 2008, 24면.
3 김윤식, 『이광수와 그의 시대』 1, 솔, 1999, 41면.

그러나 함 사과로부터 돌아오는 대답은 "지금 세의가 어디 있소. (…중략…) 친구의 정은 친구의 정이고 채권은 채권이고"라는 말뿐이다. 세의로 대변되는 전 세대의 도덕관은 이미 무너졌고, 은행으로 대변되는 새로운 질서가 그 자리를 차지한다. 김 교리가 이광수에게 딸을 주지 않는 것은 이광수의 집안이 도태될 지경에 처해 있기 때문이었다. 「그의 자서전」의 허구적 성격을 고려하면 김 교리 이야기가 실재했던 사건일 가능성은 높지 않지만, 이광수의 집안이 매우 가난했던 것만은 사실이었다.

> 그때 '히로'라는 권련초가 있었습니다. 동리 사람이 돈 3원을 불쌍하다고 주길래 그것을 밑천으로 삼아 가지고 이 '담배 장사'를 하였습니다.[4]

열두 살에 부모를 여읜 이광수는 담배 장사로 연명했을 정도로 빈곤하였다. 이 구절은 "두 볼이 움쑥 들어가서 궁상이 끼"고 생존 경쟁에서 도태될 이광수의 아버지의 반대편에 "과거한 뒤에도 벼슬도 마다하고 일생을 돈 모으기에 보낸 사람"인 김 교리로 대변되는 새로운 윤리 도덕관 속에서 생존 경쟁에서의 우승자가 있다는 사실, 그리고 어린 이광수가 그 사실을 경험했다는 것을 말해 준다. 헉슬리의 『진화와 윤리』는 1898년에 옌푸에 의하여 번역 출간되어 동아시아 지식인에게 크나큰 영향을 가져다 주었다. 1900년대 초 어린 이광수가 진화론 이론을 접했을 가능성은 낮지만, 그는 진화론이라는 이론을 접하기 전에 이미 몸으로 생존 경쟁과 우승열패의 현실을 체험하였다. 참담한 현실에 대한 직

4 「그의 자서전」, 『이광수전집』 8, 641면.

접 체험이 있었기에 일본에서 진화론을 접한 이광수는 "다아윈의 진화론이 마땅히 성경을 대신할 것"이라고 쉽게 외칠 수 있었다. "저렇게 마르고 두 볼이 움쑥 들어가서 궁상이" 낀 아버지는 결국 진화론의 원리에 따라 도태되었다. 콜레라는 그를 도태시키는 자연적인 요소였던 것이다.

아버지는 부권을 행사하지 못한 채 죽어버렸지만 이광수는 천애고아가 아니었다. 그에게는 할아버지와 누이들이 남아 있었다. 부모를 여의고 동학 박찬명 대령 밑에서 일할 때까지 그는 약 1년 동안 방랑생활을 하였다. 방랑생활 동안 누이 애경을 조부에게 맡길 수 있었고, 이는 어린 이광수에게 돌아갈 곳이 있었음을 시사한다. 부모와 마찬가지로 무능했던 조부는 어린 이광수에게 숙식을 해결할 물리적인 공간을 제공할 수는 없었지만 돌아갈 곳이 있다는 정신적 '고향'을 제공할 수는 있었다. "조부가 그에게 기댈 수 있는 유일한 피의 거점이자 정신의 끈이었음에 틀림없다."[5] 또한 직계 가족으로 일종의 아버지 역할을 대행할 수 있었다. 조부가 있고, 누이들이 있고, 그리고 무엇보다 이광수 자신이 살아 있다는 사실이 중요했다. 즉 혈연으로 이어진 가족의 유대는 여전히 유지되었던 것이다. "나는 아무리 해서라도 김 교리 집보다 더 잘 살리라고 맹세를 하였다. 그리고 내 아버지를 김 교리가 입고 있는 것보다도 더 좋은 옷을 해 드리고 비단 보료에 편안히 앉아서 호강을 하시게 하리라, 이러한 결심을 하였다." 부친은 도태되었지만 이광수 자신은 그 도태를 면할 수 있고, 생존경쟁에서 우세를 차지할 가능성을 가지고 있다. 이광수가 유전의 변이를 통해서 생존경쟁에서 살아남는다면 그의

5 김윤식, 앞의 책, 77면.

가족은 '부활'할 수 있는 것이다.

가정 형편은 어려웠지만 이광수는 유년 시절부터 문학을 접하였다. 그는 천자문 반절을 네 살 때 깨쳤고, 여섯 살에 서당을 다니면서 신동이라 불린 바도 있었다. 일곱 살 때 한문 편지도 서툴게나마 쓸 수 있었고, 『사략』을 비롯하여 『대학』, 『중용』, 『맹자』 등을 읽었다. 아홉 살 무렵에는 『사씨남정기』, 『창선감의록』, 『구운몽』 등 고대소설을 접했다. 한문학적 전통 안에서만 성장한 것도 아니었다. 삼종 누나를 통해 한국 전통민요를 접하였으며 "지금 기억에 남은 것은 '구름 간다 구름 간다 / 구름 속에 선녀 간다 (…중략…)' 이러한 노래들은 내게로 문학적 자극을 줌이 심히 컸습니다. 그 뒤에 읽은 아무리 위대한 작품보다도 인상이 깊습니다"(「다난한 반생의 도정」, 8 : 446)라고 회상했다. 조선의 민요는 어린 이광수에게 큰 문학적 자극을 주었던 것이다. 이광수는 1910년대에 한국 최초의 근대적 문학론과 근대소설을 발표하여 이른바 근대문학을 한국에 도입하여 신문학의 선봉장이 되었으나, 한편으로는 1920년대부터 민요, 가사, 심지어 무당의 노래까지 연구하였다. 이는 유년 시절의 문학적 자극이 그만큼 컸으며, 이광수가 조선인으로서 민요에 담긴 조선의 민족성에 관심을 가질 수밖에 없었음을 보여준다.

부모를 여의고 1년 여의 방랑생활을 지속하던 이광수는 1903년 11월경에 승이달을 만나 동학 두령인 박 대령의 비서가 되었다.

> 그해 겨울에 동학당 두목의 비서가 되었습니다. 여기서 나의 길은 열리기 시작했나 봅니다. 내가 비서가 된 후 나의 하는 일이란 왕복 서신을 정리하고 기타 문서를 정리했으며, 두목 사이의 비밀 소식을 전하는 체부 노릇도

했지요.[6]

이광수가 맡은 업무는 서울에서 오는 글발을 필사하여 각 포에 보내는 것이었다. 동학 두령의 비서가 된 것은 이광수가 고아였기 때문에 가능한 일이었다. 동학은 이광수에게 운명의 전환점이었으며, 동학의 도움으로 서울로 가서 일진회 파견 유학생으로 뽑힐 수 있었다. 동학의 경험은『무정』의 창작에 기본적 틀을 제공해 주었으며 이때 만난 박 대령은 한국 근대소설의 기념비적인 작품인『무정』에 등장하는 박 진사의 모델이 되었다.

저우쭤런은 루쉰魯迅의 첫 번째 동생으로, 1885년에 중국 저장성浙江省 사오싱紹興시에 있는 부유한 집안에서 태어났다. 조부 저우푸칭周福清은 진사 출신으로 내각중서 벼슬까지 지낸 이력이 있었다. 그러나 1893년, 저우쭤런이 아홉 살이 되던 해에 조부가 과거시험 뇌물 사건에 연루되어 투옥되면서 가세가 기울어 가기 시작했다. 이듬해 저우쭤런의 부친은 각혈하기 시작하여 그로부터 2년 후에는 세상을 떠났다. 저우쭤런과 루쉰은 부친에 대하여 상반되는 기억을 가지고 있었다. 루쉰에게 부친은 엄격하고 인정 없는 사람이었지만 저우쭤런의 기억 속에서 부친은 자신을 때린 적이 한 번도 없는 자상한 사람이었다. 자상하고 다정했던 부친이 죽으면서 가정 형편은 더욱 나빠졌으며, 장자인 루쉰은「부친의 병父親的病」이라는 글에서 가정의 쇠락에 따른 경제적 어려움과 염량세태에 대하여 기록하였다. 어린 저우쭤런은 가정의 쇠락과 부친의 사망 등

6 이광수,「나의 사십 반생기」,『신인문학』, 1935.8, 17면.

중대한 변고를 겪었지만 큰 영향을 받지는 않았다. 그는 『저우쭤런 회상록』의 「부친의 병」에서 아버지가 폐병에 걸려서 사망하기까지의 과정을 서술하는데, 보조 약물로 사용된 귀뚜라미를 흥미진진하게 잡았다고 기록하고 있다. 저우쭤런은 형 루쉰과는 달리 한 가정을 책임져야만 한다는 책임으로부터 비교적 자유로웠기 때문에 행복한 어린 시절을 보낼 수 있었다.

부모를 잃고 담배 장사로 연명했던 이광수에 비하면 저우쭤런은 먹고 사는 일에 특별한 어려움이 없었고 학업도 지속할 수 있었다. 비록 조부가 투옥되면서 가세는 기울었지만 여전히 가장 좋은 사숙私塾에서 공부할 수 있었다. 저우쭤런은 여섯 살에 사숙에 들어갔다가 열한 살에 삼미서옥三味書屋[7]으로 옮기면서 본격적으로 공부를 시작하여 『논어』, 『맹자』, 『중용』, 『시경』, 『이경』 및 『서경』 등 전통적 문학을 배웠다. 1896년, 조부의 명령으로 항저우杭州로 향한 저우쭤런은 조부의 첩과 같이 살면서 사나흘에 한 번씩 감옥에 가서 조부의 독서 시동으로 면회를 하며 자유롭게 공부했다. 조부는 구학문에 익숙한 사람이었지만 특별한 교육사상을 가지고 있었고, 저우쭤런에게 공부의 자유를 주었다.

저우쭤런의 조부는 한림원翰林院 출신으로 중국 고전문학에 깊은 조예가 있었는데, 후일 저우쭤런이 빗대어 욕하는 글쓰기로 유명해진 것도 조부로부터 배운 고전문학의 영향을 받은 것이었다.

7 삼미서옥은 저우쭤런의 고향 사오싱에서 가장 유명한 사숙이었다. 1926년에 루쉰이 「백초원에서 삼미서옥으로(從百草園到三味書屋)」라는 회고적 수필을 발표한 후 삼미서옥은 중국 전역에서 이름을 날렸다.

내가 한문에 대하여 조금 아는 것은 조부에게 배운 것이다. (…중략…) 빗대어 욕하는 화법은 내가 여전히 싫어하는 것이다.[8]

또한 조부는 고전학문뿐만 아니라 『유림외사儒林外史』, 『서유기西遊記』, 『삼국연의三國演義』, 『경화연鏡花緣』 등 소설로의 길도 열어 주었다. 조부는 "시문을 가르쳤지만, 공부를 자유롭게 하는 방법도 가르쳤다. 특히 소설을 읽는 것을 장려하였다".(「鏡花緣」, 3 : 51) 여전히 팔고문八股文으로 과거 시험을 보던 시대에 조부의 교육 방식은 혁신적인 것이었다. 조부의 추천으로 접한 소설에 저우쭤런은 흥미를 느꼈으며 다음과 같이 말하였다.

신선과 요괴 이야기에 대한 원시적인 요구는 우리의 혈맥 안에서 흐르고 있다. 따라서 현대인의 마음속에 있는 『산해경(山海經)』, 『십주기(十洲記)』, 『박물지(博物志)』와 같은 천여년 전에 쓰인 저작들은 아직도 신선한 매력이 있다.[9]

조부가 추천해 준 『경화연』은 청나라 말에 쓰여진 것인데, 저우쭤런이 이를 보고 진나라 시대에 씌어진 『산해경』을 연상했던 것이다. 『경화연』의 이야기는 바로 『산해경』에서 나온 그 황당무계한 "분자의 근대화"(「鏡花緣」, 3 : 52)이기 때문이다. 조부의 교육은 저우쭤런에게 공부의 자유를 주었을 뿐만 아니라 근대와 전통의 연결 고리를 제공하였다. 팔

8 周作人, 『知堂回想錄』, 香港 : 三育圖書文具公司, 1980, 109면.

9 周作人, 「鏡花緣」, 『周作人散文全集』, 廣西師範大學出版社, 2009, 51~52면.

고문은 이미 죽은 문학이 된 것과는 달리, 천여 년 전의 이야기가 아직도 생명력을 지니고 있다는 사실을 알게 되었다. 열두 살의 저우쭤런에게는 근대와 전통의 관계를 조망할 능력이 없었을 터이지만, 특별한 독서 경험은 저우쭤런에게 고전문학을 폭넓게 살펴볼 수 있는 시선을 주었다. 그의 눈앞에는 피할 수 없는 팔고문도 있고 『경화연』도 있었던 것이다.[10] 팔고문은 죽어가고, 『산해경』 및 그 전통을 이은 『경화연』은 살아 있다. 논리적인 생각은 못해도 어린 저우쭤런은 이미 몸으로 그것을 체험하였다. 팔고문은 도태될 수 있지만 중국인의 정신과 감정이 담겨진 『산해경』이나 『서유기』와 『경화연』은 도태되지 않았다.

1900년 초 저우쭤런은 설을 쇠기 위해 고향으로 돌아갔다. 신문으로 의화단義和團운동의 폭발을 예감했던 조부는 그에게 항저우로 돌아오지 말라고 명령하였다. 1901년 조부는 출옥하여 집으로 돌아와, 부친의 이른 별세로 부권을 경험할 기회가 없었던 저우쭤런에게 부권을 느낄 수 있게 하였다. 저우쭤런에게 그것은 강권이었고 자신을 짓누르는 힘이었다. 조부는 "집으로 돌아와서 예전과 같이 가족에게 욕설을 퍼붓고 저주하였다".[11] 저우쭤런에게 이는 강권이었고 자신을 짓누르는 힘이었다. 또한 조부는 매일 아침 두루마기를 입고 시장에 가서 장을 볼 것을 명령하였다. 여름에 두루마기를 입고 시장에서 돌아다니는 일은 쉽지 않았다.

> 나는 두루마기를 벗고 싶었다. 짧은 옷을 입는 것이 더 시원했다. 그러나

10 저우쭤런은 1898~1900년간에 과거시험에 두 번 응시하였는데 모두 낙방하였다. 얼마 후인 1905년에 과거시험이 폐지되었는데 저우쭤런이 과거시험을 볼 때 팔고문은 이미 생명력을 잃었던 것이다.

11 止庵, 『周作人傳』, 山東書報出版社, 2009, 9면.

조부가 허락하지 않았다. 이는 보이지 않는 학대인데 참을 수가 없었다.[12]

이광수가 경험할 수 없었던 부권을 저우쭤런은 조부를 통해서 체험하였다. 이는 저우쭤런과 이광수가 비슷하면서도 다른 체험을 하게 되는 원인이 되었다. 이광수의 무능한 조부는 그에게 강권을 행사할 수 없었고 정신적 안정감만을 제공해 주었던 반면 높은 벼슬을 하던 저우쭤런의 조부는 자유를 박탈하는 강권을 행사하였다. 저우쭤런에게 자신 위에 군림하는 강력한 부권은 참을 수 없는 학대였다. 유년 시절을 자유롭게 보내던 저우쭤런은 조부의 강권으로부터 탈출하고 싶은 욕망을 갖게 되었으며, 이즈음 그는 형 루쉰의 편지를 받고 난징南京으로 떠나서 강남수사학당江南水師學堂에 진학하였다.

강남수사학당은 1890년에 청나라 정부가 해군을 육성하려는 목적으로 만든 군사 학교였다. 저우쭤런은 1901년부터 1906년까지 이 학교에서 공부하였다. "수업은 한문과 양문洋文 두 과정으로 나누어졌다. 일주일 중 5일은 양문으로, 하루는 한문으로 수업이 진행되었다. 양문 수업에서는 영어, 수학, 물리, 화학 등 중학교 과정과 운전, 원관 등 전문 지식을 가르쳤는데 모두 영어로 강의하였다."[13] 한문 수업은 저우쭤런에게 도움이 되지 않았으나 강남수사학당의 학풍은 큰 영향을 주었다. 강남수사학당에서 그는 "학당에서만 볼 수 있는"[14] 량치차오梁啓超의 저작, 린수林紓의 번역 서적, 『신문총보新民叢報』, 신소설 등 다양한 문헌을 접했

12 周作人, 『知堂回想錄』, 69면.
13 위의 책, 92면.
14 위의 책, 108면.

다. 자유로운 학풍 속에서 저우쭤런은 당대 중국에서 유통되던 최신 사상들을 접하였다. 저우쭤런은 해군 수업에서는 별로 배운 것이 없었지만 5년 동안 학당에서 배운 영어는 후일 중국에서 유명한 번역가로 성장하는 데 큰 도움이 되었다. 1905년에 그는 *Ali Baba&the 40 Thieves*와 에드가 앨런 포의 *The Gold Bug*를 번역하여 잡지 『여자세계』에 발표하였다. 이 시기부터 지속적으로 서양문학을 번역하여 중국에 소개하였다. 뿐만 아니라 그는 영어에 익숙했기 때문에 당시 번역서를 통해서 서양사상을 배웠던 지식인들보다 더 빨리 서양의 사회·문학사상을 접하고 수용할 수 있었다. 중국 최초의 근대적 문학론도 그가 읽은 영문문학개론서를 바탕으로 쓰였다. 저우쭤런이 '중국의 엘리스'로 불릴 만큼 중국에서 최초로 성 해방을 주창할 수 있었던 것도 엘리스의 영문 원저를 읽을 수 있었기 때문이다. 강남수사학당은 근대 과학을 핵심 교과로 삼아 중국의 해군력을 향상시킴으로써 서양의 침략을 막으려는 목적으로 설립되었지만, 의외로 사상가 저우쭤런을 탄생시키는 데 기여하였다. 중국 최초의 근대적 문학론 발표, 인간 해방과 성의 해방에 대한 제창, 그리고 민족성 개조를 호소했던 저우쭤런의 작업들은 강남수사학당에서 길러진 영어 실력에 기초를 둔 것이었다.

이광수는 열한 살에, 저우쭤런은 열두 살에 부친을 잃은 대신 조부는 살아 있었다. 그들은 아버지로부터 해방되어 자신을 짓누르는 부권을 경험하지 않았으면서도 조부의 존재가 유지시키는 가족과의 연속성은 느낄 수 있었다. 이광수의 조부는 그의 아버지처럼 무능했기 때문에 강권을 행사할 수 없었고, 저우쭤런의 조부는 강력한 부권을 경험하게 하였으나 곧 저우쭤런이 유학길에 나서며 부권의 압제는 오래가지 못했다.

이광수와 저우쭤런에게 가족이란 혈통으로 구성된 단체이며, 그 단체 안에 강권이 들어설 자리는 거의 없었다. 오히려 부권의 부재는 그들에게 더 넓은 세계와 만나는 기회를 제공하였다.

2. 국권의 상실

1904년 2월경 일본 헌병대는 박 대령의 비서인 이광수를 잡으라는 지령을 내렸다. 일본군은 반일 세력인 동학당을 분열시켜 한반도에서의 영향력을 확고히 하고자 했다. 이광수는 헌병대의 검거를 피해 잠시 몸을 숨겼다가 1905년 1~2월경에 서울로 올라갔다. "춘원이 마침내 서울행을 감행한 것은 박 대령이 서울로 갔기 때문이었다. 그것은 동학당이 일진회파(이용구)와 천도교파(손병희)로 내분되는 결정적 순간과 밀접히 관련된다. 이 대목에서 우리는 어린 춘원이 자기도 모르는 사이에 한민족을 에워싼 제국주의 시대와 마주치게 됨을 본다. 이 마주침은 일종의 운명이라 부를 만하다."[15]

1905년 8월 러일전쟁이 일본의 승리로 끝나면서 같은 해 11월에는 을사조약이 체결되었다. 을사조약에 따라 대한제국은 외교권을 상실하고 사실상 일본의 지배를 받기 시작하였다. 이광수는 서울 동학당의 사숙에서 학생 겸 선생 노릇을 하다가 반년 후인 1905년 8월에 손병희가 주선한 일진회 유학생으로 선발되어 일본으로 건너가 도카이의숙東海義塾

15 김윤식, 앞의 책, 109면.

을 다녔다. '시바코엔 제14호지芝公園第14号地'에 위치했던 도카이의숙은 일본학교에 들어가고자 하는 한국인을 대상으로 한 일본어 학교였던 것으로 보인다. 이듬해 봄 그는 간다神田 마사키초三崎町의 다이세이중학大成中學에 입학하여 후에 메이지학원明治學院 동급생이 된 문일평과 문학 선배 홍명희와 함께 혼고구本鄕區 모토마치元町에서 하숙하였다. 그러나 1906년 7월 일진회가 분열하면서 학비를 일진회에 의지하던 이광수는 다이세이중학을 자퇴하여 귀국하게 되었다. 대한제국 정부에서 일진회의 지원을 받던 유학생들을 국비로 지원하기로 결정하자 이광수는 1907년 2월경 다시 동경으로 건너갔다. 다시 일본에 온 이광수는 혼고구 마루야마후쿠야마초丸山福山町 22번지 다나카田中의 집에 자리를 잡고, 하쿠산학사白山學舍에서 편입 시험을 준비하였다. 이광수는 1년 전 다이세이중학에서 1학기 말 혹은 2학기 중반까지의 과정을 마쳤지만, 그때 받은 학비가 3년 기한이었던 까닭에 5년제 중학을 졸업하기 위해서는 월반하지 않을 수 없었다. 그는 1학년 후반부터 3학년 1학기까지의 과정을 일거에 뛰어넘어 메이지학원 보통부 3학년 2학기 과정에 편입하였다.[16] 1910년 3월에 중학부 5년 과정을 마치고 졸업할 때까지 이광수는 메이지 학원에서 상대적으로 안정적인 유학생활을 보냈다.

미션스쿨이었던 메이지학원은 "(이 학원이) 미국계 장로교 신학교가 주축이고, 기독교 보급에 학교 설치의 목적이 있었던 만큼 모든 학교 운영이 이 성격을 기본으로 하여 영어로 강의케 했으니, 그것이 중학에까지 미쳤다. 중학 상급반의 영어 실력이 오늘날 대학 수준이라 할 정도였

16 하타노 세츠코, 최주한 역, 『일본 유학생 작가 연구』, 소명출판, 2011, 48~50면.

다. 학원에 관한 여러 기록, 가령 학생 활동의 하나인 문학부 연설회를 보면 상당수가 영어를 하고" 있었다.[17] 이런 분위기 속에서 이광수는 영어를 익혔다. 저우쭤런이 열여섯 살부터 강남수사학당에서 영어를 능숙하게 배웠듯 이광수는 열다섯 살에 일본 메이지학원에 입학하면서 영어 능력을 키워 문일평이 중학 4년에 한국어로 한 연설을 통역해 줄 정도로 영어 실력은 출중하였다. 뛰어난 영어 실력은 후일 서구 지식을 습득하는 강력한 무기가 되어 제2차 일본 유학 시절에 미국인 윈체스터의 문학개론서를 참조하여 「문학이란 하오」를 발표하였던 것이다.

이광수가 다녔던 메이지학원은 미션스쿨이다. 그러나 그는 예배 시간을 싫어했는데, 이는 교사들의 국가주의 때문이다.[18] 이광수가 메이지학원을 다니던 시기에 을사조약이 이미 체결되었기 때문에 약육강식의 생존 논리를 느꼈을 것이다. 그는 이토 히로부미 저격 사건 이후 일본 목사들로부터 "대일본제국을 애호하시옵소서. 이토 공 같은 인물을 보내주어시옵서서"라는 기도문을 들으며 강국 일본에서 약자인 조선인 유학생으로 공부하고 있었다. 기독교의 슬로건은 박애이지만 일본 목사들은 일본이라는 국가의 입장에 서서 이토 히로부미 저격 사건을 바라보았다. "그들은 기독 신자라고 한다. 혓바닥은 아무렇게나 도는 것이다"라고 적은 이광수는 기독교를 비판하기보다는 약육강식의 현실에 비통해 했다.

1877년에 도쿄대학 생물학 교수로 일본으로 건너온 에드워드 모스는

17 김윤식, 앞의 책, 200~201면.

18 "그 기도는 모두 하느님을 부끄러우시게 하는 것뿐이다.", "H선생은 성경을 가르치면서 국가주의만 선전하였다. 그것이 내 비위를 거슬렀다."「일기(1909.11.15.)」, 『이광수전집』 19, 11면.

허버트 스펜서의 열렬한 지지자로, 일본에 다윈의 생물진화론을 소개하였다. 생물진화론과 사회진화론은 비슷한 시기에 일본에 전파되었고, 1904년 오카 아사지로丘淺次郎의 『진화론강화進化論講話』가 간행되어 장기간 베스트셀러가 되면서 일반 교양으로 자리 잡았다.[19] 일본 유학 중이던 이광수가 오카 아사지로의 『진화론강화』를 바로 접했을 가능성은 매우 크다. 일본 지식인들이 진화론에 열중할 때 중국의 옌푸는 1898년에 스펜서의 『진화론과 윤리학』을 번역하고 출간하였다. 이 시기에 약육강식, 생존경쟁 등 진화론적 구호가 동아시아 지식인에 의해 널리 수용되었다.

이러한 분위기 속에서 이광수는 진화론을 무시할 수가 없었다. 1908년 이광수는 이보경이라는 이름으로 『태극학보』에 「수병투약」이라는 글을 발표하면서 약육강식이라는 용어를 사용하였다.[20] 이 글에서 이광수가 "자유의 회복"을 호소하고 있듯이 그는 약육강식의 세계 질서 속에서 을사조약으로 인해 대한제국이 자유권을 상실했다는 것을 잘 알고 있었다. 그러나 이 글에서 주목할 점은 이광수가 독립을 갈망하고 있으며, 그 독립의 주체가 "대한민족"이라는 점이다. 나라는 망했지만 민족은 살아 있고, 국권은 일본으로 넘어가 없어졌지만 혈통으로 연결되는 "동포"들이 남아 있다. 이는 부권이 무너졌지만 혈연은 남아서 가족을 재건할 가능성이 열려 있던 개인적 처지와 유사했다.

1910년 3월 이광수는 메이지학원 보통부를 졸업하고, 같은 해 4월에 열아홉의 나이로 오산학교 교사로 부임하였다. 같은 해 8월, 약육강식

19 하타노 세츠코, 최주한 역, 『『무정』을 읽는다』, 소명출판, 2008, 40~41면.

20 "弱肉强食이 日노 甚ᄒᆞ거늘 唯獨閉鎖 保守로 保全을 是圖ᄒᆞᆫ들 엇디 可히 得ᄒᆞ리요." 이보경, 「수병투약」, 『태극학보』, 1908.10.24.

의 질서 속에서 한일합병이 이루어지면서 대한제국은 일본에 의해 멸망하였으며, 이광수는 귀국하자 곧 망국인이 되었고 오산학교는 망국민의 학교로 전락하였다.

> 대합실 벽에 이상한 것이 붙어 있었으니 그것은 한국이 일본에 합병되는 조서였다. 대한제국 대황제는 그 국토와 신민과 통치권을 대일본제국 대황제에게 양도하다는 것과 대일본제국 대황제는 이것을 받는다는 두 장의 조서를 석판에 굵은 글자로 박은 것이었다. 나는 이것을 보고 어안 벙벙하였다. 이런 일은 내 평생에 처음일뿐더러 한 민족의 역사에도 몇천 년에 한 번도 있기 드문 일이므로 나에게 이런 경우에 응하는 감정의 길을 가진 것이 없었던 것이다. 오직 앞이 캄캄하고 전신에 맥이 풀렸을 뿐이었다. 나는 여행을 중지하고 정거장에서 나와서 학교로 향하였다. '이제는 망국인이다' 하는 생각을 한참 길을 걸은 뒤에야 할 수 있었다."[21]

1905년에 을사조약이 체결되고 한국의 외교권이 박탈당한 시기에 이광수의 유학생활은 시작되었고, 1910년 유학생활을 마치고 귀국하자 한일합병 조약이 체결되어 나라가 없어졌다. 이광수의 유학생활은 놀라울 정도로 대한제국의 국권 상실 과정에 조응했다. 「금일 아한 청년과 정육」(1910.2), 「문학의 가치」(1910.3), 「일본에 재한 아한 유학생을 논함」(1910.4), 「금일 아한 청년의 경우」(1910.6), 「조선 사람인 청년에게」(1910.8), 「천재」(1910.8), 「여의 자각한 인생」(1910.8) 등 이광수가 1910년에 발표한 글들은 모두

21 「나의 고백」, 『이광수전집』 13, 201면.

조선을 개조하려는 의도를 가지고 쓰였다.

「금일 아한 청년과 정육」과 「문학의 가치」에서 이광수는 정의 중요성을 역설하였다. 이광수에 따르면 인간은 정적 동물로, 정은 동물로서의 인간 본능이기 때문에 인간은 정을 인정하고 육성해야 한다. 문학은 바로 인간의 정을 담당하는 영역이다. 「문학의 가치」에서 이광수는 드 퀸시와 시마무라 호게쓰 등의 문학론에 근거하여 문학이란 인간의 정을 만족시키는 것이라고 주장한다. 그는 문학이 정을 함양할 뿐 아니라 민족의 진화에도 큰 역할을 한다고 지적한다.

> 一國의 興亡盛衰와 富强貧弱은 全히 其國民의 理想과 思想 如何에 在하나니[22]

문학은 인간의 사상과 감정을 담당하기 때문에 문학이 발전하면 민족은 진화할 수 있다. 이광수는 문학을 동원하여 약육강식의 세계에서 도태되어 가는 조선을 진화하도록 유도하고자 하였다. 「금일 아한 청년의 경우」는 조선이 열패 민족으로 전락되었기 때문에 신대한민국을 건설하기 위해 노력해야 하다고 지적하는 글이다. 그리고 「조선 사람인 청년에게」는 「금일 아한 청년의 경우」의 논지를 이어 받아 발표한 글로서 역시 그 초점을 민족에 맞추고 있다.

> 生의 保持發展에 必要한 事爲의 온갖에 대하여 精誠스러이 있는 힘을 다하여 생각하고 努力하면 그는 모두 善이니라 正義니라.[23]

22 「문학이란 하오」, 『이광수전집』 1, 547면.
23 「조선사람인 청년에게」, 『이광수전집』 1, 535면.

일본의 침략에서 살아남아 민족이 발전하는 것은 최고의 선으로, 1910년에 메이지학원을 졸업할 때 이광수는 민족의 발전을 자신의 의무로 보았다. 약육강식의 질서 속에서 이광수는 문필활동으로 민족 발전의 필요성을 호소하였다.

1910년 4월 이광수는 오산학교 교사로 부임하였다. 오산학교는 1907년 12월 남강 이승훈에 의해서 평안북도 정주군 오산면 용동에 세워졌다. 오산은 다섯 산이 있는 면으로, 그 안에 용동이라고 부르는 작은 동리가 있었다. 이승훈은 1899년에 용동 땅을 사서 일가를 거느리고 새로운 생활을 시작하였다.[24] 1907년 8월 이승훈은 도산 안창호의 연설을 듣고 감명받아 아이들을 가르치는 서당을 개편하여 오산학교를 세웠다. 오산학교 설립과 함께 이승훈은 동회洞會라는 조직을 만들어 "더불어 사는 단체생활"을 강조하였다. 신민회사건으로 이승훈이 검거되면서 이광수가 동회의 회장을 겸직하였다. 이 경험은 1914년에 발표한 「모범촌」과 1916년에 발표한 「용동」의 원형이 된다. 「모범촌」과 「용동」에서 이광수는 상호부조의 이상촌을 구상하는데, 그 이상촌은 바로 동회라는 조직을 중심으로 구성된다. 오산학교에서의 교사생활은 『무정』의 배경이 된다는 점에서 더욱 중요하다. 이광수는 오산학교에서 3년 6개월의 교사생활을 하다가 기독교 교사와의 갈등으로 인해 1913년 11월에 오산학교를 떠났다.

오산학교를 떠나 북행 열차를 탄 이광수는 안동에서 정인보를 만나 상하이로 향했다. 그는 상하이에 한 달 정도 머물다가 1914년 1월 나가사키長崎를 거쳐 블라디보스토크에 도착하였다. 그는 다시 무링穆陵으로

24 김기석, 『남강 이승훈』, 현대교육총서출판사, 1964, 53~90면.

떠났다가 1914년 2월에 러시아 치타로 향하였다. 시베리아에서의 기억은 장편소설 『유정』에서 찾아볼 수 있다.

> 가까스로 고개를 조금 들고 보니 뿔이 길고 눈이 불 같이 붉은 사슴의 떼가 무엇에 놀랐는지 껑충껑충 뛰어 지나가오. 이것은 아마 크로포트킨의 『상호부조론』 속에 말하는 시베리아의 사슴의 떼가 꿈이 되어 나온 모양이요.[25]

시베리아에서 이광수에게 떠오른 것은 크로포트킨의 『상호부조론』이다. 그가 서 있었던 바로 그 장소에서 크로포트킨도 활동하였다. 후일 크로포트킨의 『상호부조론』은 이광수 민족개조의 이론적 방법이 되었다. 아이러니하게도 크로포트킨의 나라에서 이광수는 제1차 세계대전을 만났다. 그 여파로 1914년 8월 하순에 치타를 떠나 귀국하여 오산으로 돌아왔다. 이광수는 오산학교에서 1년 정도 근무한 뒤 김성수의 도움으로 재차 도일하였다.

1915년 9월, 스물네 살의 이광수는 와세다대학 고등 예과에 입학하고, 1916년 9월에 대학부 문학과 철학과에 진학하였다. 와세다대학의 전신은 도쿄전문학교로, 1890년에 쓰보우치 쇼요가 도쿄전문학교에 문학과를 창설하였다. 이광수는 도쿄전문학교 문학과의 후신인 와세다대학 문학과에서 제2차 유학생활을 보내게 되었다. 1894년에 와세다대학의 전신인 도쿄전문학교에서 미학에 관련된 논문으로 졸업한 시마무라 호게쓰가 1905년부터 와세다대학에서 강의하기 시작하였고, 와세

25 『유정』, 『이광수전집』 8, 93면.

다대학 졸업생인 혼마 히사오도 1918년부터 와세다대학에서 강의하였다. 와세다대학에서 시마무라 호게쓰는 『문학개론』, 『미학개론』, 『문예개론』 등의 개론서, 혼마 히사오는 『신문학개론』을 출간하였다. 이광수가 와세다대학에 입학한지 1년 만에 문학 개론에 해당되는 「문학이란 하오」를 발표할 수 있었던 것은 시마무라 호게쓰와 혼마 히사오가 문학 개론을 활발하게 연구하고 있었기 때문이다. 시마무라 호게쓰가 미학 영역에서의 지정의 문제를 문학 영역으로 도입한 전력이 있기에 이광수는 「문학이란 하오」에서 지정의 삼분법으로 문학을 설명할 수 있었던 것이다.

와세다대학 재학 중에 이광수는 진화론적 사상을 분명하게 드러냈다. 그는 총독부의 기관지 『매일신보』에 「동경잡신」(1916), 「대구에서」(1916), 「신생활론」(1918) 등 논설과 함께 『무정』(1917)을 발표하였다. 『무정』에서는 진화론이 『성경』을 대신할 것이라고, 「동경잡신」에서는 진화론이 신문명의 총원천이라고 주장할 만큼 제2차 일본 유학 시절의 이광수는 진화론에 빠져 있었다. 동 시기 이광수는 『학지광』, 『청춘』 등의 조선잡지에도 기고하였다. 『학지광』에 실린 「공화국의 멸망」(1915.5)은 와세다대학에 입학한 후 처음으로 발표한 글로, 이 글에서 이광수는 법률로 대변되는 근대문명이 전통적 질서를 파괴했다는 사실을 한탄한다. 김윤식은 이를 근거로 「공화국의 멸망」이 진화론과 정반대의 입장을 취한다고 지적한다.[26] 그러나 「공화국의 멸망」은 1914년에 발표된 「모범촌」과 같은 맥락에 놓여 있는 것으로 상호부조 단체의 조직을 지향하는 작품이다. 크로포트킨이 지적했듯이

26 김윤식, 앞의 책, 535면.

상호부조도 진화의 한 요소이다. 와세다대학 시절의 이광수의 글 속에는 상호부조와 생존경쟁이 모두 투영되어 있다.

이광수가 대한제국 국권의 상실을 경험하였다면 저우쭤런은 청나라의 몰락을 경험하였다. 앞에서 언급했듯이 1900년 조부의 독서 시동을 하다 명절을 쇠러 귀향했던 저우쭤런은 의화단운동으로 인하여 항저우로 돌아가지 못하였다. 의화단운동은 1899~1901년에 '부청멸양扶清滅洋'이라는 구호를 외치며 일어난 반제국주의운동이었다. 산둥에서 농민운동으로 시작된 의화단운동은 베이징과 톈진을 운동의 근거지로 삼았고, 심지어 저우쭤런의 고향인 저장성까지 파급되었다. 저우쭤런은 열여섯 살에 이 역사적인 사건을 경험하였다. 의화단운동은 반제국주의의 기치를 들었기 때문에 한때는 청나라 정부의 지지를 받기도 하였다. 영국, 프랑스, 러시아, 일본 등의 침략 세력은 의화단이 교회를 불태우고 선교사를 죽인다는 구실로 연합하여 군대를 파견하였다. 연합군은 의화단운동을 진압했고, 그 과정에서 베이징이 점령당하고 서태후가 시안西安으로 탈출하였다. 그 결과 신축조약이 체결되어 중국은 반식민지에 한 발 더 가까워졌다.

이런 상황에서 저우쭤런은 의화단운동에 주목하였다. 그는 일기에 이 역사적 사건에 대하여 기록하였다. "듣기로 근처에 있는 교회와 서양인이 모두 달아났다. 권비拳匪가 승리하는 것이 확실한가 보다. 이를 듣고 며칠 동안 기뻤다."[27] 의화단운동은 저우쭤런의 민족의식을 자극시켰다. 그는 일기에 "서양인을 쫓아내는 것이 바로 지금이다"라고 큰 글자로 썼

27 周作人, 『周作人日記』 上, 大象出版社, 1998, 148면.

다. 의화단의 제국주의 저항운동에 젊은 저우쭤런은 흥분하였다. 그런데 이 사건은 저우쭤런이 민중에 대하여 부정적 시선을 갖는 계기가 되기도 하였다. "톈진 해군 학당을 헐어버렸다고 들었다. 이런 권비는 비록 부청멸양이라는 말이 있지만 여전히 국가의 완민頑民이다."[28] 저우쭤런은 의화단을 부를 때 권비, 즉 비적이라는 단어를 사용했다. 저우쭤런은 저항운동의 주축이었던 민중의 역량을 인정하면서도 농민들의 폭력성은 긍정할 수 없었다.

강남수사학당에서 공부하던 저우쭤런은 1906년 여름에 일본 동경으로 향했다. 그는 국비 유학생 시험을 통과했으나 근시라는 이유로 유학생 자격을 바로 얻지 못한다. 저우쭤런은 토목공학을 배운다는 전제하에서야 유학생 신분을 허락받고 유학길에 오를 수 있었다. 일본에 도착하여 형 루쉰이 살고 있는 혼고 유시마湯島 2초메丁目 복관伏館에 머물다가 1907년 봄에는 혼고 도다케초東竹町 중월관中越館, 1908년 4월에는 혼고 니시카타마치西片町 10번지 7호 오사伍舍, 12월에는 혼마 니시카타마치 10번지 19호로 자주 거처를 옮겼다.[29] 저우쭤런은 일본 유학생활이 매우 즐거웠다고 회상하였다.

> 나는 일본에서 몇 년 동안의 유학생활은 즐겁게 보냈다. 아파트 주인이나 경찰로부터 학대를 받지 않았고, 루쉰에게 큰 충격을 준 중국 스파이 총살 사건을 만나보지도 않았다. 최초의 몇 년 동안 모든 대외적 교섭은 모두 루쉰이 대신해 주었기 때문에 매우 평안 무사하였다.[30]

28 위의 책, 144면.
29 止庵, 앞의 책, 26면.

1909년 3월에 저우쭤런은 세 번째 하숙집의 하녀인 일본 여성 하부토 노부코羽太信子와 결혼하였다.

일본에 도착한 저우쭤런은 유학생회가 조직한 강습반에서 일본어를 배웠다. 1907년 여름 호세이대학法政大學 특별 예과에 입학했던 저우쭤런은 1908년 가을에 그리스어를 배우기 위해 릿쿄대학立敎大學으로 학적을 옮겼다. 그는 그리스어를 배우려는 이유를 "『신약』 적어도 네 가지의 복음서를 불경처럼 고아하게 번역하고 싶었기 때문"이라고 밝혔다.[31] 그리스어 공부는 저우쭤런으로 하여금 서구 근대문명의 원천을 엿볼 수 있게 해 주었다. 그가 그리스문명과 중화문명이 비슷하다고 자신 있게 말했던 것도 그리스어에 능통했기 때문이었다. 대학 시절 배운 그리스어는 1949년 이후 그가 고대 그리스문학의 번역에 몰두할 수 있던 이유이기도 하다. 저우쭤런은 강남수사학당과 일본 유학생 시절에 배양한 우수한 언어 능력을 바탕으로 다종다양한 지식을 습득하고 서구 근대사상을 흡수하여 중국에 소개하였다.

도쿄에서 저우쭤런은 루쉰과 함께 장타이옌을 만나게 되었다. 1908년 7월부터 장타이옌의 집에서 『설문해자說文解字』 등을 읽으면서 음운학을 배우기 시작하였다. 저우쭤런은 장타이옌의 가장 큰 공헌은 문자학, 음운학에 있다고 보았다.

> 진정으로 학업을 전수하고 사상을 깨우쳐서 나의 스승으로 부를 수 있는 사람은 선생 하나뿐이다.[32]

30 周作人, 『知堂回想錄』, 香港 : 三育圖書文具公司, 1980, 188면.
31 위의 책, 220면.

저우쭤런은 중국과 일본의 여러 학교에서 수학했지만 장타이옌만을 선생님으로 인정하였다. 문자를 연구하던 장타이옌은 일본에 새로 유입된 수사학에 관심을 가졌고, 이는 저우쭤런에게도 영향을 미쳤다. 일본에 체류 중에 발표한 「문장론」과 「애현편哀弦篇」에서 저우쭤런이 문자와 언문일치에 대하여 숙고한 것은 수사학의 영향이 컸다.

저우쭤런은 적지 않은 나이인 스물두 살에 일본 유학을 시작하였고, 유학생활 중 그의 관심사는 학교 공부가 아니었다. 국비 유학생이었던 그는 이광수가 겪은 학비 중단 같은 문제와 조우하지 않았고, 생활상의 문제는 루쉰이 해결해 주었다. 유학생활을 여유롭게 보낼 수 있었던 저우쭤런은 서점을 찾아다녔다. 마루젠丸善 서점은 저우쭤런이 자주 방문했던 서점이었다. "건물은 그다지 크지 않고 사방에 모두 서가인데 중간에 책상이 있고 새로 들어온 책이 진열되어 있어 손님이 자유롭게 훑어볼 수 있다."(「東京的書店」, 7 : 345) 마루젠 서점에서 저우쭤런은 텐Hippolyte Taine의 『영국문학사』, 브란데스Georg Brandes의 『폴란드 인상』, 안데르센Andersen의 동화, 앤드류 랭Andrew Lang의 논설, 그리고 엘리스Havelock Ellis의 저작 등을 구입하였다. 사가미야相模屋라는 헌책방도 저우쭤런의 단골 서점이었다.

> 1906년 가을 나는 처음으로 이 서점에 왔는데, 헌책 한 권을 샀다. Maurus Jokai가 쓴 *Told by the Death's Head*인데, 첫 페이지에 로마 글자로 'K. Tokutomi, Tokio Japan. Jun 27th, 1904'로 씌어져 있다. 딱 보면 『불여귀』의 저자 도쿠토

32 周作人, 「謝師本」, 『周作人散文全集』 4, 廣西師範大學出版社, 2009. 743면.

미 로카의 책인 것을 알 수 있다.[33]

1906년 가을은 저우쭤런이 막 일본에 도착했을 무렵이다. 일본에 도착하자마자 그는 일본을 포함한 세계문학에 몰두하였던 것이다. 서점에서 책을 보고 집에 가면 "이미 열한 시, 열두 시쯤 되었다". 저우쭤런은 귀국 후에도 단골 서점 사가미야를 통해서 서양 서적과 잡지를 구입하였다. "근대 일본은 '세계지창'이라고 불렸다. 일본의 출판계, 독서계는 서구의 사상문화의 흐름에 특별히 민감하여 새로운 책(시대정신을 영향하는 저작)이 나오면 가장 빠른 속도로 번역 출판하였다. 이는 '신대륙'을 발견하고 서구문화에 갈등을 느낀 저우쭤런에게 매우 큰 편리를 제공해 주었다."[34]

서양의 서적을 읽으면서 저우쭤런은 루쉰을 따라서 『신생新生』이라는 잡지를 창간하여 외국문학 번역을 통하여 민족해방에 기여하고자 하였다. 그러나 잡지를 만드는 데 필요한 경비가 부족하여 『신생』은 출간되지 못하였다. 비록 『신생』은 만들어지지 못했지만 저우쭤런은 외국문학을 계속 번역하였다. 1906～1909년 저우쭤런은 헝가리 소설가 모르 요까이Mór Jókai의 소설 『한 명의 신*Egy az Isten*』, 헨리 라이더 해거드Henry Rider Haggard와 앤드루 랭Andrew Lang의 『세계의 욕망*The World's Desire*』, 그리고 A. 톨스토이Aleksei Tolstoy의 『백은 공작*Князь Серебряный*』을 각각 『匈奴奇士錄』, 『紅星佚史』, 『勁草』로 번역하였다. 『紅星佚史』의 원고는 잃어버려 출간으로 이어지지 못했지만 『紅星佚史』와 『匈奴奇士錄』는 상하이 상무인서관商務印書館

33 위의 글, 345면.

34 錢理群, 『周作人傳』, 北京十月文藝出版社, 1989, 123～124면.

에 의해 각각 1907년, 1909년에 출간되었다. 이 외에도 저우쭤런은 루쉰과의 공역으로 1909년 3월에 『역외소설집域外小說集』 제1권, 1909년 7월에 『역외소설집』 제2권을 출간하였다. 『역외소설집』은 단편소설집으로, 제1권에 총 7편의 소설이 수록되어 있는데 그중 5편을 저우쭤런이 번역하였다. 제2권은 총 9편으로 저우쭤런이 번역한 것이 8편이었다. 1900년대 초까지도 중국 지식인들이 장편소설인 장회체章回體를 창작하고 감상하는 것이 주류였기 때문에 『역외소설집』은 성공적인 반응을 이끌어내지 못했다. 시대를 너무 앞서간 탓이었다. 그러나 일본에서 펴낸 『역외소설집』은 단편소설이라는 형식을 중국으로 도입하는 작업이었다는 점에서 큰 의미가 있다.

번역 작업을 지속하는 한편 저우쭤런과 루쉰은 자신의 목소리를 내기 시작하였다. 두 사람은 『허난河南』에 글을 기고하기 시작했다. "난징에서 알게 된 한 친구, 손죽단이라고 하는데 혁명을 하는 사람이다. 갑자기 우리를 찾아와서 허난성 유학생이 잡지를 하는데 기고하는 사람이 부족해서 도와달라고 하였다. 총 편집인은 류선수이다." 류선수劉申叔는 류스페이劉師培로, 선수는 그의 호이다. 이 잡지 제4·5호에 저우쭤런은 「문학론」을 발표하였다. 루쉰 역시 『허난』에 「인간의 역사人間之歷史」, 「악마파 시의 힘摩羅詩力說」, 「문화편지론文化偏至論」 등 많은 글을 발표했지만 저우쭤런처럼 체계적으로 근대적 문학을 설명하지는 못하였다. 저우쭤런은 마루젠 서점에서 구입한 헌트Theodore Whitefield Hunt의 『문학론*Literature : Its Principles and Problems*』에 기초하여 중국 최초의 근대문학론인 「문학의 의의와 사명 그리고 최근 중국논문의 오류를 논함論文章之意義暨其使命因及中國近時論文之失」(이하 「문장론」)을 발표하였다.[35] 「문장론」의 속편에 해당되는 「애현설」도 『허난』에 발표되었다. 저우쭤런과 루쉰이 『허난』에 발표한 글들은 당시에는 특별한 호응이 없었다. "중요한 것은 저우 씨 형제가 중국 현대문학사상에 있어, 자신의 독립적인 목소리를 냈다는 점이다. 이전에 그들은 옌푸, 량치차오, 장타이옌의 학생일 뿐이었다."[36] 『허난』에서 수행한 작업을 통해서 저우쭤런과 루쉰은 문학사상가로 성장하였다.

류스페이의 『허난』은 저우쭤런에게 그만큼 중요한 매체였다. 류스페이는 문학사상가로 성장할 기회를 주었을 뿐 아니라 아나키즘사상으로 저우쭤런에게 큰 영향을 주었다. 『허난』의 총편집인 류스페이는 도쿄에서 『천의보天義報』를 창간하였는데, 『천의보』는 중국 아나키스트의 기관지였다. 저우쭤런은 루쉰을 통해서 1902년에 헉슬리의 『진화와 윤리』를 접했고, 이는 저우쭤런의 일기를 통해서 확인할 수 있다. 1902년 1~2월의 일기에 『진화와 윤리』을 읽었다는 기록이 남아 있다. 진화론은 중국이 서양 열강의 침략으로 몰락해가는 과정에서 소개되어 중국 지식인에게 큰 영향을 주었다. "진화, 경쟁, 도태 등 용어는 차츰 신문 잡지의 숙어가 되고 애국지사의 '말버릇'이 되었다."[37] 저우쭤런도 역시 진화론을 진지하게 수용하였다. 1904년에 발표한 「생사설」에서 그는 생존경쟁의 세계에서 민족을 구원해야 한다고 주장하였다. 진화론을 적극 수용하던 저우쭤런은 량치차오의 학설에 설득되었다. 1902년의 일기는 량치차오의 글과 량치차오가 창간한 『청의보』와 『신민총보』를 읽었다는 내용으로 채워져 있다. 일본에서 저우쭤런은 기존의 진화론에 더해 크로포트킨의 상

35 저우쭤런은 헌트의 *Literature : Its Principles and Problems*을 『문학론』으로 번역하였다. 본서는 저우쭤런의 번역을 따른다.

36 錢理群, 앞의 책, 130면.

37 위의 책, 99면.

호부조론이라는 진화론의 새로운 주장을 받아들였다. "크로포트킨은 자연학자인데 상호부조로 무정부를 주장한다." 저우쭤런에게 크로포트킨의 아나키즘사상은 상호부조론적 아나키즘이었다. 1907년부터 저우쭤런은 『천의보』에 크로포트킨과 관련된 글을 발표하기 시작하였다. 1907년 9월에는 「시베리아의 죄수西伯利亞的囚」, 같은 해 11월에는 「점두감옥서를 보는 소감見店頭監獄書所感」을 『천의보』에 발표하여 크로포트킨의 사상을 소개하고, 「러시아혁명과 허무주의의 차이」를 동년 동월에 발표하여 아나키즘과 허무주의를 소개하였다. 1908년에는 크로포트킨의 「시베리아 기행」이라는 글을 번역하여 장타이엔이 편집한 『민보』에 발표하였다. 저우쭤런은 류스페이의 『허난』에 자신의 문학론을 펴냈고, 역시 류스페이의 『천의보』를 통해서 아나키즘사상을 접하고 수용하였다. 이 아나키즘사상은 1920년대의 '신촌' 문화운동의 이론적 근거가 되었다.[38]

아나키즘에 관심을 가졌던 저우쭤런은 1910년에 이른바 대역 사건을 경험하였다.

> 메이지 44년(1910) 1월 24일 나는 대학(릿쿄대학-인용자) 앞을 걷고 있는데 갑자기 신문의 호외 소리가 들렸다. 한 장을 샀더니 깜짝 놀랐다. 그 신문에는 '대역 사건'에 대한 재판과 집행이 실렸다.

당시 일본 정부는 '대역'이라는 죄명으로 고토쿠 슈스이幸德秋水를 비

38 루쉰도 1908년에 아나키즘을 고평하였다. 1908년에 발표한 「문화편지론」에서 루쉰은 슈티르너(Stirner Max)의 개인주의적 아나키즘을 '진정한 진보'로 보았다. 저우쭤런이 크로포트킨의 상호부조론적 아나키즘을 수용한 것과 달리, 루쉰은 슈티르너의 개인주의적 아나키즘에 관심을 기울였다.

롯한 24명의 아나키스트를 체포하여 고토쿠 슈스이를 포함한 12명을 사형시켰다. 이 일은 저우쭤런에게 엄청난 충격을 주었다. 일본 정부의 학살은 일본 전통문화를 사랑했던 저우쭤런에게 일본의 다른 측면을 체험하게 하였다. 대역 사건이 불러일으킨 감각은 1920년대 일본의 침략에 대한 비판으로 이어졌다.

대역 사건의 충격과 더불어 저우쭤런의 경제적 형편도 어려워졌다. 먼저 귀국한 루쉰이 1911년 3월에 편지를 보내왔다. 루쉰은 프랑스어를 배우고 싶다는 저우쭤런의 요청에 "프랑스어가 쌀과 고기로 변하지는 못한다"고 답했다. 쇠락해 가는 집안 형편은 더 이상의 유학생활을 허락하지 않았다. 결국 1911년 5월 루쉰이 도일하여 저우쭤런 일가를 데리고 귀국하게 되었다.

저우쭤런이 고향으로 돌아온 지 한 달이 지난 1911년 10월에 신해혁명이 발발하였다. 신해혁명은 청나라의 통치를 전복시키면서 중국의 봉건 전제 제도에 종지부를 찍었다. 신해혁명으로 1912년 1월 1일 쑨원孫文이 임시 대통령에 취임하여 중화민국이 성립되었다. 저우쭤런은 신해혁명의 발발과 중화민국의 성립을 직접 경험하였지만, 혁명에 대하여 냉담한 태도를 보였다. "신해년 가을 나는 사오싱에 돌아와서 계속 집에만 숨어 있었다. 비록 혁명과 같은 대사건을 만났지만 나가서 보지도 않았다."[39] 저우쭤런이 의화단운동으로부터 민중운동은 폭력성을 동반하며 혁명은 새로운 질서를 만들어 낼 수 없다는 믿음을 얻었기 때문이었다. 불행히도 그의 판단이 틀리지 않았다. 혁명이 일어나고 중화민국도

39 周作人,『知堂回想錄』, 香港 : 三育圖書文具公司, 1980, 252면.

건국되었지만 중국의 현실은 달라지지 않았다. "광복 후, 사오싱시는 한동안 시끄러워졌으나 모든 것이 예전으로 돌아갔다. 군 정부가 성립한 후 왕금발의 부하들은 권력을 휘두르고 돈을 거두는 일만 하였다."[40] 저우쭤런은 1912년 2월에 「민국의 특징이 어디에 있는가民國之徵何在」라는 글을 발표하면서 중화민국의 공화제는 봉건제와 다르지 않다고 지적하였다.[41] 이어서 발표한 「용중의 책임傭衆之責任」에서 민족의 개조가 민족성의 개조에 있다고 밝히면서 저우쭤런은 혁명가가 아닌 사상가로서의 면모를 분명하게 드러냈다.

3. 민족의 재건

중화민국 성립 후 저장성 교육국장은 저우쭤런에게 과장이라는 직무를 주었다가 저장성 독학督學으로 임명하였다. 중화민국 정부에 실망했던 저우쭤런은 집안일을 핑계로 직장에 나가지 않다가 1912년 6월이 되어야 출근하였다. 그는 출근한 지 한 달이 지나서 병가를 내었고, 집으로 돌아간 뒤 복귀하지 않았다. 저우쭤런은 1913년에는 현縣 교육회 회장으로 뽑혔고, 저장성 제5중학 영어교사의 임명장을 받았다. 이후 4년 동안 교육회 회장과 영어교사를 역임하였다.

1917년 4월 저우쭤런은 베이징대학 총장 차이위안페이蔡元培의 초청

40 錢理群, 앞의 책, 164면.

41 1925년에 루쉰도 회고에서 비슷한 심경을 드러냈다. "나에게 이른바 중화민국은 없는 것 같았다. 혁명 전에 나는 노예였고, 혁명이 얼마 안 지나서는 노예에게 속아 그들의 노예가 되었다." 魯迅, 「忽然想到」, 『魯迅全集』 3, 人民文學出版社, 1973, 16면.

으로 고향을 떠나 베이징대학의 교수가 되었다. 이는 저우쭤런 인생의 전환점이 되었다. 베이징대학에서 그는 유럽문학사와 로마문학사를 담당하였다. 이 시기에 강의록으로 작성한 『유럽문학사歐州文學史』는 문언문으로 쓰였고 1918년에 출간되었다. 문필활동을 시작한 1904년부터 저우쭤런은 번역과 논설에 모두 문언문을 사용하였다. 1917년 1월 베이징대학 교수 후스胡適는 『신청년』지에 「문학개량추의文學改良芻議」를 발표하여 백화문운동을 불러일으켰다. 1918년부터 저우쭤런은 백화문운동의 영향으로 더 이상 문언문으로 글을 쓰지 않았다.

『신청년』은 4권 1호(1918.1)부터 백화문으로 간행되었다. 저우쭤런은 이 호에서 첫 백화문 번역문을 선보임으로써 『신청년』에 본격적으로 가담하였다. 저우쭤런은 『신청년』에서 지속적으로 서구의 문학사상을 번역하고 문학론을 발표하는 한편 리다자오李大釗 등과 함께 새로운 잡지인 『매주평론每週評論』을 창간하여 문학혁명을 주창하였다. 『매주평론』의 편집회의에 참여한 지 한 달도 안 되어서 저우쭤런은 세 편의 중요한 논문인 「인간적 문학人的文學」, 「흑막론論黑幕」, 「평민문학平民文學」을 완성하였다. 세 편의 논문은 저우쭤런이 이미 문화혁명의 이론적 근거를 마련하고 있었음을 말해준다. 천두슈陳獨秀는 저우쭤런의 문학론을 환영하였고, 저우쭤런에게 「인간의 문학」을 극찬하는 편지를 보냈다.

『신청년』과 『매주평론』은 가장 현저한 위치에 저우쭤런의 이 글들을 게재하였다. 이 논문들은 발표되자마자 문단을 뒤흔들어 놓았다. 1935년에 후스는 『중국신문학대계』, 「건설이론집」의 서문에서에서 저우쭤런의 「인간의 문학」을 "'당시 문학 내용 개혁에 있어서 가장 중요한 선언'이라고 말하였다".[42] 저우쭤런은 이어서 「사상혁명思想革命」, 「신문학의 요구新文學的要求」, 「성서와 중국문학聖書與中國文學」 등의 논문을 발표하면서 중국문학혁명에 이론적 기초를 다졌다. 『신청년』과 『매주평론』에 발표된 저우쭤런의 글은 인간의 발견과 문학의 발견을 하나로 통합하였고, 5 · 4의 혁명정신을 문학 영역으로 도입하였다. 이 시기의 저술활동에 힘입어 그는 5 · 4운동의 정신적 지도자가 되었다. 1919년 4월 저우쭤런은 부인을 데리고 일본에 갔다가 5 · 4운동의 소식을 듣고 서둘러 귀국하였다. 그러나 그가 중국으로 돌아왔을 때는 이미 5월 18일이었고, 5 · 4신문화운동의 정신적 지도자는 5 · 4운동의 현장에 참여할 수 없었다.

문학혁명을 주창하면서 저우쭤런은 일본의 아타라시키무라운동에도 관심을 갖게 되었다. 저우쭤런은 당시 일본문학계에서 유행하던 자연주의를 인생에 도움이 되지 않는다고 배격하였다. 그는 자연주의를 중국에 소개하는 대신에 사회 개혁을 목표로 한 아타라시키무라운동에 적극적으로 참여하였다. 그는 1919년 4월 『신청년』에 「일본의 신촌」이라는 글을 발표하여 아타라시키무라운동을 소개하였다. 1919년 7월에 방일訪日하면서 그는 아타라시키무라를 찾았다. 베이징으로 돌아온 그는 아타라시키무라 방문 경험을 바탕으로 아타라시키무라에 관한 일련의 글을 발표하고, 『신청년』에 아타라시키무라의 지부를 만든다는 공고를 냈다. 저우쭤런이 처음으로 발기한 중국의 아타라시키무라운동 즉 '신촌문화운동'은 리다자오, 마오쩌둥毛澤東 등의 강력한 지지를 받았다. "지금 보기에 신촌의 이상은 실현하기 어렵다. 그러나 당시 창시자의 굳센

42 錢理群, 앞의 책, 207~208면.

결심과 의지는 상당히 존경할 만한 것이다. 혁명을 기대하면서도 걱정하는 마음은 이를 통해서 조금이나마 위로를 받을 수 있었다. 그래서 그때 나는 신촌의 이론을 선전한 적이 있었다."[43] 그가 자택에서 '신촌' 지부를 만들어 '신촌'의 정신을 널리 전파하는 것은 중국사회를 개조하려던 시도였다. 그러나 현실과 괴리되었던 그의 신촌문화운동은 실패로 끝났다.

'신촌'운동이 실패한 후 저우쭤런은 늑막염으로 1년간 투병생활을 하였고 1921년 10월이 되어서야 다시 베이징대학에서 강의할 수 있었다. 1922년 1월부터 그는 『진보辰報』에서 「자신만의 마당自己的園地」이라는 란을 열었다. 「자신만의 마당」 첫 번째 기고문에서 그는 사회심리, 사회의 유행 사상에 따르지 않고 자신의 마음에 따라 개성의 해방을 추구하겠다고 선언하였다. "그는 5·4 시기의 '잡화점' 같은 사상 중에 가장 급진적이고 이상주의 색채가 짙은 공산사회주의를 버리고 '개인 본위주의' 사상을 유지하고 발전시키려고 하였다."[44] 개성주의는 5·4의 본질이었고 저우쭤런은 여전히 5·4정신을 지키고자 하였다.

그러나 5·4운동 이후 대다수의 지식인은 개성주의를 버리고 프로문학의 집단주의를 선택하였다. 1922년 3월 청년학생들에 의해 이른바 비非기독교운동이 흥기되었는데, 비기독교운동은 중국에서의 기독교 선전을 반대하는 운동이었다. 기독교를 반인류적인 것으로 규정하는 이 운동은 매우 비이성적으로 발전하였으나 천두슈와 리다자오 등 5·4운동의 지도자들 비기독교운동에 참여하였다. 저우쭤런은 신앙의 자유를 부

43 周作人, 『知堂回想錄』, 香港 : 三育圖書文具公司, 1980, 392면.
44 錢理群, 앞의 책, 248면.

정하는 비기독교운동을 반대하며 첸쉬안퉁錢玄同 등과 「종교 신앙 자유를 주장하는 선언主張信教自由宣言」을 발표하였다. 「종교 신앙 자유를 주장하는 선언」의 골자는 인간에게는 종교 신앙의 자유가 있기 때문에 이를 파괴하면 안 된다는 것이었다. 「종교 신앙 자유를 주장하는 선언」이 발표되자 수많은 지식인들이 이를 비난하였다. 천두슈도 공개장을 발표하여 비기독교운동을 반대하는 저우쭤런을 '적대 사상'으로 규정하였다. 비기독교운동은 사실상 중국공산당이 지도하는 것이었고 천두슈와 리다자오 등은 이미 중국공산당에 기울어 있었다.

공산당이 주도하는 새로운 운동과 부딪히던 시기에 저우쭤런은 그의 인생에서 가장 중요한 사건과 맞닥뜨리게 되었다. 1923년 7월 18일 저우쭤런은 루쉰에게 더 이상 자신의 집으로 오지 말라는 편지를 보냈다. 결국 8월 2일에 루쉰이 저우쭤런과 함께 살던 집에서 나오면서 저우쭤런은 형인 루쉰과 결별하게 되었다. 저우쭤런이나 루쉰은 두 사람의 결별에 대하여 아무 말도 하지 않았다. 연구자들은 루쉰과 저우쭤런의 결별을 사상적 충돌이 아니라 가정 내부의 갈등으로 보고 있다.

가정 내외에서 불화와 갈등이 있었지만 저우쭤런은 여전히 왕성한 문필활동을 이어갔다. 그는 「정시情詩」, 「사랑의 창작愛的創作」 등에서 인간의 본능인 사랑과 성을 탐구면서 엘리스를 집중적으로 소개하였다. 저우쭤런은 인간이 자신에 대한 이해가 선행되어야만 진정한 개인주의를 실현할 수 있다고 생각하였다. 1918년에는 귀스타브 르 봉을 명시적으로 언급하면서 민족성 문제를 탐구하기 시작하였다. 1923년 6월에 「중래重來」, 1929년 5월에 「위대한 바람 잡기偉大的捕風」를 발표하여 민족성 문제를 지속적으로 거론하였다. 저우쭤런이 보기에 중국이 안고 있는 문제들의 근원에는 민족성이 있었다. 5·4운동 시기부터 드러난 군중의 맹목성은 비기독교운동을 통해서 더 확대되었다. 이 문제를 개선하기 위해서 그는 아동 문제, 여성 문제, 신화 등에 몰두하였다. 1924년 11월 저우쭤런은 첸쉬안퉁 등과 함께 『어사語絲』를 창간하였다. 그는 창간사에서 사상의 자유과 아름다운 생활을 추구한다고 『어사』 창간의 의의를 밝혔다.

1925년 5월 5·30운동이 일어나고, 1926년 3월에는 3·18학살사건이 발생하였다. 당시 중국에서는 군벌의 전제와 학살이 끊이지 않았고, 저우쭤런은 군벌의 폭정을 지속적으로 비판하였다. 1927년 4월에 리다자오가 사형 선고를 받자, 저우쭤런은 「우감偶感」, 「일본인의 호의日本人的好意」 등 글을 발표하여 군벌을 규탄하였다. 또한 1926년에 저우쭤런은 일본에 대해서도 강력하게 비판하였다. 「일본 낭인과 순천시보日本浪人與順天時報」(1925.11.2), 「중국에서의 일본 한문신문在中國的日本漢文報」(1926.1.1), 「중일문화사업위원회가 왜 해산하지 않는가中日文化事業委員會爲甚還不解散」(1926.1.4), 「배일排日」(1926.3.16) 등의 글에서 저우쭤런은 일본이 내건 공영공존이라는 구호가 중국을 침략하려는 속셈을 내포하고 있다고 지적한다.

> 최근에 새로운 명사를 발명하는데 '중일공영동존'이라고 한다. (…중략…) 일본인(유럽인도 마찬가지로)이 우리에게 공존종영하자고 한 것은 내가 너를 먹겠다는 것이다.[45]

45 「在中國的日本漢文報」, 『周作人散文全集』 4, 463면.

따라서 저우쭤런은 배일을 소호한다.

> 중국을 보존하기 위해서 배일하지 않으면 안 된다. (…중략…) 일본은 시시각각으로 중국을 모해하려고 한다.[46]

그는 일본이 중국의 내전에 개입하는 것은 중국을 합병하는 계획이라고 주지시키고 "제2의 조선이 되기 싫으면 배일운동을 서둘러야 한다"고 호소하였다. 아이러니하게도 일본의 침략을 민감하게 경계하던 저우쭤런은 10년 후 친일파가 되었다.

1927년 8월 군벌 장쭤린張作霖이 베이징대학을 경사대학京師大學으로 바꾸었다. 저우쭤런은 대학을 사직하였다가 1928년 11월 베이핑대학北平大學으로 재건될 때 다시 복직하였다. 1928년 북벌은 성공적으로 끝났으나 전제와 학살은 끊이지 않았다. 『어사』가 폐간을 당하고 백색테러가 횡행하던 1929년, 저우쭤런은 결국 은거독서閉門讀書를 선언하였다. 1930년 5월 『낙타초駱駝草』라는 잡지의 출간을 도우면서 활동을 재개한 저우쭤런은 이 잡지를 통해서 "5·4 시기부터 시작한 인간에 대한 연구를 계속 이어간다. 그러나 '계몽'의 목적과 동기가 없어졌다. 이는 강렬한 '개인 취미'적 뉘앙스를 띠"는 쪽으로 나아간다.[47] 이때부터 저우쭤런은 일상생활의 아름다움을 집중적으로 탐구하며 이른바 '미문美文'의 창작에 몰두하였다. 저우쭤런은 계몽사상으로부터 한 걸음 더 멀어졌고 개인적 취미를 추구한 그의 소품문小品文은 좌익 작가로부터 '낙오'라는 비판을 받

46 「排日」, 『周作人散文全集』 4, 531면.
47 錢理群, 앞의 책, 360면.

았다. 1932년 2월에서 4월 사이에 저우쭤런은 푸런대학輔仁大學으로 초청 강연을 떠났다. 강연록은 『중국 신문학의 원류中國新文學的源流』라는 제목으로 출간되었다. 1934년 50세 생일에 그는 자신의 일생을 정리하는 다섯 편의 시, 즉 「오십자수시五十自壽詩」를 발표하였다. 첸쉬안퉁, 후스, 차이위안페이 등도 시를 발표하여 호응해 주었다. 그러나 「오십자수시」는 좌익청년으로부터 '현실 도피', '5·4 전통에 대한 배신'이라는 악의적인 공격을 받았다. 물론 저우쭤런은 「통속문학에 관하여關與通俗文學」, 「아큐의 묵은 빚阿Q的舊帳」, 「존명문학尊命文學」 등의 글을 통해서 프로문학의 공식주의 및 맹목적인 혁명사상을 비판하였다.

1936년에 루쉰이 세상을 떠났다는 소식을 들은 저우쭤런은 강의 일정을 취소하고 침묵하였다. 1937년 7월 일본이 베이징을 점령하면서 베이핑대학 교수진은 대부분 남쪽으로 피난하였지만 저우쭤런은 떠나지 않았다. 일본 정부는 떠나지 않은 저우쭤런에게 계속 임명장을 보냈지만, 저우쭤런은 어떤 임명장에도 응하지 않았다. 그러던 중 1939년 1월 1일 한 사람이 저우쭤런의 집에서 저우쭤런과 방문객에게 총을 쏘는 사건이 벌어졌다. 저우쭤런은 상처를 입었으나 죽지는 않았다. 며칠 후 그는 일본 정부로부터 베이징대학 도서관장으로 임명받았다. 이때부터 그의 친일이 시작되었다. 저우쭤런은 1941년 1월 1일 교육부 장관에 취임하였으나 1943년 2월 위국민정부 내부의 갈등으로 사직하였다. 그 후 『화북신보華北新報』 이사, 『예문잡지藝文雜誌』 사장, 그리고 화북작가협회평의회華北作家協會評議會 주석 등을 역임하였다. 그의 친일활동은 1945년 8월 일본이 무조건 항복을 선언한 뒤 그해 12월 친일이라는 죄목으로 체포되면서 감옥살이로 끝이 났다. 1949년 1월 출옥한 저우쭤런은

1950년 10월 마오쩌둥의 허락으로 자택으로 돌아왔다. 이후 그는 번역과 글쓰기에 몰두하다 1967년 5월 6일 82세의 나이로 세상을 떠났다.

이광수는 제2차 일본 유학 시에 저우쭤런처럼 공부에만 전념하지 않았다. 그는 문학론을 발표하면서 『매일신보』에 『무정』을 연재하였다. 한국 최초의 근대소설 『무정』에서 이광수는 강한 민족주의를 드러냈다. 하지만 『무정』으로 대표되는 왕성한 문필활동의 결과로 그는 폐병에 걸렸다. 병상에서 자신을 간호해 준 허영숙과 사랑에 빠진 이광수는 1918년 10월부터 3개월간 베이징으로 애정의 도피를 감행하였다. 1918년 12월 말경에 이광수는 다시 도쿄로 돌아가서 「2・8독립선언서」를 집필하였다. 1919년 2월 8일 조선청년독립단대회가 열렸을 때 이광수는 이미 도쿄를 떠나 상하이로 향하였고, 3・1운동에는 참여하지 못하였다.

상하이에 도착한 이광수는 영역英譯한 「독립선언서」를 여러 신문사에 돌리고 세계 곳곳에 전보를 보냈다. 1919년 4월 10일과 11일 양일에 걸쳐 이광수는 상하이임시정부 예비 조직에 참석하였다. 내무총장으로 선출된 안창호 밑에서 이광수는 홍보직을 맡았다. 이광수는 임시정부에서 홍보직으로서 『독립신문』의 편집과 사료편찬위원회의 작업을 맡았다. 『독립신문』을 간행하면서 이광수는 편집국장을 거쳐 사장까지 역임하였다. 1920년 1월 임시정부에서 서서히 물러나던 안창호는 미국에서 창설한 흥사단을 상하이에서도 조직하기 시작하였다.[48] 1월 19일 흥사단 입단 문답을 마친 이광수는 상하이 지부의 첫 흥사단 단원이 되었다.

48 "흥사단 사상은 기독교의 청교도주의를 바탕으로 하고, 지사적 민족주의의 사상적 한계를 넘어서서, 현실적 개조, 즉 민족 개개인의 생활 개조에서 출발하여 민족주의로 점진적으로 나아가는 사상이다." 김윤식, 『이광수와 그의 시대』 1, 솔, 1999, 730면.

1921년 2월 상하이에 도착한 허영숙은 이광수를 데리고 조선으로 돌아왔다. 체포되지 않고 무사히 귀국한 이광수는 수많은 비난과 의혹을 받았다. 귀국한 후 그는 「중추 계급과 사회」(1921.7), 「팔자설에 기초로 한 조선인의 인생관」(1921.8), 「소년에게」(1921.11~1922.3), 그리고 「민족개조론」(1922.5)을 발표하였다. 앞의 세 글은 「민족개조론」의 준비 단계로, 「중추 계급과 사회」에서 그는 한 민족에는 지도 계급이 필요하다고 주장하였다. 그는 뒤이은 「팔자설에 기초로 한 조선인의 인생관」과 「소년에게」에서 조선인의 인생관 및 민족성에 좋지 않은 결점이 있기 때문에 조선이 낙후하였다고 역설하였다. 그는 마침내 「민족개조론」에 이르러서 단체라는 방법으로 조선의 민족성을 개조해야 한다고 주장한다. 이는 조선 민족의 후진성을 식민통치의 명분으로 삼은 일본의 논리에 동조한다는 평가를 받고 많은 비난을 받았다.

1922년 1월 이광수는 안창호를 만나러 상하이로 밀행하였다. 상하이에서 안창호를 만난 이광수는 조선에서 총독부의 허락을 받아 2월 12일에 수양동맹회라는 조직을 발기하였다. 이광수는 아베 미쓰이에의 도움으로 수양동맹회의 전문과 규약을 자필로 총독부에 제출했고, 총독부는 민족 개량주의 사상 단체로 수양동맹회를 인가하였다. 이로써 이광수는 민족개조사상을 실천할 수 있는 동력을 얻었다. 실질적으로 수양동맹회는 흥사단의 조선 지부였고 1926년 1월 평양에 있는 동우구락부와 통합되어 수양동우회가 결성되었다. 1929년 11월에는 흥사단과 수양동우회를 합하여 회명을 동우회로 바꾸었다. 수양동우회는 잡지를 발간하여 동우회의 사상을 보급하는 데 힘썼다. 동우회의 활동은 모두 조선 민족의 발전을 목표로 하는 것이었다. 이 점에서는 "수양동우회가 일제하

우리 민족운동에서 큰 몫을 차지한다는 사실에 대해서는 아무도 부인할 수 없"다.

동우회의 기관지 『동광東光』은 1927년 8월에 휴간하였다가 1931년 1월 간디를 표지화로 사용하면서 재간하였고, 1933년 1월에 이르러서 종간되었다. 『동광』 1927년 3월호에는 안창호나 이광수로 추정되는 산옹山翁이 「자조의 정신과 호조의 정신—우리 수양운동의 근본의를 논하여」라는 글을 발표하려다가 삭제되었다. 제목에서 알 수 있듯이 이 글은 상호부조론 사상을 선전하려는 것이었다. 유서柳絮와 이윤재는 『동광』에 집중적으로 상호부조론을 소개하였다. 크로포트킨의 상호부조론은 수양동우회의 동맹이라는 개념과 매우 유사했다. 이는 수양동우회가 상호부조론을 근거로 동우회의 개조사상을 홍보하였음을 짐작하게 한다.

수양동우회를 주도하던 시기에 이광수는 『가실』, 『허생전』, 『재생』, 『단종애사』 등의 장편소설을 비롯한 다양한 문필활동을 전개한다. 1931년에 이광수는 『동아일보』에서 브나로드운동을 전개하였다. 이 운동은 문맹 퇴치에서 출발하여 문화 및 생활 개조로 확장되었다 1935년에 총독부의 탄압으로 브나로드운동이 중단될 때까지 이광수는 조선의 민족개조에 심혈을 기울였고, 장편소설 『흙』을 탄생시켰다.

안창호가 1932년 4월에 체포되었다가 1935년 2월에 석방된 사건은 이광수에게 큰 충격을 주었다. 1935년 겨울에는 이광수를 지속적으로 도와준 아베 미쓰이에가 죽었다. 연이은 흉사로 지친 이광수에게 동우회 사건은 결정타였다. 일본은 전시체제를 정비하면서 모든 사상운동을 말살하려는 계획의 일환으로 1937년 6월 6일 동우회 회원 검거에 착수하였다. 검거 시작 일주일 만에 이광수는 심문을 받았고, 유치장에서 재수감된 안창호를 만났다. 1937년 12월 이광수는 병감에서 보석으로 풀려났다. 안창호도 며칠 뒤 보석으로 풀려나지만 1938년 3월 10일에 사망하였다.

1939년 10월 이광수를 비롯한 250여 명의 문인들이 친일 단체인 조선문인협회를 발기하였다. 이광수는 조선문인협회의 회장으로 추대되었다. 1940년 1월 실시된 창씨개명에 따라 이광수는 가야마 미쓰로香山光郎로 이름을 바꾸었다. 1941년 11월 동우회 사건의 최종 판결은 전원 무죄로 끝났다. 그러나 그 후로도 이광수는 친일 행보를 이어간다. 그는 1944년 11월 중국 난징에서 열린 제3차 대동아문학자대회에 참가하였다. 그는 1943년 7월에 「징병제의 감격과 용의」, 1943년 11월에 「학도여」를 발표하여 노골적으로 학생 징병을 선동하였다. 해방 후 이광수는 은거하다가 서울로 올라왔다. 1949년 2월 반민특위에 구속되었다가 한 달 후에 출옥한 그는 1949년 8월에 불기소 처분을 받았다. 이광수는 1950년 7월 납북되어 병으로 세상을 떠났다.

제3장

상호부조론과 민족심리 진화론

민족 진화에 관한 이론들

1. 괄호 속의 국가—국가에 대한 우회 또는 부정

일본에서 헥켈의 저서 『생리학生理學』이 1882년, 『진화요론進化要論』이 1888년에 출판되고, 중국에서 옌푸의 『천연론天演論』이 1897년에 번역·발표되고 1898년에 간행되면서 동아시아에서 우승열패라는 사회진화론 원리가 보편적으로 수용되었다. 량치차오는 우승열패의 원리를 대응하기 위해 1902년에 출판된 『신민설新民說』에서 '합군合群'이라는 개념을 제시하였다. 량치차오에 의하면 우승열패의 질서 속에서 군群이라는 것이 진화를 추진할 수 있다. 즉 "우와 열은 그 도리가 다른데 군이 이루어질 수 있는지 없는지가 실은 근본적인 문제이다".[1] 또한 군群이라는 개념은 사회 개념이 정착되기 전에 사용하던 것으로, 옌푸는 1897년에 허버트

1 梁啓超, 『新民說』, 遼寧人民出版社, 1994, 104면.

스펜서의 『사회학연구』를 번역하면서 Sociology를 군학群學으로 옮겼다. 군이라는 개념은 후일 사회와 국가 두 가지 의미로 분화되었다. 량치차오에게 '군'이라는 개념은 국가를 의미하였고 량치차오는 약육강식의 세계에서 서구에 대항할 주체를 국가로 설정하였다.

1901년 량치차오는 「국가사상 변천 이동론」이라는 글을 발표하였다. 블룬칠리의 『국가학』에 근거하여 근대국가 개념과 더불어 민족주의라는 개념을 아시아에 소개하면서 국가란 근대적 산물이고 민족주의를 거쳐야만 근대국가가 성립한다는 주장을 펼쳤다. 또한 유럽 국가사상의 흐름을 가족주의 시대→추장주의 시대→제국주의 시대→민족주의 시대→민족제국주의 시대→만국대동주의 시대로 구분하였다. 그의 구분에 따르면 유럽 국가들이 민족주의에서 민족제국주의로 이행하고 있던 것과 달리 아시아 국가들은 제국주의에서 민족주의로 넘어가는 고비에 놓여 있었다.

> 신제국주의가 성행하기 때문에 대외정책뿐 아니라 대내정책도 크게 달라진다. 민족주의에 있어서 국가란 인민에 의존하여 성립되기 때문에 국가는 인민을 위해서 모든 이익을 희생할 수 있다. 제국주의는 인민이 국가에 의하여 존립된다고 주장하기 때문에 국가를 위해서 모든 것을 희생하며 단체를 중요시하고 개인을 가볍게 여긴다.[2]

량치차오에 의하면 민족주의는 평등을 추구하지만 제국주의는 정부

2 梁啓超, 「國家思想變遷異同論」, 『飮氷室合集』 6, 中華書局, 1988, 615면.

가 개인의 자유를 박탈하고 '정부 만능설'을 주장한다. 량치차오는 민족주의야말로 제국주의로 발전한 서양의 침략에 저항할 방도라고 주장하였다. "민족주의란 세계에서 가장 광명정대하고 공평한 주의이다. 타 민족이 우리 민족의 자유를 침범하지 않게 하고 우리도 타 민족의 자유를 침범하지 않는 것이다. 국가 안에서는 인간이 독립하고 국가 사이에서는 국가가 독립한다."[3] 량치차오는 민족주의가 발전하면 평화로운 세계가 이루어진다고 믿었지만 "진화론이 생긴 후 (…중략…) 강권이 공리가 아닌 데도 공리가 될 수밖에 없었다".[4] 량치차오는 「국가사상 변천 이동론」에서 사회계약론과 진화론을 대립되는 이론으로 파악하고 진화론이 민족주의를 파괴했다고 주장하였다. 량치차오가 볼 때 진화론에 근거한 제국주의를 막아내기 위해서는 자국의 민족주의를 육성하는 것이 급무였다. 그런데 량치차오에게 민족주의는 목적이 아니라 수단이었으며, 그의 목적은 근대국가의 건설이었다.

"민족주의를 거치지 않은 것은 국가라고 할 수 없다." 그가 말한 국가는 근대국가로 "사상이 보급된다면 우리 국가의 건설은 멀지 않을 것이다"라는 말에서 알 수 있듯이 동아시아에는 근대국가가 존재하지 않는다는 사실을 인정하였다. 민족주의는 근대국가가 성립하는 기초인데 동아시아에서 "민족주의는 아직 배태되지 못하고 있다". 유럽에서는 제국주의가 우승열패라는 진화론 원리를 내세우고 약소국가를 침략하고 있는데 중국에서는 민족주의의 맹아조차 보이지 않는다. 량치차오는 블룬칠리의 학설에 근거하여 민족에 대하여 다음과 같은 정의를 내렸다.[5]

3 위의 글, 614면.
4 위의 글, 615면.

> 민족이란 풍속, 역사, 혈통의 결과이다. 민족이라는 것은 다음과 같이 가장 중요한 여덟 가지 특질을 지닌다. ①처음부터 한 곳에 거주하며(동거하지 않으면 같은 풍속을 만들기 어렵다. 혹 같은 민족이라도 각지에 분거하며, 혹 이족이라도 한곳에 잡거하기도 한다), ②처음부터 동일한 혈통이며(오래된 경우, 한 민족이 다른 민족을 흡수하거나 다른 민족들이 서로 동화되어 혈통이 같지 않더라도 동일한 민족이 되는 경우도 있다), ③그 지체나 형상이 같으며, ④그 언어가 같으며, ⑤그 문자가 같으며, ⑥그 종교가 같으며, ⑦그 풍속이 같으며, ⑧그 생계(生計)가 같다. 이 여덟 가지가 갖추어지면 부지불식간에 다른 민족과 거리를 두고 하나의 특별한 단체를 조성하게 되고 하나의 고유한 성질을 갖게 되어 이를 자손들에게 전하게 된다. 이것을 가리켜 민족이라 한다.[6]

량치차오가 민족을 강조하는 이유는 "민족이 건국의 유일무이한 원천"이기 때문이다. 량치차오가 서양의 민족 개념과 민족주의를 소개한 것은 근대국가를 만들기 위해서였다. 량치차오가 민족에 대한 정의를 내리고 2년이 지난 1904년에 저우쭤런은 처녀작 「생사설說生死」을 발표했다. 앞에서 1902년부터 저우쭤런이 진화론을 접하고 량치차오의 저술을 숙고했음을 살펴보았다. 주목해야 할 점은 「생사설」에서 저우쭤런이 외부의 침략에 대항하는 주체를 국가가 아닌 민족으로 설정하였다는 사실이다.

5 보통 량치차오의 「동적월단(東籍月旦)」(1899)이 중국에서 민족이라는 단어를 최초로 사용한 사례로 여겨진다. 그런데 「동적월단」이 『신민총보』에 발표된 때가 1902년이었고, 「동적월단」에서 소개된 『윤리통론』의 출판연도가 1902년이라는 사실에 착안하여 량치차오가 민족을 최초로 언급한 인물이 아니라는 주장도 제기되었다. 侯德彤, 「漢文中民族一詞的出現并非始自東籍月旦」, 『東方論壇』, 青島大學, 2002, 126~127면.

6 梁啓超, 「大政治家伯倫知理之學說」, 『飮氷室合集』 13, 中華書局, 1988, 1324면.

> 오늘날 같은 경쟁의 세계에서 (…중략…) 인종 경쟁이 날로 치열해지는데 우리 4억만 인류관人類館 속에 있는 동물처럼 자연도태로 인해 날로 병들고 죽어 없어진다. (…중략…) 이는 우리 중국 민족의 오점이다.[7]

여기서 말하는 민족은 한족漢族을 가리킨다. 1904년에 중국은 청나라, 즉 만주족의 통치하에 있었고, 이 시기 중국에서 국가란 청나라 정부를 의미했다. 청나라는 저우쭤런에게 어떤 존재였는가? 량치차오는 근대국가가 존재하지 않는다고 했지만 저우쭤런이 보기에는 국가가 강권을 행사하고 있었다. 강권을 행사하는 국가는 '양주십일'의 살인자이자 조부를 투옥시키고 가문을 망하게 만든 존재였다. 막 스무 살이 된 저우쭤런에게 국가란 근대국가, 봉건국가 구분할 것 없이 자신을 억압하는 존재였고 통치자 만주족의 국가였다. 「생사설」에서 "한 이민족이 침략하는 것으로도 모자라서 다른 몇 개의 이민족이 또 오는구나" 하고 한탄했던 것도 이 때문이었다. 국가는 이민족인 만주족의 것이었기에 저우쭤런은 민족, 즉 한족을 생존의 단위로 설정하였다.

1906년 만주족에 대한 적대감을 품고 향한 일본에서 저우쭤런은 아나키즘과 조우하였다. 폴 애브리치에 의하면 아나키즘은 막스 슈티르너의 개인주의individualismi, 프루동의 상호주의mutualism, 바쿠닌의 집산주의collectivism, 그리고 크로포트킨의 아나키스트 코뮌주의anarchist communist로 대별된다.[8] 조지 우드코크는 아나키즘을 막스 슈티르너의 개인주의 아나키즘, 프루동의 상호부조론, 크로포트킨의 아나키스트 코뮌주의, 그리고 톨스토이

7 「說生死」, 『周作人散文全集』 1, 17면.
8 폴 애브리치, 하승우 역, 『아나키스트의 초상』, 갈무리, 2004, 110면.

주의로 대변되는 평화주의 아나키즘anarchism pacifist의 네 가지 유파로 분류하기도 한다.[9] 아나키즘에 대한 이들의 분류는 다소 차이가 있지만 분명한 공통점이 있다. 아나키즘은 사회 조직에서 권위주의를 부정하고 권위주의를 토대로 설립된 모든 제도와 규제를 증오한다는 점이다. 따라서 아나키스트들은 공통적으로 국가라는 강권적 존재를 부정하는 특징을 지니고 있었다. 위 분류에서 크로포트킨의 경우 공통적으로 아나키스트 코뮌주의로 간주되고 있으며, 아나키즘적 문제의식 아래에서 크로포트킨은 "국가를 사랑과 인류애의 부정으로 보면서 그는 자발적인 공동체들로 국가를 점진적으로 대체할 것을 요구했다".[10]

1907년 6월 아나키즘 기관지 『천의보』가 창간되어 저우쭤런은 7월부터 투고하기 시작하였고, 이 시기부터 아나코-코뮤지스트로 분류된 아나키스트의 대표 인물 크로포트킨의 저서를 번역하였다. 아나키즘은 저우쭤런에게 국가에 대한 강한 반발심을 불러일으켰다. "오늘날 중국에는 이른바 국가는 없고 조정朝廷만 있다. 그것은 한 가족에 불과하다. 고로 중국의 망국은 그 영향이 한 성씨에만 그친다."(「女禍傳」, 1 : 51) 이런 극단적인 발언에서 청나라 정부에 대한 저우쭤런의 강한 부정을 확인할 수 있다.

> 서양에 애국이라는 말이 있는데 그 뜻은 아버지에서 나오는 것이다. 그리고 국민이라는 것은 그 뜻이 태어남에 두고 있다. 여기서 같은 땅에서 산다는 것은 민족이라고 말하기도 한다. 대개 애국과 국민이라는 것은 정의

9 조지 우드코크, 하기락 역, 『아나키즘』, 형설출판사, 1975, 23~24면.
10 폴 애브리치, 하승우 역, 앞의 책, 430면.

의 측면에서 말하는 것이고, 정부와는 무관한 것이다.[11]

애국과 국민이라는 단어에는 '국國' 자가 들어가 있음에도 불구하고 저우쭤런은 두 용어에서 국가와의 연관성을 제거하고, 그 빈자리에 민족이라는 개념을 집어넣었다. 이 '번역' 작업을 통해서 저우쭤런은 국가를 민족으로 대치시켰다. 민족은 혈통으로 구성되었으므로 정부와는 무관하고, 따라서 입헌제도 부정된다. "지나인이 국민으로 자처하여 정부에게 헌정을 구걸하니 참 이상한 일이다. 민중이 어리석으니 다시 흥하기 어렵다. 입헌설이 국내에 횡행한다."[12] 입헌제는 량치차오가 지지한 정치 제도로, 군주의 권력을 제한하지만 민중은 여전히 정부의 통치하에 있는 제도이다. 입헌제를 부정하면서 저우쭤런은 량치차오의 영향으로부터 완전히 벗어났다.

저우쭤런은 귀국한 후 발발한 신해혁명의 군중운동에 냉담한 태도를 보여주었지만, 혁명이 성공한 후 공화제를 찬양하는 글을 연속적으로 발표하였다. "중국은 만주에 의해 260여 년 동안 지배를 당했고, 전제정치의 아래에 속한 지 이미 2130년이나 되었다. 오늘날에 해방되어 공화가 이루어지니 화하華夏 백성들이 어찌 기쁘지 않겠는가."(「望越篇」, 1 : 224) 신해혁명은 저우쭤런에게 두 가지 의미가 있었다. 첫째는 한족의 해방이요, 둘째는 봉건 전제의 종결과 공화제의 실행이었다. 량치차오가 1902년에

11 「中國人之愛國」, 『周作人散文全集』 1, 75면. "吾聞西方愛國一言, 義本于父, 而國民雲者, 意根於生, 此言地著, 亦曰民族. 凡是愛國, 國民之雲, 以正義言, 不關政府." 저우쭤런의 글은 저자가 한국어로 번역하였으며, 인하대 차태근 선생님의 감수를 받았다. 번역문을 감수해 주신 차태근 선생님께 감사를 드린다.

12 위의 글, 75면.

이미 대민족주의와 소민족주의라는 개념을 제기하였지만, 저우쭤런은 1911년에 이르러서도 여전히 만주족을 배척하였다.

"공화라는 제도는 민중을 주체로 삼는다. 전국의 민중은 모두 인민이자 군주이다."(「國民的自覺」, 1 : 248) 저우쭤런은 공화제가 실현되기 전에 아나키즘의 영향을 받았지만, 신해혁명의 성공과 더불어 공화제를 실행하겠다는 쑨원孫文의 주장에 공감하여 '공화'라는 개념에 희망을 품었다. 이 당시 저우쭤런은 공화를 자치로 이해하였다. 국민이 인민이자 군주라는 주장은 공화제에 대한 기대라기보다는 유토피아적 사상에 가까웠다. 저우쭤런이 꿈꾼 공화제국가는 군대와 경찰이 없는 유토피아적 세계였다. 근대국가를 경험하지 않은 저우쭤런에게 근대국가라는 것은 봉건제와 완전히 구별되는 것으로 억압과 통제가 전혀 존재하지 않는 자치적인 단체였다. 그러나 공화제 중화민국은 근대국가에 대한 저우쭤런의 환상을 깨뜨리고 말았다.

중화민국이 건국된 지 한 달 뒤인 1912년 2월에 저우쭤런은 「민국의 특징이 어디에 있는가」를 발표하였다. "옛날에는 전제정치였지만 오늘날은 공화제이다. 그런데 옛날과 오늘날은 그 차이가 어디에 있는가? 저장浙江이라는 땅은 진실로 하나의 작은 조정이다." 세워진 지 두 달도 안 되는 정부는 저우쭤런을 절망시켰다. 공화제는 선포되었지만 "정부의 위력이 여전하고 백성의 고통은 줄어들지 않았다. 정부는 아침저녁으로 무기를 든 경찰에 의해 지키고 있으며 형벌은 더욱 잔혹해"졌다. 저우쭤런은 만주족의 지배를 종결시킨 신해혁명을 민족의 해방으로 보고 환호하였지만, 한족의 중화민국은 봉건 전제와 별 차이가 없었다. "명목상으로 공화이지만 실제로 전제이다. 대통령이 바로 황제이고 행정 관료는 모두 대통령의 사유물이며 인민은 투표권은 지녔지만 그것은 형식적인 제도에 지나지 않는다."(「共和國的盛衰」, 1 : 241) 1912년에 이르러서야 저우쭤런은 국가=만주족이라는 인식에서 벗어나 근대국가에 대하여 숙고하게 되었다.

> 러셀은 중국인에게 애국심이 결핍되어 있다고 말한 적이 있다. 이는 매우 맞는 말이다. 그러나 내 생각으로는 지금 필요한 애국심은 개인주의적인 것이지 국가주의적인 것이 아니다.-자기 자신을 위해서 애국하지 국가를 위해서 애국하는 것이 아니다. (…중략…) 그들은 옛날의 삼강을 찬성하지는 않지만 국가가 국민의 강이라는 신조를 만들어 추상적인 국가를 봉안하여 사람들의 모든 사상을 통제한다.[13]

위의 글 「희곡에 관한 두 가지 의견」에서 저우쭤런은 국가와 민족을 구분하고 국가를 부정의 대상으로 삼는다. 1917년에 베이징으로 올라간 뒤 저우쭤런의 사상은 더욱 체계화되었다. 이때부터 그는 다시 아나키즘에 대해 관심을 갖고 그 구체적인 실천으로 '신촌' 문화운동에 주목하였다. 저우쭤런이 수용한 크로포트킨의 아나키즘은 정부의 존재를 부정하였다. "야만족들은 개인의 손발을 묶고 개인의 모든 자유를 박탈하였다. 그들은 사람들이 자유로운 발기와 자유로운 협약 위에 수립한 연합을 잊고 모든 점에서 유일한 통치자에 복종할 것을 요구하였다. (…중

13 「對於戲劇的兩條意見」, 『周作人散文全集』 2, 617면. "羅素曾說過, 中國人所缺乏而最需要的是愛國心, 這原是極的確的話, 但我覺得最需要的愛國心是個人主義的而不是國家主義的–為自己故而愛國, 非為國家故而愛國. (…中略…) 他們或者不贊成舊日的三綱, 但是另外卻立起了國為民綱這一信條. 將抽象的國家供奉起來, 統禦人們的一切思想行動."

략⋯) 그러면 이 야만족은 누구였는가? 그것은 바로 국가"였다.[14] 국가는 초기 저우쭤런이 생각했던 자치의 단체가 아니라 개인의 자유를 박탈하는 존재였다. 그것은 봉건제 국가뿐만 아니라 근대국가도 마찬가지였다.

> 이 반동적인 세력이 바로 근대국가 관념에 대한 철저한 실현이다. 이 근대국가의 유일한 목적은 소수인의 이익을 위해서 노동대중에 대하여 가장 폭넓게 착취하는 것이다. (⋯중략⋯) 이 관료경찰 정권은 주로 군사적 역량에 의지하기 때문에 본질적으로는 전제주의이다. 그러나 동시에 허위적인 입헌제 의회라는 외피를 입고 있다.[15]

바쿠닌은 『국가주의와 아나키』에서 근대국가가 여전히 억압적이고 전제적인 존재라고 밝힌다. 이는 1912년에 저우쭤런이 중화민국을 통해서 확인한 바와 같다. 근대국가인 중화민국에 대한 실망은 저우쭤런이 아나키즘에 대한 신념을 강화하는 계기가 되었다.

이와 더불어 주목할 것이 애국이라는 개념이다. 「중국인의 애국」에서 저우쭤런은 애국이 정부와 무관하다고 주장하였다. 위 인용문에서 볼 수 있듯 저우쭤런에게 애국은 국가와는 독립된 개념이었다. 애국은 국가를 위한 것이 아니었다. 「희곡에 대한 두 가지 의견」에서 저우쭤런은 "동물적 애국"이 브란데스Georg Brandes(1842~1927)의 표현이라고 적고 있지만, 바쿠닌이 1873년 『국가주의와 아나키』에서 이미 애국의 동물

14 크로포트킨, 백용식 역, 『아나키즘』, 개신, 2009, 103면.

15 Mikhail Bakunin, 馬驤聰 外譯, 『國家主義與安那其』, 商務印書館, 1981, 11면.

성에 대하여 많은 지면을 할애하여 논의하였다. “지금의 애국주의는 존중할 만한 감정이지만 동시에 편협하고 배타적이고 반인류적인 것이기 때문에 동물적 감정이라 할 수도 있다.” 배타적인 애국주의는 국가를 무엇보다도 우선시하기 때문에 타국을 적대한다. 바쿠닌은 1870~1871년 보불전쟁에서 나타난 프롤레타리아의 행동을 예로 동물적 애국을 설명하였다. “독일 사람이 정치적 조국의 국토를 줄였지만 파리의 공인들이 국가를 철저하게 멸망시키려고 한다.” 바쿠닌에게 파리 프롤레타리아의 행동은 정치적 애국주의와 구별되는 애국주의다. “애국주의에 대한 이런 부정은 인민의 열정에서 나온 것이다. 이는 눈 깜빡할 사이에 사라질 격정이 아니라 매우 깊이 있고 심사숙고하여 이미 민중의식이 되어버린 열정이다.”[16] 파리 프롤레타리아의 애국이 정치적인 애국주의와 구별되는 이유는 파리의 공인들이 국가제도를 종결시키고 파리 코뮌이라는 자치단체를 세웠기 때문이다.[17] 바쿠닌의 입장에서는 나라를 없애는 것이야말로 애국이다.

저우쭤런은 「국영과 국치」라는 글에서 보불전쟁에 대하여 바쿠닌과 같은 관점을 취한다. “비스마르크Bismarck는 보불전쟁 당시에는 독일의 현신으로 평가되었지만 제1차 세계대전은 그가 민족의 죄인임을 증명해준다. 제1차 세계대전이 끝난 후 포슈Ferdinand Foch는 당연히 프랑스의 현신이 되겠다. (…중략…) 그러나 다른 한편으로 이는 민족의 치욕이 아닐 수가 없다.”(「國榮與國恥」, 2 : 380) 비스마르크는 독일이라는 나라의

16 위의 책, 19면.

17 바쿠닌은 파리 코뮌에서 새로운 정부가 수립되지 않았다는 이유로 아나키즘 단체라고 주장한다.

권위를 무엇보다도 중요시하고 파리 코뮌운동을 진압한 인물이며, 포슈는 제1차 세계대전이 종결된 후 독일에 복수 정책을 실시한 인물이다. 비스마르크와 포슈 모두 국가의 이익을 위해서 개인이나 타민족의 이익을 희생시킨 인물이며 국가주의자였다. "국가주의 교육자는 어린이들이 지적으로 충분히 발달되지 못하는 것을 이용하여 각종 수단을 써서 그들을 자신의 신도가 될 수 있도록 가둔다. 이는 사기이자 유괴이다."[18] 저우쭤런에게 국가주의는 개인의 자유를 부정하고 개인을 국가의 도구로 만드는 사상이고 행동이었다. 저우쭤런에게 국가주의는 "민족의 치욕"이었다. 이 시점에 이르러 저우쭤런은 국가와 민족을 완전히 다른 것으로 구분한다. 국가에 있어서는 영광이지만 민족에 있어서는 치욕일 수도 있다. 국가와 민족의 불일치는 저우쭤런이 민족국가를 환상으로 간주하도록 하였다.

> 민국의 기초는 아직 불안정하다. 지금은 실사구시로 하여 민족주의에서부터 출발해야 한다. 나는 국가이기 때문에 사랑해야 한다고 믿지 않는다. (…중략…) 그러나 개인의 생존을 위해서라면 민족주의를 주장할 수 있다.[19]

민국의 기초가 불안정하다는 말은 중국에서 국가를 세우면 안 된다는 뜻이다. "중국의 현재 상황을 보면, 국가주의를 말하지 않으면 안 되는 모양이다. 그러나 지금 이 철갑을 입는 것은 어쩔 수 없는 일이다. 기회

18 위의 글, 381면.

19 「元旦試筆」, 『周作人散文全集』 4, 10면. "民國根基還未穩固, 現象須得實事求是, 從民族主義做起才好, 我不相信為是國家所以當愛 (…中略…) 但為個人的生存起見主張民族主義卻是正當."

만 되면 벗고 개어 수거해야 한다."(「日本人情的美」, 4 : 32) 저우쭤런에 따르면 국가주의는 일시적으로 허용해야 할지는 몰라도 마지막에는 옷장 속으로 거두어야 하는 것이었다.

국가주의는 19세기 유럽에서 유행한 사조로 1902년에 량치차오를 통해서 중국으로 유입되었다. 량치차오는 「세계를 좌우하는 학술 세력」에서 Nationalism을 국가주의로 번역하였다. "블룬칠리가 국가에 대하여 정의를 내린 후부터 국가의 성격, 정신 및 역할이 무엇인지가 알려지기 시작하였다. 이에 따라 국가주의가 세상에 널리 알려진다."[20] 이 글에서 량치차오는 민중이 국가를 위해서 살고 죽어야 한다는 국가주의 사상을 역설한다. 량치차오가 약육강식의 세계에서 부국강병이라는 목적을 달하려고 했기 때문이다. 1923년에 이르면 '중국국가주의청년단'이라는 정당이 프랑스 파리에서 조직되어 국가주의 이론을 선전하기 시작하였다. 1920년대 중국국가주의청년단은 공산당, 국민당과 함께 중국에서 가장 큰 정치 세력이었다. 공산당의 '계급' 개념을 맹렬하게 비판한 중국국가주의자들을 저우쭤런은 강하게 비판하였다. 국가라는 정치단체의 이익을 최고의 이익으로 보는 국가주의는 개인을 중요시하는 저우쭤런에게 비판의 대상일 수밖에 없었다.

저우쭤런과 달리 이광수는 국가 개념을 격렬하게 비판하지는 않았지만, 국가라는 형식을 온전하게 승인하지 않았다. Nationalism은 국가주의, 민족주의, 국민주의 등 다양한 번역어로 유통되었지만 1920년대까지 이광수의 글에서는 민족주의가 아닌 국가주의로 등장하였다.

20 梁啓超, 「論學術之勢力左右世界」, 『飮氷室合集』 6, 中華書局, 1988, 114면.

自然科學과 國家主義의 發達함을 따라 十九世紀 後半 以來로는 宗教는 政治, 經濟, 科學, 文學 等과 같이 文明의 分科에 不過하다는 사상이 보급되었소.[21]

1917년에 발표한 위의 글 「금일 조선 야소교회의 결점」에서 이광수는 국가주의라는 단어를 쓰고 있는데 그것을 교회의 세력을 해체하는 사상으로 인식하고 있었다.

진실로 現代의 人生은 迷路에 立하였습니다. 그네는 國家主義와 帝國主義 土臺 위에서 工業의 發達과 科學의 發明과 軍隊와 刑法과 條約 같은 것으로 人生을 幸福하게 하려고 하였으나 只今에 와서 그네의 믿음의 妄想인 것을 어렴풋이 깨달았으나 어찌하여 좋을 줄을 모르고 彷徨하는 狀態에 있습니다.[22]

1922년에 발표한 「예술과 인생」에서 국가주의라는 단어가 다시 등장한다. 군대와 형벌로 인생에 관여한다는 표현을 통해 짐작할 수 있듯이 이광수가 사용하는 국가주의는 바로 독일에서 기원한 Nationalism이다. 개인보다 국가의 이익을 우선시하는 국가주의는 이광수에게 '망상'일 수밖에 없다. 군대와 법률만으로는 인생에 행복을 줄 수 없을 뿐만 아니라 오히려 군대와 법률이 인간을 불행하게 만든다고 생각했기 때문이다. 인생을 행복하게 만드는 것은 무엇인가에 대한 답으로 이광수는 인생의 예술화 · 도덕화를 제시하였으며, 이 답변에서 크로포트킨의 영향을 간과할 수 없다. 이광수 전집이 출간될 때 크로포트킨에 대한

21 「금일 조선 야소교회의 결점」, 『이광수전집』 17, 21면.
22 「예술과 인생」, 『이광수전집』 16, 29면.

언급이 모두 삭제되었지만, 『개벽』에 발표된 「예술과 인생」에서 주장한 인생의 예술화는 크로포트킨의 이론에 근거하여 제시되었다.

> 나는 생각하기를 人生을 幸福되게 하는 길은 첫재는 예수의 가르침대로 "人生을 道德化하라" 함과 크로포트킨과 타골의 뜻을 합한 意味로 "人生을 藝術化하라" 함에 잇다 합니다. (…중략…) 職業의 藝術化, 크로포트킨의 말을 빌면 勞動의 藝術化는 人生을 幸福되게 하는 最大한 길이외다.[23]

크로포트킨의 자서전을 읽은 이광수는 그가 대표적인 아나키스트라는 사실을 알고 있었을 것이다. 앞에서도 언급했듯 국가와 강권에 대한 부정은 아나키즘의 공통적이고 핵심적인 주장이다. "헌법, 조례, 포고 등 법률은 모두 정부를 보호하는 것으로 인민을 고통스럽게 만드는 것이다. 군주국가, 입헌국가, 공화국은 모두 폭력으로써 부자와 귀족의 이익을 보호한다."[24] 상호부조론에 근거해서 아나키즘을 주장하는 크로포트킨 역시 국가와 법률을 통치자가 사회를 지배하는 도구라고 생각하였다. 국가라는 개념이 처음 등장한 「금일 아한 청년과 정육」(1910)에서 이광수는 '정'을 높이 평가하면서 국가의 폐해를 언급하였다.

> 嗚呼라. 人類를 위하여 組織한 社會國家가 도리어 人에게 苦痛을 與하는 器械를 作하며 人을 위하여 成立한 法律, 道德이 도리어 人을 誤하는 網과 穽을 作하였나니 (…중략…) 다만 人에게 義務의 念만 灌注키를 是務하며 法律, 道

23 이광수, 「예술과 인생」, 『개벽』 19, 개벽사, 1922.1, 4~12면.
24 P. A. Kropotkin, 鐘離蒙 譯, 「法律與强權」, 『無政府主義批判』, 沈陽人民出版社, 1981, 225면.

德에만 服從키를 是求하니[25]

이광수는 국가는 본래 국민을 위해서 만들어졌기 때문에 국민에게 편리를 제공해야 하지만 현실에서 국가는 국민에게 의무만을 요구하며 국가의 법률이 국민의 자유를 박탈한다고 생각하였다. "人은 실로 情的 動物이라, 情이 發한 곳에는 權威가 無하고 (…중략…) 人類의 最上 權力을 握하였도다." 이광수에게 '정'이란 그 앞에 어떤 권위조차 불허하는 강력한 것이었다. 그러나 국가 권력은 인간을 제도의 노예로 만들었다. "정은 국가・윤리(도덕)・종교 등과 같은 외부적 억압기제와 인간의 보편적인(억압 이전의) 내부적 본성을 구분하는 차이를 발생시킨다. 그리고 정의 자유로운 만족에 근거한 사회적 체계를 욕망하게 한다."[26] 국가라는 통치기구는 법률과 도덕으로 '정의 자연적 발로'를 억압하여 이광수가 추구한 정의 만족을 실현 불가능한 것으로 만들었다. 이처럼 그는 국가를 완전히 부정하지 않았지만 긍정적으로 보지도 않았다. 그에게 법률과 국가는 인간을 억압하는 장치였다. 국가에 대한 부정적 인식은 모든 기성의 권위를 부정하는 아나키즘적 태도와 관련이 있다. "국가는 신민만을 인정한다. 국가와 그의 지주인 교회만이 개별적인 개인들 사이의 연결고리가 되는 절대적 권리를 갖게 되었다. 분명한 것은 국가는 시민들 사이의 직접적 관계에 기초한 도시를 필연적으로 파괴하려 노력한다는 것이다."[27] 인간과 인간은 도시를 중심으로 자연스러운 인간관계

25 「아한 청년과 정육」, 『이광수전집』 1, 526면.

26 김동식, 「1910년대 이광수의 문학론과 한국 근대문학의 비민족주의적 기원들」, 『비평문학』 45, 한국비평문학회, 2012, 254면.

27 크로포트킨, 백용식 역, 앞의 책, 115면.

로 발전하는 데 국가는 이를 파괴한다. 크로포트킨에 의하면 국가는 순종만 하는 신민臣民만 인정하고 자유 연합을 용인할 수 없다.

1910년에 대한제국이 사라지면서 조선인은 일본이라는 국가의 신민이 되었다. "비약적으로 발전한 국가가 '그럼에도 불구하고' 자아의 공간을 허락하지 않는 것에 일본 청년들이 반발했다면, 식민지 조선의 젊은이들은 국가가 사라진 상황에서 '그러기 때문에' 온전한 자유가 허락될 수 없다는 문제와 싸워야 했다."[28] 부자유는 여전한데 억압의 주체는 대한제국으로부터 일본으로 바뀌었다. 그런데 억압의 주체가 변한 것은 이광수에게 큰 문제가 되지 않았다. 이광수는 국가라는 형식을 온전하게 승인하지 않았기 때문이다.

> 비록 短時間이나마 또 극히 不確實하게 抽象적으로나마 독립이라든지, 富國强兵이라든지를 이상으로 한 때는 있으되 庚戌 八月에 일한합병이 실행된 뒤로는 거의 沒理想의 狀態에 빠졌으니 (…중략…) 이에 우리는 새로운 民族的理想을 정할 필요가 있으니 그것은 즉 新文化의 産出이라 합니다.[29]

이광수는 독립을 이상으로 보았지만 독립은 불확실하고 추상적인 개념이었다.[30] 국가를 그리 긍정적으로 인식하지 않은 이광수는 국가의 독

28 권보드래, 「진화의 갱생, 인류의 탄생」, 『1919년 3월 1일에 묻다』, 성균관대 출판부, 2009, 129면.

29 「우리의 사상」, 『이광수전집』 20, 160면.

30 류준필은 "독립의 개념에 국가의 독립이라는 의미뿐만 아니라 국민 개개인의 독립이라는 의미도 포함되어 있었다"고 지적한다(류준필, 「독립의 개념과 수사학」, 『동아시아의 자국학과 자국문학사 인식』, 소명출판, 2013, 111면). 한일합병과 부국강병이라는 단어가 사용된 것으로 볼 때 여기서 이광수가 말하는 독립은 국가의 독립이었다.

립을 목표로 설정하지 않고, 국가를 대체할 개념으로 민족을 제시하였다.

한국에서 '민족'이란 용어는 1907년 이후 널리 사용되기 시작했는데 이는 중국의 량치차오가 지은 『음빙실문집』에 실린 '민족'론의 영향을 받은 것이었다.[31] 이광수는 1908년에 발표한 「수병투약」에서 대한민족이라는 단어를 사용하였다.[32] 제1차 유학 중이었던 이광수가 주목한 것은 망해가는 국가가 아니라 4천 년의 역사를 가진 민족이었다. 민족이 역사의 산물이라는 것은 이광수만의 주장이 아니었다.

> 自古로 一民族이 一定ᄒᆞᆫ 土地에 住居ᄒᆞᄂᆞᆫ 者ᄂᆞᆫ 其 民族에 關ᄒᆞᆫ 歷史가 必有ᄒᆞᄂᆞ니 一民族의 歷史는 其 民族과 終始를 갓치 ᄒᆞᄂᆞᆫ 者이오. (…중략…) 祖宗을 尊慕ᄒᆞ고 國家ᄅᆞᆯ 忠愛ᄒᆞᄂᆞᆫ 觀念이 歷史的 精神을 由ᄒᆞ야 感興ᄒᆞ며 英雄을 崇拜ᄒᆞ고 民族을 親護ᄒᆞᄂᆞᆫ 觀念도 亦此를 由ᄒᆞ야 發生ᄒᆞ나니 一 國家ᄂᆞᆫ 其 民族의 歷史上 産物이오. 歷史ᄂᆞᆫ 其 民族을 支配ᄒᆞᄂᆞᆫ 標本이라.[33]

1910년에 발표된 「삼요론」도 민족의 역사성을 강조하고 있었다. 역사를 강조하는 것은 조상, 즉 같은 혈통을 지녔음을 주지시키는 것이다. 이는 민족 형성 과정에서 '원초적 기반'을 중요시하는 것이다. 그러나 「삼요론」에는 국가를 사랑해야 한다는 의무감이 나타나 있는 반면에 이광수는 「수병투약」에서 애국은커녕 국가라는 용어조차도 사용하지 않았다. 그의 목표는 민족의 해방과 "자유의 회복"이다.

---

31 박찬승, 『민족 민족주의』, 소화, 2011, 65면.

32 "四千餘年 彬彬ᄒᆞᆫ 歷史를 有ᄒᆞᆫ 我大韓民族이 今日 塗炭魚肉의 悲慘ᄒᆞᆫ 暗黑洞中에 陷ᄒᆞᆫ 거시 果然 何에 由ᄒᆞ엿ᄂᆞᆫ가." 이광수, 「수병투약」, 『태극학보』 25, 1908.10.24, 31면.

33 岳裔, 「三要論」, 『대한흥학보』 12, 1910, 3면.

앞서 살펴보았듯이 이광수에게 국가는 법률과 형벌로 개인의 자유를 억압하는 제도였다. 이에 그는 국가를 대체할 수 있는 다른 가능성을 탐색할 수밖에 없었다. 이광수는 국가의 대체재로 민족을 선택하였는데 민족은 국가와는 다른 성격을 지녔다. "민족은 외부에 대한 저항이었을 뿐만 아니라 내부적 권력 투쟁의 언어로서 비롯되었다는 것이다."[34] 진화론의 질서 속에서 국가가 외침에 대항하는 기본적인 주체였지만 민족 역시 국가와 같은 역할을 수행할 수 있었다. 그러나 국가와 달리 민족은 무력으로 구축한 것이 아니었으며 법률과 군대로 민중을 다스리지도 않았다. 민족은 량치차오의 「정치학 대가 블룬칠리의 학설」에서 규정하듯 지역, 혈통, 그리고 언어와 문자 등으로 구성된 집단이었다. 물론 국가 그 자체는 궁극적인 목적이 아니었으며, 민족의 생존과 발전이라는 목적을 달성하기 위한 하나의 수단이었다는 주장도 있다.[35] 그러나 이광수에게 국가라는 수단은 억압이라는 부작용을 초래할 뿐만 아니라 민족해방의 유일한 수단도 아니었다. "그네는 能히 團體를 위하여 (國家만이 아니요, 무릇 무슨 團體든지 自己가 屬한 團體를 爲하여) 自己의 自由를 犧牲합니다." (「민족개조론」, 17 : 182) 이광수는 단체의 여러 형태를 논의했는데, 국가는 그중의 한 가지일 뿐이었다. 민족의 해방은 근본적으로 민족의 개조를 통해서 이루어지는 것이었고 정치적인 국가는 민족개조에 장애물이 될 수 있었다.

34 권보드래, 「동포와 역사적 감각」, 『근대계몽기 지식의 발견과 사유 지평의 확대』, 소명출판, 2006, 75면.

35 차기벽, 『민족주의 원론』, 한길사, 2005.

진실로 民族改造를 目的으로 한다면 政治的色彩를 띠어서는 아니 됩니다. 왜 그런고 하면 政治的權力이란 十年이 멀다 하고 推移하는 것이요, 민족개조의 사업은 적어도 五十年이나 百年을 小記로 하여야 할 事業인즉 政權의 推移를 따라 消長할 運命을 가진 政治的團體로는 도저히 이러한 長久事業을 經營할 수 없는 것이외다.[36]

1910년대 이광수 문학론은 조선이 처한 결핍의 상황에서 비민족주의적 지평들에 근거하여 조선문학을 상상하고 구성해낸다.[37] 1910년대뿐만 아니라 1920년대에도 이광수는 국가를 목표로 한 민족주의를 구상하지 않고, 여전히 정치적 국가를 추구하는 일이 민족 진화의 걸림돌이 된다고 판단했다. 민족개조론의 이면에는 국가라는 정치제도에 대한 애매한 태도가 자리하고 있었다. 국가를 긍정적으로 보지 않는 것은 당시 유행하던 아나키즘과도 유사하다. 국가를 부정적으로 인식한다는 점에서 이광수의 민족개조론에는 아나키즘적 요소가 내포되어 있었다.

기존 국가 권력이 쇠락해가거나 몰락한 상황에서 이광수와 저우쭤런은 위기의식을 지닌 채 민족의 해방을 추구하였다. 저우쭤런은 1907년부터 아나키즘사상을 수용하여 국가 권력을 강력하게 비판하였고, 이광수는 국가라는 정치적 형식과 애매한 거리를 유지하였다. 비판의 정도는 크게 달랐지만 이광수도 국가를 자유를 억압하는 통치기구로 보았다는 점에서 아나키즘의 영향과 관련이 있어 보인다. 결국 국가를 철저하게 부정한 저우쭤런과 국가에 복합적인 태도를 지녔던 이광수는 모두 민족

36 「민족개조론」, 『이광수전집』 17, 178면.
37 김동식, 앞의 글, 273면.

을 생존의 단위로 간주하였다. 저우쭤런은 민족을 개조하는 수단으로 일본의 아타라시키무라운동을 본뜬 '신촌 문화운동'을 전개하였고, 이광수는 단체의 중요성을 강조하는 「민족개조론」을 발표하고 수양동맹회를 조직하였다. 흥미로운 점은 '신촌 문화운동'이 크로포트킨의 상호부조론을 바탕으로 한 유토피아운동이었고, 이광수의 「민족개조론」 역시 상호부조론과 강한 연관성이 있었다는 것이다.

2. 상호부조론 또는 진화론의 보완적 가능성

크로포트킨은 아나키즘의 대표 인물로 『빵의 정복』(1892), 『현대 과학과 아나키즘』(1901), 『상호부조론—진화의 한 요소』(1902), 『러시아 문학의 이상과 현실』(1905), 『윤리학』(1922, 미완) 등의 저작을 남겼다. 『상호부조론』은 생물학을 토대로 다윈의 『종의 기원』에서 비롯된 진화론을 발전시킨 저작이다. 다윈의 생물진화론이 독창적인 것은 아니었지만 다윈은 귀납, 전개, 검증 등 방법을 통해서 생물진화론을 과학 이론으로 확립시켰다. 1859년에 발간된 『종의 기원』은 '자연변이', '자연선택', '생존경쟁' 등의 개념을 다루었다. 다윈은 생존경쟁을 모든 생물이 기하급수적으로 증가하여 생존할 수 있는 수보다 많은 개체가 생산되기 때문에 불가피하게 일어나는 것으로 설명하였다. 자연도태는 자연적으로 유익하거나 우월한 개체의 차이와 변이가 보존되고 불리하거나 열등한 개체는 퇴출되는 과정으로, 생존경쟁으로 인하여 필연적으로 발생한다.[38]

동아시아 지식인들에게 큰 영향을 준 옌푸의 『천연론』은 헉슬리Thomas

H. Huxley의 『진화와 윤리』(1894)를 번역한 것이다. 헉슬리는 다윈의 열렬한 지지자로서 진화론을 적극적으로 전파하였다. 그는 『인류의 유래』(1871)에서 다윈이 사용하는 변이 개념을 진화로 수정하였고, 이때부터 진화라는 용어가 일반적으로 통용되기 시작하였다. 헉슬리는 1888년에 발표한 『인간 사회에서의 생존경쟁』에서 생존경쟁은 진화의 조건일 뿐만 아니라 불가피한 것이라고 주장하였다.

> 삶은 자유경쟁의 연속이고, 한정적이고 일시적인 가족 관계를 넘어서면 만인에 대한 개개인의 경쟁이라는 홉스의 이론에 따른 투쟁이 존재의 일상적인 상태였다. 인간이라는 종은 다른 모든 생물처럼 어디에서 생겨나서 어디로 가는지 생각하지도 못하면서 그저 최대한 머리만 물 밖으로 내밀고 진화의 일반적인 흐름 속에서 철벅대고 허우적거리며 살았다.[39]

헉슬리는 1894년에 말년의 강연을 토대로 『진화와 윤리』를 출간하여, 진화와 윤리의 관계에 주목하였다.

> 생존경쟁은 생존 환경에 잘 적응하지 못하는 자들을 도태시킵니다. 자기주장이 가장 센 최강자는 최약자를 짓밟아 버립니다. 그러나 사회진화에 끼치는 우주 과정의 영향력이 클수록 그 문명은 더욱 원시적 상태에 머물게 됩니다. 사회 진보는 매 단계마다 존재하는 우주 과정을 억제하여 이른

38 찰스 다윈, 송철용 역, 『종의 기원』, 동서문화사, 2013.
39 헉슬리, 「인간 사회에서의 생존경쟁」, 크로포트킨, 김영범 역, 『만물은 서로 돕는다』, 르네상스, 2005, 379~380면.

바 윤리 과정으로 대체하는 것을 의미합니다.[40]

『진화와 윤리』에서 헉슬리는 최적의 생존자와 더불어 다수의 생존자를 확보하는 방향으로 진보한다는 믿음을 간직하고 있었다. 헉슬리는 옌푸가 번역한 『천연론』에서 이미 "투사적인 생존 이론을 부정"하고 "동료를 존중하고 도와줄 것을 요청"하는 진화론을 제출하였다.

옌푸는 『천연론』을 번역하면서 헉슬리의 『진화와 윤리』에 스펜서의 사회진화론을 덧붙였다. 리저후에 의하면 『천연론』 곳곳에서 스펜서의 관점에서 헉슬리를 비판하는 옌푸의 발화를 확인할 수 있다. 옌푸는 우승열패의 원칙은 자연계뿐만 아니라 인류사회에도 적용된다고 생각했기 때문이다.[41] 사회진화론의 창시자 허버트 스펜서Herbert Spencer는 다윈에 앞서 진화론 사상을 제기한 사람으로 생존경쟁 등의 개념을 사회이론에 도입하였다. 스펜서는 사회의 변화에 있어서 우승열패의 원리를 무엇보다도 중요하게 여겼다.

> 자연계에 하나의 엄격한 법칙이 작용하고 있다. 이 법칙은 조금 잔혹하지만 가장 자비한 것이다. (…중략…) 동물이 연령 때문에 생존의 기초인 활력을 상실하게 될 때 육식동물에 의해 죽이게 된다. 이는 허약해져 고통스럽게 연명하다가 굶어죽는 것보다 훨씬 나은 것이다. (…중략…) 한 노동자가 질병으로 인해 다른 사람과 경쟁하는 능력을 상실하게 되면, 그는 이 때문에 오는 빈곤을 참아야 한다. 이는 잔혹한 것 같다. 과부와 고아가

40 헉슬리, 이종민 역, 『진화와 윤리』, 산지니, 2012, 99면.
41 李澤厚, 『中國近代思想史論』, 人民出版社, 1986, 262~263면.

사선에서 허덕거리게 버려두는 것도 잔혹하다. 그러나 이를 하나의 사건으로 보지 않고 인류의 보편적인 이익과의 관계 속에서 고려한다면 이런 잔혹한 일은 보람이 있는 것이다. (…중략…) 이러한 간섭은 정화 과정을 중지시킬 뿐만 아니라 자금까지의 정화를 무효화시킬 가능성도 지니고 있다. 즉 잡다하고 무모하고 열등한 사람들에게 필수품을 제공하는 것은 그들의 번식만 격려하는 일이다. 이는 유능하고 똑똑한 사람들에게 가족을 부양하는 어려움을 증대시킴으로써 그들의 번식을 방해하는 것이다.[42]

루이스 A. 코저에 의하면 스펜서의 사회진화론은 다윈의 진화론을 공리주의적으로 확대 유추・해석한 결과이다. 스펜서는 다윈의 진화론 중에서 생존경쟁과 자연도태의 원리를 기계적으로 사회 영역에까지 적용시켰다. 스펜서는 최고의 지식인들만이 생존경쟁에서 살아남게 되는 정도까지 일반적인 지식 수준이 증가할 것이라 주장한다.[43] 스펜서는 1850년에 출간한 『사회정태론』에서 약육강식의 원리를 합리하여 약자의 자연도태를 강자를 위한 희생이자 사회진화가 거쳐야 하는 필연적인 단계로 간주하였다.

옌푸가 『천연론』을 출간한 후에 새로운 진화론이 제출되었다. 크로포트킨은 자신이 1890년부터 1896년에 걸쳐 『19세기』에 연재한 『상호부조론』을 1902년에 단행본으로 간행하였다. 크로포트킨은 서문에서 헉슬리의 『인간 사회에서의 생존경쟁』과 스펜서의 학설을 인류사회

42 Herbert Spencer, *Social Statics*, London : Chapman, 1851, pp.150~151; Herbert Spencer, 張雄武 譯, 『社會靜力學』, 商務印書館, 1999, 143~145면.

43 루이스 A. 코저, 신용하・박명규 역, 『사회사상사』, 일지사, 1981, 158면.

에서의 생존경쟁을 지나치게 강조한다고 비판하였다. 그는 두 사람의 학설을 두고 "많은 다윈의 학도들은 생존경쟁이란 개념을 아주 좁은 극한점까지 오무려뜨렸"[44]으며 자연계와 인류사회의 다른 생존원칙인 상호부조에 대하여 소홀하게 인식한다고 논평하였다. 크로포트킨은 상호부조야말로 동물과 인간의 기본적 감정이자 자연계와 인류사회를 진화시키는 중요한 요소라고 주장하였다.

> 실험실이나 박물관이 아닌, 깊은 숲속이나 대초원에서 스텝지대나 산악속에서 동물을 연구하면 당장에 다음과 같은 것을 알게 된다. 여러 종들 간에, 특히 여러 강의 동물들 간에, 무수한 항쟁과 살육이 있으나, 동시에 같은 정도이거나 그 이상으로, 상호지지나 상호부조나 상호방어가 같은 종에 속한 동물, 적어도 같은 무리에 속한 동물들 사이에는 이루어지고 있다. 사교성(사회성–인용자)은 상호투쟁과 마찬가지로 자연의 법칙이다. 물론 이 두 가지의 일련의 사실에 있어, 어느 것이 중요한가를 두고 건성으로라도 수적으로 비교, 평가하는 것이 극히 곤란하다. 그러나 만약 간접적인 테스트를 시험해서 "여기 어느 것이 최적자인가, 끊임없이 서로 싸우고 있는 자가 최적자인가, 아니면, 서로가 의지하고 모울 줄 아는 자가 최적자인가"라고 자연에 묻는다면, 상호부조의 습관을 몸으로 익힌 동물이 최적자임이 의심할 여지가 없이 일목요연하다. 살아남을 기회는 그들 편에 많을 것이고, 각종의 강에서 지력과 신체 조직이 최고도로 발달한 것은 그들이다.[45]

44 크로포트킨, 하기락 역, 『상호부조론』, 형설출판사, 1994, 29면.
45 위의 책, 30~31면.

『진화와 윤리』에서 헉슬리가 서로 돕는 공동체를 중요시하고는 있지만 그의 논의는 근본적으로 인류사회에서의 치열한 생존경쟁에 초점을 모으고 있었다. 그러나 같은 시기에 발표된 『상호부조론』에서 크로포트킨은 인류사회뿐 아니라 같은 종에 속한 동물 사이에서 경쟁보다는 상호부조가 먼저 이루어진다고 주장하였다. "상호부조는 상호투쟁과 마찬가지로 동물의 법칙일 뿐만이 아니고, 진화의 요인으로서 훨씬 중요한 것임에 틀림없다."[46] 상호부조론은 진화론을 부정하지 않았으며 오히려 진화론을 보완하였다. 상호부조론은 진화론을 생존경쟁과 상호부조 두 요소로 구성되어 있다고 보았다. 스펜서가 생존경쟁이야말로 진화를 추동하는 원인이라고 생각했던 것과는 달리 크로포트킨은 상호부조가 사회진화에 더 중요한 역할을 한다고 역설하였다. 크로포트킨에 따르면 상호부조는 생존을 위한 본능으로 "아득히 긴 진화의 과정에서 동물이나 인간 속에서 유유히 발달해 온 본능"이다. 이 본능은 종을 지속시킬 뿐 아니라 종의 발전을 촉진할 수도 있다. 크로포트킨은 상호부조가 동물뿐만 아니라 "진화 과정을 거쳐 인류가 계승해 온 상호지지의 본능"이라고 주장하였다.

1902년에 출간된 『상호부조론』은 1897년부터 『국문휘편國聞彙編』에서 일부 발표되다가 1898년에 단행본으로 출간한 옌푸의 『천연론』과 달리 동아시아에서 즉각 수용되지는 않았다. 서양의 침략을 받고 있는 동아시아에서 약육강식이라는 원리가 보다 놀라운 것이었기 때문이다. 1907년에야 상호부조론의 수용이 본격적으로 이루어지기 시작하였

46 위의 책, 31면.

다.[47] 상호부조론의 수용은 아나키즘운동과 관련이 있었다. "『상호부조론』은 이론적 아나키즘의 참된 시초를 고하는 저작"[48]이기 때문이었다. 아나키스트 크로포트킨의 대표 저작인 『상호부조론』은 "대부분의 아나키스트들에 공통한 사상, 즉 사회는 자연스런 현상이고, 인간의 출현에 앞서서 존재했고, 인간은 인위적인 규칙을 필요로 하지 않고 본래 사회의 법칙을 지키기에 적합하게 되어 있다고 하는 사상의 고전적 설명을 대표하고 있다".[49] 크로포트킨은 『상호부조론』을 통해서 아나키즘사상을 체계화・이론화하였으므로 출간 후에 아나키스트에 의해 널리 수용되었다. 1907년 6월 중국 아나키스트들은 파리에서 『신세기新世紀』, 동경에서 『천의보』를 창간하였다. 1907년 8월 『천의보』 제5호에는 상호부조론을 소개하는 글이 실렸고, 리스정李石增은 『신세기』에 1908년 1월부터 6월까지 『상호부조론』을 번역하여 연재하였다. 비슷한 시기에 일본 아나키스트들도 크로포트킨과 『상호부조론』을 소개하기 시작하였다.

일본에서는 1906년부터 아나키즘운동이 활발하게 전개되었다. 1905년에 「소학교 교사에게 고한다」라는 필화사건으로 투옥된 사회주의자 고토쿠 슈스이는 옥중에서 크로포트킨의 영향을 받아 아나키스트가 되었다. 고토쿠 슈스이는 출옥 후 미국에서 잠시 체류하다가 귀국하여 일본 사회당의 기관지 『평민신문平民新聞』에 막대한 영향을 주었다. 고토쿠 슈스이는 1907년 2월 『평민신문』에 「나의 사상 변화」를 발표하여, "노동자 계급이 바라는 것은 정권의 쟁취가 아니라 '빵의 쟁취'"라고 말하였다.

47 중국에서 크로포트킨을 최초로 소개한 책은 강남제조총국에서 1882년에 번역되어 출판된 『서국근사회편』이다. 吳浪波, 「互助論在近代中國的傳播與影響」, 湖南師範大 碩士論文, 2005.
48 조지 우드코크, 하기락 역, 『아나키즘』, 형설출판사, 1975, 238면.
49 위의 책, 242면.

고토쿠 슈스이가 1907년에 『빵의 약탈』을 번역하여 일부를 『평민신문』에 발표하였고 1908년에 헤이민샤平民社에서 비밀리에 출간하였다는 점을 감안하면 그가 말하는 "빵의 쟁취"가 크로포트킨의 『빵의 약탈』을 가리킨다는 점은 분명하다.[50]

20세기 초 일본에서 고토쿠 슈스이만이 크로포트킨에 주목한 것은 아니었다. 1906년에 일본 지식인은 「크로포트킨의 특색」을 썼고, 왕궁촨汪公權은 이를 번역하여 1907년 7월 『천의보』에 발표하였다. 1907년 3월 오스기 사카에大杉榮가 크로포트킨의 「소년에게」를 번역하여 『평민신문』에 발표하였다. 야마카와 히토시山川均는 1908년에 『상호부조론』를 일본어 축약본으로 번역하여 『동물계의 도덕』이라는 제목으로 출간하였다. 『상호부조론』의 일본어 완역본은 1917년에 이르러 오스기 사카에에 의해 출판되었다.[51]

일본 아나키스트는 크로포트킨의 사상이 담긴 서적을 출판했을 뿐만 아니라 크로포트킨의 이론을 실천하기도 하였다. 1908년에 오스기 사카에를 위시한 직접 행동론자들은 적기사건赤旗事件을 일으켰다. 이 사건은 "의기충천하여 지극히 의기당당했던 금요사파가 (…중략…) 여흥이 절정에 이르자 우리의 동지는 무정, 무정, 무정, 무정부당 만세, 아나, 아나, 아나, 아나키스트라고 열렬히 연호하고 나서, 큰소리로 혁명가를 부르며 빨간 천에 '무정부', '공산', '혁명'이라고 하얗게 수놓은 세 개의 깃발을 앞세우고 오후 6시에 위풍당당하게 2층에서 내려오다가"[52] 경찰

50 이에나가 사부로 편, 연구공간 '수유+너머' 일본근대사상팀 역, 『근대일본사상사』, 소명출판, 2006, 155~156면.

51 크로포트킨이 일본에서 소개된 정황은 조세현, 「동아시아 삼국에서 크로포트킨 사상의 수용」(『중국사연구』 30, 중국사학회, 2005)을 참고.

과 충돌한 것이었다. 적기사건으로 인하여 오스기를 비롯한 주역들은 중형에 처해졌다.

크로포트킨의 상호부조론이 동아시아에 소개되던 1906~1907년경은 이광수와 저우쭤런이 일본에서 유학하던 시기였다. 이광수는 학비 문제로 임시 귀국하였던 1907년 초를 제외하고 1905년에서 1910년까지 일본에 체류하였다. 저우쭤런은 1906년 6월에 일본에 도착하여 1912년 귀국하기까지 일본에 머물렀다. 이 시기 이광수와 저우쭤런은 일본에서 학업을 수행하였고 중국 아나키즘 기관지인 『천의보』가 도쿄에서 창간되었다. 이광수와 저우쭤런이 도일했던 시기와 일본과 중국에서 아나키즘운동이 발흥하는 시점은 동일하였다. 1908년 10월 유학생 이광수는 『태극학보』에 기고한 「수병투약」에 아래와 같이 적었다.

> 於是乎 樂人之惡惡人之樂과 利己的 觀念만 腦髓에 深印ᄒᆞ고 相救相濟ᄒᆞᄂᆞᆫ 團合的 思想은 靡然히 消去ᄒᆞ야 人人疾視ᄒᆞ고 日日爭鬪ᄒᆞ니 亂行之兵과 如ᄒᆞᆫ디라. (…중략…) 然則 閉鎖 保守時代ᄂᆞᆫ 已過ᄒᆞ고 開放 競爭時代가 屆至ᄒᆞ야 弱肉强食이 日노 甚ᄒᆞ거ᄂᆞᆯ 唯獨閉鎖 保守로 保全을 是圖ᄒᆞᆫ들 엇디 可히 得ᄒᆞ리요.[53]

이광수가 이 글에서 "약육강식", "경쟁시대" 등 진화론의 용어와 함께 "상구상제", "단합적 사상"이라는 단어를 사용하고 있다는 점에 주목할

52 「廿二日の無政府黨の活動」, 『熊本評論』 26, 1908.7.5. "此の日金曜社派は意気天に沖して頗る軒昂を極めたり. 余興半ばに至り, 我同志(平民社派)は先無政(むせ)無政(むせ)無政(むせ)無政府党万歳, アナ, アナ, アナ, アナーキーとさかんに連呼し, 革命歌を高唱しつつ『無政府』『共産』『革命』と各赤字に白く縫箔りしたる三流の旗を真先にたて, 午後6時儀容堂々として楼を下れり." 労働運動史研究会 編, 『明治社会主義史料集』 別冊 第2, 明治文献資料刊行会, 1962, 218면.

53 이광수, 「수병투약」, 『태극학보』, 1908.10, 32면.

필요가 있다. 옌푸의 『천연론』이 간행되자마자 큰 반향을 일으켰기 때문에 약육강식이나 생존경쟁 원리는 유학생 이광수에게도 낯선 이론이 아니었다. 그러나 이광수는 이 글에서 생존경쟁 자체보다 생존경쟁의 원리가 "상구상제"의 사상을 압도하는 현실을 안타까워하였다. 약육강식의 반의어로 쓰인 "상구상제하는 단합적 사상"은 상호부조를 연상시킨다. 이기적 사상이 성행하고 투쟁이 일어나면서 "상구상제하는 단합적 사상"이 사라져간다는 이광수의 단언은 상호부조론적 뉘앙스를 띤다. 앞으로 더 자세히 서술하겠지만 1916년에 발표한 「농촌계발」에서 이광수는 조선 낙후의 원인을 "상애相愛·상경相敬·상의相依·상구相救" 사상의 결핍으로 규정하고, 조선을 더불어 사는 자치적 공동체로 개조하려고 하였다. 그는 상호부조론의 맥락에서 상애, 상구상제 등의 용어를 사용하였다. 1908년 『상호부조론』의 축약본이 간행되고 아나키즘 데모운동도 활발해졌다. 이런 사회 분위기를 고려할 때 이광수가 상호부조론을 직접 읽지 않았더라도 그 이론을 접했을 가능성은 충분하다. 중요한 것은 생존경쟁이 상호부조를 압도하는 현실에 이광수가 불만을 표하였다는 점이다.

1907년 12월 중국아나키즘 기관지 『천의보』에는 헉슬리의 생존경쟁과 크로포트킨의 상호부조론을 비교하는 「크로포트킨의 학설」이라는 글이 발표되었다.

> 평화를 깨뜨리고 공리를 무시하는 것은 헉슬리 등의 생존경쟁이라는 말 때문에 생기는 잘못이다. 경쟁해야 생존할 수 있다고 말하기 때문에 경쟁이 강자로 보이게 된다. 만약 크로포트킨의 학설에 깨달았으면 경쟁하는 자가

실패되고 상호부조하는 자가 살아남는다. 이에 따라 강권도 사라진다.[54]

이 글에서 도쿄 아나키즘운동의 창시자 류스페이는 생존경쟁이라는 사회진화론이 강권을 초래하는 데 반해서 크로포트킨의 상호부조론은 세계의 평화를 가져올 수 있다고 지적한다. 약육강식을 부정하고 "상구상제"를 갈망하는 이광수의 논의는 류스페이가 소개한 크로포트킨의 주장과 동일한 맥락에 놓여 있었다. 이광수는 일본 지식계를 휩쓴 크로포트킨의 학설을 접했으며, 약육강식의 세계 질서 속에서 약자였던 그가 생존경쟁의 원리보다는 상호부조론을 선호했을 가능성은 충분하다. 아나키즘과의 연관성을 살펴볼 수 있는 또 다른 단서를 1910년에 발표한 「여의 자각한 인생」에서 찾아볼 수 있다.

> 이리하여 나는 이름만일망정 極端의 크리스챤(基督敎信者)으로, 大同主義者로, 虛無主義者로, 本能主義者로 드디어 國家主義에 碇泊항노라.[55]

여기서 주목해야 할 단어는 허무주의Nihilism이다. 허무주의는 투르게네프의 소설 『아버지와 아들』(1826)에서부터 보편적으로 사용되기 시작한 용어로, 1799년에 야코비F. H. Jacobi가 피히테Fichte Johann Gottlieb에게 보낸 서한에서 처음 등장하였다. 니체는 허무주의를 세계와 인생을 무의미하게 만드는 근본적 원인으로 설명하였다. 허무주의는 19세기 말 러시아에서 모든 권위를 부정하는 사상으로 발전하였다. 러시아에서 발

54 劉師培, 「苦魯把特金學術述」, 『天義』, 1907.12.30.
55 「여의 자각한 인생」, 『이광수전집』 1, 577면.

전한 허무주의가 동아시아로 전파되는 과정에서 오독誤讀되어 아나키즘으로 받아들여졌다. 이광수와 저우쭤런이 일본에 유학할 당시에는 허무주의가 곧 아나키즘으로 인식되었다.

1901년에 출간된 『사회주의개평社會主義概評』에서도 바쿠닌을 논하면서 허무주의와 아나키즘은 동일한 사상으로 간주되었다. "그의 아나키즘과 국가 부정론은 극에 달했다. 그의 학설은 순전히 허무주의다."[56] 1902년 게무야마 센타로煙山專太郎가 일본 최초의 아나키즘 연구서인 『근세무정부주의近世無政府主義』를 출판하였다. 『근세무정부주의』는 전편 「러시아 허무주의」와 후편 「구미 각국의 무정부주의」로 구성되어 있다. 센타로는 전체 분량의 약 2/3를 전편에 할애하였는데, 이는 아나키즘과 허무주의를 같은 사상으로 간주하였음을 말해 준다.[57] 1902년에 일본 『노동세계勞働世界』에 연재한 「러시아 황족 허무당의 수령 크로포트킨」이라는 글에서도 크로포트킨을 허무당의 수령으로 소개하였다. 허무주의가 아나키즘으로 해석되던 시기에 유학생 이광수는 자신을 허무주의자라고 밝혔다. 이는 이광수가 아나키즘에 어느 정도 흥미가 있었음을 보여준다.

이광수는 『무정』에서부터 크로포트킨을 언급하기 시작하였다. 『무정』 70회에서 "그는 루소의 『참회록』과 『에밀』을 보았고, 셰익스피어의 『햄릿』과 괴테의 『파우스트』와 크로포트킨의 『면포의 약탈』을 보았다"고 썼다. 1921년에 발표된 「소년에게」라는 논문에서는 크로포트킨

56 島田三郎, 『社会主義概評』, 警醒社, 1901, 87~88면.

57 허무주의에 대하여 리둥메이의 「암살의 유래」(『민족문학사연구』 68, 민족문학사학회, 2018)를 참조.

과 상호부조론을 거론하였다. "크로포트킨 씨의 말을 들으면 모든 동물 중에 가장 생존에 적한 자는 가장 잘 상호부조의 실을 거하여 가장 공고한 단결을 성하는 자라 하였습니다."(「소년에게」, 17 : 230) 1922년에 발표한 「예술과 인생」에서 이광수는 인생을 행복하게 만드는 수단으로 예술화와 도덕화를 열거하고, 그 근거를 크로포트킨의 주장으로부터 찾았다. "職業의 藝術化, 크로포트킨의 말을 빌면 勞動의 藝術化는 人生을 幸福되게 하는 最大한 길이외다."[58] 『이광수전집』에 수록된 「상쟁相爭의 세계에서 상애相愛의 세계로」는 본래 1923년 2월 『개벽』지에는 「쟁투爭鬪의 세계에서 호조互助의 세계로」라는 제목으로 발표되었다. 원제의 '호조의 세계'는 상호부조론을 환기시키는 것이었다.

1931년에 발표한 「청년에게 아뢰노라」에서도 크로포트킨이 언급되었다. "獨逸의 피히테가 疲弊當時의 青年에 아뢴다는 大講演을 하고, 러시아의 크로포트킨이 青年에게 아뢴다는 大論文을 썼다."(「청년에게 아뢰노라」, 17 : 311) 크로포트킨이 청년에게 아뢴다는 대논문은 「청년에게 고함」(1880)을 가리킨다. 1933년에 연재한 『유정』에서도 상호부조론이 등장한다. "이것은 아마 크로포트킨의 「상호부조론」 속에 말한 시베리아의 사슴의 떼가 꿈이 되어 나온 모양이요."(『유정』, 8 : 93)[59] 이처럼 이광수는 1910년대부터 1930년대에 이르기까지 크로포트킨의 학설에 꾸준히 관심을 보였다. 특히 「민족개조론」에서 이광수가 단체의 역할을 중시

58 이광수, 「예술과 인생」, 『개벽』 19, 개벽사, 1922.1, 4~12면.

59 시베리아 사슴 떼에 대한 묘사는 『상호부조론』 제2장에 나타난다. "러시아인이 시베리아로 진출했을 때 시베리아에는 사슴, 영양, 다람쥐, 기타의 사교적 동물이 무리지어 살고 있었으며 시베리아의 참된 정복은 200년간 계속된 수렵 탐험 이외에 아무것도 아니었다." 크로포트킨, 하기락 역, 『상호부조론』, 형설출판사, 1994, 56면.

한 것은 상호부조론과 긴밀한 관계가 있다. 「민족개조론」은 귀스타브 르봉의 민족성 이론에 기초하고 있지만, 이 논문에 나타난 자치 단체의 구성과 국가의 은폐는 상호부조론과 아나키즘의 영향을 강하게 받았다.

저우쭤런도 일본에서 아나키즘의 세례를 받았다. 1906년 겨울 한 친구가 저우쭤런에게 일본인 마야자키 도라조宮崎寅藏에게 물건을 전해 달라고 부탁했다. 그러나 당시 저우쭤런의 일본어 실력은 좋지 못해서 저우쭤런은 루쉰에게 일을 위탁하였다. 며칠 후 루쉰은 헤이민샤를 방문하였다. 이 시기 『평민신문』은 고토쿠 슈스이의 영향을 받아 아나키즘 경향을 띠기 시작하였다. "당시 통칭 사회주의의 공산주의 경전인 마르크스의 『자본론』은 경제로 입론하기 때문에 일반 청년들이 잘 이해하기 쉽지 않았다. 오히려 과학적이지 않고 공상적인 무정부 공산주의가 상대적으로 인기가 많았다. 때문에 학생들 중에서 고토쿠 슈스이와 오스기 사카에堺枯川가 보다 영향력이 컸다. 한편으로 러시아 무정부 공산주의자 크로포트킨이 아름다운 영문으로 많은 책을 썼는데, 『한 혁명가의 자서전』이 그중 하나이다."(「魯迅與日本社會主義者」, 12 : 678) 고토쿠 슈스이는 일본인 학생뿐 아니라 일본에 체류하던 유학생들에게도 중요한 사상가였다. 고토쿠 슈스이와 일본 아나키스트들은 『평민신문』을 발행하는 동시에 사회주의와 아나키즘을 선전하는 강연회를 열었다. 중국 아나키스트들은 이 강연회에 참가했고, 그 강연 내용을 『천의보』 제6호에서 제10호까지 연재하였다. 『천의보』가 1907년 8월 31일부터 개최한 일련의 사회주의 강습회에 고토쿠 슈스이 등이 강연자로 참석하기도 하였다.

고토쿠 슈스이 등 일본 아나키스트와 긴밀한 관계를 맺은 『천의보』는 1907년 6월에 창간되었고, 저우쭤런은 1907년 7월부터 『천의보』에 투고하기 시작하였다. 저우쭤런은 9월에 기고한 글부터 크로포트킨의 이름을 언급하였고, 11월에는 상호부조론에 대하여 글을 쓰기 시작하였다. 저우쭤런은 1908년 10월에 『한 혁명가의 자서전』의 일부분인 「시베리아」를 번역하여 『민보』에 발표하였다. 1920년대의 신촌 문화운동을 거쳐 1940년에도 저우쭤런은 여전히 "인간은 (…중략…) 다른 개체와 연락하고 상호부조를 해야 살아남을 수 있다"(「中國的思想問題」, 8 : 711)고 상호부조론을 언급하였다.

> 지금 내가 말하고 싶은 책과 사람은 대개 두 가지로 나누어 이야기할 수 있다. 두 사람씩 예를 든다면, 첫째는 러시아 크로포트킨(Peter Kropotkin)과 덴마크의 브란데스(George Brandes)이고, 둘째는 영국 프레이저(J. G. Frazer)와 엘리스이다. (…중략…) 당시 나는 『자서전』을 베껴 짧은 글을 써서 류선수가 만든 『천의보』에 발표하였다. 니힐리즘은 신선한 사물이 아니라 실증을 중요시하고 이상을 가벼이 보는 것이라는 글이었다. 이 일이 있은 지 30년이 지났다. 어제 니힐리즘에 관한 논쟁을 봤으나 지금에는 사람들이 니힐리스트를 노장파로 간주하고 있는 것 같다. 나는 신문학 사상이 널리 수용되지 않았다는 것을 재삼 느꼈다. 투르게네프의 대작을 아는 사람이 별로 없고, 『한 혁명가의 자서전』은 좋은 역본이 있는데도 읽는 사람이 별로 없다. 이는 내가 보기에 매우 안타까운 일이다.[60]

60 「關與自己」, 『周作人散文全集』 7, 803~804면. "現在我想說的書與人大抵可否分作兩組, 各舉二人為例, 即第一組是俄國克魯泡特金(Peter Kropotkin)與丹麥勃蘭兌思(George Brandes)(…中略…) 當時我曾抄引了『自傳』的話, 寫了一篇小文, 登在劉申叔所辦的『天義報』上, 說明所謂虛無主義的意思實在只是在中國所雲無征不信. 換句話說就是唯物的人生觀, 重實證而輕理想, 並不是什麼新奇的事物. 這件事前後三十年了. 昨今看見有文章說誰的思想近於虛無論者, 就引起許多抗辯, 蓋大家似仍當作老莊派講也, 我不禁深深感到新文化思想之不普及. 屠格涅夫的

1937년에 저우쭤런은 자전적인 글 「나에 관하여」에서 자신에게 영향을 준 사상가 4명 중 하나로 크로포트킨을 꼽았다. "듣기로 지나의 백성들이 무리를 이루어 함께 살아서 서로 잘 안다. 의리와 도덕을 숭상하고 고난을 함께 겪기 때문에 범죄가 흔히 발생하지 않았다. 오늘날에 이를 널리 보급하며 사람들이 서로 화목하고 상호부조하게 하면 감옥이 폐기되고 평화에 달할 수가 있을 것이다."(「見店頭監獄書所感」, 1 : 76) 크로포트킨에 의하면 진화는 경쟁을 통해서 이루지는 것이 아니라 상호부조를 통한 것이었고, 혁명운동을 거부하는 저우쭤런에게 상호부조론은 최선의 사회개조 방법이었다.

> 예전에 생존경쟁은 같은 종의 상호부조와 다른 종과의 경쟁이 있었지만 같은 종에도 격렬한 경쟁이 벌어졌다. 지금은 생존경쟁의 법칙을 수정하여 경쟁을 인류와 자연 혹은 다른 종과의 관계에 한정시키고 싶다. 인간과 인간은 투쟁이 없어야 할 뿐만 아니라 상호부조하면서 평화로운 생활을 해야 한다.[61]

다윈적 의미에서 생존경쟁은 생물과 자연의 사이의 경쟁과 생물 종 내부에서의 경쟁으로 나누어진다. 다윈에 의하면 과잉 번식 때문에 먹이를 둘러싼 경쟁이 벌어지는데 이 경쟁에서 살아남는 자가 최적자이다. 그러나 크로포트킨에게 한 생물 종 내부의 경쟁은 존재할 수 없는 것이었다. "동물의 과잉 번식은 사실이지만 기후와 위생 시설 등 때문에

大作固少人知, 即『革命者的自敘』雖有好譯本, 似乎也不大有人度, 這我覺得是很可惜的事."

61 「新村的理想與現實」, 『周作人散文全集』 2, 237면. "以前的爭存, 固然也有同類互助與異類相爭, 但同類中也一樣劇烈的爭鬥. 現在是想將生存競爭的法則加以修正, 只限於人與自然力或異類的中間, 若在人間同類, 不但不應爭鬥, 而且還應該互助了和平的生活才是."

많은 신생아가 죽어버리기 때문이다. 인구수가 전혀 늘지 않은 것이다. 따라서 경쟁은 같은 종 내부에 벌어지지 않는다. 생존경쟁은 단지 자연과의 경쟁이다."[62] 크로포트킨은 이 논리를 근거로 자연과의 경쟁에서 이기기 위해 서로 협동하는 상호부조를 주장하였다.

1907년에 발표한 「감옥 소감」에서 저우쭤런은 "상호부조로 무정부를 주장한다"면서 크로포트킨을 소개한다. 상호부조로 무정부주의를 주장한다는 문장은 크로포트킨이라는 이름이 저우쭤런에게 의미하는 두 가지를 잘 드러내 준다. 하나는 국가 권력을 부정하는 무정부주의였고 다른 하나는 상호부조론이라는 새로운 진화론적 해석이었다. 저우쭤런은 크로포트킨의 상호부조론적 아나키즘을 모두 수용하였다. 옌푸의 『천연론』이 가르쳐 준 약육강식의 생존 법칙에 따르면 서양에 침략당한 중국은 곧 약자로서 도태될 것이었다. 그러나 상호부조의 원리 속에서라면 "의리와 도덕을 숭상하고 고난을 함께 겪"은 중국은 충분히 진화할 수 있었다.

> 결합의 방법에 가장 정통한 동물이 생존하며 다시 발전할 기회를 훨씬 더 많이 가지는 것이다. (…중략…) 사교성은 두 가지 면에서 진화의 주요한 요인인 것이다. 직접적으로는 종의 복지를 확보하고 정력의 낭비를 줄이고, 간접적으로는 지능의 성장은 도움에 의해서다.[63]

더불어 사는 단체생활은 진화에 가장 유리한 생활 방식이다. 「수병투

62 크로포트킨, 하기락 역, 앞의 책, 79~81면.
63 위의 책, 71면.

약」에서 이광수는 "상구상제의 단합사상"이 사라진 현실을 안타까워했고, 저우쭤런은 중국인에게 상호부조사상을 보급시키려고 노력하였다. 서양의 침략이 본격화되는 상황에서 생존경쟁은 이미 피할 수 없는 현실이 되었다. 암담한 현실에서 상호부조론은 생존경쟁에서 살아남을 방법을 제시한다. 상호부조론이 제시하는 방법은 서로 도와주면서 더불어 사는 것이다. 집단으로 뭉치고 행동해야 살아남을 가능성이 커진다. 조선과 중국이 서양과의 경쟁에서 승리하려면 국내 집단의 단결이 절대적으로 필요하였다. 이 집단, 이광수와 저우쭤런이 상호부조의 주체로 내세운 것이 바로 민족이었다. 앞서 살펴보았듯이 이광수와 저우쭤런은 국가에 대하여 부정적 관점을 가졌다. "아직 신석기 시대인 그대로의 생활양식을 계속하고 있는 야만인을 관찰하면, 그들이 극히 옛적의 씨족조직으로 굳게 결합되고 있음을 알 수 있다. 그들은 이 조직 덕택으로 개개의 약한 힘을 하나로 뭉쳐 공동생활을 즐기고 진보할 수 있던 것이다."[64] 약육강식의 세계에서 살아남느냐 아니면 멸종하느냐의 문제는 이제 민족에 달렸다.

3. 민족심리(민족성)의 진화론

다윈의 『종의 기원』에서 가장 주목받은 개념은 생존경쟁이었지만 종의 진화에서 자연변이는 생존경쟁에 방불한 중요한 개념이었다. 생물은

64 위의 책, 118면.

변이를 통해서 새로운 환경에 적응할 능력을 갖게 된다. 『상호부조론』에서 크로포트킨은 동일종 내부의 생존경쟁 논리를 부정하지만 변이와 변종에는 동의하였다. 원숭이로부터 인간으로 진화한 것이 분명했기 때문이다. 문제는 바로 이 지점에서 발생한다. 인간, 그리고 인간으로 이루어진 민족은 계속 변할 것인가? 민족이 끊임없이 변화한다면 인간이 만들어 놓은 문명은 바로 무의미하게 될 것이다. 이에 진화론자들은 인간의 진화를 넘어 민족의 진화를 다루게 된다. 진화론과 상호부조론에 대한 토론이 한창 진행되던 1894년에 『민족 진화의 심리학적 법칙』이라는 책이 출간되었다. 프랑스인 저자 귀스타브 르 봉Gustave Le Bon은 이 책에서 '인간'이라는 생물종과 마찬가지로 민족 역시 진화한다고 지적하였다.

귀스타브 르 봉은 프랑스 에르 에 로아르 지방의 명가에서 태어났다. 그는 파리에 있는 의과대학을 졸업한 후 1866년에 의사가 되었다. 『민족 진화의 심리학적 법칙』과 『군중심리』(1895), 『사회주의 심리학』(1896)과 『혁명의 심리학』(1912) 등의 저작으로 세계적인 명성을 얻었다. 특히 1895년에 출간된 『군중심리』은 '군중의 시대'라는 말과 함께 귀스타브 르 봉이라는 이름을 전 세계에 알렸다. 세계적인 명성에도 불구하고 르 봉의 이론은 인간 불평등, 군중과 사회주의에 대한 부정 등의 관념에 기초하였기 때문에 후일 많은 비판에 직면하여 잊히게 된다. 그러나 르 봉의 이론이 당대에 지녔던 의미를 간과할 수는 없으며, 특히 그의 이론이 1910년대부터 문필활동을 시작한 이광수와 저우쭤런에게 준 영향은 무시할 수 없는 것이었다.

하타노 세츠코는 르 봉의 『민족 진화의 심리학적 법칙』이 1900년에 도쿄대학 대학원생 쓰카하라 마사쓰구에 의해서 일본에 처음으로 소개되었다고 밝혔다. 마사쓰구는 1898년 미국 맥밀란 출판사에서 간행된 르 봉의 『민족심리학 민족 진화에 있어서의 그 영향』이라는 책을 소개하면서 민족 불평등 개념을 사용한 것과 일본인을 '중등 인종'으로 규정한 것에 불만을 표하였다. 그 후 1910년에 외무성 번역관 마에다 초우타가 원전을 번역한 르 봉의 『민족 발전의 심리』가 대일본문명협회에서 간행되었고, 같은 해 협회에서 『군중심리』도 간행되었다. 1915년에는 두 책을 합본하여 『민중심리 및 군중심리』라는 제목으로 개정판을 출간하였으며, 1918년에 협회는 이 합본의 축쇄판을 내고 일반에 시판했다. 이광수는 이 축쇄판을 입수한 것으로 보인다.[65]

이광수는 1922년 4월에 일어본 『민족 발전의 심리』 제4편 제1장인 「국민생활에 대한 사상의 세력」을 조선어로 중역하여 『개벽』에 발표하였다. 그다음 달인 5월에 발표된 「민족개조론」은 바로 르 봉의 『민족 진화의 심리학적 법칙』을 이론적 근거로 삼았다. 이광수는 1921년 8월 『개벽』에 발표한 「팔자설을 기초로 한 조선인의 인생관」에서 "法國의 碩學 르 봉 博士는 그의 著 民族心理學에서 一國民의 歷史는 반드시 그 種族의 心理組織에 胚胎하는 것이라" 하면서 『민족 진화의 심리학적 법칙』을 다시 언급하였다.

저우쭤런의 경우 르 봉을 명시적으로 언급한 것은 1918년에 『신청년』에 발표한 「수감록隨感錄 38」부터지만, 르 봉의 이론을 수용한 기미는 1912년에 발표한 「민족의 해방」과 「공화국의 성쇠」 등에서부터 감지된

65 하타노 세츠코, 최주한 역, 『일본 유학생 작가 연구』, 소명출판, 2011, 153~159면.

다. “종의 성격은 변하지 않고 개혁도 표면에 그칠 뿐이다. (…중략…) 같은 제도는 갑에게 매우 좋지만 을에게는 그러지 않을 수 있고, 병과 정을 멸망하게 할 수도 있다.”(「共和國的盛衰」, 1 : 241) 저우쭤런은 「공화국의 성쇠」에서 민족성을 변화시키지 못한 채 제도만 바꾸는 것은 무의미하며, 민족성을 고려하지 않고 단순하게 다른 민족의 제도를 이식하는 것은 오히려 멸망을 초래한다고 주장하였다. 이 주장은 『민족 진화의 심리학적 법칙』에 나타난 르 봉의 주장과 일치한다. “아르헨티나, 브라질, 칠레, 페루 등은 모두 북미합중국의 정치 제도를 실시해서 같은 법칙 아래에서 살고 있다. 그러나 종족이 다르기 때문에 합중국을 번성시키는 근본 성격이 결핍되어 있는 까닭으로 이 합중국들은 예외 없이 영원히 유혈 혼란에 처한다. (…중략…) 제도는 민족의 산물로 한 민족으로부터 다른 민족으로 옮기는 것이 불가능하다.”[66] 르 봉에 따르면 정치 제도는 민족성으로부터 산출되기 때문에 한 민족의 정치 제도를 다른 민족에게 그대로 옮길 수는 없다. 저우쭤런은 민족성과 정치 제도에 대한 르 봉의 관점을 인용하여 그의 저술에 반영한다. 심지어 저우쭤런의 글 「공화국의 성쇠」는 『민족 진화의 심리학적 법칙』 제3부 제2장의 소제목인 「각 공화국의 진화 비교 연구」와 매우 유사하다. 제목과 내용의 유사성을 고려한다면 늦어도 1912년까지 저우쭤런이 르 봉의 이론을 수용했음을 추정할 수 있다.

1927년에 저우쭤런은 일본어로 번역된 르 봉의 『군중심리』을 읽었

66 Gustave Le Bon, 張公表 譯, 『民族進化的心理定律』, 商務印書館, 1935; 上海文藝出版社, 1991, 111~112면; Gustave Le Bon, 『民族發展の心理』, 大日本文明協會, 1910, 43면; Gustave Le Bon, *The Psychology of Peoples*, ARNOTRESS A New York Times Company, 1974, p.38.

다. “프랑스 르 봉의 『군중심리』는 지금은 중국어 역이 있는데 내가 보지 못했다. 내가 처음으로 읽은 것은 일본어 역이다. 그것은 17~18년 전의 일이었다. 지금 읽고 있는 것이 영어본이다.”(「北沟沿通信」, 5 : 436) 1927년의 17~18년 전이라면 1909~1910년경이다. 저우쭤런이 일본 유학을 마치고 귀국한 때가 1911년이었다. 1909~1910년경에 르 봉의 『군중심리』를 읽었다면 그것은 일본 유학 기간의 일이다. 일본에서 르 봉의 『민족 진화의 심리적 법칙』과 『군중심리』가 1910년에 간행되었다는 하타노 세츠코의 연구를 참조하면 저우쭤런이 1910년에 출간된 『군중심리』를 읽었어도 이상한 일은 아니다. 「공화국의 멸망」에서 『민족 진화의 심리학적 법칙』의 내용을 수용했다는 사실을 염두에 둔다면 1910년에 저우쭤런이 『군중심리』와 함께 『민족 진화의 심리학적 법칙』도 읽었다고 말할 수가 있다.

이광수가 읽은 축쇄본이 『민족 진화의 심리학적 법칙』과 『군중심리』의 합본이라면, 저우쭤런과 같은 내용을 읽었다고 볼 수 있다. 『이광수와 문화의 기획』과 『사회의 발견』 등의 연구는 르 봉의 『군중심리』을 중심으로 이광수의 「민족개조론」을 해석하였다. 이광수가 『민족 진화의 심리학적 법칙』의 1절을 번역하고 「팔자설을 기초로 한 조선인의 인생관」과 「민족개조론」에서 다시 이 책을 언급한다는 점을 고려한다면 이 시기의 이광수에게 『민족 진화의 심리학적 법칙』은 보다 중요한 의미가 있었다.

저우쭤런은 1918년 11월 『신청년』에 발표된 「수감록38」에서 “민족 근본 성격이 조성된 후에는 좋든 나쁘든 변하기가 쉽지 않다. 르 봉이 쓴 민족 진화의 심리에서 이 일을 말하고 있다”(2 : 75)고 르 봉을 언급하였다.[67] 이후 1925~1929년 사이에 저우쭤런은 자신의 글에서 르 봉을 빈번하게 언급한다. "르 봉이 말하기를 인간의 모든 일은 죽은 사람에 의해서 결정된다."(「與友人論國民文學書」, 4 : 224) 저우쭤런은 『민족 진화의 심리학적 법칙』에서 언급된 유전에 주목하였다. 다음 장에서 서술하겠지만, 르 봉은 『민족 진화의 심리학적 법칙』에서 민족성이 유전된다고 주장하였다. 중국에서는 1900년대부터 민족성 연구가 시작되는데, 민족성 연구자들은 대개 중국의 민족성이 좋지 않다고 주장하였다. 민족성을 연구의 대상으로 삼은 『민족 진화의 심리학적 법칙』은 중국 민족성에 관심을 갖기 시작한 저우쭤런에게 중요한 저서일 수밖에 없었다.

1920년대에 이광수와 저우쭤런은 집중적으로 르 봉의 『민족 진화의 심리학적 법칙』을 근거로 글을 발표하기 시작하였다. 1894년에 출간되어 1916년까지 무려 12판이 인쇄된 『민족 진화의 심리학적 법칙』은 총 5개의 장으로 구성되어 있다. 민족정신, 민족성 변화 가능성의 한계, 각 민족심리의 단계, 그리고 각 개인과 민족의 유전적 차이화와 역사 민족의 형성으로 구성된 제1장에서 르 봉은 인간의 해부학적 특성과 마찬가지로 민족은 고유의 민족성이 있다고 지적하였다. 민족성의 형성은 수 세기의 시간이 걸릴 만큼 진화의 속도가 매우 느리며, 따라서 각각의 민족은 고정성이 형성되어 이 민족성은 민족의 발전을 결정한다. 이 민족성에 근거하여 르 봉은 세계의 민족을 4개의 등급으로 나누었다. 그의 등급 체계에서 유럽 민족은 상등 민족이었지만 중국과 일본은 중등 민

67 『신청년』 제5권 제5호에 게재된 「수감록 38(隨感錄三十八)」은 '迅'이라는 이름으로 발표되어 『루쉰 전집』에 수록되었다. 그러나 루쉰의 친구인 허수상(許壽裳)에 의하면 이 글은 저우쭤런이 쓴 것이다. 저우쭤런도 「루쉰에 관하여」에서 「수감록 38」을 자신이 쓴 것이라고 밝혔다. 5・4운동 중에 저우쭤런과 루쉰이 같은 이름으로 글을 발표했기 때문에 오해가 생긴 것이다. 이 글은 현재 『周作人散文全集』 2(廣西師範大學出版社, 2009)에 수록되어 있다.

족에 속했다. 혼혈은 민족성을 새로운 민족성을 창출할 가능성이 있었지만 새로운 민족성을 창출하는 데에는 역시 오랜 시간이 걸렸다. 문화를 다루는 제2장에서 르 봉은 문학, 예술 및 제도는 민족성의 산물로 쉽게 변하지 않으며 타민족에 그대로 수용될 수도 없다고 주장하였다. 르 봉은 상등 민족이 타민족의 예술을 수용하여 우수한 예술로 변형시키는 일은 가능하다고 보았다. 그러나 하등 민족은 수용한 예술을 우수하게 발전시키기는커녕 오히려 저열하게 만든다는 것이 르 봉 문화론의 핵심이었다. 제3장은 정치 제도와 정부가 아닌 민족정신이 민족의 발전을 결정하며 서로 다른 민족은 같은 제도를 실행할 수 없다는 내용을 담고 있었다. 제4장에서 르 봉은 민족성에는 불변성과 가변성이 공존한다고 지적하였다. 가변성은 유전의 누적을 통해서 민족을 진화시키고, 전염이나 선전이라는 수단으로 새 관념이 감정이나 신념으로 변형되어 민족정신이 경신된다. 마지막으로 제5장은 민족의 퇴화를 다루었다. 르 봉은 한 민족이 환경의 변화에 따라 자신을 번영・발전시켰던 성질을 잃고, 그에 따라서 급속도로 퇴화한다고 생각하였다.

르 봉의 주장을 중국에 최초로 소개한 인물이 량치차오 형제였다.[68] 1903년 2월 량치차오의 동생 량치쉰梁啓勳은 『신민총보』에 「국민심리와 교육의 관계」이라는 글을 발표하였다. 글머리에서 량치쉰은 자신이 르 봉의 학설을 소개한다고 밝혔다.[69] 『민족 진화의 심리학적 법칙』을 제1

68 량치차오의 국민성 담론에 관해서는 차태근, 「양계초와 중국 국민성 담론」(『중국현대문학』 45, 한국중국현대문학학회, 2008)을 참조.

69 "이 글은 영국인 딜타이(Dilthey)가 번역한 프랑스 학자 르 봉 씨의 저작 『민족심리학(*The Psychology of People*)』을 저본으로 삼는다." 梁啓勳, 「國民心理與教育之關係」, 『新民叢報』 25, 1903.2.2.

장 제3절까지만 소개한 채 마무리된 이 글에서 량치쉰은 기본적으로 르 봉의 관점을 수용하여 민족정신의 중요성을 재삼 강조하였으나, 민족성이 불변한다는 견해에는 반대하였다. 량치쉰이 보기에 민족성이 영원히 변치 않는다는 주장은 약소 민족을 좌절시키는 것이었다. 량치쉰은 교육으로 민족성을 개선할 수 있다고 믿었다. 량치쉰뿐 아니라 량치차오도 자신의 글에서 르 봉을 언급한다.

> 나는 해외의 중화회관에서 회의하는 장면을 수십 번을 보았다. 그 현상은 두 가지로 구분할 수 있다. 첫째, 상류사회에 속한 한두 명의 유력자가 뭐라고 하면 군중들은 그가 하자는 대로 순종한다. 이는 회의라고 하지만 실은 공지이며 명령이다. 이는 소수인의 전제다. 둘째, 이른바 상류사회에 유력자가 없어서 결단이 이루어지지 못하는데, 잡배들이 주위에 둘러서서 제안만 나오면 떼 지어 으르고 협박하여 시끄러우니 일이 끝내 결정될 수 없다. 이를 폭민전제라고 부르겠다. (…중략…) 한두 사람에게 책임을 물을 수 없으니, 대개 일국의 정도는 실로 이밖에 안 된다. 그것은 르 봉이 말하는 국민심리이다.[70]

량치차오는 무술변법이 실패하고 일본으로 망명하였다가 1903년에 미국으로 건너갔다. 미국에서 8개월간의 여행이 끝나고 쓴 여행기가 『신민총보』에 발표한 『신대륙 기행문新大陸遊記』이다. 량치차오는 미국에서 사는 중국인을 언급하면서 르 봉의 민족심리학을 거론하였다.[71] 량치

70 梁啓超, 『新大陸遊記』, 社會科學文獻出版社, 2007, 146~147면.

71 량치차오와 량치쉰은 민족심리를 국민심리로 번역하고 있다. 1900년과 1910년에 일본에서 출간된 것은 『심리학서해설 르 봉 씨 민족심리학(心理學書解説ルボん氏民族心理學)』과 『민족발전의 심리(民族發展の心理)』이다.

차오는 전제와 난민亂民이 중국의 민족성을 구성한다고 보고, 민주 제도가 중국에서는 실행될 수 없다고 주장하였다. 무술변법은 실패로 돌아갔지만, 량치차오는 여전히 통치 계급의 입장에서 중국에 군주입헌제를 도입해야 한다고 주장하였다. 르 봉의 민족심리학은 그가 입헌제를 주장하는 근거 이론에 지나지 않았지만, 량치차오가 르 봉에 주목했다는 사실은 르 봉의 민족심리학이 중국에서 큰 영향력을 가졌음을 방증한다.

량치차오의 미국 여행은 1903년의 일이며, 1903년은 량치쉰이 미국에 유학하던 시기였다. 량치쉰이 저본으로 삼은 『민족 진화의 심리학적 법칙』이 영국인 딜타이의 영어 역본이고, 『민족 진화의 심리학적 법칙』이 1900년에 일본에 소개되었을 때 참고한 저본은 1898년 미국 맥밀란 출판사에서 출판한 것이었다. 르 봉의 저서는 1894년부터 1916년까지 총 12번이나 재판되었다. 르 봉은 19세기 말에서 20세기 초까지 유럽과 미국에서 그만큼이나 중요한 사상가였다. 당시의 정황을 살펴볼 때, 량치차오가 미국에서 르 봉의 학설을 접했음을 추정할 수 있다. 1903년에 미국 유학 중인 량치쉰은 「국민심리와 교육의 관계」를 발표하였고, 때마침 량치차오가 미국을 방문하였기 때문이다.

르 봉에 대한 량치차오의 관심은 기행문에서 단발적으로 언급되는 데에 그치지 않았다. 중국에서 르 봉의 이론이 본격적으로 소개된 것은 1920년대였고, 그것은 량치차오가 주도한 것이었다. 1909년과 1920년에 량치차오를 중심으로 상지학회尙志學會와 공학사共學社가 조직되었는데, 이 두 단체는 모두 서양의 근대사상을 소개하는 데 목적을 두었다. 1920~1930년대 상지학회와 공학사에서는 르 봉의 저작을 6권이나 번역·출판하였다.[72]

〈표 1〉 1920~1930년대 르 봉 저작의 중국어 번역 현황

서명	출판사	출판 연도	비고
혁명심리	상하이 상무인서관	1918	1920 재판
군중심리	상하이 상무인서관	1920	1925, 1927, 1933, 1935 재판
정치심리	상하이 상무인서관	1921	1932 재판
군중	상하이 대신서국	1923	
의견과 신앙	상하이 상무인서관	1922	
민족 진화의 심리 법칙	상하이 상무인서관	1935	

〈표 1〉에서 확인할 수 있듯이 1920년대 중국에서는 르 봉의 이론이 집중적으로 소개되었다. 르 봉을 언급한 이광수의 「팔자설을 기초로 한 조선인의 인생관」과 「민족개조론」 등도 마찬가지로 1920년대에 쓰였다. 르 봉의 이론에 근거한 저우쭤런의 「수감록」, 「중래」, 「위대한 바람잡기偉大的捕風」 등도 주로 1920년대에 발표되었다. 이처럼 1920년대 조선과 중국에서 르 봉은 초미의 관심사였다. 하지만 그 관심의 이유는 서로 달랐다. 량치차오 등이 르 봉의 군중심리학에만 주목하였다면, 이광수와 저우쭤런은 「군중심리」와 「민족 진화의 심리학적 법칙」 모두에 관심을 표현하였다.

大抵 新 教育이나 新 環境은 人生의 生活의 表皮를 變 하나 그 心奧의 性格은 數十年代의 遺傳의 蓄積을 通하지 아니하고는 變키 어려운 것입니다. 학교에

72 민국 시기부터 현재까지 중국에서 이루어진 르 봉에 대한 소개는 林建鋼, 「勒龐思想在中國的傳播及影響」(『開放時代』, 廣州市社會科學院, 2009)을 참조. 표는 이 글에서 인용한 것이다.

서 新敎育을 받아 言辭로는 新生活하는 듯하지마는 그의 心奧에는 如前히 祖先 傳來의 信仰과 人生觀이 숨어 있어서 무슨 急한 일, 重한 일을 當할 때마다 新敎育에서 얻은 表皮는 아무 힘도 없어지고 이 心奧의 怪物이 그 人格을 支配하게 되는 것입니다.[73]

1906년에 발표된 이인직의 『혈의 누』에서 이미 신교육을 받으러 유학을 간다는 장면이 그려졌다. 이광수도 『무정』에서 민족 구원의 방법으로 유학을 택한다. 그러나 1921년에 이르렀는데도 조선은 진화하지 않았다. "鐵道가 깔리고 電線이 놓이고 아스팔트 道路가 되고 電燈 민에서 輪轉印刷機에 받아낸 新聞을 보게 되었지마는 民族의 精神生活은 아직도 舊時代외다."[74] 철도로 대변된 근대문명은 조선에 들어왔지만 조선인은 여전히 숙명론적 잡신교에 의해 통치되고 있었다. 이광수는 과학사상과 실용주의를 널리 보급할 것을 제안하였지만 그 실효성은 의심스러웠다. 근대문물이 유입된다고 하여 인생관이 변하는 것은 아니었다. 인생관은 근대적 문명의 배후로 숨어들거나 저변에 놓이며, 근대적인 것을 전근대적인 것으로 감싸 안는다.[75] 1842년에 중국이 개항하고 1876년 한국의 개항하면서 서양 문물이 몰려들어 왔고, 유학생을 통해서 이른바 근대문명이 전파되기도 하였다. 그러나 동아시아는 여전히 낙후에서 벗어나지 못하였다. 근대적 문물이 들어온다고 해서 근대화가 이루어지는 것은 아니었다. 이광수는 조선 민족이 전근대적 사상에 사로잡

73 「팔자설을 기초로 한 조선인의 인생관」, 『이광수전집』 17, 162면.

74 위의 글, 163면.

75 김동식, 「민족개조와 감정의 진화」, 『한국학연구』 29, 인하대 한국학연구소, 2013, 39면.

혀 진화하지 못할까 걱정하였다. 이런 의미에서 「민족개조론」은 조선 민족의 진화를 위한 기획이라고 할 수 있다. 조선 민족의 진화를 향한 이광수의 기획은 르 봉의 민족심리학을 이론적 근거로 삼고 있다.

> 나는 유전적 국민성을 소지(素地)로 생각한다. 그것이 각 방면의 영향을 받아서 수용하여 일체가 된다. 이렇게 끊임없이 변화하여 영구적이고도 새로운 국민성이 만들어진다. 마치 우리의 유전자에 대대로 다른 분자를 수용하지만 그 근본적인 성격을 잃지 않는다. (…중략…) 사람은 그 본성을 바꿀 수 없으며 외연도 거절할 수 없다. 이 양면성을 대담하게 인정해야 한다.[76]

이광수의 「민족개조론」과 같은 해에 발표된 「국수와 구화」에서 저우쭤런은 민족성을 진화하되 그 근본적 성격이 변하지 않는 것으로 보았다. 이와 같은 진술은 이광수가 번역한 르 봉의 『민족 진화의 심리적 법칙』과 동일한 맥락에 놓여 있었다. 다음 장에서 상술하겠지만 르 봉은 민족성을 불변성과 가변성으로 분류하면서 가변성이 매우 제한적이라고 지적하였다. 그러나 낙후 민족에 속한 이광수와 저우쭤런은 민족 진화의 가능성을 제시할 수밖에 없었다. 그들은 가변성을 불변성 못지않게 중요하게 여겼다. 『민족 진화의 심리학적 법칙』에서 귀스타브 르 봉은 민족성이 대체로 민족의 미래를 결정한다고 지적하였다. 르 봉의 지적은 이광수와 저우쭤런에게 자기 민족의 민족성을 재고하는 계기를 제

76 「國粹與歐化」, 『周作人散文全集』 2, 517면. “我卻以遺傳的國民性為素地, 盡他本質上的可能的量去承受個方面的影響, 使其融合沁透, 合為一體, 連續變化下去, 造成一個永久而長新的國民性正如人的遺傳之逐代增入異分子而不失其根本性格. (…中略…) 人不能改變本性, 也不能拒絕外緣.”

공하였다. 르 봉의 이론에 근거하면 한국과 중국이 낙후된 원인은 민족성의 타락에 있었다. 민족의 불변성이 민족을 유지시켰다면 가변성은 민족 진화의 희망을 보여주었다. 이광수와 저우쭤런은 가변성을 이용하여 민족성을 개조함으로써 민족을 진화시키고자 하였다.

제4장
심리, 신체, 그리고 공동체
민족 재구성의 요소들

1. 민족의 진화론적 위기와 민족심리(민족성)의 발견

1) 『민족 진화의 심리학적 법칙』의 수용

『무정』에서 이형식은 유학길에 '생물학'을 공부하겠다고 선언한다. 이광수는 1916년 『매일신보』에 연재한 「동경잡신」 마지막회에서 아카아사지로의 『진화론 강화』를 추천했고, 『그의 자서전』에서 제2차 일본 유학 시절에 "나는 다아윈의 진화론이 마땅히 성경聖經을 대신할 것이라고 생각하고 헤에겔의 『알 수 없는 우주』라는 책을 읽을 때에는 비로소 진리에 접한 것처럼 기뻐하였다"(『그의 자서전』, 9 : 432)고 회고할 만큼 진화론에 지대한 관심이 있었다. 1918년에 발표한 「신생활론」에서 서술한 "卵으로써 幼虫으로써 蛹에 蛹으로써, 완전한 成虫에 달하는 모양으로 오인 인류의 생활은 부단의 변화를 경하여 완전을 향하고 진화하는 것"(「신생활론」, 17 : 517)이라는 표현에서 알 수 있듯, 그가 이해하는 진화는 부단한 변화를 의미하였다. 1916년경부터 진화론에 열중하였던 이광수는 조선의 정신생활이 정지되어 진화에서 벗어났다는 진단을 내렸다.

> 沈滯한 三百年間에 朝鮮人의 머리는 곰팡이 슬고 心情은 冷灰같이 싸늘하게 식었다. 그네는 衣하고 食하고 住하기 爲하여 手足의 運動을 하였으나 精神生活은 아주 停止의 狀態에 있었다. 보는 이로 하여금 或 朝鮮人의 精神生活이 아주 枯死하여버리지나 않하였는가 하고 疑心하게 되리만큼 沈黙하였었다.[1]

이광수는 세계는 진화하였는데 조선은 300년 동안 진화하지 못하여 '고사'할 듯 싶다고 탄식한다. 생물진화론에 따르면 생물의 기관은 진화하지 않으면 단순화되고 축소되어 소실된다. 이 축소와 소실의 과정을 퇴화라고 한다.[2] 『알 수 없는 우주』의 저자인 헥켈Ernst Haeckel(1834~1919)에 의하면 "부분적 퇴화 또는 결국에는 개개 기관의 소실로 이끄는 부분의 분화는 그것만을 놓고 보면 퇴화이기는 하지만 생존경쟁에 처한 생물에는 유일한 것일 수 있다. 쓸모없는 짐을 내던져 버리면 싸우기에 편하다."[3]

1 「부활의 서광」, 『이광수전집』 17, 27면.

2 「이광수의 사회심리학적 문학론과 '퇴화'의 효과」에서 이재선은 막스 노르다우(Max Nordau, 1849~1922)의 *Entartung*와의 관계 속에서 이광수의 「문사와 수양」을 분석하고 있다. 그 키워드는 역시 퇴화이다. 와다 토모미에 의하면, *Entartung(Degeneration)*는 세기말 데카당스를 비판하는 방대한 규모의 저작이다. 1930년대 후반 독일에서 독일어 Entartung는 퇴폐예술로 사용되었다. 일본에서는 Entatung의 영어 번역인 degeneration을 참조하여 퇴화라고 번역하였다. 아카 아사지로는 '퇴화'라는 개념이 유통되는 데에 결정적인 기여를 했다. degeneration은 생물학 용어인 퇴화의 본래의 뜻과 맞지 않다. 일본에서 degeneration을 퇴화로 번역하는 것은 일종의 오류이다. 와다 토모미, 방민호 역, 『이광수 장편소설 연구』, 예옥, 2014, 146~152면.

3 Haeckel, lankester(trans.), *The History of Creation* VI, New York : D. Appleton reprinted, 1892, pp.324~325.

생존경쟁에서 퇴화는 생물에게 유익하며, 아카 아사지로도 『진화론 강화』에서 퇴화를 진화의 방법으로 제시하였다.

> 우리는 보통 구조가 복잡한 동물을 고등이라고 생각하고 구조가 간단한 동물을 하등이라고 생각하기 때문에 복잡한 구조의 동물이 다시 간단한 형태로 돌아가 이전에 지녔던 특별한 기관을 잃어버린 경우를 퇴화라고 지칭한다. (…중략…) 적합한 것이 적합하지 않은 것이 될 때, 이것이 바로 진정한 퇴화이지만 이러한 생물은 생존할 수 없기 때문에 바로 사멸해 버린다.[4]

『진화론 강화』에서 아카 아사지로는 사용하지 않은 기관의 소멸은 에너지를 절약한다는 차원에서 일종의 진화라고 지적하고 있다. 즉 생물학에서 퇴화는 진화의 계통수를 역행한다는 의미가 아니다. 그러나 와다 토모미에 의하면 19세기 말부터 복귀 돌연변이와 퇴화라는 용어가 서로 얽히면서 '퇴화'는 진화의 계통수 하강을 의미하는 말로 변질되어 갔다. 여기에 '병적 소모'로 인해 손상된 상태를 가리키는 막스 노르다우의 degeneration 개념이 일본에서 퇴화로 번역되는 등의 과정을 거쳐 나쓰메 소세키夏目漱石와 루쉰 등이 퇴화를 생물학적 하강이란 의미로 수용하였다.[5]

"朝鮮人의 體質은 代마다 漸漸 退化할 것이외다."(「혼인론」, 17 : 148) 1917년에 발표한 「혼인론」에서 이광수는 퇴화라는 용어를 썼다. 이 글에

4 丘淺次郎, 『進化論講話』(增補), 東京 : 開成館, 1914, 198~199면. 중역본 : 劉文典 譯, 上海亞東圖書館, 1927, 155~156면.

5 와다 토모미, 방민호 역, 앞의 책, 49~152면.

서 퇴화란 생물학적 퇴화가 아니라 조선인의 체질이 쇠약해짐을 의미한다. "從來 朝鮮은 이 進化의 天理에 逆行하였소."(「혼인에 대한 관견」, 17 : 59) 같은 해에 발표한 「혼인에 대한 관견」에서 이광수는 다시금 '진화의 천리에 역행'한다는 표현을 사용하였다. 그것이 바로 그가 이해하는 퇴화이다. 이광수는 헥켈과 아카 아사지로가 소개한 생물학적 퇴화 개념을 그들의 저작을 통하여 알았으나 나쓰메 소세키와 루쉰처럼 진화에 역행한다는 의미로 퇴화를 받아들였다.

"進化論은 新文明의 總源泉"(「동경잡신」, 10 : 324)이라고 할 만큼 이광수에게 진화론은 결정적인 의미가 있었다. 그는 조선은 진화를 역행하고 있다고 판단하였다. 세계는 진보하고 있지만 조선은 퇴화하고 있을지도 모른다고 지적한 이광수는 1918년에 「숙명론적 인생관에서 자력적 인생관에」라는 글을 발표했다. "吾人은 吾人의 聰明으로 現在의 處地의 不幸한 原因을 究明"한다는 목적으로 쓴 글에서 이광수는 조선인의 인생관에서 퇴화의 원인을 찾아냈다.

> 이 宿命說이 朝鮮人에게 미친 影響이 어떻게 클 것임은 不言可想이요. (…중략…) 大抵 宿命論적 人生觀은 오직 朝鮮人에게만 있는 것이 아니요, 아직 自己의 力을 自覺하지 못한 未開한 民族 또 오래 人의 支配下에 呻吟한 孱弱한 民族에게 共通한 것이외다.[6]

이광수에 의하면 숙명적 인생관은 "역의 자신의 결여"와 "조우의 감

6 「숙명론적 인생관에서 자력적 인생관에」, 『이광수전집』 17, 63면.

수"를 초래하고, 그것이 다시 "나태"와 "무기력"으로 발전한다. 결과적으로 민족은 미개의 상태로 타락한다.

1921년 이광수는 「팔자설에 기초로 한 조선인의 인생관」을 통해 조선 민족의 낙후를 다시 한번 인생관에서 규명하였다.

> 우리 民族의 現在의 衰頹를 招한 根本的思想은 진실로 八字說을 中心으로 한 宿命論的人生觀과 따라서 나오는 모든 病的性格이외다.[7]

그러나 1921년이 되면서 그는 퇴화 대신 쇠퇴라는 용어를 사용하기 시작하였다. 『이광수 장편소설 연구』가 이 점을 지적하고 있는데 이 연구에 따르면 이광수는 "민족의 쇠퇴를 한탄하고 민족의 갱생, 부활을 호소한다. 바로 글 전체가 degeneration 담론인 것이다."[8] 그러나 「민족 개론」과 「팔자설에 기초로 한 조선인의 인생관」에서 쓰인 쇠퇴는 degeneration보다는 decadence의 역어일 가능성이 높다. 이는 귀스타브 르 봉의 『민족 진화의 심리학적 법칙』과 깊은 관련이 있다.

『민족 진화의 심리학적 법칙』의 마지막 장의 제목은 「종족 성격의 해체 및 종족의 쇠퇴The dissociation of the character of races and their decadence」이다. 일본어로 번역할 때 decadence는 한자어 쇠퇴衰頹로 번역되었다. 그리고 1935년에 중국어 번역에서도 마찬가지였다. 이는 이광수가 「민족개론」과 「팔자설에 기초로 한 조선인의 인생관」에서 사용하는 한자어 쇠퇴와 같은 것이다. 보다 중요한 것은 1918년에 발표한 「숙명론적 인생

7 「팔자설에 기초로 한 조선인의 인생관」, 『이광수전집』 17, 166면.
8 위의 글, 169면.

관에서 자력적 인생관에」에서 이광수는 숙명론적 인생관이 생존을 위한 노력이라는 의식을 말살한다고 생각했지만, 3년 후 발표한 「팔자설에 기초로 한 조선인의 인생관」에 이르러서는 그는 숙명론의 유전성을 발견한다는 점이다. "이 思想이 多數의 朝鮮民族을 支配하는 동안 決코 今日의 衰頹를 벗어날 수 없는 것이외다."(17 : 167) 숙명론은 대대로 유전되기 때문에 조선은 날로 쇠퇴할 수밖에 없다. 따라서 이광수는 "在來의 根本思想을 그의 腦筋에서 刮去"하는 식피 수술을 실시해야 한다고 주장하였다. 1916~1917년경에 이광수는 진화론에 열중하고 진화론을 근대문명의 원천으로 보았지만 그 결과로 그가 발견한 것은 조선의 퇴화였다. 1918년에 발표한 「팔자설에 기초로 한 조선인의 인생관」에서 조선 퇴화의 원인을 규명하기 시작한 그는 1921년에 이르러 조선을 퇴화에서 구원하는 방법을 찾고자 하였다.

「민족개조론」은 퇴화나 쇠퇴를 가져올 민족성의 타락으로부터 민족의 정신적 도덕적 재생을 지향해 보고자 하는 이광수의 민족 갱생의 소견서였으며 그러한 프로젝트를 실현하기 위한 정신적 사회운동의 한 방법론이었다.[9] 진화론과 조선 민족이 퇴화하고 있다는 진단은 「민족개조론」의 출발점이었다. 이광수의 민족갱생 방법론은 「민족개조론」에서 명시하듯이 귀스타브 르 봉의 학설이었다. 이광수는 상・중・하로 구성된 「민족개조론」 중 중편에서 르 봉을 거론하였다.[10] "民族改造라 함은

9 이재선, 『이광수 문학의 지적 편력』, 서강대 출판부, 2010, 378면.

10 1919년 8월부터 이광수는 『독립신문』에 「개조」라는 글을 연재하였다. 이 글에서도 이광수는 민족개조를 주장하나 민족성 개조라는 주장은 보이지 않는다. 조선을 개조해야 한다는 것이 「개조」와 「민족개조론」의 공통점이지만 「개조」에는 르 봉과 그의 『민족 진화의 심리학적 법칙』이 언급되지 않았다. 「개조」에서 이광수는 일본을 비판하고 조선의 독립을 호소하는 데 그 방법은 단합이었다. 「개조」와 「민족개조론」은 모두 단합이라는

民族性改造라는 뜻이외다." 중편의 머리에서 이광수는 민족개조의 목표물이 민족성이라는 것임을 밝혔다.

> 英美族의 興旺도 그 民族性의 原因이요, 吾族의 衰頹도 그 民族性의 原因이니 民族의 盛衰興亡이 實로 그 民族性에 달린 것이외다. 그러므로 一民族을 改造함에는 그 民族性의 根柢인 道德에서부터 始作하여야 한다 함이외다.[11]

이광수는 「민족개조론」에서 한 민족의 발전이 그 민족성에 달려 있다고 역설하였다. 빌헬름 분트Wilhelm Maximilian Wundt(1832~1920)가 1912년에 『민족심리학』을 출판하였지만 민족성에 관한 이광수의 담론은 귀스타브 르 봉의 이론에 근거를 두고 있었다. 그가 직접 인용한 것은 르 봉의 『민족 진화의 심리학적 법칙』이었다. 『민족 진화의 심리학적 법칙』의 일본어 역본에는 "국민정신", "종족혼" "국민적 성격", "국민혼", "종족의 심리적 성격" 등과 같은 유사한 용어들이 착종되어 있지만 정작 "민족성"라는 단어는 어느 한 곳에서도 발견되지 않는다.[12] 그러나 국민성이라는 개념은 하가 야이치芳賀矢一의 『국민성 십론』을 비롯해서 이미 논의되고 있었다.

> 공공적 심리 특징이 있는데, 그것은 종족 각인의 심리 특징의 총화이다. 이는 국민성이라고 일컫는다. 즉 한 민족의 평균적 모형이다.[13]

방법에 동의하였다. 결국 「개조」에서 민족성을 거론하지 않은 것이 「개조」와 「민족개조론」의 가장 큰 차이였다.

11 「민족개조론」, 『이광수전집』, 17, 186면.

12 이재선, 앞의 책, 371~372면.

1903년 영역본에 근거하여 르 봉의 『민족 발전의 심리학적 법칙』을 소개할 때 량치쉬은 일본어로 번역된 "國民的性格"을 "국민성"으로 번역하였다.[14] 「문학이란 하오」에서는 민족성이라는 개념이 등장하였다.

> 進步하는 一代의 思想과 感情과 生活方式은 其代전 民族이 硏究하고 彫琢하고 修鍊한 結果이니 此는 無限한 苦心과 努力의 結晶이라. (…중략…) 此는 遺産으로 次代에 傳하여 (…중략…) 百代千代를 傳하는 동안에 그 內容은 愈益贍富하고 其品質은 愈益精練되나니 此가 즉 一民族의 精神的 文明이요, 民族性의 기원이다.[15]

「문학이란 하오」에서 이광수는 민족성이라는 용어를 사용하면서 '유산'을 후대에 전하는 것이라고 규정하였다. 이는 민족성의 유전적 성격을 가리키는 것으로, 르 봉이 제시한 민족성의 유전 및 축적과 일치한다. 그런데 「문학이란 하오」에서 이광수는 문학과의 관계 속에서 민족성을 거론하였다. 다음 장에서 서술하겠지만 「문학이란 하오」는 혼마 히사오의 『신문학개론』의 영향을 받았고, 『신문학개론』에서 혼마 히사오는 귀스타브 르 봉의 민족성 이론을 소개하였다.[16] 「문학이란 하오」에서 이미

13 梁啓勳, 「國民心理與教育之關係」, 『新民叢報』 25, 1903.2.2, 53면.

14 그는 영어 제목인 *The Psychology of Peoples*를 『국민심리학』으로 번역한다.

15 「문학이란 하오」, 『이광수전집』 1, 550~551면.

16 물론 일본에서 문학과 민족성의 관계에 주목한 담론은 혼마 히사오 이전에도 있었다. 예를 들어 1895년에 발표한 쓰보우치 쇼요(坪內逍遙, 1859~1935)의 「전쟁과 문학」에는 "이는 민족성의 죄악이다. 당연히 문학을 탓해야 한다"고 문학과 국민성의 긴밀한 관계를 언급한 부분도 있었다. 혼마 미사오의 새로움은 『신문학개론』에서 르 봉의 『민족 진화의 심리학적 법칙』을 근거로 삼아 민족성을 거론한다는 점이다.

민족성이라는 용어를 사용했던 이광수가 「민족개조론」에서는 『민족 진화의 심리적 법칙』의 일역본에는 나오지 않는 민족성을 사용했다는 것은 단순한 용어 선택의 문제일 뿐이다. 「민족개조론」에 이르러 이광수는 민족성을 민족의 결정적 요소로 규정하였다. 그것은 르 봉의 『민족 진화의 심리학적 법칙』 제1장 제1절에서 나오는 내용이다.

> This aggregate of psychological elements observable in all the individuals of a race constitutes what may rightly be called the national character. Together they form the average type which permits of a people being defined.[17]

> この心理的要素の集合は一種族中の一切の個人に就いて之を得べし. 眞にこれ國民的性格と稱するものを組織するものなり. これか總和は一國民の定議となる普通主性を組織するものなり.[18]

한 종족의 모든 개인들 가운데서 찾을 수 있는 심리적 요소들의 집합을 국민적 성격이라고 일컬을 수 있다. 이 총합은 한 나라 국민이라고 정의되는 보편적인 성격을 조직하는 것과 같은 것이다.[19]

---

17 Gustave Le Bon, *The Psychology of Peoples*, 1924; Arno Press A New York Times Company, 1974, pp.6~7. 이하 '영역본'으로 표기하며, '영역본, 면수'로 기재한다.

18 르 봉, 『民族發展の心理』, 大日本文明協會, 1910, 13면; 이하 '일역본'으로 표기하며, '일역본, 면수'로 개재한다.

19 르 봉, 張公表 譯, 『民族進化的心理定律』, 商務印書館, 1935, 12면, 이하 '중역본'으로 표기하며, '중역본, 면수'로 기재한다.

귀스타브 르 봉은 생물진화론과 달리 민족과 민족의 진화를 심리학의 영역에서 연구하였다. 『민족 진화의 심리학적 법칙』의 원제목은 *Les Lois Psycbologiques de Éévolution des peuples*(직역하면 『민족 발전의 심리 법칙들』)인데 영문으로 번역되면서 *The Psychology of Peoples*로 제목이 바뀌었다. 대일본문명협회에서 1910년에 일본어 번역본을 『民族發展の心理』이라는 제목으로 출간하며, 1935년에는 『民族進化的心理定律』이라는 제목으로 중국어 번역본이 출판되었다. 이 책의 제1장 제 1절에서 르 봉은 한 민족은 고유한 민족 성격이 있고, 고정성을 지닌 민족 성격이 유전되면서 한 민족의 발전을 결정한다고 주장하였다. "주의해야 할 것은 오래된 과거에 형성된 특성이다. 몇 세기 동안 같은 생존 환경에 의해 유지되거나 유전으로 축적되기 때문에 한 민족은 극대한 불변성을 획득한다. 이는 한 민족의 모습을 결정한다."[20] 민족성이 민족의 발전을 결정하기 때문에 이광수는 조선의 민족성을 탐구할 수밖에 없었고, 이는 저우쭤런도 마찬가지였다. 1918년부터 저우쭤런은 민족을 진화시키려는 시도로 중국의 민족성을 비판하기 시작하였다.

「민족개조론」 중편은 '민족개조는 도덕적인 것', '민족성의 개조는 가능한가', 그리고 '민족성의 개조는 얼마나한 시간을 요할까'의 세 부분으로 구성된다. '민족개조는 도덕적인 것'에서 이광수는 한 민족의 흥망성쇠가 그 민족성에 달려 있다고 주장하면서 "朝鮮民族 衰頹의 根本原因은 墮落된 民族性에 있다"(17 : 184)는 결론을 내린다. 이 결론은 앞서 인용된바 르 봉의 『민족 진화의 심리학적 법칙』 제1장 제1절에서 나오는

20 르 봉, 『민족 진화의 심리학적 법칙』, 영역본 16면; 일역본 22~23면; 중역본 18~19면.

내용으로 이광수는 이에 근거하여 「민족개조론」을 펼쳤다. 다음으로 '민족성의 개조는 가능한가'라는 소제목 하에 이광수는 민족 성격에는 근본적 성격과 가변적 성격이 있다고 말한다. "르 봉 博士는 民族的性格[21]과 附屬的性格의 二部가 있다고 하여 附屬的性格은 可變的이"(17 : 187)다. 근본적 성격이 변할 수 없지만 부속적 성격이 변할 수 있다는 것이다. 이에 이광수는 『산해경』과 『삼국지』 등에 근거하여 조선의 민족성을 살펴보았다. "朝鮮民族의 根本性格은 무엇인고. 漢文式觀念으로 말하면 仁과 義와 禮와 勇이외다. (…중략…) 民族을 今日의 衰頹에 끌은 原因인 虛僞와 懶惰와 非社會性과 및 經濟的衰弱과 科學의 不振은 實로 이 根本的民族性의 半面이 가져온 禍입니다."(17 : 192) 요컨대 조선 민족은 근본적 성격이 훌륭하지만 부속적 성격은 나쁘다는 것이다. 따라서 그는 "우리의 개조할 것은 朝鮮民族의 根本的性格이 아니요, 르 봉 博士의 이른바 附屬的性格이외다"라고 선언한다. 르 봉의 이론에 의하면 부속적 성격은 가변적이기 때문에 이광수의 개조 사업이 가능성이 있다는 것이다. 여기서 그가 근거로 삼는 근본적 성격과 부속적 성격은 『민족 진화의 심리학적 법칙』의 제1장 제2절에 나오는 내용이다.

> 심리 조직도 해부학적 특성이 있는 것처럼 변하지 않는 근본적 특성을 지니고 있다. 그러나 동시에 매우 쉽게 바꿀 수 있는 부속적 특성을 지니고 있다. 후자는 지역, 환경, 교육 등 요소에 의해 변할 수 있다.[22]

21 여기서 민족적 성격은 "근본적 성격"의 오기인 것 같다.
22 르 봉, 『민족 진화의 심리학적 법칙』, 영역본 19면; 일역본 26면; 중역본 21면.

부속적 성격은 유전을 통해서 매우 긴 세월을 통해서야 바뀔 수 있지만 민족 발전의 희망을 보여주는 매우 중요한 요소이다. 쇠퇴한 민족성의 개조가 가능해지자 이광수는 개조에 걸리는 시간을 계산한다. '민족성의 개조는 얼마나한 시간을 요할까'라는 소제목 하에 그는 30년에 1만 인의 개조동맹을 조직할 수 있다고 주장한다. 그러나 "萬名을 얻음이 민족개조의 완성이 아니라 이에 民族改造의 基礎가 確立함이니 정말 民族改造事業의 本業은 이에서 始作할 것이외다. (…중략…) 이는 五十年, 百年 二百年의 永久한 事業"(17 : 199~200)이며 이는 유전을 통해서 끊임없이 개조되어 발전하는 것이었다. "次代의 後繼者인 子女에게 새 理想의 教育과 環境을 주어서 (…중략…) 歲月이 가고 世代가 지날수록 民族은 더욱 새로워져"(17 : 189) 부활하기를 이광수는 바랐다. 후계자를 통한 개조와 세대가 지날수록 새로워지는 민족이라는 이상은 유전의 축적으로 민족개조를 이루겠다는 뜻이었다. 「민족개조론」에서 이광수는 "오직 遺傳的蓄積으로 遲緩한 變化가 있을 뿐이라 합니다"라는 르 봉의 말을 인용하면서 유전 축적의 중요성을 제기하였다. 유전을 통한 새로운 민족의 창조는 『민족 진화의 심리학적 법칙』 제1장 제5절에 나온다.

> 유전만이 강력한 힘으로 유전을 극복할 수 있는 것이다. 그것을 통해서 수많은 세월이 흐른 후 새로운 신체적, 심리적 특징을 지닌 새 민족이 창조될 수 있다. 이렇게 창조된 특성은 처음에는 극히 약하다. 장기적인 유전의 축적을 통해서 이를 고정시킬 수 있다.[23]

23 르 봉, 『민족 진화의 심리학적 법칙』, 영역본 53~54면; 일역본 58면; 중역본 47~48면.

르 봉은 민족의 근본적 성격은 변화시킬 수 없지만, 창조된 특성을 유전함으로써 근본적 성격을 바꿀 수 있다고 지적하였다. '민족개조는 도덕적인 것'은 제1장 제1절, '민족성의 개조는 가능한가'는 제1장 제2절, 그리고 '민족성의 개조는 얼마만한 시간을 요할까'는 제1장 제5절에 대응한다. 『민족 진화의 심리학적 법칙』의 제1장은 총 5절로 구성되었다. 이광수는 그 중에서 제1절, 제2절, 제5절을 자기 논리의 근거로 삼았다. 그렇다면 그가 인용하지 않는 제3~4절은 무슨 내용을 담고 있었을까? 제3절 '각 종족 심리의 단계'에서 르 봉은 세계의 민족을 원시 종족, 하등 종족, 중등 종족 그리고 상등 종족 등 4가지로 구분하였다. 중국, 일본 그리고 몽골은 중등 종족으로 분류되고 유럽 민족은 상등 민족이다. 종족 간에 계급이 있듯이 한 종족 내에도 차별이 존재한다는 것이 제4절의 내용이었다. 제1장 제4절에서 르 봉은 한 민족을 상·중·하 세 가지로 나누어 논의를 전개하였다. 상·중·하의 인구 분포는 원추형을 이루는데, 인구가 가장 많은 군중이 하부에 존재하고, 지혜를 가진 중등인은 중간에 있으며, 극소수의 학자, 예술가 등 엘리트가 원추의 상부에 군림한다. 이처럼 르 봉은 민족 간, 민족 내부의 불평등은 '주어진 것'이며 평등의 추구는 일종의 망상이라고 주장하였다.[24] 이 맥락에서 김윤식은 르 봉의 학설이 제국주의 민족론이냐 아니냐를 검증할 필요가 있다고 지적하였다.[25] 이에 따라 제국주의 차원에서 귀스타브 르 봉을 연구하는 논문도 제출되었다.[26]

24 르 봉, 『민족 진화의 심리학적 법칙』, 영역본 xv면; 일역본 2면; 중역본 3면.

25 김윤식, 『이광수와 그의 시대』 2, 솔, 1999, 41면.

26 제국주의와의 관계에서 「민족개조론」을 연구한 논문으로는 김항, 「개인, 국민, 난민, 사이의 '민족'」(『민족문화연구』 58, 고려대 민족문화연구원, 2013)을 참조.

세계의 민족을 상·중·하의 등급으로 분류하고 백색 인종만이 상등 민족이라고 규정하는 귀스타브 르 봉의 주장에는 제국주의의 그늘이 짙게 드리워져 있었다. 그렇다면 이광수는 르 봉의 이러한 제국주의적 면모에 대해 어떠한 태도를 보여주고 있는가? 르 봉의 주장을 수용한 그의 글들을 살펴보면 제국주의적 색채가 진한 제1장의 제3~4절은 한마디도 언급되지 않고 있음을 알 수 있다. 반대로 제국주의에 대한 적극적 반발이나 비판의 목소리를 높이는 구절도 찾아볼 수 없다. 그는 르 봉의 제국주의적 학설을 비판하지도 옹호하지도 않으면서 그저 침묵하였다. 이광수의 침묵은 그가 르 봉의 학설이 내포한 제국주의적 성격을 반성하거나 비판하는 데까지는 이르지 못했음을 노정한다. 저우쭤런도 마찬가지였다. 즉 이광수와 저우쭤런에게는 다른 무엇보다도 민족성의 개조가 가장 시급한 문제였기에 제국주의에 비판의 시선을 던지지 못했던 것이다. 「민족개조론」에서 이광수는 『민족 진화의 심리학적 법칙』의 제1장 제5절을 근거로 민족개조의 가능성을 유전의 축적에 두었다. 그러나 사실 이광수는 르 봉의 이론을 오해하였다. 르 봉이 말하는 유전의 축적은 혼혈cross-breeding을 가리키는 것이었기 때문이다.

> 두 민족의 혼혈은 그들의 신체적 조직과 더불어 그들의 심리적 조직을 바꾸는 것이다. 혼혈은 민족성격을 개조하는 유일한 방법이다. 유전만이 강력한 힘으로 유전을 극복할 수 있는 것이다. 그것을 통해서 수많은 세월이 흐른 후 새로운 신체적, 심리적 특징을 지닌 새 민족이 창조될 수 있다.[27]

27 르 봉, 『민족 진화의 심리학적 법칙』, 영역본 53면; 일역본 58면; 중역본 47면.

『민족 진화의 심리학적 법칙』에서 르 봉은 유전이야말로 유전을 극복할 수 있다고 주장하는데 유전을 극복하는 '유전'이란 혼혈을 통한 유전을 의미하는 것이었다. 르 봉에게 혼혈은 민족성을 바꾸는 유일한 길이었다. 더 나아가 그는 상등 민족은 절대로 그보다 하등한 민족과는 혼혈하지 않는다고 생각하였다. 하등 민족과의 혼혈이 상등 민족을 타락하게 만들기 때문이었다. 미국, 영국, 독일 등 상등 민족 간의 혼혈만이 상등 민족을 발전케 할 수 있었다.[28] 그러나 이광수는 「민족개조론」에서 혼혈에 대하여 언급하지 않고 있을 뿐 아니라 오히려 유전만이 유전을 극복할 수 있다는 르 봉의 주장을 차용해서 국민의 각성에 사용하였다. "少數의 善人이야말로 그 民族復活의 萌芽이외다."(17 : 188) 이광수는 혼혈이 아닌 변이를 통해서 '소수의 선인'이 생긴다고 믿었다. '소수의 선인'이 그 변이된 유전자를 "후계자인 자녀에게" 줌으로써 '유전의 축적'을 이룬다. 즉 '유전의 축적'을 말하는 이광수의 진화는 민족내부를 향한 것이었다.[29] "民族의 根本的惡性格을 가장 小量으로 가진" 소수의 선인이 동맹을 결성하여 개조된 성격을 후세에 유전하는 것이 이광수의 민족개조 계획이었다. 여기서 소수의 선인은 각성자지만 각성자도 역시 조선의 민족성을 지닌 조선인이다. 즉 조선의 민족성 개조는 조선인에 의해서 이루어져야 했다. 따라서 "일견 르 봉의 학설에 근거하고 있는 것처럼 보이지만 이광수의 논리는 사실 자의적이고 맥락이 두서없다"[30]는 기존의 주장도 어느 정도는 타당성이 있다. 그러나 보다 정확하게 말

28 위의 책, 영역본 52~53면; 일역본 57~58면; 중역본 47면.

29 「민족개조론」의 생물학적 변이에 대하여 김동식의 「민족개조와 감정의 진화」(『한국학연구』 29, 인하대 한국학연구소, 2013)를 참조.

30 하타노 세츠코, 최주한 역, 『일본 유학생 작가 연구』, 소명출판, 2011, 167면.

하자면 이광수는 르 봉의 이론을 자기 나름대로 재구성하였다. 그는 르 봉의 유전설을 차용하면서도 제국주의적 학설을 비켜가며 자신만의 논리를 재구성해 나갔다.

이광수가 읽은 『민족 발전의 심리』가 일본어 역일지라도 아시아 민족을 중등 민족으로 분류하는 제3~4절은 번역되어 있었다. 『일본 유학생 작가 연구』에서 하타노 세츠코는 1910년에 일본에서 간행된 『민족 발전의 심리』에는 일본에 대한 언급이 삭제되어 있고, 이광수가 이 사실을 알지 못했다고 지적한다. 그런데 일본이 상등으로 분류되느냐 중등으로 분류되느냐 하는 것은 이광수에게 중요한 관심사가 아니었다. 이광수의 관심 대상은 일본이 아니라 조선이었고, 일본어 역본에서 일본이 삭제되어 있다 하더라도 중등 민족에 대한 분류에는 중국과 몽골 등 아시아 민족이 포함되어 있었다. 『민족 진화의 심리학적 법칙』에 조선이 직접적으로 명시되어 있는 것은 아니었지만 조선의 상황이 중등인 중국보다 결코 낫지 않음을 이광수는 알고 있었다. 『민족 진화의 심리학적 법칙』의 분류 기준에서 본다면 조선은 명백히 중등 민족이었다. 그러나 그는 르 봉의 민족 분류법을 비롯한 르 봉의 제국주의적 주장을 언급하지 않았고 민족 성격에 관한 내용만 소개하였다.

김윤식은 이광수가 르 봉의 제국주의적 논리를 받아들였다고 평가하였다. "한국 민족의 민족성의 못남을 낱낱이 들추어내어 이를 개조해야 한다는 논법이 제국주의 학자들의 민족 이론임을 그가 알아차릴 능력까지 없었음은 새삼 이 자리에서 말할 것도 못 된다. 영국, 프랑스, 일본 등의 우수 민족은 한국, 중국 같은 저능한 민족들을 지배할 수 있다는 논리를 춘원은 자신도 모르게 받아들이게 된 것이다."[31] 물론 「민족개조론」

에서 이광수가 르 봉의 제국주의적 주장을 비판하지 않은 것은 사실이다. 하지만 그가 르 봉의 학설에 도사린 제국주의에 둔감했던 것은 「민족개조론」에서 이광수가 중요하게 여긴 것이 민족성이기 때문이었다. 바야흐로 세계는 진화의 궤도에 안착해 있지만 조선은 그 궤도를 이탈해 가는 현실을 이광수는 염려하고 걱정하였다. 그의 앞에 놓인 과제는 제국주의가 아니라 조선 민족을 진화시키는 것이었다. 그에게 있어 조선도 진화할 수 있다는 가능성을 보여주는 르 봉의 학설, 곧 민족심리가 진화할 수 있다는 르 봉의 주장은 매력적인 논리가 아닐 수 없었다. 따라서 그는 민족성 논리에 중점을 두고 귀스타브 르 봉의 『민족 진화의 심리학적 법칙』을 자신의 필요에 따라 선별적으로 수용하였다.

「민족개조론」을 발표하고 최원순과 신상우[32] 등으로부터 강한 비판을 받은 이광수와 달리 저우쭤런의 민족성 담론은 논란을 불러오지 않았다. 중국에서는 19세기 말부터 이미 민족성 개조 담론이 전개되었기 때문이었다. 『민족에 대한 깊은 반성』에 따르면 민족성에 대한 반성은 1895년 청일전쟁, 1898년 무술변법 그리고 1912년 신해혁명을 계기로 세 번에 걸쳐 전개되었다.[33] 민족성 담론이 유럽에서 일본으로, 그리고 다시 중국으로 전파되었다는 것이 보편적인 인식이다. 중국인의 성격에 대한 최초의 분석은 선교사 스미스Arthur Smith(1848~1920)의 『중국인의 기질』에 의해서였다. 이 책은 1890년에 중국 상하이 『북화첩보北華捷報』에서 영문으

31 김윤식, 앞의 책, 53면.

32 최원순, 「이춘원에게 문하노라」, 『동아일보』, 1922.6.3~6.4; 신상우, 「춘원의 민족개조론을 독하고 그 일단을 논함」, 『신생활』 6, 1922.

33 兪祖華, 『深沈的民族反省』, 山東人民出版社, 1996; 陳高原, 「論中國改造民族性的社會思潮」, 『近代史學研究』, 中國社會科學院近代史研究所, 1992 등.

로 연재된 후 1894년에 미국에서 출판되었고 1903년에 일본어로 번역되었다. 이 책에서 스미스는 중국인은 근검절약하고 강인한 좋은 성격이 있는 동시에 동정심과 신용이 없는 결점이 있다고 지적하였다. 1901년에는 량치차오가 「중국적약소원론中國積弱溯源論」에서 중국인의 노예근성, 우매, 허위, 나약 등의 성격이 중국을 쇠퇴하게 만든다고 지적하였다.

상기한 바와 같이 1903년에 량치쉰은 르 봉의 학설을 소개하면서 민족성격을 국민성으로 번역하였다. 이때 그는 중국의 민족성을 분석하지 않았다. 1908년에 『동방잡지』에 발표된 「중국의 국민성 논설」이라는 사설에 의하면 국민성은 한 민족의 성격으로, 인종의 차이처럼 국민성도 서로 다른 것이었다. 이 글의 논자는 중국의 국민성이 평민적이고 세계적이면서 평화적이기 때문에 세계에서 큰 성공을 거둘 것이라고 확신하였다.[34] 인종의 차이처럼 민족성이 다르다는 구절은 르 봉의 해부학과 민족심리의 관계를 연상시키지만, 이 글에서는 르 봉이 언급되지 않았다. 1915년에 이르러 발표된 「국가와 국민성의 관계를 논함」이라는 글은 중국인의 성격이 강인하고 지혜로우며, 박애 정신을 품고 있다고 보았다. 이전의 논설과 달리 이 글에서는 르 봉의 이론을 출처로 밝히면서 국민성의 고정성과 가변성을 언급하였다. 이 글은 「민족개조론」의 논리와 마찬가지로 가변성을 통해서 민족성을 바꿀 수 있다고 주장하였다.[35] 이 글이 실린 『갑인잡지甲寅雜誌』가 일본 동경에서 창간된 잡지였던 만큼 일본 지식계를 통하여 르 봉의 이론을 수용하였던 것으로 볼 수 있다.

중국에서 민족성 담론이 활발하게 논의되는 중에 저우쭤런도 민족성

34 「論中國的國民性」, 『東方雜誌』, 1908.5.13.
35 勞勉論, 「論國家與國民性之關係」, 『甲寅雜誌』 1-6, 1915.

에 관심을 갖게 되었다. 저우쭤런의 글에서 르 봉의 영향이 감지된 것은 1912년경부터였다. 1912년 11월 저우쭤런은 민족의 형성부터 해산까지를 논하는 「민족의 해산」이라는 논문을 발표하였다.

> 야만인들이 다 그렇듯이 오랫동안 같이 살고, 또 같은 환경에 있으며 나날이 생계의 필요로 인해 서로 주고받고 의존하다 보니 난잡한 상태에서 차차 융합하여 하나가 되고, 비로소 민족이 형성된다. 그 성격과 감정이 서로 통하고, 유전에 의해 더욱 확고해지며 정화를 모아 이상이라는 것이 만들어지기 시작한다. 하고자 하는 바가 있으면 용맹하고 불요불굴하며 극에 달하지 않으면 멈추지 않는다. 이에 집단은 미개에서 벗어나 민족으로서의 자격을 가진다. (…중략…) 대개 문화가 발전하면 복잡해졌다가 갑자기 정지되고 생기가 소멸되어 쇠퇴하고 노후시기가 찾아온다. (…중략…) 이상을 잃고 민족정신도 문란해져 그 민족은 민족으로서의 자격을 잃게 된다.[36]

저우쭤런은 민족이상, 민족정신이 한 민족의 형성에 있어서 중요한 역할을 하고 이 민족정신과 민족이상이 사라지면 민족도 바로 해체된다고 말한다. 즉 "야만에서 태어나지만 이상을 추구할 줄 알기 때문에 노력하여 문명으로 진급하게 된다. 후에 이는 쇠약해져 정신이 망하게 된다. 따라서 민족이 해산하고 멸망한다".(「民族之解散」, 1 : 238) 민족정신이

36 「民族之解散」, 『周作人散文全集』 1, 237~238면. "荒蠻之眾, 大都隸是, 與其相處既久, 同在一境之中, 益以生計所需, 互有維倚, 龐雜之眾, 乃漸融然渾一, 始成民族, 其性格感情, 共有會通, 積以遺傳之力, 複堅定, 聚其英華, 造作理想. 其赴之也, 勇猛精進, 不屈不饒, 務達其極而後止, 於是其群乃脫離荒蠻, 而進民族 (…中略…) 蓋文化既長, 就繁雜, 忽轉停滯, 生氣以息, 故漸既於衰微, 而老朽時代乃以至矣 (…中略…) 理想既失, 以無適從, 在民族精神遂然掃地, 其民亦失其民族之資格."

민족을 부강하게 하고, 민족정신의 상실은 민족의 멸망을 초래한다는 주장은 르 봉인의 것으로, 저우쭤런은 이에 근거하여 자신의 민족성 담론을 내세웠다.

> 용맹, 창조적 능력, 모험 정신 등 성격상의 장점은 매우 긴 시간을 경과해야 획득할 수 있다. 그러나 이들은 사용되지 않게 되면 짧은 시일 내에 소실된다. (…중략…) 한 민족이 평화복리 그리고 재부에서 나오는 사치를 즐기기 시작하고 용맹을 추구하는 성격이 없어지면 (…중략…) 국민이 모든 공공적 사업에 대한 관리를 국가에게만 맡기면 흥성하게 된 모든 장점들을 빠른 속도로 잃어버리게 된다.[37]

르 봉은 『민족 진화의 심리학적 법칙』의 마지막 장인 제5장에서 문화의 쇠퇴와 소멸을 거론하였다. 르 봉에 따르면 로마제국은 표면적으로는 아라비아인의 침략에 의하여 멸망하였지만 실제로는 로마제국 내부에 이미 "쇠퇴의 맹아"가 싹트고 있었다. 로마 제국은 민족의 지혜가 성장하면서 막대한 부를 축적하였으나, 그 결과 "로마를 강성하게 만드는 이상, 즉 국민들이 자신의 재부와 생명을 희생하여 지키는 정신 중에 가장 중요한 이상"을 상실하였다.[38] 로마제국의 사례처럼 민족의 멸망은 타민족의 침략 때문이 아니라 민족성의 쇠퇴 때문에 발생하였다.

「민족의 해산」에서 저우쭤런은 민족 쇠퇴와 멸망의 원인을 설명하는

37 르 봉, 『민족 진화의 심리학적 법칙』, 영역본 212~214면; 일역본 205~207면; 중역본 154~155면.

38 위의 책, 영역본 215면; 일역본 207~208면; 중역본 156면.

이론가로 르 봉을 소개하였다. 그는 「민족의 해산」에서 중국을 언급하지 않았다. 그러나 그것은 중국에 대한 무관심을 뜻하지 않았다. "국민성격의 좋고 나쁨, 지혜와 우매와 계몽을 이를 통해서 엿볼 수 있다. 좋은 것이라면 월越의 영광이고 화하華夏의 복이지만, 그렇지 않고 이기적인 것이라면 끝내 해독이 되겠다. 이 결과는 원인이 있을 테니 누구도 탓할 수 없고 단지 조상들의 죄악을 저주할 수밖에 없다."(1 : 224) 「민족의 해산」이 보편적인 민족성에 대한 연구라면 1912년 1월에 발표한 「망월편望越篇」은 중화민족의 민족성에 대하여 탐구하는 글이었다.

> 오늘날 해방이 되어 공화가 이루어지게 되었다. 깊은 산골에서 나와 교목으로 옮기게 되어 화하인(華夏人)은 어찌 기쁘지 않겠는가. 그러나 옛날의 일을 되돌아보면 두렵지 않을 수가 없다. 인습이 오랫동안 쌓여 깊어지면 제거하기 쉽지 않다. 중국의 정치와 교육은 옛날부터 우민 정책을 실시하고 형벌로 인재를 위협했다. (…중략…) 이천 년래 이러한 도태를 거쳤기 때문에 우매한 사람이 살아남고 지혜의 종자는 거의 남지 않았다. 종족성이[39] 이러니 어떻게 좋아지겠는가.[40]

39 『민족 진화의 심리학적 법칙』의 일본어 역본에서는 '종족혼', '국민혼', '종족적 성격' 등 용어들이 사용되고 있다. 저우쭤런도 초기에 민족성을 의미하는 다양한 표현을 사용하였다. 그는 「망원편」에서 종업(種業), 「민족의 해산」과 「공화국의 성쇠」에서 종성(種性), 그리고 「국민성격」에서 국민성격(國民性格)이라는 용어를 썼다. "한 민족이 다른 민족과 구분되는 특정한 성격이 있을 테니 種性이라고 하는데, 또한 종족혼이라고 일컫기도 한다." 「공화국의 성쇠」에서 말했듯이 그가 사용하는 종업, 종성, 국민성격은 모두 민족성을 가리키는 것이다.

40 「望越篇」, 『周作人散文全集』 1, 224면. "今得解脫, 會成共和, 出於幽谷, 遷于喬木, 華夏之民, 熟不歡欣? 顧返瞻往跡, 亦有不能不懼者, 其積染者深, 則更除也不易. 中國政教, 自昔皆愚民為事, 以刑戮懾俊士 (…中略…) 二千年來, 經此淘汰, 庸愚者生, 佞捷者榮, 神明之種, 幾無孑遺, 種業如斯, 其何能臧."

「망월편」에서 저우쭤런은 도태라는 용어를 썼다. 생물학상의 자연도태는 생물 진화의 수단으로 생물 진화론자들은 자연도태를 통해서 환경에 적응하는 우수한 자가 살아남고, 그렇지 못한 자는 도태되는 원리, 즉 우승열패의 원리가 자연의 법칙이라고 믿었다. 저우쭤런에 따르면 중국에서도 도태가 이루어졌다. 그러나 중국에서 도태된 것은 우수한 자였다. 봉건사회 중국에서는 우민 정책에 적응하는 자가 살아남았고 재주가 뛰어난 사람은 오히려 살해당하였다. 즉 중국에서의 도태는 자연 진화의 계통수를 역행하는 것이었다. 저우쭤런이 볼 때 중국 봉건사회 자체가 진화에 대한 역행이었다. 서양은 자연의 원리에 따라 진화하고 있는 반면에 중국은 진화를 역행하고 있었다. 진화의 계통수를 역행하는 "진화"는 퇴화이며, 서양이 진화하는 동안 중국은 계속 퇴화하고 있다는 것이 저우쭤런의 판단이었다. 그것은 저우쭤런에게 "두려워하지 않을 수 없는 일"이었다. 저우쭤런은 퇴화가 유전된다는 점을 퇴화 자체보다 더 염려하였다.

> 민족성의 형성은 엘리트에 있지 않고 중등인에 있고 살아 있는 자가 아니라 죽은 자에 의해 결정된다. 양자는 수적으로 다수이고 시간적으로 장구하기 때문에 권위를 갖게 되며 그들의 감정도 이어받는다.[41]

1912년 1월 쑨원이 중화민국을 세우던 시기에 저우쭤런은 이 글을 발표하였다. 저우쭤런은 "지금 천재일우의 기회이고 다시 시작하는 시간

41 「望越篇」, 『周作人散文全集』 1, 223면. "造成種業, 不在上智, 而在中人, 不在生人, 而在死者, 二者以其為數與為時之永, 立其權威, 後世子孫承其血胤者亦並襲其感情."

이다. 중화의 백성들이 개심하여 신생을 추구할 수 있을지 모르겠다"며 진화를 역행하는 봉건제를 종식하여 진화의 방향과 합치하는 공화제를 실행한다는 사실에 기쁨을 감추지 못하였다. 그는 이 기회에 중화 민족의 신생을 도모해야 한다고 주장하였다. 그러나 "중국은 만주족에 의해 통치된 지 260여 년이 되고 전제 제도의 통치를 받은 지가 이미 2,630여 년이 되었다." 중국의 민족성은 장시간에 걸쳐 봉건제의 독성에 침윤되었다. 저우쭤런이 봉건제의 독성이 민족성의 일부가 되어 유전될까 걱정하였다. 『민족 진화의 심리학적 법칙』에 의하면 민족의 발전을 결정하는 것은 현재가 아니라 과거의 조상이었다.

> 따라서 우리는 종족을 시간을 초월하는 영원한 것으로 보아야 한다. 이 영원한 것은 한 시기에 살아 있는 개체로 구성될 뿐만 아니라, 동시에 끊임없이 죽은 자, 즉 조상에 의해 구성된다. 종족을 잘 이해하기 위해 과거와 미래를 보아야 하는데, 죽은 자는 살아 있는 자에 비하여 더 많고 무한하며 더욱 강력하다. 그들은 폭넓게 무의식이라는 것을 지배하고 있다. 이 무형의 세력은 지혜와 성격의 모든 표현을 제시해 준다. 따라서 죽은 자가 살아 있는 자보다 더욱 강하다고 말할 수 있다.[42]

"프랑스에서 한 세기에 3대로 계산하면 우리 혈관 속에서 흐르는 것은 천 년 전의 2천만 동시대자의 피다"라고 주장한 르 봉은 민족성의 고정성을 중요시했고, 민족성은 유전된다고 주장했다.[43] 현재의 프랑스인

42 르 봉, 『민족 진화의 심리학적 법칙』, 영역본 10~11면; 일역본 17~18면; 중역본 15면.
43 위의 책, 영역본 8~9면; 일역본 15면; 중역본 13면.

혈관을 타고 흐르는 피가 천 년 전의 피와 다를 바가 없다는 인식은 생리적 특징뿐 아니라 감정과 성격도 조상으로부터 이어받는다는 사고로 이어졌다. 조선으로부터 이어받은 민족성은 혁명을 통해서 바꿀 수 있는 것이 아니었다. "우리 혁명 시대의 가장 엄격하고 열정적이던 자코뱅의 집권적이고 전제적인 제도가 1,500년 이래의 군주 전제와 다른 바 있는가. 라틴 민족의 경우, 모든 혁명 후에 이 완고한 제도가 다시 나타난다. (…중략…) 브뤼메르가 아니라 민족정신이 그들을 하여금 나폴레옹의 쇠 발굽 밑에 무릎을 꿇게 한 것이다."[44] 르 봉은 혁명이 일시적으로 한 민족을 바꾸더라도 민족의 근본적 성격은 혁명 후에 급속도로 돌아온다고 보았다. 민족성은 혁명으로는 바꿀 수 없을 만큼 강고한 불변성을 지닌 것이었다. 민족성은 유전을 통해서 신세대에 다시 나타났다. 이에 근거하여 저우쭤런은 그의 명편 「수감록 38」을 발표하였다.

> 어지러운 조상들이 어지러운 자손들을 낳는 것이 유전의 원리이다. 민족성이 확립된 후에는 좋든 나쁘든 쉽게 바꿀 수가 없다. 프랑스 G. Le Bon 저 『민족 진화의 심리』에서 이 일에 대해 말하고 있다. (…중략…) 우리가 지금 훌륭한 사람이 되고 싶어도 혈관 속에 흐르는 어지러운 요소들이 튀어나와서 말썽을 일으키면 우리도 어쩔 수 없이 단전과 변검을 연구하는 고물이 될 수밖에 없다.[45]

44 위의 책, 영역본 21~22면; 일역본 28~29면; 중역본 23~24면.

45 「隨感錄 38」, 『周作人散文全集』 2, 75면. "混亂的祖先, 養出混亂的子孫, 正是遺傳的定理. 民族根性養成之後, 無論好壞, 改變都不容易的, 法國G. Le Bon著『民族進化的心理』中, 說及此事道 (…中略…) 我們現在雖然想好好做人, 難保血管裡的混亂分子不來作怪, 我們也不由自主, 一變而為研究丹田臉譜的人物."

저우쭤런은 1911년에 일본에서 고향으로 돌아와 교사생활을 하다가 1917년에 베이징에 올라갔다. 1918년부터 다시 활발하게 문필활동을 시작한 그는 그해 11월에 『신청년』에 「수감록 38」을 발표하였다. 저우쭤런이 밝히듯이 민족성을 비판하는 「수감록 38」의 이론적 근거는 르 봉의 『민족 진화의 심리적 법칙』이었다. 민족성에 관심을 갖게 된 1912년에 그는 르 봉의 이론을 수용하였고 1918년에 문단으로 돌아와서도 르 봉의 민족성 이론을 주요한 논거로 활용하였다. 조상이 못 나면 그 못난 성격이 후세에 유전한다. 중국은 쇠퇴하는 원인이 민족성에 있었다.

"입센이 유전의 무서운 힘을 표사하는 희극을 썼다. 『중래*Gengangere*』라는데 강시僵尸의 뜻이다. 조상의 나쁜 사상과 행위가 자손에 다시 나타난다는 것인데 마치 강시가 나오는 것 같다."(「重來」, 3 : 153) 저우쭤런은 1923년에 「중래」를 발표하면서 다시 민족성의 유전을 환기시켰다. 청년은 늙은이의 아들로서 효자가 되는 것이 당연한 일이다. 그러나 저우쭤런은 "인간에 가장 큰 저주가 효자효손孝子孝孫 네 글자다. 현대의 중국은 바로 이 저주에 의해 억압되고 있다"고 지적하였다. 민족성의 결점을 계승하는 일은 효도가 아니라 민족을 망하게 하는 행위였다. "한 세대의 차이가 있기 때문에 크든 작든 변화가 있을 것이다."(「重來」, 3 : 154) 저우쭤런이 지속적으로 르 봉의 민족성 유전설을 주목한 이유는 민족성의 결점이 유전되지 않도록 하기 위해서였다. 그는 청년들에게 변화를 환기시켜 자신의 목적을 달성하고자 하였다.

> 동류의 광망과 우매를 똑똑히 살피는 것은 개인의 생로병사를 사고하는 것과 같이 위대한 사업이다. 적극적인 사람은 이를 중대한 사업으로 삼고,

> 소극적인 사람에게도 재미있는 소일거리가 될 수도 있다. 허무는 허무대로 놓아 두고, 허무인 것을 알면서도 추적하고 명찰하는 것은 매우 의미 있는 일이 된다. 이는 진실로 바람을 잡는 것의 위대함이다.[46]

1929년에 발표한 명문 「위대한 바람 잡기偉大的捕風」에서 저우쭤런은 민족성을 비판하는 의도를 밝혔다. 그에게 민족성의 광망과 우매를 살피고 지적하는 것은 매우 중대한 사업이었다. 이 글에서 저우쭤런은 "이미 있던 것이 후에 다시 있고 이미 한 일을 후에 다시 할 것이다"라는 『전도서』의 한 구절을 인용하며 유전의 강력함을 강조하였다. "내가 해 아래서 행동하는 모든 일을 본즉 다 헛되어 바람을 잡으려는 것이다. 내가 다시 지혜를 얻으려고 미친 것과 미련한 것을 알고자 하여 마음을 썼다. 하지만 이것도 바람을 잡으려는 것인 줄을 깨달았다"라는 구절이 이어진다. 저우쭤런은 "여기서 나는 전도자와 의견이 갈라질 수밖에 없다"고 선언하였다. 『전도서』에는 지혜를 얻는 일이 헛되다고 쓰여 있지만 저우쭤런은 이에 반대하였다. 민족성을 고찰하는 작업은 결코 헛된 일이 아니었다. 동포의 광망과 우매를 살피고 보여줌으로써 각성을 환기할 수 있었기 때문이었다. 바람처럼 손에 잡히지 않는 민족성을 추적하는 작업은 역시 위대한 일이었다. 이 맥락에서 저우쭤런이 1900년대부터 1930년대에 이르러 귀스타브 르 봉과 그의 민족성 이론을 지속적으로 거론하였다. 저우쭤런은 뒤에서 서술할 '신촌' 운동 외에 사회운동에

46 「偉大的捕風」, 『周作人散文全集』 5, 568면. "察明同類之狂妄和愚昧, 與思索個人之老死病苦, 一樣是偉大的事業, 積極的人可以當一種重大的工作, 在消極的也不失為一種有趣的消遣. 虛空盡由他虛空, 知道他是虛空, 而又偏去追跡, 去察明, 那麼這是很有意義的, 這實在可以當得起說是偉大的捕風."

투신한 적이 없었다. 대신 그는 끊임없이 민족성 비판하는 글을 발표하였다. 글쓰기를 통해서 민족을 계몽시키는 것은 그에게는 위대한 사업이었다. 저우쭤런은 민족성의 유전이 민족의 진화를 결정하지만 민족성 비판을 통해서 "변화" 의식을 각성시키면 민족 진화에 도움이 된다고 생각하였다. 귀스타브 르 봉의 『민족 진화의 심리학적 법칙』에 근거하여 저우쭤런은 자신의 민족성 사상을 체계화하였다.

『민족 진화의 심리학적 법칙』의 마지막 장에서 르 봉은 민족의 쇠퇴를 분석하며 민족성, 민족정신의 타락이 쇠퇴의 원인이라고 지적하였다. 『민족 진화의 심리학적 법칙』이 출판되던 시기에 쇠락하여 갔던 조선이나 중국에서는 르 봉의 주장이 널리 수용되었다. 위에서 분석했듯이 이광수와 저우쭤런의 민족성 담론은 모두 『민족 진화의 심리학적 법칙』을 근거로 삼았다. 즉 이광수와 저우쭤런은 심리학의 영역에서 민족심리라는 새로운 개념을 전유하여 자신의 민족의 쇠락과 멸망을 피할 방도를 찾아내려고 하였다. 유전의 축적과 조상에 대한 강조는 민족성의 근본적 성격에 대한 논의로부터 촉발된 것이었다. 르 봉에 따르면 민족성은 대대로 유전되는 것으로, 조상에 의해 형성된 것이었다. 따라서 조상은 한 민족의 성격과 모습을 결정한다는 점에서 무엇보다도 중요하게 되었다.

2) 민족심리의 진화 가능성과 조선 · 중국의 재발견

이제 민족성을 결정하는 '조상'을 이광수가 어떻게 생각했는지를 알아볼 필요가 있다. 주지하다시피 이광수는 전통을 강하게 비판하였다. "他國이나 他時代의 靑年으로 말하면 그들은 그들의 先祖가 이미 하여 놓은 것을 계승하여 이를 保持하고 發展하면 그만이언마는 금일의 大韓青年 우리들은 不然하여 아무 것도 없는 空空漠漠한 곳에서 온갖 것을 建設하여야 하겠다."(「조선인 청년에게」, 1 : 533) 「조선인 청년에게」에서 이광수는 비판적 어조를 분명하게 드러내었다. 그가 살고 있는 조선은 공공막막한 곳이었다. 즉 조상으로부터 계승할 만한 것이 하나도 없었다.[47] 과거에 대한 부정은 「금일 아한 청년의 경우」에서도 나타나 있다. 이 글에서 이광수는 "우리들의 父老는 悉皆라고는 할 수 없겠으나 大多數는 거의 앎이 없는 人物, 함이 없는 人物"이라고 언급하였다. 그에게 '부로' 즉 조상은 대부분이 무지하고 무식한 사람이었다. 하지만 이광수가 늘 선조들에게 부정적인 입장이었던 것은 아니었다. 『무정』에서는 또 다른 목소리가 들려왔다. "여러분의 조상이 결코 여러분과 같이 마음이 썩어지지 아니하였고, 여러분과 같이 게으르고 기운 없지 아니하였소. 평양성을 쌓은 우리 조상의 기상은 웅대하였고, 을밀대와 부벽루를 지은 우리 조상의 뜻은 컸소이다."(『무정』 33회) 『무정』에서 함 교장의 연설은 조상이 아니라 현재를 향했다. "평양성을 쌓은 우리 조상의 기상은 웅대하였"다고 말했듯 이광수에게 선조들은 위대한 사람들이었다.

이처럼 이광수는 조상에 대하여 모순된 견해를 갖고 있었다. 1910년에 조선을 공공막막한 땅이라고 생각했던 이광수가 1917년에 이르러 생각을 바꾸게 된 것일까? 부로를 '앎이 없는 인물' 과 '함이 없는 인물'로 규정하는 1910년에 발표한 「조선 사람인 청년에게」에서 그 해답을

47 이광수의 전통 부정에 대해서는 차승기, 「두 가지 과거와 계몽의 변증법」(『작가세계』 57, 작가세계, 2003)을 참조. 차승기에 따르면 강력한 자아가 의지할 곳은 오직 자기 자신뿐이고, 일체의 과거를 공허 속으로 날려버리는 것은 새롭게 창조하고자 하는 강한 자아를 긍정하기 위한 것이다.

찾을 수 있다.

> 第一朝鮮도 榮譽로왔더니라. 第二朝鮮도 榮譽로왔더니라. 第三朝鮮도……. 아아 그 아랫마디는 못 쓰겠도다. (…중략…) 第三의 朝鮮은 榮華롭지 못하였도다. 勇壯하던 祖先의 피와 사업을 받은 第三代朝鮮國의 朝鮮사람은 참 말씀이 아니었더니라. 天의 實驗이던가. 恒常 도와주시던 하늘도 第三代朝鮮國의 朝鮮사람은 버렸었도다.[48]

이광수는 조선이라는 말을 이중적인 방식으로 사용하였다. 그에게 조선은 최초의 국호이자 민족의 명칭이었다. 조선이라는 말에는 국가의 기원에 대한 기억과 민족의 영원성에 대한 희구가 각인되어 있었다.[49] 그러나 영원한 존재가 되어야 할 조선 민족은 쇠퇴하고 있었다. 쇠퇴는 강에서 약으로 떨어진다는 것을 의미한다. "叡聖文武하옵신 여러 皇帝께옵서 大皇祖 檀君부터로의 크신 理想을 達하시려고 無限히 勞心하고 努力하였으나 그 썩어진 民族들은 조금도 應함이 없고"에서 "썩어진 민족"이라는 표현은 민족의 기원이 나쁘다는 의미가 아니었다. 지금의 민족에 비하여 예전의 황제들이 "예성문무"했다는 구절에서 이광수가 민족의 기원을 부정적으로 보고 있지 않다는 사실을 확인할 수 있다.

이광수는 조선을 셋으로 분류한다. 제1조선과 제2조선은 영예롭지만 제3조선은 영예롭지 못한 것이었다. 썩어지는 것은 제3조선이었고 대

48 「조선 사람인 청년에게」, 『이광수전집』 1, 532면.

49 김동식, 「1910년대 이광수의 문학론과 한국 근대문학의 비민족주의적 기원들」, 『비평문학』 45, 한국비평문학회, 2012, 236면.

황조로 대변되는 민족의 기원은 매우 훌륭하였다. 제2조선은 제1조선의 신성한 의지를 이어받았지만 제3조선은 모든 의지를 잃어버렸다. 시간의 흐름에 따른 세 가지 구분은 상태에 따른 두 가지 구분으로 다시 구획된다. 제1조선과 제2조선이 상징하는 영예로운 조선이 있었고, 몰락하여 가는 제3조선이 있었다.

이 구분에 따라 두 가지 과거가 의미화 된다. 이광수에게는 민족의 본래성이 훼손되지 않은 채 보존되어 있는 신화적인 과거와 본래성을 망각함으로써 타락해 온 시간 속의 과거가 있었다.[50] 다시 말하면 민족의 기원부터 제2조선에 이르러 형성된 민족성과 제3조선부터 쇠퇴한 민족성이 있었다. 1910년에 이광수가 르 봉의『민족 진화의 심리학적 법칙』을 읽었는지는 확인할 수 없지만, 그가 조선을 영예로운 조선과 영예롭지 못한 조선으로 구분한다는 사실은『민족 진화의 심리학적 법칙』을 읽고 민족성의 근본적 성격과 부속적 성격을 구분한 것과 같은 맥락에 놓여 있는 것이었다.「민족개조론」에서 이광수는 "虛僞, 非社會的利己心, 懶怠, 無信, 懦弱, 社會性의 缺乏－이것이 朝鮮民族으로 하여금 今日의 衰頹에 빠지게 한 원인이 아닙니까"라고 민족이 쇠퇴하는 원인을 민족성으로 규정하였다. 비슷한 시기에 그는 조선 민족의 나쁜 성격이 타고난 것이 아님을「소년에게」에서 밝히고 있다. "詐欺, 詭譎, 陰謀, 虛飾, 猜忌, 謀害, 利己, 依賴, 反覆, 責任回避－이러한 것이 지난 三百餘年 歷史의 主流가 아닙니까?"(17 : 228) 이 견해에 따르면 조선 민족의 쇠퇴는 대황조 시절부터가 아니라 삼백 년 전부터 시작되었다. 부속적 성격으로서

50 차승기, 앞의 글, 89～90면.

의 과거는 악한 것이었고 근본적 성격, 즉 민족 기원으로서의 과거는 선한 것이었다.

이광수는 무한한 미래를 향해 나아가는 근대적인 선형적 시간 표상과 부단히 기원=본질로 회귀하는 순환적 시간을 접합시킴으로써 의미로 충만한 시간을 도래하게 할 수 있는 듯이 여겼다.[51] 그러나 이광수는 기원으로의 회귀보다는 부활을 기획하였다. 1919년 8월 『독립신문』 창간사에서는 『독립신문』이 추구하는 목표는 민족의 부활이라는 점이 명시되었다. "國史와 國民性을 鼓吹하고 幷하야 新思想을 攝取하야써 改造或은 復活한 民族으로써 復活한 新國民을 造하려고 努力함이 本報의 使命의 五라"[52] 이 글은 "先祖의 精神"이 유교와 일본의 횡포에 의해 소멸되었다고 주장하며 조선의 민족성이 부활해야 하다고 역설한다. 귀스타브 르 봉의 "근본적 성격이 새 시대마다 재현된다"는 주장은 이광수에게 구제의 가능성을 보여주었다.[53] 근본적 성격은 사라지지 않고 유전되기 때문에 대황조의 강한 의지는 부활할 수 있었다. 이에 따라 「소년에게」에서 이광수는 "부활의 제일보", "신생한 조선 민족"(17 : 242) 등과 같이 부활과 신생이라는 용어를 선택하였다. 1918년에 발표한 「부활의 서광」에서 이광수는 이미 "朝鮮民族의 根本精神에 접한 자가" 없기 때문에 조선문학이 창조되지 않았다고 지적하였다.

나는 短篇小說二十餘篇을 精密히 通讀할 機會를 얻었거니와 (…중략…) 거

51 위의 글, 90면.
52 「창간사」, 『독립신문』, 1919.8.21.
53 르 봉, 『민족 진화의 심리학적 법칙』, 영역본 19면; 일역본 26면; 중역본 21면.

> 기서 十世紀間 生活을 停止하였던 朝鮮人의 精神의 소리를 들음이었다. (…중략…) 復活한 靈의 첫 소리라 하면 그 意義가 크지 아니하냐.[54]

"10세기 동안 정지하였던 조선인의 정신"은 민족성 쇠퇴 전의 조선, 제3기 조선을 제외한 거룩한 조상을 가리키는 것이었다. 이광수는 투고된 소설을 심사하면서 조상의 영이 부활하였음을 감지하였다. 근본적 성격의 민족성이 부활함으로써 근대의 조선은 다시금 강해질 수 있게 되었다. 1919년 『독립신문』에 발표된 「개조」에는 3·1운동이 바로 조선 민족 부활의 발로라는 주장이 담겼다. "三月一日午後一時에 우리 民族은 日本世界에 對하야 大韓의 獨立을 宣言하고 自由의 萬歲를 高唱하엿나니 이 萬歲一聲은 實로 우리 民族의 絶對獨立과 自由를 要求하는 意思의 表示가 되는 同時에 우리 民族의 民族的復活과 國民的實力을 自覺하는 法悅의 發露라 할지라."[55] 이광수는 『독립신문』 창간사에서 유교와 일본에 의해 소멸된 조선의 민족성을 부활시켜야 한다고 주장한 데에 이어서 1919년 9월 20일에 발표한 「개조」에서 3·1운동이 바로 민족성의 부활이라고 선언하였다. 이 점에서 이광수는 5·4운동을 중국 민족성의 부활로 간주했던 저우쭤런과 유사하다. 3·1운동과 5·4운동을 통해서 이광수와 저우쭤런은 조선과 중국을 재발견하였다. 3·1운동과 5·4운동은 조선과 중국의 민족심리가 진화할 수 있다는 가능성을 보여주었다. 1925년 「문예쇄담」에서 이광수는 주요한과 김안서가 조선 민족성의 부활의 사례임을 확신하였다.

54 「부활의 서광」, 『이광수전집』 17, 35면.
55 이광수, 「개조」, 『독립신문』, 1919.9.20.

사람의 性格은 반드시 傳統과 環境만의 支配만으로 決定되는 것은 아니지마는 그것이 主力이 되고 大部分이 되는 것은 免할 수 없는 일이다. 사람은 歷史의 産物이라 함은 어떤 정도까지는 眞이다. (…중략…) 그는 自己의 先祖의 精神的血管을 흘러 내려오던 傳統과 自己와 同時代의 多數個人이 가진 時代精神과 交叉의 一種이 自己인 것을 發見할 것이다. (…중략…) 朱耀翰君도 朝鮮의 先祖의 血統을 받고 朝鮮의 今日의 空氣를 呼吸한 사람이라 하면 岸曙도 그러하다.[56]

『민족 진화의 심리학적 법칙』 제1장 제1절에서 르 봉은 개인에게 영향을 주는 요소를 조상, 부모, 환경 세 가지로 분류하였다. 그 중에서 결정적인 영향을 발휘하는 것은 조상이었다. 이광수의 "조상의 정신적 혈관을 흘러 내려오던 전통"이라는 말은 르 봉의 "근본적 성격이 새 시대마다 재현된다"는 주장에 조응하는 것이었다. 근본적 성격이 변하지 않고 유전을 통해서 대대로 재현된다는 것이 르 봉의 기본적 관점이었다. 이광수는 조상을 둘로 구분하고 진정한 조선의 우수함을 피력하였다. 그의 남은 작업은 대황조의 정신을 부활시키는 것이었다. 그와 동시대인이었던 주요한과 김안서는 그러한 면에서 좋은 예였다.

1925년에 발표한 「문예쇄담」에서 "只今 世界文壇의 新興의 主潮라 할 만한 新理想主義의 詩人이라 할 것이다"라고 말할 정도로 이광수는 주요한과 김안서 등을 높이 평가하였다. "朱耀翰은 朝鮮의 前途에 對하여 無限한 希望과 光明을 가지는 詩人인 동시에 아마 그렇기 때문에 鄕土에 對

56 「문예쇄담」, 『이광수전집』 16, 122면.

하여 懇切한 愛着을 가지는 詩人"이기 때문이었다. 향토에 대한 애착은 조선이라는 고향을 사랑한다는 의미였고 조선에 대한 사랑은 "先祖의 血統을 받"기 때문이었다. 혈통은 통상 생물학적 용어로 사용되나 "선조의 정신적 혈관"이라는 표현이 쓰인 것으로 미루어 볼 때, 「문예쇄담」에서의 혈통은 이중적인 의미로 사용되었음을 알 수 있다. 혈통은 생물학적인 개념이면서 동시에 정신적 계승의 상징이었다. 이 혈통은 민족성의 유전이라는 뜻으로 사용되기도 하였다. 주요한은 조상의 혈통 즉 조상의 성격인 민족성을 받았기 때문에 세계문단의 신흥이 될 수 있었다. 물론 여기서의 조상은 제3조선이 아니라 제1과 제2조선을 가리키는 것으로, 다시 말하면 대황조의 정신이 주요한 등의 시인을 통해서 부활한 것이었다.

『민족 진화의 심리학적 법칙』 제5장에서 르 봉은 민족의 쇠퇴가 민족성, 민족정신의 상실에서 기인한다고 지적하였다. 조선의 쇠퇴 역시 "조선인의 정신"이 "10세기 동안 정지"하였기 때문이었다. 그러나 거룩한 조선인의 정신이 부활하여 조선은 쇠퇴에서 벗어날 수 있게 되었다. 대황조의 정신이 조선이라는 국가와 민족을 세웠기에 그 정신의 부활은 조선을 다시 강성하게 만들 수 있다는 메시지를 전달하려는 목적에서 이광수는 르 봉의 이론을 차용하였다.

이광수는 저우쭤런과 같은 의도에서 민족의 부활을 염두에 두고 조선을 구분하였다. 앞 절에서 살폈듯 저우쭤런은 "우리 몇 백 대의 조상 중에 어지러운 사람이 적지 않을 것"이라며 조상을 비판하는 입장에 섰다. 그러나 비판의 대상은 모든 조상이 아니라 '몰락해진 조상'이었다. 이는 저우쭤런의 종교 분석에서 확인할 수 있다.

> 도교란 노자의 도교파가 아니며 장천사를 교주로 삼고 도사들이 제사를 하는 태상노군파의 배물교를 가리키는 것이다. 중국의 종교를 가르치는 사람에 따르면 유교, 불교, 도교 세 가지가 있다. 사실 유교의 규칙은 이미 붕괴하였고 불교의 경우 윤회·인과와 도교에 의해 동화된 신앙만이 남아 민간에 성행하고 있어, 국민사상을 지배하는 것은 완전히 도교의 세력이다.[57]

> 중국은 예교로 건국하고 지성선사인 공자를 신봉하는 유교국이라고 한다. 그러나 사실상 국민사상은 모두 샤머니즘적인 것이다(Shamanistic은 도교라고 칭하는 것보다 더 정확하다—원문).[58]

1918년에 발표한 「수감록 38」에서 저우쭤런은 중국의 민족성을 신랄하게 비판하였다. 1920년에 접어들자 그는 민족성이 쇠퇴해 가는 원인을 규명하기 시작하였다. "향촌을 개조하는 가장 큰 장애물은 촌민들이 가지고 있는 구사상이다. 이 구사상의 주력은 도교 사상이다."(「鄉村與道教思想」, 2 : 244) 저우쭤런이 말한 도교는 노자의 '도가'가 아니라 이광수의 「팔자설을 기초로 한 조선인의 인생관」에서 말하는 것과 같은 '숙명론적 잡신교'이다. 1925년에 이르자 저우쭤런은 「샤머니즘의 예교 사상」에서 중국인들의 사상을 샤머니즘이라고 비판하였다. 이 '샤머니즘'도 도교를 의미하였다. "나는 중국 국민이 가지는 사상이 단지 도

57 「鄉村與道教思想」, 『周作人散文全集』 2, 244면. "所謂道教, 不是指老子的道家者流, 乃是指有張天師做教主, 有道士們做祭司的, 太上老君派的拜物教, 平常將中國宗教的人, 總說有儒釋道三教, 其實儒教的綱常早已崩壞, 佛教也只剩輪回因果幾件和道教同化了的信仰還流行民間, 支配國民思想的完全是道教的勢力了."

58 「薩滿教的禮教思想」, 『周作人散文全集』 4, 295면. "中國據說以禮教立國, 是崇奉至聖先師的儒教國, 然而實際上國民的思想全是薩滿教的(Shamanistic比稱道教的更準確)."

교 사상 즉 샤머니즘이라고 믿는다." 도교는 노장의 사상과 무관한, 샤머니즘의 일종이 되어버렸다. 샤머니즘화된 도교가 중국인의 사상을 지배하기 때문에 중국의 국민성은 쇠퇴하였고 또 쇠퇴하고 있었다.

도교는 '운명'과 '팔자'의 논리로 중국인에게 악영향을 주었고 유학과 불교를 도교화하였다. "몇 명의 유학자가 자왈, 시왈한다는데 그들의 수호신은 이미 공자나 맹자라 아니라 재동제군과 복마대제와 같은 것이다."(2 : 244) 숙명론적인 도교는 유교의 삼강오상과 결합하여 중국의 사상 체계까지 지배하였다. 도교는 일반 대중과 지식인에게 강력한 영향력을 행사하는, 무시할 수 없는 지배력이었다. 치안리췬에 따르면 저우쭤런의 도교 인식은 매우 독특하고 매우 중요한 발견인데, 현재에는 중요하게 여겨지지 않는다.[59]

흥미로운 것은 유교에 대한 저우쭤런의 해석이다. 그는 「샤머니즘의 예교사상」에서 중국이 예교로 건국되었지만 실제 중국인의 사상을 지배한 것은 샤머니즘이라고 지적하였다. "중국을 알려면 우선 예교를 연구해야 한다. 예교를 알려면 샤머니즘부터 살펴보아야 한다."(「薩滿教的禮教思想」, 4 : 295) 예교禮教는 중국 구사상을 대변하는 것으로 5·4운동을 전후로 강한 비판에 직면하였다. 많은 지식인이 예교를 유교로 해석하였으나 저우쭤런은 이에 동의하지 않았다. 그는 예교를 유교의 외피를 입은 샤머니즘이라고 보았다. 즉 예교는 유교가 아니라 샤머니즘이라는 것이었다. "유교로 입국立國한다고 자칭하는 우리 중화는 동북아시아에서 유행하는 샤머니즘을 숭배할 뿐이다. 공맹을 음송하는 자가 있

59 錢理群, 「周作人的民俗研究餘國民性考察」, 『北京大學學報』, 北京大學, 1988.5.

고 노장을 주석하는 자가 있지만 그러나 그들(공자 노자 등—원문)은 중국의 국민들에게 없는 사람과 같다."(「回喪與買水」, 4 : 415) 유교는 도교와 샤머니즘의 침투로 이미 그 원래의 뜻을 상실하였고, 우수한 유가 문화를 만들어 놓은 공자와 맹자도 잊혔다.

그러나 잊힌 것은 없는 것과 다르다. 공자라는 사상가는 확실히 중국에서 살았고 유학이라는 학설을 만들었다. 단지 샤머니즘에 매혹된 중국인들이 그의 정수를 잊어버린 것이었다. 공자와 맹자가 중국에서 살았다는 '사실'은 그 자체만으로도 저우쭤런이 살고 있는 시대에 중요한 의미를 부여하였다. 두 사람의 존재가 중국인을 쇠퇴로부터 구제할 가능성을 제공하기 때문이었다. 저우쭤런에 의하면 순수 유학이란 관료제의 폐해는 있으나 이성을 추구하는 학설이었다.

> 고석(古昔) 유교의 장점은 미신들을 이성화시킬 수 있다. (…중략…) 유교의 가르침을 받았다고 생각하는 일부 사람들이 실제로 벼슬하는 즐거움만 배웠으며 다른 일부 사람은 그 안에 포함되어 있는 원시적 미신만 추출하였다. 그러나 그들은 중국 민족의 가장 바람직한 것이고 큰 장점인 이성을 추구하는 경향을 완전히 버렸다. (…중략…) 그래서 중국은 유가를 잃어버린 지 오래되었다고 할 수 있다.[60]

60 周作人, 「淸浦子爵之特殊理解」, 『語絲』 102, 1926, 49면. "古昔儒教使徒的長處便是能把這些迷信多少理性化了 (…中略…) 大家都以為受過儒教薰陶, 然而部分人只學了他做官的趣味, 一部分人只抽取了所含的原始迷信, 卻把那新發生的唯理的傾向完全拋棄了. (…中略…) 所以, 現在中國早已沒有儒教了." 『周作人散文全集』에 수록한 내용과 『語絲』에 발표한 글은 약간의 차이가 있다. 이 글은 『語絲』에 발표된 글을 따른다.

당대 중국에서 성행하는 예교는 공맹의 유교가 아니라 도교와 샤머니즘의 영향을 받아 미신과 '보황 사상'으로 타락한 것이었다. 유교는 "인생과 현실을 중요시하는 것과, 미신을 이성화시키는 것은 중화민족의 장점의 대표라고 할 수 있"었다. 공자의 유교는 미신이 아니라 인생에 관한 철학이었고, 서양에서는 근대에 들어와서야 발견한 이성을 2000여 년 전에 이미 발견한 철학이었다. 이후 유교는 샤머니즘화가 진행되면서 예교로 전락하였다.

저우쭤런에 의하면 유교가 예교로 타락되는 데에 결정적인 역할은 한 인물은 다름 아닌 주희朱熹였다. "그(주희 – 인용자)는 도교 사상과 깊은 관계가 있다. 다시 말하면 그는 종교와 예교 두 가지 사상을 지닌 사람이다. 그들의 신도는 모두 도사파道士派적 유교도儒教徒이다."(「治家格言」, 11 : 109) 이에 따르면 유교는 송나라 시대부터 예교로 급속하게 전락하였다. 다시 한번 강조하지만 중요한 것은 예교는 유교가 아니라는 점이다. "선비들이 팔고를 업으로 한 후에도 유교라고 한다. 유가만 말하니 헷갈릴 수밖에 없다."(「中國的國民思想」, 8 : 579) '헷갈리다'라는 말에서 알 수 있듯, 저우쭤런은 유교와 예교를 분명히 구분하였다.

> 중국 고유의 국민사상–즉 유교사상은 본디 건전한 것이다. 중국이 망하지 않으면 이 사상도 없어지지 않을 것이니 (…중략…) 시험 제도의 유폐를 제거하고 물질문명이라는 비료를 주면 자연히 번성할 것이다.[61]

61 「中國的國民思想」, 『周作人散文全集』 8, 579면. "中國固有的國民思想 — 就是儒教的思想 — 本來就是健全的, 只要中國不消滅, 這種思想也不會消滅的, 沒有保存提倡的必要. (…中略…) 一方面把考試制度的流弊去掉, 把物質文明的肥料加上去, 自然就會茂盛起來."

예교와 유교를 구분하고 난 뒤, 저우쭤런은 중국인의 근본적 사상이 유교라고 역설하였다. "중국인의 근본적 사상이 유교사상이다. 더 구체적으로 말하면 공맹사상이다."(「中國的思想問題」, 8 : 708) 비록 샤머니즘에 의해 예교로 전락하였지만, 중국의 근본적 사상으로의 고석 유교사상, 즉 공맹사상은 인생과 현실 그리고 이성을 중요시하는 매우 건전한 사상이었다.

송나라 시기부터 유교가 왜곡되면서 중국은 쇠퇴하기 시작하였다. 그러나 공맹의 유교가 지배 사상이었던 시절의 민족성은 매우 이성적이었고 우수하였다. 그리하여 저우쭤런은 이광수와 상사한 논리를 펼쳤다. 그는 민족성은 살아 있는 자가 아니라 죽은 자에 의해 결정되며, 그렇게 결정된 민족성은 현대인에게 유전된다고 주장하였다. 저우쭤런은 유교와 예교, 공자와 주자를 구분함으로써, 주자가 아닌 공자와 맹자를 중국인의 조상으로 위치시킨다. 물론 현대 중국인은 주자의 피도 이어받았으나, 공맹으로부터 유전된 성질이야말로 민족을 구원할 '진정한 조상'의 것이었다. 저우쭤런은 예교를 전면적으로 비판하여 공자의 유교를 부활시키려고 하였다.

> 지금의 개혁운동은 이성을 중요시하는 사상의 부활을 꾀한다. 나는 동양 문명과 서양 문명에 절대적인 차이가 있는지 모르겠다. 단지 서양 문명의 기초인 그리스 문화의 정수는 중국의 인생과 현실을 중요시하는 사상과 일치하는 바가 있다고 생각한다. 중국은 지금 세계적 신문명을 흡수하여 자신의 '재생'을 준비하고 있다.[62]

'지금의 개혁운동'은 5·4운동을 지시하는 것이었다. 저우쭤런은 「인간적 문학」 등의 글을 통하여 5·4운동의 사상적 지도자가 되었고, 이성으로 중국인을 계몽시키려고 노고를 아끼지 않았다. 그는 5·4운동을 계기로 중국의 이성적 사상이 부활의 첫걸음을 디뎠다고 생각하였다. "5·4운동이 국민각성의 시작이다. (…중략…) 5·4운동은 군중운동이라 비이성을 면할 수 없지만 바로 이성으로 전환하였다."(「五四運動之功過」, 4 : 218) 계몽이라는 개념은 서구 근대문명의 산물이지만 5·4운동의 이성적인 요소는 서구에서 이식한 것이라기보다는 잃었던 유교사상의 부활이라고 보는 것이 더 타당하다. 저우쭤런에 의하면 유가의 가장 큰 장점은 이성을 중시하는 것이었으나, 후세들에 의해 방기되었다. 그러나 잃어버린 유교의 이성적 사상은 5·4운동을 통해서 부활하였다. "(유교의－인용자) 인생 실제를 중요시하는 것과 미신을 이성화하는 점은 중국 민족의 대표적인 장점이다. 그러나 이것도 없어져 버렸다. 현재 비판을 받고 있는 '신문화운동'은 오히려 이 정신의 표현이다."[63] 신문화운동, 즉 5·4운동은 이성적인 유교사상의 재생이다. 저우쭤런은 이성 중심의 유교사상이 5·4운동에서 새로운 세대인 청년들에 의해 다시금 발현되고 있음을 목도하였다. 귀스타브 르 봉이 지적하였듯 민족성은 "끊임없이 새로운 세대에 재현되는 경향이 있"었다.[64] 5·4운동의 청년들

62 周作人, 「淸浦子爵之特殊理解」, 『語絲』 102, 1926, 49면. "現今的改革運動, 實在只是唯理思想的復興. 我不知道所謂東方文明與西方文明在什麼地方有什麼絕對的不同, 我只覺得西方文明的基礎之希臘文化的精髓與中國現世思想有共鳴的地方, 故中國目下吸收時間的新文明, 正是預備他自己的再生."

63 위의 글, 49면.

64 르 봉, 『민족 진화의 심리학적 법칙』, 영역본 19면; 중역본 21면; 일역본 26면.

에게는 공자와 맹자의 정신적 혈통이 이어졌고 이에 따라 사상도 계승되었다. 이광수가 주요한 등의 시인들에게서 발견한 부활의 서광을 저우쭤런은 5·4운동과 그 운동을 이끈 청년들에게서 발견하였다.

또한 서양 문명의 기초와 동양 문명의 기초가 같다는 인식에는 동양의 민족이 서양의 민족에 비해서 열악하지 않음을 함의하였다. 저우쭤런은 이성적인 유가사상이 부활하면 중국이 세계 문명의 정점에 설 수 있다고 보았기에 공자라는 기원을 부활시키려는 기획을 세웠다. "조상의 힘이 크지만 지금부터 마음을 바로잡고 어지러운 생각과 어지러움을 조장하는 사물(유교와 도교의 서적—원문)을 제거하며 또 증상에 맞게 약을 쓰면 당장 아닐지라도 바이러스를 조금씩 없앨 수 있다. 이렇게 몇 대 지나고 우리가 조상이 될 때 어지러운 조상의 세력을 조금 줄여줄 수 있겠다. 그때 되면 전기가 생길 것이다. Le Bon이 말하는 일은 걱정하지 않아도 될 것이다"(「隨感錄 38」, 2 : 75)라는 저우쭤런의 말은 「민족개조론」에서 "오직 遺傳的蓄積으로 遲緩한 變化가 있을 뿐이라 합니다"라고 하는 이광수의 주장과 상사한 논리였다. 이 논리는 유전만이 강력한 힘으로 유전을 극복할 수 있다는 르 봉의 이론에 근거한 것이었다. 우리가 조상이 될 때 우리의 조상의 어지러움을 약화시킬 수 있다는 주장은 유전으로 유전을 극복하겠다는 것이다.

사실 저우쭤런의 민족성 부활 방안은 르 봉의 『민족 진화의 심리학적 법칙』과는 다르다. 이미 살펴보았듯 르 봉은 혼혈을 통해 유전으로 민족성을 바꿀 수 있다고 주장했다. 그런데 저우쭤런은 이광수와 마찬가지로 르 봉의 주장을 전혀 언급하지 않았고, 대신에 '약'을 제안하였다. "현재는 606가지 약이 발명되어 육체적인 병을 고칠 수 있다. 나는 707

가지 약이 있어 사상적 병을 고쳐 주기를 바란다. 이 약은 사실 이미 발명되었는데 '과학'이라는 것이다."(「隨感錄 38」, 2 : 75) 이광수가 생물학적 변이를 통하여 민족을 개조하고자 하였다면 저우쭤런의 민족개조의 방법은 치료였다. 이 치료는 과학이라는 약을 써서 민족성의 '어지러운 분자'를 제거하는 것이었다. 저우쭤런은 '어지러운 분자'라는 바이러스를 없애면 민족성이 다시 맑아진다고 믿었다. "정신적으로 이상한 사람들이 '부조전래'라는 슬로건으로 약을 먹는 것을 반대하지 않는다면 중국의 어지러운 병이 완쾌되는 날이 올 것이다."(2 : 75) 저우쭤런에게 유학은 유가와 유교로 나누어지는데, 유가는 이성적인 철학이었다. 유가는 샤머니즘의 악영향으로 유교로 타락하게 되었다. 「수감록 38」에 언급된 어지러운 병이 바로 도교와 샤머니즘의 악영향이다. 저우쭤런은 이 악영향을 제거하여 순수한 유가를 부활시키려고 하였다.

『민족 진화의 심리학적 법칙』에서 르 봉은 민족성이 한 민족의 발전을 결정하고 민족성의 근본적 성격은 유전되기 때문에 쉽게 바꿀 수 없다고 지적하였다. 민족성을 바꾸는 방법으로 그는 혼혈을 제시하였다. 그에게 혼혈은 민족성을 개조하는 유일한 방법이었다. 이광수와 저우쭤런도 쇠퇴한 민족을 개조하고자 하였으나, 그들은 르 봉의 제국주의적인 혼혈설을 채택하지 않았고 민족의 내부에서의 변이나 치료를 촉진하여 민족을 개조하고자 하였다.

이광수와 저우쭤런 두 사람은 『민족 진화의 심리학적 법칙』에서 제기된 민족성의 유전을 받아들였다. 민족성이 불변한다는 믿음은 조선과 중국의 민족성이 쇠퇴해 간다고 본 두 사람에게 큰 위기감을 주었다. 그들은 민족성의 쇠퇴가 불러올 민족의 멸망을 염려하였다. 이를 타개하기 위해서 그들은 과거를 둘로 구분하였다. 그들은 대황조와 공자로 대표되는, 기원으로서의 과거는 서양에 비해서 조금도 손색이 없다고 믿었다. 이광수와 저우쭤런은 제3조선과 샤머니즘에게서 받은 부정적인 민족성을 개조하여 근원적 민족성을 부활시키려고 하였다. 그들은 주요한 등의 문인과 5·4운동에서 민족 부활의 서광을 보았다. 이광수와 저우쭤런의 '유전의 축적'은 부활한 민족정신이 유전되어 '어지러운 분자'의 유전을 극복할 수 있다는 믿음이었다.

『민족 진화의 심리학적 법칙』에서 민족의 쇠퇴까지만 지적한 르 봉과 달리 이광수와 저우쭤런은 '부활'이라는 개념을 통하여 민족개조의 전망을 제시하고자 하였다. 민족의 부활은 이광수와 저우쭤런으로 대변되는 동아시아 지식인이 민족성을 전유하는 방식이었다. 이광수와 저우쭤런은 '유전의 축적'을 민족 간에 발생하는 '혼혈'이 아니라 민족 내부의 '변이'와 '치료'로 설명함으로써 르 봉의 민족성 이론을 수정하였다. 그들은 르 봉의 민족심리 이론에 종속되지 않았고, 오히려 이론을 재구성하여 제국주의에 맞서려 하였다. 약육강식의 세계에서 타락하여 도태의 지경에 이른 중국과 조선 민족을 부활시키는 것이 그들의 당면 과제였다. 민족의 부활을 위해 그들은 우선 심리학의 영역에서 민족심리를 연구하였고 민족의 현 상태를 파악하였다. 그들의 민족개조 사업은 민족심리와 민족성으로부터 시작하였고, 민족성 개조는 민족개조에 있어서 가장 중요한 작업이었다.

2. 인간의 재구성

1) 정情 / 성性의 보편성과 근대라는 시대

『무정』에서 '나=자기'는 '속사람'의 발견 및 해방에 의해 자각되는데, 이러한 자각의 경로를 선명하게 보여주는 인물은 이형식이다.[65] 이형식은 김 장로의 집에 방문했다 돌아오는 길에 지 · 정 · 의라는 능력을 발견하고, 정이라는 것을 통해서 개인과 민족을 연결시킨다. 또한 정은 생명의 표현이며, 심리적 상태와 관련된다. 정은 생명에 대한 개인적 자각을 통해 개인을 발견하게 하는 매개(미디어)이다. 정은 정서적 개인주의의 토대로서 기능한다.[66] "情이 이미 知와 意의 奴隷가 아니요, 獨立한 精神作用의 一이며"(「문학이란 하오」, 1 : 549) 정을 지와 의의 부속물로부터 해방시킴에 따라 주체적 자아가 깨어난다. 또한 "정의 문제를 통해서 드러나고 있는 개인 감정의 발견과 주체적 자아의 각성은 근대적 개인의 탄생을 의미하는 것이기도 했다"[67]고 주장하는 연구자가 있다. 그런데 이광수가 내세운 정은 과연 근대를 지향하는 것인가?

---

65 김현주, 「1910년대 '개인', '민족'의 구성과 감정의 정치학」, 『현대문학의연구』 22, 한국문학연구학회, 2004, 265면.

66 김동식, 「1910년대 이광수의 문학론과 한국 근대문학의 비민족주의적 기원들」, 앞의 글, 252면. 이 글은 이광수 글에 나타난 정을 네 가지로 분류한다. ① 정은 생명의 표현이며, 심리적 상태와 관련된다. 정은 생명에 대한 개인적 자각을 통해 개인을 발견하게 하는 매개이다. 정은 정서적 개인주의의 토대로서 기능한다. ② 정은 상호주관(감정이입)적 감정이며 도덕의 토대가 되는 감정이다. 도덕 감정의 성격을 가질 때 이광수는 동정이라는 용어를 주로 사용한다. ③ 정은 자발적 행동의 토대가 되는 감정이다. 지식이나 도덕을 아는 것만으로는 행동으로 이어지지 않을 수 있지만 정은 내면적 동의를 형성하고 자발적인 행동을 가능하게 한다. ④ 문학과 관련될 때 정은 인간에게 내재된 보편적인 능력이다. 정은 '확이충지'되면 사회와 국가 그리고 인류를 향해 확장된다.

67 이동재, 「이광수의 '정'과 한국 근대문학」, 『현대문학이론연구』 24, 현대문학이론학회, 2005, 258면.

"人은 실로 情的動物이라 情이 發한 곳에는 權威가 無하고 義理가 無하고 智識이 無하고 道德 健康 名譽 羞恥 生死이 無하나니 嗚呼라 情의 威요 情의 力이여 人類의 最上 權力을 握하였도다."(「금일 아한 청년과 정육」, 1 : 525) 이광수에게 인간은 정적 동물이다. 동물이라는 것은 도덕적인 억압이 없는 자연적인 존재이다. 이광수는 인간과 동물의 관계에 지속적인 관심을 갖는다.

> 사람이란 到底히 精神的自由와 創造의 기쁨을 生命으로 여기는 動物이니 이것이 사람의 本性이요 眞이외다.[68]

> 人類는 理想을 가질 수 있는 것으로 特色을 삼는 動物이다. 사람은 결코 그의 現狀으로 滿足하지 못하는 動物이다. 그는 自己의 不完全을 分明히 意識할 줄 알고 또 完全한 自己를 觀念으로 지어 그것을 自己의 앞에 세우고 거기 達하려고 努力할 줄 아는 動物이다.[69]

1910년에 발표한 「아한 청년과 정육」 이후, 이광수의 글에는 동물 개념이 줄곧 등장한다. "生物學이 曰 吾人의 祖先은 猿類와같은 動物이라 하여 更히 溯考하면 아메바와 같은 原始動物이라 하도다."(「爲先 獸가 되고 然後에 人이 되라」, 20 : 149) 진화론에 의하면 인간은 동물로부터 진화해 온 것이다. 인간과 동물을 연결시키는 것은, 이광수가 진화론에 주목했다는 점을 고려할 때 이상한 일이 아니다. 그러나 이광수가 동물에 지속적

68 「예술과 인생」, 『이광수전집』 16, 38면.
69 「문학강화」, 『이광수전집』 16, 70면.

인 관심을 드러내는 것은 진화론 때문만은 아니다. 메이지학원 재학 시절에 발표한 「특별기증작문」에는 그가 동물에 관심을 갖는 이유가 드러나 있다.

> 대체 이러한 잘못된 생각을 하게 된 이유는 '인간은 만물의 영장'이라는 그릇된 자만심 때문이다. '인간은 만물의 영장'이라고 말하는 대신 만물과 다른 점이 없어서는 안 된다. 그래서 도적이라는 것을 만든다. 율법이라는 것을 만든다. 가옥이라는 것을 만든다. 기계라는 것을 만든다. 그리고 문명이다, 야만이다라고 떠든다. (…중략…) 만약 신의 뜻을 행하는 것이 삶의 본연의 임무라면, 그들은 더욱 죄악을 짓고 있는 것이다. 그것은 신을 등지고 달아나면서 신이여 신이여를 부르는 우스운 짓이다. 나는 본능에 따르면 고통이라는 것은 전혀 없고 행복만 있다고 말하는 것이 결코 아니다. 다만 이것이 우리들의 자연이며, 그래서 시간이 길든 짧든 마음껏 쾌락을 맛볼 수 있고 말할 뿐이다. 쾌락은 우리들이 생존하는 최대의 목적, 아니, 목적의 전부이기 때문이다. 그런데 인간은 동물이면서도 동물이 아니기를 바란다. (…중략…) 이곳은 우리의 자유를 속박하는 곳이다. 천부의 본성을 훼손시키는 곳이다. 자연으로 돌아가라![70]

인간은 자신을 동물과 구별하기 위해서 도덕, 율법 등을 만들고 "문명"을 자처한다. 그러나 이광수에게 이 '문명'이 있는 곳은 "천부의 본성을 훼손시키는 곳이다." 문명이 도덕과 법률로 인간의 자연적 감정을 억

70 하타노 세츠코, 최주한 역, 『『무정』을 읽는다』, 소명출판, 2008, 118~119면. 「특별기증작문」은 전집에 수록되어 있지 않고, 하타노 세츠코에 의해 발견되었다.

압하기 때문에 이광수는 자연으로 돌아가자고 호소한다. 이광수가 동물에 대한 관심을 보이는 이유는 동물이 인간의 기원이자 자연 그 자체이기 때문이다. 「특별기증작문」에는 "메이지학원 보통부 제5학년 한국 유학생 이보경"이라고 쓰여 있다. 이광수는 1905년에 도일하였다가 학비 문제로 잠시 귀국했다. 1907년에 재차 일본으로 건너간 이광수는 메이지학원 중학부 3학년에 편입하였다. 그는 1910년에 중학부 5년 과정을 마치고 귀국하였다. 이광수가 보통부 제5학년을 다녔던 시기에 「특별기증작문」이 발표되었으니 이때가 바로 1910년이었다. 「금일 아한 청년과 정육」도 1910년에 발표되었다. 1910년에 발표한 두 글은 같은 맥락에 놓여 있었다. 「특별기증작문」에서 이광수는 자연적 본성을 억압하는 문명을 비판하고 있으며 「금일 아한 청년과 정육」에서는 인간의 정을 억압하는 도덕과 사회 제도에 대한 불만을 표출하고 있다. 「특별기증작문」에서 본성을 억압하는 '극기克己'하는 인간은 "흡사 개구리가 사람의 흉내를 내어 두 다리로 걷는 듯한 모습"이다. "인간은 동물이면서 동물이 아니기를 바라"는 것이 "우스운 짓이다." 「금일 아한 청년과 정육」에 와서 이광수는 "人은 실로 情的動物이라"고 규정한다. 즉 이광수에게 인간은 우선 동물이다. 다시 말하면 인간은 자연적인 존재이다. 도덕에 의해 억압된 정은 인간의 본성이다.

자연과 본성을 거론하는 이 글은 루소의 『에밀』을 상기시킨다. "우리는 감성적인 존재로 태어났다. (…중략…) 그러나 우리는 습관에 얽매여 있는 까닭에 이와 같은 본래적 심적 상태, 그것을 나는 우리 인간 속에 있는 자연성이라고 부른다. 그러므로 모든 것을 이 본래적인 심적 상태로 돌아오게 해야만 한다."[71] 루소에 따르면 인간의 본성은 사회와의 존속 관계, 타인과의 교류에 의해 파손된다. 따라서 그는 본래적인 심적 상태로 돌아와야 한다고 주장한다. 「특별기증작문」에서 이광수도 자연으로 돌아가라고 주장한다. 자연으로 돌아가야 하는 이유는 그렇지 않으면 "천부의 본성이 훼손"되기 때문이다. 이광수가 말하는 천부의 본성이 무엇인지는 같은 해에 발표한 「금일 아한 청년과 정육」을 통해 짐작해 볼 수 있다.

> 情育을 其勉할지어다. 新韓青年은 高雅深厚한 情을 有한 者일진저 余의 如斯히 論來함은 다만 情만 育하라 함이 아니라 다만 本에 反하여 情育을 勉勵하라 함이라.[72]

외국의 사물에 심취하여 정의 발육이라는 과목을 개설하는 일은 이광수에게는 "연목구어"로 보인다. "교육을 受하여 知識이 有하건마는 情的 發達이 比較的靡小함이라." 교육만으로 정을 함양하려는 시도는 제한적일 수밖에 없다. 그러나 "文字의 知識과 道德의 涵養蔑如한 者라도 能히 眞正한 孝心으로 父母를 事하며 熱烈한 同情으로 隣里를 待하"는 것은 "自然히 發達하여 深切한 情이 有"하기 때문이다. 즉 정은 마음속에서 자연히 흘러나오는 것이다. 결론적으로 「금일 아한 청년과 정육」에서 이광수는 "本에 反하여 情육을 勉勵하라"고 선언한다. 여기서 나오는 反은 返이다. 즉 본성으로 돌아간다는 뜻이다. 정은 교육으로 키울 것이 아니라 인간의 본성이다. 교육만으로 계몽하는 것은 큰 성공을 거두지 못한다.

71 루소, 정봉구 역, 『에밀』 상, 범우사, 2003, 28면.
72 「금일 아한 청년과 정육」, 『이광수전집』 1, 526면.

"계몽의 기획이 수신자의 본성에 대한 이해, 달리 말하면 정적 동물로서의 인간의 본성에 대한 이해를 몰각하고 있기 때문이다."[73] 이광수가 말하는 정은 정서, 동정 등 다양한 의미로 사용되지만, 그가 총괄적으로 사용하는 정은 인간의 본성을 가리키는 것이다. 즉 정은 자연적인 인간, 동물로서의 인간이 태어나면서 지니는 본성이다. 이광수는 이 정이 변치 않는다고 보고 있다.

> 大文學人의 精神就中 感情은 時代와 處地를 隨하여 多少의 變遷이 有하나 대개 一貫不變하는 것이며, 또 各人에 就하여 言하더라도 대개 共通한 것이니, 古代의 '재미있다' 하던 것이 近代에도 '재미있다는' 것이 有하니, 此는 不變코 共通한 듯하도다.[74]

이광수에게 인간의 감정은 일관불변一貫不變한 것이다. 진화를 변화로 보는 이광수가 감정이 변치 않다고 보는 것이다. 『일리아드』와 『시경』이 비록 수천 년 전에 씌어진 것이라도 여전히 인심을 움직일 수 있다. 그것은 문학이 "人心의 根底에 觸하"기 때문이다. 몇천 년의 세월이 흘러가도 여전히 재미있다고 보는 것은 인간의 본성이 변하지 않음을 말해 준다. 인간 본성이 변치 않는다는 주장은 1920년대에 이르러도 유지된다.

> 人性의 本質은 그 變化를 無視하리만큼 걸음이 더디다. 더구나 情意生活이

73 김동식, 앞의 글, 250~251면.
74 「문학이란 하오」, 『이광수전집』 1, 554면.

> 그러하다. 知에는 新舊가 있으나 情에는 거의 없다고 할만하다. 數百年의 長歲月을 두고 생각하면 人性이 몰라보게 根本까지 變할는지 모르지마는 五,六十年의 우리 一生으로 보면 靜止狀態에 있다고 보아도 망발이 아니 될 만큼이다. 그러므로 文學的 作品(다른 모든 부문의 藝術品도)을 지을 때에 우리는 人性을 萬人共通인 것으로 萬世不變인 것으로 알아서 큰 실수가 없을 것이요.[75]

"이광수는 1920년대에 들어서 정을 본능과 관련짓고, (…중략…) 감정의 불변성, 매우 느리게 진화하는 감정, 신구의 구별이 없는 감정, 더 나아가서는 인성의 제일성을 주장하게 된다."[76] 보다 정확히 말하자면 이광수가 정을 본능으로 본 것은 정을 '본本'으로 본 「문학이란 하오」부터이다. 정이라는 본성은 「문학이란 하오」에서 "不變코 共通한"것이고 「문학에 대한 소견」에는 여전히 "萬人共通"이며 "萬世不變"한 것이다. "肉體의 飢餓를 自覺하는 本能"이듯이 "情의 飢餓"도 인간의 본능이기 때문에 변하지 않는 것이다. 이광수에게 인간의 정은 일생 동안 정지 상태에 가까울 정도로 진화하지 않는다. 정은 변화하지 않고, 신新과 구舊의 구별이 없다. 따라서 본능으로서의 정은 진화의 원리에 적용되지 않는 영역이 된다. 즉 이광수에게 인간의 정은 보편적인 것이다. 저우쭤런도 인간은 보편적인 특성을 지닌다고 믿었는데, 그 인간의 보편성을 성性이라고 불렀다. 근대적 인간이 탄생하는 과정에서 이광수와 저우쭤런은 공통적으로 인간이 지닌 동물적 본능에 주목하였고, 이를 보편적인 것으로 여겼다.

75 「문학에 대한 소견」, 『이광수전집』 16, 185면.
76 김동식, 「민족개조와 감정의 진화」, 『한국학연구』 29, 인하대 한국학연구소, 2013, 51면.

한편 이광수는 "進化論은 新文明의 總源泉이"(「동경잡신」, 10 : 324)라고 할 정도로 진화론에 몰두하였다. "인류의 특색은 자기가 자기의 이상을 정하고 자기의 노력으로 자기를 진화시킴에 있습니다."(「신생활론」, 17 : 518) 「신생활론」에서 이광수는 인위적으로라도 인간을 진화시켜야 한다고 주장할 정도로 인간의 진화를 추구하였다. 그러나 인간 본성이 변하지 않는다는 주장은 진화론과는 어긋나지만, 귀스타브 르 봉이 말하는 근본적 성격과 부속적 성격 원리와 유사한 맥락에 있는 것이다. 민족성이 변하지 않는 것처럼 인간의 본성도 변하지 않는다. 그러나 "인류의 생활은 부단의 변화를 經하여 완전을 향하고 진화하는 것이외다"(17 : 516)라는 이광수의 말처럼 변화가 없으면 진화할 수 없다. 여기서 '시대'라는 표현에 주목할 필요가 있다.

> 眞理는 時代의 産物이라. 그러므로 時代와 같이 없어지느니라. 따로이 倫理도 그러할 것이니라. 一世紀의 倫理는 一世紀의 倫理니라. 二世紀에는 沒價値니라. 昔日의 倫理는 昔日의 倫理니라. 今日에 와서는 沒價値니라.[77]

인간 본성은 변하지 않지만 시대는 끊임없이 발전한다. 한 시대마다 그 시대 특유의 윤리, 도덕, 즉 시대정신이 있다. 1910년에 발표한 「조선 사람인 청년에게」에서 이광수는 이미 시대의 변화를 인지하고 있었다. 그에게 전시대의 윤리나 도덕은 현재의 시대에 가치가 없는 것이었다. 즉 본성으로서의 정은 변하지 않지만 시대에 따라 윤리와 도덕은 변

77 「조선 사람인 청년에게」, 『이광수전집』 1, 534면.

해 가는 것이었다. 1920년대에 이르러 이광수는 이 윤리와 도덕을 시대정신이라는 개념으로 수정한다.

> 그는 自己의 先祖의 精神的血管을 흘러 내려오던 傳統과 自己와 同時代의 多數個人이 가진 時代精神과 交錯의 一種이 自己인 것을 發見할 것이다. 오직 形言할 수 없는 個性의 特色이 있어, 그 交錯의 分量과 方法에 독특한 差異를 生하게 할 뿐이다. 朱耀翰 君도 朝鮮의 先祖의 血統을 받고 朝鮮의 今日空氣를 呼吸한 사람이라 하면 岸曙도 그러하다.[78]

앞 장에서 살펴보았듯이 이광수는 주요한과 김안서의 성공을 선조의 혈통을 이어받았기 때문이라고 주장하였다. 귀스타브 르 봉에 의하면 현대인의 몸속에 흐르는 피는 조상의 피와 같은 것이기 때문에 불변의 민족성이 유지된다. 문제는 현대인이 고대를 살아갈 수는 없는 법이고, 조선은 시대에 뒤처져 식민지로 전락하였다는 점이다. 이에 이광수는 시대정신이라는 개념을 제기한다. "괴에테는 Zeit Geist時代精神라는 말을 하였다. 時代마다 그 時代를 支配하는 가장 큰 힘을 가진 精神이 있으니 個人들은 不知不識間에 거의 强迫觀念的으로 이 精神의 支配를 받는다."(「중용과 철저」, 16 : 147) 1926년에 발표한 「중용과 철저」에서 이광수는 다시 시대정신이라는 개념을 제기한다. 시대정신이 괴테의 말이라는 이광수의 언급과는 다르게 시대정신이라는 개념은 요한 고트프리트 폰 헤르더Johann Gottfried von Herder(1744~1803)에 의해 처음으로 사용되었다. 다음 장에서

78 「문예쇄담」, 『이광수전집』 16, 122면.

서술하겠지만 헤르더의 민속학은 일본 지식계를 통해서 이광수에게 큰 영향을 주었다. 헤르더는 괴테의 선생이었고, 지적으로 괴테에게 직접적인 영향을 주었다. "헤르더는 젊은 괴테의 진로를 결정하는 교사가 되었다." 또한 "괴테의 작품은 헤르더의 모든 비합리적인 정신력을 강하게 노래하고, 인간과 민족, 자연과 신앙, 역사와 문화라는 형식으로 묘사한 광대한 정신의 영역을 목표로 하고 있다."[79] 괴테는 자신의 글에서 헤르더가 만든 시대정신 개념을 사용하였고, 이는 다시 이광수의 이론적 근거가 되었다. "인류의 이 유일무이한 작품이 생겨난 것은 주변 상황들이 충분히 발전되어 있기 때문이다. 나는 이러한 주변 상황들을 단지 시대의 흐름과 제민족의 결합이라는 보편적 커다란 맥락에서만 제시하고자 한다."[80] 1774년에 출간된 『인류의 교육을 위한 새로운 역사철학』에서 헤르더는 민족정신과 시대정신의 관계 속에서 민족의 형성과 발전을 연구하였다. 헤르더에 의하면 시대는 끊임없이 발전하는 것으로, 한 시대를 연구하려면 그 시대정신부터 살펴보아야 한다. "스파르타인, 로마인, 기사들이 자신들의 세계와 시대정신을 상징하는 감성의 꽃을 피워냈던 것에 비교할 때, 오늘 페늘롱의 덕을 지닌 사람의 수는 아마도, 아니, 틀림없이 훨씬 적으리라."[81] 중세 기사들의 시대정신이 현대에 맞지 않는 것처럼 "민족도 오랜 세월 동안 과거의 모습 그대로 남아 있을 수 없다"[82] 민족이 과거의 모습을 유지하지 않듯이 인간은 시대에 따라 변한다.

79 프리츠 마르티니, 황현수 역, 『독일문학사』, 을유문화사, 1989, 278면.
80 헤르더, 안성찬 역, 『인류의 교육을 위한 새로운 역사철학』, 한길사, 2011, 58면.
81 위의 책, 165~166면.
82 위의 책, 68면. 헤르더가 시대정신이라는 개념을 제안한 것은 민속, 즉 민족의 과거 모습을 연구하기 위해서였다.

"沈滯한 三百年 間에 朝鮮人의 머리는 곰팡이 슬고 心情은 冷灰같이 싸늘하게 식었다. (…중략…) 精神生活은 아주 停止의 狀態에 있었다."(「부활의 서광」, 17 : 27) 세계는 진화하고 있지만 조선의 정신생활은 정지의 상태에 머물러 있었다는 것이 이광수가 조선에 대해 내린 진단이었다. 서구의 여러 나라들은 이미 근대로 이행하였지만 조선은 아직 전근대에 머물러 있었다. 이광수와 같은 처지의 일본 유학생들이 "배우고 있는 학문은 20세기이지만 조선의 사정은 15~16세기에 놓여 있"었던 탓에, "글쓰기의 시간의식은 이중화되고, 글쓰기의 주체(또는 계몽의 주체)는 15세기와 20세기를 동시에(또는 분열적으로) 살아가야"[83]만 했다. 근대라는 시간 앞에 조선은 낙후되어 있었다.

그러나 이광수의 판단에서 근대라는 시대에 뒤처진 것은 정신이지 정이 아니란 점에 주목해야 한다. 이는 "先祖의 精神的血管을 흘러 내려오던 傳統과 自己와 同時代의 多數個人이 가진 時代精神과 交錯의 一種이 自己인 것을 發見할 것이다"(16 : 122)라고 언급한 「문예쇄담」에서 확인할 수 있다. 과거에 머물러 있는 조선인의 정신은 동시대 다수가 가진 시대정신과 교착하지 않는다. 서양에서는 이미 근대적 개인이 발견되었지만 조선은 시대정신에 뒤쳐졌기에 근대적 개인이 발견되지 못하였다. '자기'라는 개인은 조상의 혈통을 받아 시대정신 속에서 형성된 것이며, 개인은 서양의 근대적 시간 속에만 나타난 것이 아니라 조상의 혈통과 시대정신이 함께 작용한 산물이다. 즉 이광수에 의하면 개성을 지닌 자아의 발견은 조상의 혈통과 시대정신의 교착을 통해서 이

83 김동식, 「진화 · 후진성 · 1차 세계대전」, 『한국학연구』 37, 인하대 한국학연구소, 2015, 168~169면.

루어지는 것이다.

조상의 혈통 즉 민족성과 인간 본성은 진화할 수 없지만 시대정신은 진화할 수 있다. 다시 말하면 근대적 자아의 발견은 민족성이나 본성이 아니라 시대정신에 달려 있는 것이다. "오직 形言할 수 없는 個性의 特色이 있어, 그 交錯의 分量과 方法에 독특한 差異를 生 하게 할 뿐이다."(「부활의 서광」, 17 : 27) 개성은 본성과 시대정신의 교착에서 탄생하는 것이고, 인간 본성은 "萬人共通"이며 "萬世不變"한 것이기 때문에 근대의 상징물인 개성은 시대정신에 의해 결정되는 것이다. 결론적으로 근대는 민족성과 무관하게 시대정신에 있는 것이 된다. 따라서 조선의 낙후는 조선의 민족성, 조선인의 본성이 열악하기 때문이 아니라 근대라는 시대에 뒤떨어져서 발생한 문제가 된다.

이때 간과할 수 없는 것은 시대와 시대정신은 계속 변해 갈 것이라는 사실이다. "現今 世界文化는 결코 絶頂에 達한 것이 아닐 것이"라고 판단한 진화론자 이광수는 세계가 계속 진화할 것이라고 예상하였다. "쇼우펜하우에르, 베르그송 以來로 東洋思想을 西洋文明에 加入하려는 傾向이 顯著하게 되었습니다. 그런데 西洋人의 頭腦는 過去 五世紀間의 過勞에 疲憊하여서 東西文化融合의 大使命은 차라리 우리 東洋人의 손에 있을는지도 모릅니다."(「우리의 이상」, 20 : 157~158면) 이광수의 판단에 따르면 "現代文明에 너무 沈醉"한 서양인은 이미 진화의 걸음이 느려졌다. 과거 5세기 동안 서양은 근대문명을 창조함으로써 시대정신의 대변자가 되었으나, 20세기에 들어오면서 서양은 피폐해져서 동양의 사상을 수용해야 할 지경에 처하였다. 즉 서양의 시대정신이 시대에 뒤떨어지기 시작하였다. "二十世紀以後의 文化의 宗主權은 白晳人種中 아라사族에 돌아가

거나 그렇지 아니하면 亞細亞民族에게 돌아갈 것이외다."(20 : 158) 이광수는 서양인의 시대정신이 과거의 것이 되어 러시아나 아시아 민족의 사상이 새로운 시대정신이 되기를 바랐다. 19세기까지의 서양의 시대정신이 근대라면, 20세기부터는 동양인의 사상이 새로운 근대가 된다는 것이 약자였던 일본 유학생의 소원이었다.

"진화론의 인생관은 이러한 태도다. 즉 적극적으로 인생을 긍정하고 '전적 선미'의 생활을 추구하는 것이다. 이는 바로 싱이 말한바, 인간을 잘하려면 우선 동물부터 잘해야 한다."(「女子與文學」, 2 : 688) 이광수가 인간을 본질적으로 동물이라고 인식하였듯, 저우쭤런에게도 인간은 우선 동물이었다. "인간을 잘하려면 우선 동물부터 잘해야 한다"는 발화는 인간의 동물적 성격을 강조한다. 저우쭤런에게도 인간은 인간이기 전에 동물이었다.

> 만물의 영장인 인간의 생활 기초는 동물이다. 건전한 인간이 되기 위해서 우선 건전한 동물이 되어야 한다. 불행하게도 인간은 자기의 근원을 망각하였다. 직립보행이 가능해지면서 영리함은 늘었지만 건전함을 잃었다.[84]

저우쭤런에 따르면 인간은 동물로부터 진화했지만 진화한 후 인간이란 이름으로 자신의 근본을 부정하였다. 건전함을 잃은 것은 진화가 아니라 오히려 퇴화였다. "인류가 가축으로 변한 후부터 퇴화는 면치 못하

84 「蠕范」, 『周作人散文全集』 6, 184~185면. "萬物之靈的人的生活的基礎依舊還是動物的, 正如西儒所說過, 要想成為健全的人必須先成為健全的動物, 不幸人們數典忘祖, 站直了後增加了伶俐卻損失了健全."

는 일이다. 그러나 과대망상의 인간은 오히려 이를 생물의 표준생활이라고 여긴다. 이는 정말로 말도 안 된다." 그에 의하면 인간도 동물인데 본성을 억압하기 때문에 가축이 된다. 가축이 된 인간은 자신의 생활을 표준이라고 생각하지만 실상 그것은 부끄러운 일이다. 본디 인간은 동물이기 때문에 자연적 본성을 가지고 있어 본성을 억압할 필요가 없다. "우리는 본성의 발로를 억압하고 금지하는 동시에 변태한 욕망에 빠질 뿐만 아니라 지력에 의하여 현묘한 설명을 만든다. 이러한 문명인의 행위는 동물에 비하면 얼마나 부끄러울까."(「蠕范」, 6 : 185) 본성은 동물로서의 인간이 태어나면서 지니는 것으로, 금지해서는 안 된다. 본성을 억압하는 것은 인성을 왜곡시키는 일이다. 본성이 자연적으로 발로되어야 인간은 건전한 존재가 될 수 있다.

이광수에게 동물로서의 인간이 지닌 본성은 정이다. 저우쭤런도 인간의 동물적 본성을 무엇보다도 중요시한다. 그런데 저우쭤런에게 인간의 본성이란 정이라기보다는 성이라고 해야 한다. 이광수가 정육을 주장하는 시기에 저우쭤런은 성육性育의 중요성을 주지시킨다. 그는 민족성을 비판하는 명작 「수감록 38」을 발표하기 한 달 전에 『신청년』지에 「사랑의 성년」이란 제목으로 에드워드 카펜터Edward Carpenter(1844~1929)의 『사랑의 성년*Love's Coming of Age*』을 소개하였다. "『사랑의 성년』 제1장은 성욕을 논하는 데 중요한 논의가 많다. 이 책은 우선 인생을 긍정하고, 인간의 신체와 모든 본능적 욕구가 선하고 깨끗하다고 인정한다."(「愛的成年」, 2 : 65) 저우쭤런이 『사랑의 성년』에 관심을 가진 것은 카펜터가 인간의 본능적 욕구를 인정하기 때문이다. 카펜터에 따르면 인간의 신체가 불결하다는 사상을 버리지 않으면 자유롭고 아름다운 공공생활의 건설도 불가능하다. 자신을 제대로 인식하지 못하면 사회생활도 잘할 수가 없다. "나는 참으로 이해할 수가 없다. 한 인간이 왜 자신을 똥으로 보고, 자신의 땀, 침 그리고 정혈을 불결한 것으로 보는가. (…중략…) 기왕 이 세상에서 살고 있으니 이 육체를 인정할 수밖에 없다. 그리고 이 육체와 관련된 현상과 수요는 당연히 거절할 리가 없다."(「讀欲海回狂」, 3 : 342) 봉건사회에서는 인간의 육체와 성을 불결한 것으로 여겼다. 불결하게 여겨진 성은 금지되고 억압당하였다. 이때부터 인간의 육체와 영혼을 구분하기 시작한다. 영과 육의 분리는 저우쭤런에게 왜곡된 성도덕이다. "전제적 성도덕에 반항하는 것이 내가 하고 싶은 일이다"(「不寬容問題」, 4 : 284)라고 할 만큼 봉건적 성도덕에서 인간을 해방시키는 작업은 저우쭤런에게 중요했다.

"전제적 성도덕에 반대하는 것이 그가 하고 싶은 일이고 할 수 있는 일이다. 그의 잠재적 전투력이 여기서 가장 충분하고 가장 찬란하게 드러난다."[85] 성의 해방을 위해서 온갖 노력을 다했던 저우쭤런은 1930년대에 중국 여성 작가 쑤쉐린蘇雪林에 의해 "중국의 엘리스"로 불렸다.[86] 엘리스Henry Havelock Ellis(1859~1939)는 영국 성 심리학의 석학으로 전 7권에 달하는 『성 심리학 연구*Studies in the Psychology of Sex*』(1897~1928)[87]를 발표하였다. 저우쭤런은 1918년에 발표한 『사랑의 성년』에서 "영국 엘리스Havelock Ellis의 저서

85 錢理群, 『周作人研究二十一講』, 中華書局, 2004, 13면.
86 蘇雪林, 「周作人先生研究」, 『青年界』 6-5, 1934.12, 7면.
87 엘리스의 『성 심리학 연구』 제1권은 출간되자 음란이라는 죄목으로 소송을 당하였다. 때문에 이후 미국에서 출판되었다. 미국에서 출판된 책도 1935년까지는 의료인에 한해서만 구입할 수 있었다. 1933년에 이르러 엘리스는 전 7권의 『성 심리학 연구』를 요약해서 『성 심리학』이라는 축약본을 간행하였다.

『성의 진화*Evolution in Sex*』에서도 이를 언급하고 있다"며 엘리스를 본격적으로 소개하기 시작하였다. 1924년의 저우쭤런에게 "엘리스Havelock Ellis는 내가 가장 존경하는 사상가"(「藹理斯的話」, 3 : 345)였다. 『성 심리학 연구』의 축약본인 『성 심리학』이 미국에서 출간되자 이를 구입할 정도로 저우쭤런은 엘리스에 대하여 많은 관심을 가졌다.(「性的心理」, 6 : 163) 저우쭤런에 따르면 자신이 엘리스의 담론으로부터 받은 지식은 기타 모든 경전보다도 더 많았다. 그는 1910년대부터 1940년대에 이르기까지 엘리스의 저작을 중국인에게 계속 소개하였다.

> 성은 인간의 보편적 현상이다. 한 인간의 전신이 모두 성이라고 해도 과언이 아니다. 인간의 성적 소양은 인간소양의 일부분일 정도로 인간의 일부분이다. 한 사람의 성의식은 그 사람을 대변할 수 있다.[88]

저우쭤런이 엘리스의 학설에 주목한 이유는 엘리스가 성을 인간의 일부분이라고 인정했기 때문이다. 카펜터가 성이 그 자체로 순결하다고 생각했다면 엘리스는 성이 인간의 일부분이라고 믿었다. 성은 불결하지 않을뿐더러 인간 그 자체이다. "저주해야 할 것은 거짓 문명과 거짓 도덕이다. 그것은 인간으로 하여금 늑대 이하의 생물로 타락하게 만들었다." (「可憐憫者」, 2 : 774) 봉건사회에서는 성 담론이 금지되어 있어 인간이 자신을 제대로 인식할 수 없었다. 저우쭤런에 따르면 의식주 문제 외에 '성

88 Henry Havelock Ellis, 潘光旦 譯, 『性心理學』, 臺灣 : 仙人掌叢刊, 1979, 3면. 『성 심리학』이 1933년에 출판되자 판광단(潘光旦)은 일단 중국어로 부분 번역하였다가 1941년에 완역하여 출판하였다.

적 요구'도 급히 해결해야 할 문제였다. "중국에서 성교육이 발달하지 못하여 청년들이 의지가 약해서 키스와 포옹 같은 글자만 보아도 죄악으로 떨어지는 위험이 있"기 때문에 "'성교육'은 교육가와 부모들이 신경을 써야 하는 문제가 된다".(「考試」, 2 : 731) 이광수가 "情育을 其勉하라"고 하면서 인간의 정육을 중요시한 만큼 저우쭤런에게 성육은 시급한 일이었다. "성 지식을 알게 되면 성에 대한 오해를 면할 수가 있다."(「婦女運動與常識」, 3 : 5) 성육이 없었던 탓에 성을 어둡고 더러운 것으로 봤다. 따라서 저우쭤런은 성적 교육에 착수하였다. 저우쭤런이 성육에 심혈을 기울인 것은 성의 해방이 인간의 해방과 긴밀한 관계가 있기 때문이었다. 그는 카펜터와 엘리스의 주장을 통해서 중국인에게 근대적인 인간상을 보여주었다. 이러한 작업은 중국인의 인간 의식을 계몽시켰다.

> 사람들은 모두 인간으로 살고 있지만 자신이 인간이라는 것을 아는 이가 없다. 혹 "만물의 영장"인 인간으로 자처하면서 자신이 여전히 동물인 것을 완전히 잊었다. 이런 사회에서는 인간 자신의 해방운동이 발생할 수가 없다. 개인이 자신에 대하여 잘 알아야 주견을 세워 정당한 인간으로서의 생활을 추구할 수 있다.[89]

"지금 가장 시급한 일은 개인의 해방을 제창하는 것이다."(「一封反對新文化的信」, 3 : 408) 저우쭤런에 의하면 인간은 살아가면서 자신이 인간인 것

89 「婦女運動與常識」, 『周作人散文全集』 3, 1면. "大家都做著人, 卻幾乎不知道自己是人, 或者自以為是萬物之靈的人, 卻忘記了自己仍是一個動物, 在這樣的社會裡, 絕不會發生真的自己解放運動, 我相信必須個人對於自己有了一種瞭解, 才能立定主意追求正當的人的生活."

을 망각하였다. 그것은 송나라 시대부터 도학자에 의해 제기된 금욕주의 때문이었다. 금욕주의는 "예교라는 가면 하에 억압과 방종을 실시한다. 예라는 것이 일찍부터 사라졌다".(「生活之藝術」, 3 : 513) 예의는 원래 인간의 정에서 나오는 법칙인데 금욕주의자는 예의라는 개념을 악용하여 인간의 성적 욕망을 억압하였다. 결국 중국인은 자신이 성적 주체인 것도 잊은 채 동물만도 못하게 살아가고 있었다. 자신이 무엇인지도 모르는 사회에서 근대적 인간은 탄생할 수가 없었다.

"유럽에서 인간에 대한 진리의 발견은 첫째로 15세기에 종교개혁과 르네상스의 결과이다. 두 번째는 프랑스대혁명이며 세 번째는 유럽전쟁 및 그 이후의 일이고 (…중략…) (중국에서) 4천 년이나 존재했지만 이제야 인간의 의미를 연구하고 인人을 새로이 발견해야 한다니 참 우스운 일이다."(「人的文學」, 2 : 86) 서양에서는 르네상스와 유럽전쟁을 거치며 15세기경부터 근대적 인간이 발견되었다. 하지만 중국에서는 20세기 초에 이르러서도 인간이 발견되지 않았다.

> 우리는 인간이 동물인 것을 인정한다. 인간의 생활현상은 타 동물과 별 차이가 없다. 그래서 나는 인간의 모든 생활본능이 아름답고 선한 것이며 완전히 충족되어야 한다고 생각한다. 인성을 위반하는 모든 자연스럽지 못한 제도는 배척하고 수정해야 한다.[90]

90 「人的文學」, 『周作人散文全集』 2, 86면. "我們承認人是一種動物, 他的生活現象, 與別的動物並無不同, 所以我們相信人的一切生活本能, 都是美的善的, 應完全滿足. 凡有違反人性不自然地習慣制度, 都應該排斥改正."

"저우쭤런은 '인人'을 중심으로 한 새로운 사상사를 구축하는 데 일생의 심혈을 기울였다."[91] 루쉰이 「광인일기」를 발표하여 사람을 잡아먹는 봉건사회를 비판하던 시기에 저우쭤런은 중국에서 새로운 인간을 구축하려고 노력한다. 저우쭤런은 그의 이름을 전국으로 알린 「인간적 문학人的文學」(1918)에서 인간이란 무엇인지를 역설하였다. 인간은 동물로부터 진화한 생물이기 때문에 성을 비롯한 본능을 모두 인정해야 한다. "육체적인 면은 동물성의 유전이다."(「人的文學」, 2 : 87) 유전이 존재하기 때문에 인간은 성을 부정할 수 없고, 유전되기 때문에 성이라는 인간 본성은 변하지 않는다. 앞에서 살펴봤듯이 이광수는 인간의 정이 불변한 것으로 여겼다. 진화론에 주목한 저우쭤런과 이광수에게 유전의 힘은 역시 강렬하였다.

엘리스도 인간의 성적 본능은 변치 않는다고 지적하였다. 그에 따르면 인간의 성은 전신적이고 영원히 변치 않을 뿐만 아니라 타고난 것이었다.[92] 인간의 성은 본능이기 때문이었다. 그러나 동시에 저우쭤런은 인간의 진화를 강조하였다. "우리가 말하는 인人은 이른바 '천지에 감지능력이 가장 뛰어나'거나 '원로방지'한 인이 아니라 동물로부터 진화되어온 인류였다. 논의의 요점 두 가지를 살펴보자. ①'동물로부터'이고, ②'진화'인 것이다. 첫 번째 요점 '동물로부터'는 인간의 동물성, 즉 인간의 성을 강조한다. 두 번째 요점 '진화'는 인간은 진화하며, 진화해야 한다는 의미를 강조한다. 본성인 성이 불변하는데, 인간의 진화는 어떻게 가능한 것일까?

91 錢理群, 앞의 책, 3면.
92 Henry Havelock Ellis, 潘光旦 譯, 앞의 책, 4면.

저우쭤런은 내면이라는 개념을 제시하였다. "우리는 또한 인간이 동물로부터 진화된 생물인 것도 인정한다. 인간의 내면생활이 타 동물보다 훨씬 복잡하기 때문에 생활을 개조하는 능력을 가진다, 따라서 인류는 동물적 생활을 기초로 하지만 그 내면은 동물로부터 차차 멀어진다."(「人的文學」, 2 : 87) 인간의 근저는 동물이지만 진화하기 때문에 동물 이상의 내면적 복잡성을 가지게 된다. 저우쭤런은 그것을 내면과 영으로 명명한다. 육체성이 동물성의 유전이라면 영성은 신성의 발단이었다. "동물성과 신성을 합치면 인성이 된다."(2 : 87) 저우쭤런에게 동물성과 영성, 즉 신성은 인성의 양면이었다. 인간은 영육일치의 존재로, 유전된 육체성은 진화하지 않지만 영성, 즉 내면은 시대에 따라 변해 갔다.

"우리는 영원히 과도기에 처한다. 언제든지 현재는 과거와 미래가 만나는 교점이다." 『성 심리학 연구』 제6권의 서문에서 나오는 이 말을 저우쭤런은 1924년 「藹理斯的話」, 1933년 「性的心理」, 1935년 「藹理斯的時代」에 세 번에 걸쳐서 인용하였다. 시대가 계속 변해 간다는 이 말은 저우쭤런이 가장 좋아하는 인생관이다. "도덕이 고정불변한 것이라고 생각해서는 안 된다. 도덕은 계속 변해 가는 것이다. 오늘날에 도덕적이라고 여겨진 것이 50년 전에 부도덕으로 간주될 수 있다."[93] 성적 요구가 변치 않는다고 주장하는 엘리스도 도덕은 변한다고 주장하였다. "이 세상에 풍화라는 것이 존재한다면 그것은 단지 한 시대에 나타난 남녀 관계의 현상일 뿐이다."(「讀報的經驗」, 3 : 254) 저우쭤런은 시대에 따라 풍

93 위의 책, 6면.

화가 달라지듯이 도덕도 진화한다고 보았다. 그는 그의 역작인 「인간의 문학」에서 인간의 영육일치를 서술하고 나서 시대를 거론하였다.

> 우리가 주장을 세우려면 우선 시대라는 관념을 가져야 한다. (…중략…) 옛사람의 저작을 비평할 때 그들의 시대를 고려해서 정직하게 평가하고 마땅한 지위를 부여해야 한다. 우리의 주장을 선전할 때도 우리가 사는 시대를 분명하게 인식해야 한다.[94]

옛날의 저작을 평가하는 데 있어서 현재의 시대적 도덕과 관념이 잣대가 되어서는 곤란하다. 과거의 저술에 대한 평가는 과거라는 시간 속에서 이루어져야 한다. 한 시대에는 그 시대 고유의 시대정신이 있기 때문이다. "원시시대에 원시적 사상을 가지고 무술을 펼치고 사람 고기를 먹는 것이 당연한 일이다. (…중략…) 그러나 근대사회에서 무술을 펼치고 사람 고기를 먹는 이가 있다면 그 사람을 잡아서 정신병원에 보낼 수밖에 없다."(「人的文學」, 2 : 92) 민족이 과거의 모습 그대로 남아 있을 수 없다는 헤르더의 말처럼 시대가 변하여 진화가 계속 이루어지면 과거의 시대정신도 현재와는 맞지 않게 된다. 「인간적 문학」에서 강조한 시대 개념은 헤르더의 시대정신과 같은 맥락이었다. 저우쭤런의 글에 헤르더의 이름이 처음 언급된 것은 1908년에 발표한 「문장론」에서였다. "독일 헤르더Herder가 이를 민성으로 부른다."(「論文章」, 1 : 92) 같은

94 「人的文學」, 『周作人散文全集』 2, 92면. "我們立論, 應抱定時代這一個觀念 (…中略…) 批評古人的著作, 便認定他們的時代, 給他一個正直的評價, 應當的位置, 至於宣傳我們的主張, 也認定我們的時代."

해에 발표한 「애현편」에서 저우쭤런은 시대정신이라는 용어를 사용하였다. "문장의 시작은 인심에 있으므로 당대 사상과의 관계가 깊다. (…중략…) 독일인은 이를 시대정신Zeitgeist이라 명명한다."(「哀弦篇」, 1 : 133) 이광수가 1920년에 이르러 거론하였던 시대정신이 저우쭤런의 글에는 1908년에 이미 나타나 있었다. 「애현편」에서 말하는 독일인은 헤르더로 보이며, 헤르더의 시대정신은 저우쭤런에게 인심, 즉 인간의 사상을 의미하였다. 시대정신의 변화는 인간의 진화를 대변하는 것이었다.

"우리 시대에 고상한 유용성이 있는 그 어떤 점이 있다면, 이 시대가 다른 시대보다 뒤에 위치하여 높이와 전망을 지니고 있다는 점이다! 수천 년에 걸친 시대가 우리 시대를 준비해 왔다! 그리고 우리 시대는 다시금 높은 의미에서 다른 시대를 준비하고 있다."[95] 시대는 발전해 왔고 그리고 계속 발전해 나간다. 시대의 변화에 따라 시대정신은 끊임없이 더 높은 경지로 나아간다. 저우쭤런에게 시대정신은 인심, 인간의 사상의 대변이었다. 성욕을 비롯한 인간의 본성이 변하지 않는 대신에 인간의 사상, 즉 시대정신이 계속 진화한다. 「인간의 문학」에서 저우쭤런은 진화론을 내세우고 인간의 영육일치를 역설하였다. 결국 인간의 진화는 시대정신을 통해서 이루어진다. 저우쭤런은 인간을 변치 않는 본능을 지니면서도 시대정신의 변화를 통해서 진화하는 존재라고 생각하였다. 저우쭤런은 진화론, 성 심리학, 시대정신 등의 개념을 바탕으로 근대적 인간관을 정립하였다.

저우쭤런의 시대정신은 동시대의 인간은 역사적인 위치에 있어서 차

95 헤르더, 안성찬 역, 앞의 책, 147면.

이가 없다는 의미도 내포하였다. 약육강식의 진화론 세계에서 중국이 퇴보하면서 중국인은 서양인에 비하여 덜 진화한 인종으로 여겨졌다. 그러나 저우쭤런의 시대정신 개념에 따르면 동일한 시대정신 속에 사는 인간은 세계적 위치에 있어서만큼은 동등한 위치에 점유한다. "1차 세계대전 전에 후진성의 구조 아래에서 비非-인류의 위치를 점하고 있던 조선 민족은 이제 인류에 등기를 마친 것으로 보인다. 서구인과 조선인, 백인종과 황인종을 모두 '우리 인류'라는 범주에 포괄하고 있다."[96] 제1차 세계대전을 계기로 조선의 지식인은 조선이 세계 속으로 편입되었다고 생각하였다. 마찬가지로 저우쭤런도 새로운 시대에 동서양의 세계적 위상의 차이가 없어진다고 주장하였다. 역사적으로는 동서양 사이에 차이가 존재하였지만 이제 동시대의 인간은 "모두 인류의 하나로서 다 감각과 성격을 지니게 된다". 중국인은 인류의 하나가 되어 서양인과 같은 세계적 위치를 획득하게 되었다. "동서의 문제에 있어서도 시대라는 관념을 가지면 된다. 다른 경계를 만들 필요가 없다."(「人的文學」, 2 : 93) 이 시기에 저우쭤런은 무샤노코지 사네아쓰의 아타라시키무라운동의 영향으로 세계주의를 지향하였다. 따라서 그는 지역적 · 역사적 차이에도 불구하고 시대라는 개념 아래에서 동양과 서양을 통합하였다. "교통이 편리해져 공기의 유통이 빨라짐으로 인류는 점차 가까워진다. 같은 시대를 사는 사람은 더불어 살 수 있게 된다." 서양인과 동양인이 같은 시대를 살아가고 있기 때문에 같은 시대정신을 가지게 된다. 동양은 봉건시대의 쇄국 때문에 시대정신에 떨어졌지만 이제 동서양의 교류가 이루

96 김동식, 「진화 · 후진성 · 1차 세계대전」, 『한국학연구』 37, 인하대 한국학연구소, 2015, 184면

어져서 같은 시대정신 속에 살게 된다. "따라서 우리는 시대만 구분하고 동서를 구분해서는 안 된다."(2 : 93) 같은 시대를 살아가는 동서양인은 동일한 진화 단계를 밟아나간다. "중국은 천 년 전에 문화가 발달해서 영육일치에 달하였다. 후에 금욕 사상이 흥성해져 무자유, 무절제로 변했다. (…중략…) 중국에서 지금 필요한 것은 신자유와 신절제로 새로운 문명을 만드는 것이다. 즉 천 년 전의 구문명을 부흥시키는 것이다. 다시 말하면 서양 문화의 기초인 그리스 문명과 합일하는 것이다."(「生活之藝術」, 3 : 514) 저우쭤런에 의하면 중국인은 현대 서양의 시대정신을 공유할 뿐 아니라 천 년 전에도 서양에 비하여 뒤떨어지지 않았다. 중국인은 천 년 전에도 영육일치의 인간이었고, 그리스 문명 못지않은 수준 높은 문명을 지녔다. 서양은 그리스 문명을 되살려 이른바 근대인을 탄생시켰다. 중국은 그리스 문명에 비등한 수준의 문명을 이루었고, 이제는 서양의 근대라는 시대정신을 접했으니 서양과 동일한 진화 단계에 오른다. 즉 중국인도 이제 근대인이 되어 간다.

이광수는 정육을 호소하였으나 인간의 성 본능은 적극적으로 언급하지 않았다. 그러나 저우쭤런은 성을 인정해야 진정한 근대 인간을 창출할 수 있다고 역설하였다. 이광수는 인간의 정을 높이 평가하였으나 인간의 내면을 인지하지는 못하였다. 반면에 저우쭤런은 「인간의 문학」에서 인간이 내면을 지닌다고 주장하였다. 이러한 차이점에도 불구하고 이광수와 저우쭤런은 계몽주의자였고, 두 사람 모두 인간을 봉건적 질서에서 해방시키려고 갖은 노력을 기울였다. 자율적 개인을 계발하는 데에는 정을 가르치는 일, 곧 정육이 가장 효과적인 방법이었고, 자연스럽게 '정의 만족'을 목적으로 하는 문학이야말로 자율적인 개인을 키우는 최상의 매체였다.[97] 봉건적 조선과 중국에서는 인간의 정과 성 등 인간 본성을 억압하였다. 이광수와 저우쭤런은 봉건사회에 맞서서 자연적 인간 본성을 복원하고자 하였다. 즉 정과 성을 인간의 일부분으로 인정하도록 만들고자 하였다. 정의 발견과 성의 해방에서 비롯된 자율적 개인에의 긍정은 근대적 인간의 발견으로 이해되어 왔다. 그러나 인간 본성에 대한 복원이 근대적 인간을 탄생시키는 것이라고 말할 수 있는가? 근대란 고대에서 발전해 온 것이다. 그러나 정과 성 등 인간의 본성은 변하지 않았다. 즉 본성이라는 것은 고대에나 근대에나 같은 것이다. 따라서 정과 성을 비롯한 본성은 고대와 근대를 구분하는 기준이 될 수 없다. 서양에서는 인간의 해방과 함께 근대가 찾아왔다. 근대적 인간은 신으로부터 해방되어 자율성을 획득하였다. 근대는 인간을 '인간'으로 인정하고, 인간의 본능을 인정하는 시대이다. 인간의 본성을 인정하는 사상 즉 서양의 시대정신이야말로 서양의 근대를 '근대'로 만든 것이다. 다시 말하자면, 이광수와 저우쭤런은 모두 진화론자였다. 그들은 인간의 진화를 주장하지만 인간의 자연적 본성은 인간육체의 진화처럼 무시해도 좋을 정도로 느리게 진화한다고 생각하였다. 인간의 진화는 본성이 아니라, 도덕, 인심, 영 등 개념의 총괄인 시대정신을 통해서 이루어졌다. 인간의 본성은 동물로서 모든 인간에게 공통된 것으로 동서양을 구분하지 않는다. 두 사람에게 동양인과 서양인은 근본적으로 차이가 없었다. 동양인과 서양인의 차이는 단지 시대정신에 있는 것이었다. 근대라는 시대정신 속으로 들어가면 근대화가 된다. 결론적으로 근대란 인간본성

97 하정일, 「자율적 개인과 부르주아 결사로서의 민족」, 『이광수 문학의 재인식』, 소명출판, 2009, 152면.

이라는 보편성이 아니라 시대정신이라는 특수성에 의해 결정되는 것이다. 보편성은 변하지 않지만 특수성이 변해 간다. 시대정신이라는 특수성의 변화에 따라 '근대'라는 것도 변해 간다. 저우쭤런에게 새로운 시대정신으로 이행한다는 것은 낙후에서 벗어나 근대인이 되는 것이었다. 이광수는 한 걸음 더 나아가 시대정신은 변하는 것이기 때문에 동양의 사상이 새로운 시대정신이 될 것이라고 전망하였다.

2) 연애를 통한 '종種'의 개량

"이광수의 초기 논설들은 계몽을 이루지 못한 미완의 기획을 개인과 가정의 혁신적인 재구성이라는 과제로 전이한 것이라고 보면 크게 틀리지 않을 것이다. 그것은 감정의 해방, 가정의 자유라는 주장으로 압축된다."[98] 이는 정을 해방하여 근대적 개인을 탄생시키는 기획을 의미한다. 가정의 재구성은 충효를 비롯한 전통적 가정에 대한 부정과 연애결혼이라는 근대적 관념을 통해서 이루어진다. 전근대 사회에서 연애와 결혼이 별개의 영역이었던 데 반해 근대에 이르러 연애는 결혼의 전제 조건이 되었다. 한국에서 소설을 기준으로 "연애라는 명사가 처음 보인 것은 1912년 『매일신보』에 연재된 조중환의 번안작 『쌍옥루』. '청년 남녀의 연애라 하는 것은 극히 신성한 일이라고 가르쳐 주'는 재봉 교사가 등장했을 때의 일이다. (…중략…) 연애가 일반화된 것은 1910년대 말 이후였다는 말이 된다."[99] 바로 이 시기에 이광수는 1917년에 발표한 「어린 벗에게」와 『무정』을 통해서 이른바 자유연애를 세간에 선보였다. "이광

98 김동식, 「낭만적 사랑의 의미론」, 『문학과사회』 14, 문학과지성사, 2001, 150면.
99 권보드래, 『연애의 시대』, 현실문화연구, 2004, 12~13면.

수를 일컬어 한국 근대소설사에서의 사랑의 발견자라 한다면, 그것은 일차적으로 이광수가 열정으로서의 사랑을 처음으로 성문화했음을 뜻한다."[100] 1910년에 「아한 청년과 정육」에서 정의 해방을 호소하던 이광수는 1917년에 와서 정의 해방에 기초한 근대적 연애를 발견하였다.

"중국문학에서 연애라는 단어는 19세기 후반부터 20세기에 걸쳐 서양문학의 용어를 번역하면서, 또한 서양 문화의 상징으로 들어왔다. 당시 서양 문명을 이상으로 여긴 시대의 첨단을 달리던 지식인들과 서양 문화를 접촉한 사람들은 중국이 가장 먼저 모방해야 하는 선진국의 '문명적' 문화 관습으로 연애를 소개했다."[101] 1899년 린수林紓는 알렉상드르 뒤마 피스의 『춘희』를 『파리다화녀유사巴黎茶花女遺事』라는 제목으로 번역하여 출판하였다. 이때부터 중국에서 자유연애라는 개념이 알려지기 시작하였다. 사랑 즉 애愛라는 용어는 이전부터 있었지만 중국에서 남녀 사이의 사랑은 대부분 '정'으로 표현되었다. 장징에 의하면 린수의 『파리차와녀유사』에서 '정'과 '사랑'은 섞여서 쓰이는데, 이는 '사랑'이란 단어에 그때까지 없었던 뜻을 부여해 주었다.[102] 1902년에 량치차오는 「신민의」에서 근대적 사랑이라는 의미로 '애정愛情'을 사용하기 시작하였다. "결혼이 애정이 아니라 육욕에 근거하면 풍속을 문란케 한다."[103] 전통사회에서 혼인은 부모의 명령과 매파의 소개로 이루어졌는데, 량치차오는 전통적 혼인관을 부정하면서 연애결혼을 중국에 소개하였다.

연애는 선교사에 의해 처음 만들어져 일본 유학생에 의해서 보급된

100 서영채, 『사랑의 문법』, 민음사, 2004, 31면.
101 장징, 임수빈 역, 『근대 중국과 연애의 발견』, 소나무, 2007, 20면.
102 위의 책, 93면.
103 梁啓超, 「新民議」, 『新民總報』, 1902.12.30.

단어였다. 연애라는 용어를 처음 사용한 사람이 바로 량치차오였다. 그는 「자유서・혜관自由書慧觀」이라는 글에서 "남녀 연애는 자주 보이는 현상이다. 그러나 이를 통해서 인정의 목적을 연구하는 자가 셰익스피어밖에 없다"고 하면서 근대적 의미의 연애 개념을 사용하였다.[104] 1903~1909년에 『신민총보』, 『절강조』 등의 신문과 잡지에서 연애라는 단어는 63번 사용되었다. 그중에서 인간의 인간에 대한 사랑으로 사용된 것은 12번이었고, 나머지 51번은 남녀의 연애를 특정하는 표현이었다. 시간이 흐를수록 연애를 남녀 관계를 의미하는 표현으로 사용하는 경우가 많아졌다.[105] 저우쭤런은 1904년에 처음으로 '연애'라는 표현을 사용하였다. "어찌 자기 한 몸의 연애 때문에 조상들이 사천년을 걸쳐서 개벽한 땅을 잃을 수 있는가."(「說生死」, 1 : 18) 이 글에서 연애는 남녀의 자유연애가 아니라 사랑, 자기애를 가리키는 것이었다. 즉 광의의 사랑이었다. 1905년에 이르자 저우쭤런은 아서 코난 도일의 *The Man from Archangel*을 「戀愛奇談・荒磯」라는 제목으로 번역하여 『여자세계』에 발표하였다.[106] 1905년에 발표한 번역소설에서야 비로소 연애가 남녀 연애를 뜻하게 되었다. 1903~1909년 사이에 사용된 63번의 '연애' 가운데 2번이 저우쭤런이 이 시기에 사용한 것이었다.

"새 단어 특히 외래어는 고유현상에 관한 명칭을 바꾸는 것이 아니라 새로운 현상에 대한 명명이다. '연애'의 수입은 새로운 도덕관념의 탄생을 선고한다. '연애'의 명명은 방식, 의미, 체험 그리고 평가에 있어서 전통적

104 梁啓超, 「自由書慧觀」, 『清議報』, 1900.3.1.
105 楊聯芬, 「戀愛之發生與現代文學觀念變遷」, 『中國社會科學』, 中國社會科學雜誌社, 2014, 161면.
106 『女子世界』 2-2, 1905, 1~16면.

용어들이 지니지 못한 '근대'적 의미를 가지게 된다."[107] 1900년대에 연애라는 용어와 함께 연애결혼이라는 근대적 관념이 중국에 유입되자 저우쭤런은 이를 수용하였다. 봉건사회에서 부도덕으로 규정되었던 인간의 본성이 연애라는 새로운 도덕관에서는 긍정되었기 때문이었다. "우리는 인격을 가진 신이 존재한다고 믿지 않는다. 그러나 연애를 통해서 '구신자求神者'의 심정을 이해할 수 있다. 연애를 통해서 접신Enthousiasmos과 망아Ekstasia라는 행복함을 느낄 수 있다."(「情詩」, 2 : 582) 저우쭤런에게 연애는 인간의 정을 만족시켜 신을 영접하는 경지와도 같은 행복을 주는 것이었다. 인간 본능에 따른 연애는 저우쭤런에게 인간의 해방을 의미하였다. "이러한 연애의 방식이 인정을 받았기 때문에 인성 해방의 첫 걸음이라고 할 수 있다."(「歐洲古代文學上的婦女觀」, 2 : 427) 연애라는 근대적 장치는 전근대 사회에서 억압된 정과 성을 해방시킴으로써 새로운 인간을 탄생시켰다.

> 영아가 태어나면 무엇보다도 양육 방법을 찾아야 한다. 양육법에는 인간과 동물 간에 차이가 없다. 문화가 진화함에 따라 여유가 생긴다. 말과 행동을 보고 연애가 생기고 찬미도 생겨난다. 끝내 개인과 민족의 관계를 알게 된다.[108]

연애는 새로운 혼인 관념과 더불어 근대적 인간의 형성에 중요한 역할을 하였다. 그러나 저우쭤런이 지향하는 바는 연애 자체가 아니라 연애 이후였다. 즉 저우쭤런에게는 "개인과 민족의 관계"가 중요하였다.

107 楊聯芬, 앞의 글, 161면.

108 「兒童問題之初解」, 『周作人散文全集』 1, 247면. "嬰兒幼生, 未及他念, 必先謀所以保育之方, 此固人獸同爾, 有不自覺者? 逮文化漸進, 得以餘閒, 審其言動, 由戀生愛, 乃有讚美, 終以了知個人與民族之關係."

저우쭤런에게 연애는 근대적 인간으로 변태變態하기 위한 수단 이상의 의미를 지녔다. 인간은 개인이 아니라 민족의 일원으로 살아야 하였다. 이광수와 저우쭤런의 글 곳곳에서 개인과 민족이 함께 언급되는 것을 확인할 수 있다.

> 生物學이 가르치는 바와 같이 人類의 目的이(他生物과 같이) 個體의 保存과 種族의 保存發展에 있다 하면 天下의 中心은 自己요, 다음에 重한 것은 子孫일 것이니[109]

> 此를 進化論者들은 個體의 保存發展 及種族의 保存發展이라 하니[110]

> 사람의 一生에 가장 重要한 것이 셋이 잇으니 하나는 一生에 지켜 갈 人生觀을 擇하는 것, 둘은 一生에 衣食住를 얻고 사람으로의 職務를 擇함이요, 셋은 一生의 苦樂을 같이 하며 種族繁殖의 任務를 다할 配匹을 擇함이외다.[111]

> 생물학자 왈, 개체 발생과 계통 발생이 같이 이루어진다.[112]

> 내 생각으로 인류는 자기 보존과 종족 보존이라는 두 가지 본능이 있다.[113]

---

109 「자녀중심론」, 『이광수전집』 17, 42면.
110 「교육가 제씨에게」, 『이광수전집』 17, 73면.
111 「소년에게」, 『이광수전집』 17, 220면.
112 「兒童硏究導言」, 『周作人散文全集』 1, 290면. "生物學者言, 個體發生於系統發生同序."
113 「新村的理想與實際」, 『周作人散文全集』 2, 240면. "我想人類兼有自己保存於種族保存的兩重本能."

> 생물에게 가장 큰 문제는 자기 및 종족의 보존이다.[114]

이광수의 「자녀중심론」, 「혼인에 대한 관견」, 「교육가 제씨에게」, 「소년에게」 그리고 저우쭤런의 「아동연구도언」, 「신촌의 이상과 현실」, 「성의 해방」, 「『성의 숭배』를 읽는다」, 「여자와 문학」 등에 개체의 생존 발전과 종족의 생존 발전을 함께 거론하는 주장이 반복적으로 나타났다.

1910년대에 발표한 글들에서 이광수와 저우쭤런은 민족 대신 종족이라는 단어를 사용하였다. 현재 종족은 생물학적 의미가 내포되어 있는 용어로 민족과 구분된다. 그러나 1900년대 일본 유학생들은 종족과 민족이라는 개념을 혼용하곤 했다. "일본어 minzokushugi(민족주의)라는 용어에서 나온 민족주의 개념은 중국 학생의 정치 술어의 사용에 많은 영향을 주었다, 이 개념은 글자 그대로의 뜻은 '종족주의'이다. 이는 종족을 기초로 한 민족주의자의 주장이 포함되어 있다. 종족과 민족은 '민족'이라는 개념 속에서 혼합하여 사용되었다."[115] 이러한 현상은 조선에서도 발생하였다. 민족은 일반적으로 언어, 지역, 경제생활의 공통성에 기초한 공동체로 그 개념이 규정되는데 "한편 한국사회에서는 언어 영토 문화적 공통성과 역사적 공동체성 외에도 혈연적(종족적) 성격을 추가하여 인식하고 있다."[116] 1914년에 발표한 「일본 운명과 인종 경쟁을 위하여 방관자의 객담」에서는 종족과 민족이라는 용어를 혼용되었다. "오늘날 우리 동포가 이미 나라를 잃고 종족이 날로 잔멸하는 독

114 「讀「性的崇拜」」, 『周作人散文全集』 5, 294면. "生物最大的問題是自己以及種族之保存."
115 Frank Dikotter, 楊立華 譯, 『近代中國之種族觀念』, 江蘇人民出版社, 1999, 100면.
116 백동현, 「러일전쟁 전후 '민족' 용어의 등장과 민족 인식」, 『한국사학보』 10, 고려사학회, 2001, 167면.

해를 저 원수에게 당하면서도 오히려 깨닫지 못하고 잠꼬대하는 사람과 같이 황백인종의 관념이 있어 왕왕히 이 말을 문제 삼아 논란하는 자가 종종하니 어찌 가련치 않으리오. (…중략…) 황백인종의 문제는 우리가 나라를 찾아 우리 민족이 다시 살아나는 시대에 논란함이 마땅하다 하노라. 세상만사가 나에게 있을 따름이라."[117] 인종 문제를 거론하는 이 글에서 종족과 민족은 동일한 의미로 사용되었다. "我韓國權이 墜地無餘ᄒᆞ고 種族이 滅絶홀 境遇에 陷溺ᄒᆞᆫ 것을 悲吊憫歎ᄒᆞ야 特其保種之策을 擧ᄒᆞ야 告我同胞하되"[118] 1907년에 발표한 「보종책의 속론」에서도 민족을 대신하여 종족이라는 용어를 사용되었다. 이때 민족으로서의 종족에 '보종'이라는 개념이 강화되어 있었다. 민족이 몰락해 가는 상황에서 민족의 혈연적 후세 즉 '종'을 보존할 필요성이 제기되었다. 이때 민족으로서의 종족 개념은 우생학과 조우하게 되었다. "우생학은 인간 유전자의 구조를 인위적으로 조절함으로써 우수한 '종족'을 생산하겠다는 신화를 만들었다."[119] 우생학의 관점에서 인간은 민족의 '종'으로, 민족의 발전에 결정적인 요소였다. 민족성이 민족의 심리적 구성 요소라면, '종'으로서의 인간은 민족의 신체적 구성요소였다.

『알 수 없는 우주』의 저자 헥켈은 1866년에 출간한 『일반 형태학』에서 "생물의 개체 발생은 그 계통 발생을 되풀이한다"는 생물 발생법칙Biogenetic Law을 제기하였다. "예전에는 사람들이 동식물의 진화 역사를 개체적 진화로 여겼다. 내 생각에 개체 발생은 종족 발생과 대립적이지만 긴밀한 관계

117 「일본 운명과 인종 경쟁을 위하여 방관자의 객담」, 『국민보』, 1914.1.21.
118 「보종책의 속론」, 『대한매일신보』, 1907.8.1.
119 Frank Dikotter, 楊立華 譯, 앞의 책, 149면.

가 있는 것이다."[120] 헥켈은 다윈의 학설을 발전시켜 개체의 발생과 종족의 발생이 상호 작용한다고 주장하였다. 헥켈은 20세기 초에 지식인에게 많은 영향을 주었다. 루쉰은 일본 유학 시절에 「인간의 역사」라는 글을 통해서 헥켈의 학설을 소개하기도 하였다. "헥켈은 많은 저서를 써서 이 요지를 명확히 했고, 이에 더하여 종족 발생학Phylogenie을 수립하여 이것을 개체 발생학Ontogenie과 통합함으로써, 아득한 인류의 유래와 그 발전 과정을 고찰하고, 많은 의문을 눈 녹듯 풀리게 하고, 대자연의 비밀을 밝혀서, 현대 생물학의 최고봉이 되었다."[121] 1907년에 루쉰은 헥켈이 진화와 퇴화라는 개념뿐 아니라 개체의 진화와 종족의 진화를 함께 설명할 수 있었다는 점에서 그를 현대 생물학의 최고봉이라고 고평하였다. 개인만 진화하는 것이 아니라 개인과 민족이 더불어 진화하는 것이었다. "생물학자 왈, 개체 발생과 계통 발생이 같이 이루어진다"는 저우쭤런의 말은 바로 헥켈의 주장을 인용하였던 것이었다. 저우쭤런이 1907년에 일본 동경에서 루쉰과 같은 집에 살았다는 점을 상기하여 본다면, 저우쭤런 역시 루쉰이 극찬한 헥켈을 잘 알고 있었을 가능성이 높다. 루쉰과 저우쭤런 모두 개체와 민족의 상호 작용에 주목하였다.

헥켈은 생물학자이자 우생학을 대표하는 학자이기도 하였다. 우생학은 제2차 세계대전에 나치 독일의 인종 범죄와 연루되었던 이력 때문에 주로 나치와의 관계 속에서 탐구되었다. 그러나 골턴Francis Galton(1822~1911)에 의해 만들어진 우생학은 본래 유전설에 근거하여 인류의 체질을 개량하고 우수한 후대를 생식하는 것을 연구하는 학문이었다. 옌푸

120 Ernst Haeckel, 上海外國自然科學哲學著作 編譯組, 『宇宙之謎』, 上海人民出版社, 1974, 75면.
121 魯迅, 「人之歷史」, 『河南』 1, 1907.12.

는 『천연론』에서 우생학을 소개하였고, 루쉰은 1918년에 우생학을 긍정적으로 평가하였다. 5·4운동을 전후하여 중국 지식인들은 우생학을 적극적으로 수용하였다.[122] 저우쭤런은 동시대 사람에 비하여 한 걸음 더 빨랐다. 1912년에 저우쭤런은 이미 골턴의 저작을 읽고 중국에 우생학을 소개하기 시작하였다.[123] 1913년부터 그는 「민종 개량의 교육」, 「유희와 교육」 그리고 「외부의 영향」, 「가정교육론」 등 우생학 관련 이론을 번역하여 발표하였다. "선종학(저우쭤런은 우생학을 선종학善種學으로 번역하였다—인용자)에 근거하여 교육을 토론하는 것이 매우 중요한 일이다. 그것은 어떻게 자녀를 양성하고, 그들로 하여금 장래에 부모가 충분히 될 수 있도록 재능을 획득하게 해야 한다."(「民種改良之教育」, 1 : 269) 저우쭤런은 1913년에 영국 교육위원장 고스트Gorst의 「민종 개량의 교육」이라는 글을 번역하여 발표하였다. 그는 첫 문장에서 우생학의 목적이 우수한 자녀를 생산하는 데에 있다고 지적하였다. 그는 1914년에 여성교육을 논한 「부학상태婦學商兌」에서 이 문장을 다시 인용하였다. 여자와 아동이 하나의 인격체로 인정받지 못하는 현실을 안타까워한 저우쭤런은 이 글에서 여성의 교육의 필요성을 주창한다. 동시에 그는 여성에게 가정家政 교육을 꼭 해야 하다고 주장하였다. 모든 여성은 모母가 되어 자녀를 생산하고 교육할 의무가 있었기 때문이었다.

이 지점에 이르면 저우쭤런의 근대적 연애관이 매우 복잡하다는 것이 명확해진다. "여성 문제에 있어서 실제로 두 가지 일이 있다. 즉 경제의

122 5·4운동 전후 우생학의 전파에 대해서는 다음을 참조. 闞威, 「5·4運動前後優生學在中國的傳播」, 『溫州大學學報』 26-3, 溫州大學, 2013.

123 周作人, 『周作人日記』(1912.10.11) 上, 大象出版社, 1998, 419면.

해방과 성의 해방이다."(「北泃沿通信」, 5 : 437) 봉건사회에서 여성은 부모의 명령에 따라 결혼하고 자녀를 생산해서 성모처럼 살아야 했다. 그 결과는 여성은 인간으로서의 즐거움을 누릴 수 없었다. 따라서 저우쭤런은 여성에게 신성神聖만큼이나 악마성惡魔性도 필요하다고 역설하였다. 정과 성을 의미하는 악마성이 있어야만 인생에 즐거움이 생긴다. 그러나 저우쭤런은"여자에게는 종족의 유지와 개인적 욕망, 쾌락 두 가지 요구가 있다"며 여성 해방의 의의를 제한하였다.(「北泃沿通信」, 5 : 440) "개인적 욕망과 쾌락"은 인간 본성에 따른 연애결혼을 가리켰고 "종족의 유지"는 민족의 혈통을 이어가는 후대의 생산을 의미하였다. 연애결혼 이후에는 자연스럽게 자녀의 생산이 이어졌다. 전근대 사회에서 "결혼은 훌륭한 자손을 보기 위한 협상의 결과였고 가문家門의 논리가 규율하는 사건이었기에 당사자의 의사는 고려될 여지가 없었다."[124] 가문과 가문의 연합인 결혼은 근대에 와서야 개인과 개인의 결합이 된다. 전근대 사회에서 결혼에 대한 요구는 가문을 지키는 자녀를 생산하는 것이다. 그렇다면 근대적 자유연애와 결혼의 산물로 태어난 아이에게 여전히 가문을 빛내야 하는 책임이 있었을까?

> 아동은 미래의 국민이다. (…중략…) 그들은 아동을 가족에 속한다고 말하는데 가족 외에 사회가 있는 줄 모른다. 아동이 조상에 속한 줄 알고 그 위에 민족이 있는 줄 모른다. 이런 백성들을 나라의 방패로 삼는 것은 폐관쇄국 시기에도 해서 안 되는 일이니 하물며 오늘날이야![125]

---

124 김동식, 「낭만적 사랑의 의미론」, 『문학과사회』 14, 문학과지성사, 2001, 130면.
125 「兒童問題之初解」, 『周作人散文全集』 1, 246~247면. "蓋兒童者, 未來之國民 (…中略…)

저우쭤런은 중국 아동문학의 창시자로 1912년부터 아동을 주제로 글을 발표하였다. 그가 아동 연구를 인생의 사업으로 삼았던 것은 아동이 민족의 미래이기 때문이었다. 봉건사회에서 민중은 아이를 가족의 소유물로 볼 뿐 민족의 일원으로 인정하지 않았다. 아동이 민족의 미래라는 생각을 단 한 번도 해 보지 못한 민중이야말로 저우쭤런에게 민족의 진화를 방해하는 사람들이었다. 민족의 진화를 위해서는 아이를 가족의 소유물이 아니라 민족의 미래로 보아야 할 필요성이 있었다. 전근대 사회에서 부모는 자식을 자신의 소유물로 보았고, 이 때문에 자율적 인간은 탄생할 수 없었다. 저우쭤런은 부모로부터 자녀를 해방시킴으로써 독립적이고 자율적인 개체를 탄생시키고자 하였다. 그러나 '자녀'라는 멍에를 벗고 독립된 인격체로 선다고 해서 저절로 절대적 자유를 획득하는 것은 아니었다. 저우쭤런에게 인간은 민족의 '종'이라는 존재로 거듭나야만 했다. 한 인간이 '종'으로서의 역할을 수행해야 민족은 진화할 수 있었다. 인간은 부모로부터 해방되고 결혼과 연애의 자유도 획득한다. 근대적 연애결혼으로부터 태어난 아동은 '종'으로서 민족을 개량하는 역할을 담당하게 된다. 저우쭤런에게 연애결혼 후에 이어지는 문제는 가문이 아니라 민족을 진화시키는 문제이다. 전통적 혼례제도에서 태어나는 아이가 '자녀'라면 연애결혼을 통해서 태어나는 아이는 민족의 '종'이었다.

오늘날에는 유전이라는 학설을 교육에 적용하여 교육을 실시한다. 이는

彼以兒童屬於家族, 而不知外之有社會, 以兒童屬於祖先, 而不知上有民族. 以是之民為國後盾, 雖閉關之世猶或不可, 況在今乎."

> 외부 환경을 이용하여 유전을 발전시키거나 억제하는 것이다. 그렇게 함으로써 민족성을 선한 것으로 전환시키고 후대에 유전하게 하는 것이다. (…중략…) 선종학(우생학-인용자)은 영국에서 제창되었으며 진화론에 근거를 둔 것이다. 좋은 종을 골라 좋은 것을 보존하며, 도태를 통하여 좋은 종을 선별하여 각 종족의 지혜를 증진시키는 것이 그 목적이다.[126]

우생학은 진화론에 근거하여 '종'을 개량함으로써 민족을 진화시키는 학문이다. 좋지 못한 종을 도태시키고 좋은 종을 남기는 유전적 선별이 '종'을 개량하는 방법이었다. 신체적인 '종'이 개량되면 민족도 개조될 것이었다. 저우쭤런에게 우생학은 근대적 연애와 긴밀한 관계가 있었다. "연애는 우주의 의의이며 개체와 종족의 완성과 지속이라고 할 수 있다."(「情詩」, 2 : 582) 연애라는 근대적 제도가 근대적 인간을 탄생시킨다면, 근대적 인간은 낙후한 종을 도태시키고 자신의 '좋은 종'을 후세에 남겨줌으로써 종족의 지혜를 증진시켰다. 연애는 민족의 종의 진화에 기여하였다. "아이를 기르는 것이 옛날에는 의학의 일이었는데 민족의 종을 교육하는 것이 매우 중요하기 때문에 아동학에서 이를 가장 중요하게 여긴다."(「兒童硏究導言」, 1 : 290) 거듭 강조하자면 저우쭤런에게 아이는 자녀이기 이전에 민족의 종이었다. 연애는 남자와 여자 두 사람의 관계를 넘어서 개인과 민족의 연결 고리가 되었다. 연애는 근대적 인간을 탄생시켰을 뿐 아니라 민족의 혈연적 실체인 인간도 생산하였다.

126 「遺傳與教育」, 『周作人散文全集』 1, 268면. "今以遺傳之說應用於教育, 則實施教育, 即為利用外緣以行揚抑, 使其遺傳之性漸就準則, 化為善性, 複遺於後. (…中略…) 並世有善種學, 創於英國, 本天演之理, 擇種留良, 以行淘汰, 欲使凡智各群, 各造其極."

연애는 민족의 신체적 조건을 만들어내는 것이었다.

저우쭤런이 연애와 민족을 결부시킨 유일한 인물은 아니었다. 연애를 "민족의 지속"으로 본 「정시情詩」에서 저우쭤런은 엘렌 케이의 『연애와 결혼』을 소개하였다. "엘렌 케이의 『연애와 결혼』에서도 이렇게 말하고 있다. '연애의 결합은 새로운 생명의 창조뿐만 아니라 두 사람의 연분을 통해서 새롭고 독자적 존재보다 더 큰 생명을 창조하는 데 있다'는 것이다."(2 : 582) 독자적 존재보다 더 큰 생명은 민족을 의미하였다. 엘렌 케이는 잘 알려진 연애론자인데 그녀의 연애론은 일종의 진화론적 연애론이다.

> 생명의 원리는 아래와 같다. 민족에 적합하다는 조건 하에 연애의 도태는 자유로운 것이다. 민족에 적합하지 않는다면 연애의 자유가 있지만 생육의 자유가 제한되어야 한다. 다시 말하면 연애의 도태가 민족에 이로운 것이라면 자유를 획득할 수 있다. 아니라면 생육의 자유가 제한을 받아야 한다. (…중략…) 인생의 도덕이 발달할수록 인류는 민족의 이익을 목표로 삼을 수 있다. 연애의 도태를 통해서 행복의 손실을 줄일 수가 있다.[127]

엘렌 케이는 자유연애와 자유이혼의 주창자였고, 그의 논의는 연애에 집중되어 있다. 그러나 『연애와 결혼』은 결코 연애만 다루는 책이 아니다. 총 9장으로 구성된 『연애와 결혼』 중 3개의 장이 모성을 다루었다. 연애결혼이라는 사건은 후대의 생산이 이어지기 때문이었다. 엘렌 케이

127 Ellen Key, 朱舜琴 譯, 『戀愛與結婚』, 上海光明書局, 1926, 112~121면. 저우쑨치인(朱舜琴)은 엘렌 케이의 『연애와 결혼』을 번역하여 1923년에 출판하고 1926년에 재판하였다.

는 연애를 단순한 사건으로 보지 않았다. 그녀는 개인을 민족 및 인류의 진화라는 맥락에서 사고하였다. "심리적 진화를 잘 모르는 사람만이 연애라는 감정과 민족 관념의 일치성을 이해할 수 없을 것이다."[128] 연애는 남자와 여자의 일이면서 민족과도 분리할 수 없는 일이었다. 엘렌 케이에게 연애는 자유였지만 유전으로 인한 질병의 발생은 민족의 진화에 해로운 일이었다. 그녀는 민족의 체질에 해로운 생육을 제한해야 하다고 주장하였다. "'성숙'한 인간만이 인종 개량이라는 인류의 권리와 의무를 이행할 수 있는 자유를 지니고 있다는 우생학의 논리에 따르면, 사랑의 감정은 정신적인 것이라기보다는 생리적인 것이며, 연애와 결혼은 우생학의 실천을 위한 부수적인 이익이거나 수단에 불과한 것이다. 그것은 근본적으로는 건강한 결혼과 성생활이 안정된 가정과 국가를 낳는다는, 19세기 전반에 걸쳐 유럽에서 이루어진 성 통제와 모성 이데올로기의 20세기적 변형이라고도 할 수 있다."[129]

엘렌 케이의 저술은 이광수가 제2차 일본 유학길에 올랐던 1915년경에 일본에서 소개되기 시작하였다. 1915년에는 혼마 히사오本間久雄가 『엘렌 케이 사상의 진수』라는 책을 간행하였다. 후술하겠지만, 혼마 히사오는 와세다대학의 교사로서 이광수에게 많은 영향을 주었다. 이광수의 「문학이란 하오」는 혼마 히사오의 『신문학개론』의 영향을 많이 받았다. "케이는 남녀의 연애관계에 있어 남녀가 사로 행복을 찾을 수 있는

128 위의 책, 105면.

129 구인모, 「무정과 우생학적 연애론」, 『비교문학』 28, 한국비교문학회, 2002, 183면. 이 글에서 구인모는 연애와 생식의 문제에 주목하는데 핵심 키워드는 '성숙'이다. 그에 따르면 성숙한 몸으로 결혼해야 인종 개량이 이루어질 수 있다는 것이다. 그것이 이광수가 조혼을 반대했던 이유였다.

필요성을 설명함과 동시에 그 남녀 상호의 개인의 행복이 종족을 개량하기에 어떻게 하면 도움이 되는지를 더욱 중대한 일로 설명하고 있다."[130] 혼마 히사오는 1915년에 엘렌 케이의 우생학적 연애관을 소개하였다.[131] 『무정』에 "엘렌 케이 여사의 전기를 보았다"(70회)는 식으로 엘렌 케이의 이름이 등장한 것을 보면 이광수가 엘렌 케이의 사상을 접했음은 확실하다. 그런데 『무정』보다 이른 시기에 일본에서 단행본으로 출판된 엘렌 케이의 전기는 혼마 히사오의 『엘렌 케이 사상의 진수』밖에 없다.[132] 따라서 이광수가 읽은 엘렌 케이의 전기는 혼마 히사오의 『엘렌 케이 사상의 진수』일 가능성이 크다. 엘렌 케이의 『연애와 결혼』은 1920년에 와서야 일본어로 번역되었지만 혼마 히사오의 『엘렌 케이 사상의 진수』는 1915년에 이미 그녀의 연애관을 소개하였다. 1915년에 와세다대학에 입학한 이광수는 1916년 「조혼의 악습」, 1917년에 「혼인에 대한 관견」, 1918년에 「자녀중심론」을 발표하여 자유연애와 건강한 자손의 생산을 주장하였다.

"戀愛의 根據는 男女 相互의 個性의 理解와 尊敬과 따라서 相互間에 일어나는 熱烈한 引力적 愛情에 있다 하오." 남녀칠세부동석이라는 전근대적 관념에서 연애는 부도덕이었다. 『연애와 결혼』이 번역되고 자유연애 개념이 수용되면서 자유연애는 새로운 시대정신이 되었다. 이광수에게도 연애는 열렬한 사랑에 기초한 것이었다. "戀愛의 幸福이 人生의 幸福

130 本間久雄, 『エレン・ケイ 思想の眞髓』, 大同館書店, 1915, 37면.

131 히로세 레이코에 의하면 히라쓰카 라이초라는 여성은 1913년 1월부터 1914년 12월에 걸쳐 『세이토』에 엘렌 케이의 『연애와 결혼』을 번역 및 게재하였다. 히로세 레이코, 「일본의 '신여성'과 서양 여성 해방 사상」, 『여성과역사』 23, 한국여성사학회, 2006.

132 와다 토모미, 방민호 역, 『이광수 장편소설 연구』, 예옥, 2014, 180면.

의 總和의 半에 過함은 사실"(「혼인에 대한 관견」, 17 : 54)이라고 할 정도로 이광수는 연애의 중요성을 주지시켰다. 그러나 이광수에게 연애는 열렬한 사랑만을 가리키는 일이 아니었다. "進化한 戀愛의 特徵은 熱烈한 感情의 引力과 明晳하고 冷靜한 理知의 判斷이 平行하는 데 있다 하오."(17 : 56) 연애는 사랑과 이지로 구성된 것이었다. 사랑은 남자와 여자 간의 연애 문제였지만 결혼은 사회적 문제였다. 결혼은 우생학과 관련되어 있었다. "생명 진화의 의의를 이해하는 사람은 질병을 후대에게 유전하지 말라는 제의에 대하여 이의가 없을 것이다. 질병의 유전은 이미 과학에 의하여 증명되었다. (…중략…) 결혼에 있어서 지금 극력으로 주창해야 할 것은 결혼하기 전에 결혼의 위험성에 대하여 충분히 알아야 한다는 점이다."[133] 『연애와 결혼』에서 엘렌 케이가 지적하듯이 연애결혼은 민족의 진화와 긴밀한 관계가 있는 문제였다. 이광수가 말하는 "明晳하고 冷靜한 理知의 判斷"이 바로 우생학적 연애관과 관련이 있었다. "生物學上으로는 父子나 母子의 血統이 그 子女에게 미치는 影響은 마찬가지일 것이 외다. (…중략…) 그러므로 爲先 婚姻하려는 者의 血統을 調査할 必要가 있지요."(17 : 55) 결혼하기 전에 상대방의 가계를 조사하는 것은 유전과 유전병을 고려한 사고방식이었다. 가계로부터 유전되는 성격과 질병이 후대에 끼치는 영향 때문에 이광수는 결혼 상대방의 혈통을 결혼의 첫 번째 조건으로 분류하였다. 「혼인에 대한 관견」에서 연애라는 감정이 인생 행복 총화의 반을 넘는다고 말한 이광수는 곧이어 연애의 부자유를 주지시켰다. 부모의 혈통과 체질이 자녀에게 유전되기 때문에

133 Ellen Key, 朱舜琴 譯, 앞의 책, 104면.

연애에 기초한 결혼일지라도 상대방의 혈통을 따져야 했다. 이 맥락에서 이광수의 연애론은 진화론적 연애론이었다. 연애는 단순히 감정의 문제가 아니라 민족의 진화와 관련되는 문제였다. "結婚의 目的은 種族의 繁榮과 個體의 幸福에 있다 합니다."(17 : 54) 결혼은 남녀의 행복을 위한 권리행사이자 민족 구성원의 재생산을 책임지는 의무였다. 이광수에게 "종족의 일원"을 낳는 일은 부모가 되는 것보다 중요하였다.

> 今日과 같이 民族主義가 發達된 時代에 있어서는 善良한 父母는 決코 子女를 '내 아들'이라고 생각하지 아니하고 '내 種族의 一員'이라고 생각하나니 子女를 낳을 때에도 '내 種族의 一員'이라고 생각하고, 養育할 때에도 敎育할 때에도 그가 社會에 나설 때나 성공할 때에도 '내 種族의 一員'이라는 생각을 끊지 아니하여야 할 것이다.[134]

"文明은 어떤 意味로 보면 解放이라." 「자녀중심론」에서 이광수는 개인의 해방을 역설하였다. 이광수는 가족과 종교 등으로부터의 해방을 근대문명의 특징으로 보았다. 그는 효를 비롯한 전통적 도덕관을 부정하고 자녀를 가족으로부터 해방해야 한다고 주장하였다. 자녀는 부모와 가족의 소유물이 아니라 독립적 인격체였다. 그러나 이광수에게 인간은 절대로 독립적인 존재가 아니었다. 그가 "善良한 父母는 決코 子女를 '내 아들'이라고 생각하지 아니하고 '내 種族의 一員'이라고 생각하"라고 종용한 것은 개인을 부모로부터 해방시키는 동시에 민족에 묶어 두는 것

134 「자녀중심론」, 『이광수전집』 17, 44~45면.

이었다. 인간은 "내 아들"이 아니라 "내 종족의 일원"이었다. 즉 이광수에게 근대적 인간은 자녀가 아니라 민족의 종이었다. 이 점에서 이광수는 우생학을 주창한 저우쭤런과 놀라울 정도로 유사한 주장을 펼쳤다.

"옛날 家門을 빛냄으로 자녀의 영광을 삼았거니와, 금일에는 種族을 빛냄으로써 자녀의 영광을 삼아야 할 것이 (…중략…) 옛날은 族이라 하면 同姓을 일컬음이었거니와 금일에는 族이라 하면 역사와 언어를 같이 하는 全民族을 가리킨다."(「자녀중심론」, 17 : 46) 전근대 사회에서 인간이 한 가족의 자녀로 활동했다면 근대사회에서는 민족의 일원이라는 신분으로 살아야 했다. 이러한 진술은 크로포트킨의 『상호부조론』을 연상시킨다. "군집, 무리 또는 부족 — 족이 아니다 — 이야말로 인류와 그 가장 초기 선조의 조직의 원시적 형태이다."[135] 크로포트킨은 자연적 연합이나 이상촌이 인간에게 가장 적합한 생존 방식이라고 주장하였다. 뒤에서 서술하겠지만 「민족개조론」에서 이광수는 민족개조의 단위를 가족이 아니라 단체로 설정하였다. 그것은 그가 인간을 가족이 아닌 민족의 차원에서 사유하기 때문이었다. 앞서 인용하였듯 "人類의 目的이 個體의 保存과 種族의 保存發展에 있다"는 주장은 이광수의 글에서 반복적으로 나타난다. 개체의 진화와 민족의 진화는 동시에 이루어지는 것이었다. 이광수는 가정의 역할을 약화하여 개인과 민족을 직접 연결시켰다. 이광수는 근대에 이르러서는 민족의 일원인 '종'이라는 신분이 전근대 사회의 자녀 신분보다 더 중요해진다고 믿었다.

"연애를 통해서 인간의 자기 이해와 자기 규정의 근거를 살필 수 있

135 크로포트킨, 하기락 역, 『상호부조론』, 형설출판사, 1994, 88면.

다. 또한 연애를 통해서 근대성의 숨겨진 영역들을 탐색할 수 있다."[136] 개인의 해방과 자유연애가 근대의 상징이라면 민족의 진화를 목적으로 한 우생학은 근대성의 이면에 숨어 있는 요소였다. 남녀의 연애는 자유로운 것이지만 결혼에는 '유전'이라는 조건이 따라붙었다. 결혼 후의 후대 생산은 민족의 체질을 결정하기 때문이었다. 엘렌 케이의 지적처럼 연애결혼은 민족의 이익을 전제로 해야 했다. "자손을 중히 여김은 즉 종족 보전이라는 생물 본능에서 발하였나니 실로 전술함과 여히 종족 보전은 오인의 전 생활의 반분이라."(「교육가 제씨에게」, 17 : 77) 이광수에게 연애라는 감정이 개인 행복의 반 이상을 차지한다면, 근대적 인간을 탄생시키는 섹슈얼리티로서의 연애는 인간 전 생활의 반분이었다. 연애는 남자와 여자 두 사람만의 일이 아니라 민족의 진화와 관련된 사건으로 우생학적 연애관에 따르면 연애라는 감정은 민족개념에 조응해야 했다. 달리 말하자면 연애는 민족의 신체인 개인을 생산하는 과정에서 민족에 해로운 유전자를 배제할 자유가 있었다. 무엇보다 중요했던 것은 연애를 통해서 생산된 민족의 '종'이 그렇지 않은 종보다 높은 경쟁력을 가진다는 점이었다. "부부가 원하지 않은 혼인에서 나오는 자녀는 생존능력이 계속 떨어진다. 그러나 부부가 연애를 통해서 낳은 자녀는 그 생활 능력이 날로 향상한다."[137] 연애라는 감정은 민족의 신체를 보다 건강하게 만들어 민족을 진화로 이끄는 것이었다. 이광수와 저우쭤런은 연애를 중시함으로써 개인의 해방뿐 아니라 민족의 신체적 조건을 개조하려고 하였다.

136 김동식, 「낭만적 사랑의 의미론」, 『문학과사회』 14, 문학과지성사, 2001, 130면.
137 Ellen Key, 朱舜琴 譯, 앞의 책, 124면.

봉건사회의 인간은 유교사상이 강조한 예의라는 규범 하에 정과 성을 억압해야만 했다. 진화론자 이광수와 저우쭤런은 인간을 동물로 규정한 뒤, 인간은 동물이기 때문에 정과 성을 인간의 본성으로 받아들여야 한다고 주장하였다. 정과 성을 중심으로 한 인간 본성론은 근대적 연애론과 만났다. 1910년대부터 동아시아에 소개된 엘렌 케이와 카펜터의 연애론은 이광수와 저우쭤런을 포함한 동아시아 지식인 사이에서 널리 수용되었다. 1920년대부터 자유연애는 근대의 상징으로 동아시아에서 모방의 대상이 되었다. 이광수와 저우쭤런은 연애 자체보다는 연애에서 이어지는 결혼과 출산에 관심이 있었다. 진화론 사상에 큰 영향을 준 헥켈과 연애론에 영향을 준 엘렌 케이 등은 모두 민족과의 관계 속에서 개인을 사유하였다. 그들이 개인과 종족의 보존 발전을 생물의 본능이라고 표현한 것에서 알 수 있듯이 그들에게 인간은 개인이면서 민족의 생물학적 신체였다. 전근대적 결혼 제도하에서 태어난 인간이 가문을 빛낼 자녀였다면 근대적 연애결혼으로 탄생한 인간은 개인이자 혈연적 연속을 보증하는 '종'이었다. 이광수와 저우쭤런은 근대적 연애의 선구자로서 조선과 중국에 자유연애를 열정적으로 소개했지만, 그들의 실질적 목표는 연애를 통한 개인의 독립과 민족 신체의 개조였다. 그들에게 근대적 개인은 개인이면서 민족의 신체였다. 귀스타브 르 봉의 이론을 수용한 것이 민족심리를 재구성하려는 시도였다면, 우생학에 대한 강조는 민족의 신체를 개조하려는 작업이었다.

3. 공동체의 매개적 가능성—민족의 사회적 재구성

『무정』을 발표하기 전에 이광수는 '농촌'에 관한 두 편의 글을 발표하였다. 1916년 3월에 『학지광』에 「용동」을 기고하였고, 같은 해 11월에 『매일신보』에는 「농촌계발」을 연재하였다. 두 글에서 이광수는 이상적인 농촌의 모습을 제시하였다. 「용동」과 「농촌계발」에 나타난 조선의 현실에 주목한 연구가 있었고,[138] 기독교적 관점에서 '용동'과 '금촌'의 유토피아적 성격을 분석한 연구도 이루어졌다.[139] 그러나 낙후된 농촌을 계발하여 자치 공동체를 만들겠다는 이광수의 구상은 「용동」과 「농촌계발」을 현실의 농촌 문제를 다루는 단순한 텍스트가 아니라, 새로운 민족 공동체와 '이상촌'의 조건을 탐구하는 일종의 이론적 텍스트로 볼 필요가 있다.[140] 이광수가 상상한 이상촌은 크로포트킨의 촌락 공동체와 유사하며 아나키즘을 지향하였다. 그러나 아나키즘과 달리 이광수가 추구한 것은 공동체가 아니었다. 이광수는 공동체로 구성한 민족을 꿈꾸었다.

---

138 김효진 · 김영민, 「계몽운동 주체의 변화와 '청년'의 구상」, 『사이間SAI』 7, 국제한국문학문화학회, 2009.

139 서희원, 「이광수의 문학, 종교, 정치의 연관에 대한 연구」, 동국대 박사논문, 2011.

140 한때 이상촌의 건설은 엄청난 유행이었다. 1920년대 한국 아나키스트들은 중국 후난성(湖南省) 등에 이상촌을 건설하였다(이호룡, 『한국의 아나키즘—운동편』, 지식산업사, 2015, 320~322면). 또한 도산 안창호도 1920년대 중국 각지와 인도네시아 보르네오섬에 이상촌을 건설할 계획을 세웠다(이명화, 「도산 안창호의 이상촌운동에 관한 연구」, 『한국사학보』 8, 한국사학사학회, 2000). 이광수에 의하면 1925년 이후 안창호는 남경, 진강, 호로도, 금주 경내, 연안, 동경성 부근 등지에서 이상촌을 건설하려고 하였다(「도산 안창호」, 『이광수전집』 13, 156면). 1933년에 허문일이 『농민』에 연재한 「자주촌」이라는 소설에서도 이상촌 구상이 나타난다. 한국에서 이상촌 건설은 1920년대부터 활발하게 진행되었다. 이광수는 이상촌 건설이 본격화하기 전인 1914년에 이미 상호부조적 이상촌을 구상하였다.

1907년 12월, 남강 이승훈이 오산학교를 개교하였다. 오산학교는 평안북도 정주군 오산면 용동에 있었다. 이승훈은 1899년 오산 용동으로 집을 옮겼다. 오산은 다섯 산이 둘러싸고 있는 면으로 그 안에 용동이라고 불리는 작은 동리가 있었다. 이승훈은 용동에 땅을 사서 일가를 거느리고 새로운 생활을 시작하였다. 그는 용동 집에 글방을 만들어 제자들에게 글을 가르치기 시작했고, 이 글방이 1907년에 설립된 오산학교의 전신이었다.[141]

1910년에 일본 유학을 마친 이광수는 오산학교에 취직하였으나 1913년에 기독교 교사와의 갈등으로 오산학교를 떠났다. 1915년에 다시 일본 유학길에 오른 그는 1916년 3월 『학지광』에 「용동」이라는 글을 발표하고, 그해 11월에 「농촌계발」을 『매일신보』에 발표하였다. "「용동」은 이광수가 재직했던 오산학교 교주 남강 이승훈과 그의 농촌 계몽운동을 회고 혹은 보고의 형식으로 기술한 글이다."[142] 이승훈은 용동에 오산학교를 설립하면서 동회洞會라는 조직을 만들었는데, 신민회 사건으로 이승훈이 검거되자 오산학교 선생인 이광수가 동회의 회장을 겸직하게 되었다. "동회가 모이는 것은 매삭 일차이지마는 회장이 하는 일은 여러 가지 있었다. 회는 남녀평등으로 발언권과 표결권을 가져서, 이렇게 하는 것이 동네에 좋을 듯하다는 제안이 나오면 토의가 있은 뒤에 대개는 가결되는데, 이것이 실시가 되는가 안 되는가를 감독하는 의무는 회장에게 지우는 것이었다."(「나의 고백」, 13 : 203) 동회 경험이 1916년 3월에 발표한 「용동」의 배경이 되었다.

141 김기석, 『남강 이승훈』, 현대교육총서출판사, 1964, 53~90면.
142 김효진 · 김영민, 앞의 글, 49면.

「용동」의 '용동'도 현실의 용동과 마찬가지로 평안북도 정주군에 있는 동네로 묘사된다. 이 참봉이라는 주인공이 선생을 연빙하여 동네 아이를 교육시킬 뿐 아니라 동회를 조직하여 용동을 개조하기 시작한다. "첫 洞會에 그는 세 가지 議案을 提出하고 會員의 討論과 決議를 請"[143]한다. 동회는 마을 사람들이 모여서 마을을 개조하는 방안을 토론하는 곳이다. 사실 동회에 대한 설명은 1914년에 발표한 「모범촌」에서 이미 나타난 바 있다. 「모범촌」에서 이광수는 하나의 이상촌의 모습을 보여준다. "저기 한 촌중이 있으니 집이 한 삼백 호 모두 농사로 업을 삼다. 한 회가 있으니 이름은 동회니 이 촌중의 정부라"[144]는 말로부터 「모범촌」에 대한 서사가 시작한다. '모범촌'에는 동회라는 정부가 있는데 동회에 의해 규칙이 만들어진다. "一, 직업이 있어야 하며 부지런히 일할 것 二, 술 잡기 등 외도는 엄금함 三, 아들딸 간에 소학교 공부를 시킬 의무가 있고 四, 아들 열일곱, 딸 열다섯 전에 혼인 못하고 五, 매호 일 년 오원씩 회비를 낼 것"[145] 직업을 가지고 일을 열심히 하고, 자녀를 교육시키고 조혼을 금하며 청소를 자주 하고 회비를 내야 한다는 것이 동회의 주된 규칙이다. 이 규칙은 '모범촌'의 촌민을 관리하는 것이라기보다는 더불어 사는 법을 가르치는 데에 주안점이 있다. 회비를 이용하여 동회는"교회와 학교와 병원과 서적 종람소" 등을 둔다. 촌의 정부인 동회는 학교와 병원 등의 시설을 설립하지만 경찰과 사법 기관은 설치하지 않는다.

143 이광수, 「용동」, 『학지광』 8, 1916.3; 최주한, 『이광수와 식민지 문학의 윤리』, 소명출판, 2014, 647면, '부록'.

144 이광수, 「모범촌」, 『대한인정교보』 11, 대한인국민회, 1914.6.1; 최주한, 위의 책, 598면, '부록'.

145 위의 글. 598면.

회관은 서적종람소와 같으므로 경비도 없을 것.[146]

또한 '모범촌'은 경찰과 사법 기관뿐만 아니라 동회의 회관을 지키는 경비원조차 두지 않는다. 이광수의 '모범촌'에는 억압적인 기구가 존재하지 않는다. 촌을 지키는 것은 법률이 아니라 도덕이다. 공동체를 법으로 다스리면 안 된다는 주장은 1915년에 발표된 「공화국의 멸망」에서도 다시 나타난다. "대개 法令은 消極的이라 이미 罪惡을 犯한 뒤에 이를 다슬이는 能力이 잇을 뿐이니 애초에 罪를 犯치 못하게 하는 힘은 오즉 道德的 威化에 잇"[147]는 것이다. 법률은 범죄를 예방할 수 없을뿐더러 법률이라는 제도의 유입은 오히려 조선의 타락을 초래하였다. "동네에 술집이 생기거들 淳風을 깨터린다 하야 禁하면 이것도 營業이라 法律이 許하는 營業을 누가 禁하랴"[148] 아이러니하게도 청루, 주사 그리고 투전판 등 인간을 타락시키는 요소들이 오히려 경찰로부터 보호받는다. 그들이 국가라는 기구에 세금을 내기 때문이다. 이광수는 세금-국가-경찰이라는 제도가 "사회의 美風"을 "터무니없이 깨어" 버렸다고 한탄한다. 이광수에 따르면 "우리는 皮相的 文明에 中毒하여 이 오래고 情들은 共和國을 깨틀이엇도다."[149] 세금이라는 근대의 피상적 문명이 유입되면서 공화국은 멸망하였다.

세금과 국가에 대한 이광수의 비판은 크로포트킨의 아나키즘사상을 연상케 한다. 일찍이 크로포트킨은 세금이 국가라는 통치적 기구의 기

146 위의 글, 599면.
147 이광수, 「공화국의 멸망」, 『학지광』 5, 1915.5, 11면.
148 위의 글, 10면.
149 위의 글, 9면.

초라고 지적하였다. “조세 시스템을 보라. 이것은 순수하게 국가로부터 기원한 제도로서, 국가가 소유한 강력한 무기가 되었다.”[150] 1904년에 간행한 『국가—역사에서—국가의 역할』이라는 책에서 크로포트킨은 세금이 국가통치의 무기라고 주장하였다. 그에 의하면 국가는 세금이라는 무기를 휘둘러 “국민 대중을 권력의 휘하에 두고, 자신의 동조자를 이롭게 하며, 지배하는 소수를 위해 다수를 파산시키고 낡은 사회적 불평등, 낡은 카스트 제도를 유지하고자 한다.”[151] 국가는 세금이라는 무기로 모든 국민을 수탈의 대상으로 삼는다. 국가의 존재가 필연적으로 수탈로 이어지기 때문에 크로포트킨은 촌락 공동체, 도시의 산업 조합 등 자치적 공동체로 국가를 대치하려고 하였다. 국가가 세금과 법률로 국민을 착취하고 이상적 공화국을 파멸시켰기 때문에 이광수는 국가 제도에 불만을 토로하였다. 모범촌 사상에서 드러나는 국가 제도에 대한 강한 불신에서 이광수의 상호부조론적 아나키즘 경향을 확인할 수 있다.

국가 제도는 결국 이광수의 공화국을 파멸시켰다. 공화국은 이광수에 있어 이상적인 마을을 의미하였다. “우리가 자라난 村中은 다 小共和國이러니라 各各 嚴正한 不文律이 잇어 이를 强行시기는 權力이 업셔도 저마다 眞正으로 지키어 오왔”다. 「공화국의 멸망」 첫마디에서 이광수는 전통적 생활 단체인 마을이 하나의 공화국이라고 밝힌다. 단지 이 공화국에는 헌법도 없고 강권도 없을 뿐이다. 마을이라는 공화국을 유지시키는 것은 도덕이라는 ‘불문율’이다. 그러나 근대적 ‘피상적 문명’이 조

150 크로포트킨, 백용식 역, 『아나키즘』, 개신, 2009, 131~132면.
151 위의 책, 132면.

선에 들어오면서부터 이 전통적인 생활 방식인 공화국은 멸망한다. 「모범촌」은 멸망했던 공화국이 부활한 것이다.

> 이 촌중에는 부자는 없으나 가난한 자도 없고, 문장은 많지 아니하나 무식한 자도 없고, 집들이 크지는 아니하나 정소하고, 앞에 맑은 내가 흐르며 뒷동산이 푸른 나무나 엉키고, 아이들의 즐거운 노래 소리밖에 큰 소리를 못 듣겠더라.[152]

부자도 없고 가난한 자도 없으며 산이 푸르고 강이 맑은 모범촌은 세외도원世外桃園을 연상케 한다. 그러나 모범촌은 단순한 전통적 세외도원이 아니라 근대에 와서 꿈꾼 이상적인 공동체에 가깝다. "도덕과 국어, 지리, 역사, 이과며, 영국 소년단의 본을 받아 매 주일 일차씩 교회에서 연습하고 여름 방학에는 짐승치기하며, 장난삼아 속사판 잡지도 발행한다."[153] 모범촌에는 학교가 설립되어 있고, 촌의 공공수익은 학생들의 유학에도 쓰인다. 이광수의 모범촌은 사상적으로는 자유 평등의 세계를 지향하고, 제도적으로는 교회, 학교, 병원을 모두 갖추고 있는 근대적 공동체이다.

이광수가 「모범촌」에서 묘사한 근대적 공동체는 1916년 11월부터 1917년 2월까지 『매일신보』에 연재된 「농촌계발」이라는 글에서 다시 등장한다. 주인공 김일은 동경 유학생 출신으로 "조선 문명의 근본이 농촌계발에 있음을 깨"달아, 서양의 근대문명을 환등을 통해 촌민들에게

152 이광수, 「모범촌」, 최주한, 『이광수와 식민지 문학의 윤리』, 소명출판, 2014, 부록 600면.
153 위의 글, 599면.

보여줌으로써 촌민들을 계몽시킨다. 표면적인 서사만 본다면 「농촌계발」은 하나의 계몽소설에 불과하지만, 농촌을 개조하는 수단이 동회라는 점에 주목하면 다른 의미를 읽어낼 수 있다. 촌민에게 환등을 보여준 김일은 곧바로 동회라는 조직을 설립한다. 이 동회는 「모범촌」과 「용동」에서 나타난 바로 그 동회다. 회장인 김일은 동회의 제1회 예회에서 박수와 청소를, 제2회 예회에서 자녀의 교육을 가르친다. 제3회 예회에서 그는 저금이라는 개념을 회원들에게 제기한다. "世界 모든 나라가 다 貯金을 奬勵하고 人民들도 貯金의 必要를 잘 아옵니다. 우리도 옛날에 貯金할 줄을 알았습니다." 김일은 새로운 생활을 시작하려면 저금을 해야 한다고 역설한다. 물론 이 저금은 개인의 축재를 위한 것이 아니라 "공익을 위하는 일종 공동적 저금"이다. 환등, 예회, 저금은 교회의 운영 방식을 연상케 한다.[154] 그러나 동회는 저금을 교회와는 달리 사용한다. "相當한 金額에 達하면 此를 運營하여 農場, 工場 등 有利한 殖産事業을 起할 수 있으며, 또 餘裕가 있으면 學校, 病院, 圖書館. 會館, 養老院, 孤兒院, 盲啞院 같은 것을 設立하여 公益에 貢獻할 수도 있습니다."(「농촌계발」, 17 : 109) 농장, 공장, 학교, 병원에 양로원과 고아원까지 모두 갖추어진 마을은 교회라기보다는 하나의 공화국에 더 가깝다. 「모범촌」과 「공화국의 멸망」에서 이미 시사했듯이 이광수가 구축하고자 한 것은 교회가 아니라 공화국 성격을 지닌 이상촌이었다. 그것은 마을명이 '향양리'에서 '신촌'으로, 다시 '금촌'으로 바뀌는 것에서도 확인할 수 있다.

"向陽里는 어느 農村名이외다." 「농촌계발」의 첫머리에서 이광수는 이

154 동회의 기독교적 성격에 대해서는 서희원, 「이광수의 문학, 종교, 정치의 연관에 대한 연구」(동국대 박사논문, 2011)를 참조.

상촌을 향양리로 명명한다. 向陽里는 말 그대로 햇빛을 향한 마을이다. 향양리라는 이름에는 "밥이 없고, 교육이 없고, 종교적 신앙이 없"는 농촌을 계몽하고자 하는 계몽적 지향이 담겨 있다. 주목해야 할 것은 제 10장에 와서 마을명이 '향양리'에서 '신촌新村'으로 바뀐다는 것이다. "自동네 밖에 모르던 자가 十三道를 알게 되고 세계만국을 알게 되었소. (…중략…) 그네는 세계가 一家인 중을 斟酌하고 十三道가 一家인 줄을 斟酌한 뒤에야 비로소 '新村'이라는 자기네의 동리가 一家요, 洞民이 一身인 줄을 자각하였소."(「농촌계발」, 17 : 125) 향양리가 계몽의 대상이었다면 계몽을 거쳐 탄생한 신촌은 민족의식을 지닌 마을이 되었다. 그러나 신촌은 아직 개조가 완성된 이상촌은 아니었다. 마을명이 '新村'에서 다시 '金村'으로 바뀌는 것이 이 점을 잘 보여준다.

> 金村에는 銀行이 있고, 倉庫가 있고 廛房이 있고, 養蠶室이 있고, 種苗場이 있고, 牧場이 있고, 産品陳列館이 있을 것이다. 金村은 敎育이나 土木이나 病院이나 기타 自治制度로 獨立한 모양으로 産業이나 經濟로도 獨立할 것이다. 金村이라는 동리내의 土地와 모든 財産은 반듯이 金村의 것일 것이며 (…중략…) 金村인에는 결코 無職業者가 없고 無職業時가 없으며 따라서 所謂 極貧자가 없을 것이외다.[155]

개조하기 전의 마을은 "和睦이 없고, 相愛·相敬·相依·相救가 없고 瑞氣가 없"었다.(「농촌계발」, 17 : 90) 개조된 금촌은 "個人으로나 團體로나

155 「농촌계발」, 『이광수전집』 17, 137면.

世界 最高文明人의 思想과 言語와 行動을 가질 것이외다".(17 : 137) 상애 · 상구를 모르던 향양리 촌민들이 동회를 통해서 하나의 공동체가 되어 서로 도와주면서 살게 된다. 여기서 독자의 주의를 끄는 대목은 "相愛 · 相敬 · 相依 · 相救"라는 것이다. "相愛 · 相敬 · 相依 · 相救"의 결핍이야말로 향양리가 낙후된 원인이다. 그러나 개조된 금촌은 "公同感情을 가져 보았"다. 이광수에 의하면 "文明人의 一大特徵은 公同한 感情이" 있는 것이다.(17 : 131) 상애와 상구 사상이 결핍되었던 향양리 촌민들은 자기 이익만을 알았지만 공동의 감정을 가진 금촌 촌민들은 상애와 상구를 습득하였다. 이는 '난희'를 첩이 될 위급한 상황에서 구원해 준다는 사실에서도 확인할 수 있다. 금촌은 이제 서로 사랑하고 도와주는 공동체가 되었다.

「농촌계발」에서 가장 중요한 것은 이상촌인 금촌이 자치 제도를 실시한다는 점이다. 자치는 이른바 국가와 제도로부터의 이탈을 함의한다. 이광수가 구상한 이상촌은 국가라는 통치기구로부터 독립된 공동체였다. 금촌에는 경찰과 사법 기관이 설립되지 않는다. 촌의 운영은 법이 아닌 도덕으로 이루어진다. 뿐만 아니라 금촌은 자본주의를 거부한다. "金村이라는 동리내의 土地와 모든 財産은 반듯이 金村의 것일 것이며 金村人은 결코 他村의 債務者가 되지 아니할 것이외다." 금촌은 토지와 재산을 공유하는 공유제를 실시한다. 이광수가 구상한 금촌은 하나의 자치적인 공동체이며, 1920년에 저우쭤런이 주도한 베이징공독호조단北京工讀互助團과 유사하다.

이광수는 「모범촌」에서 경비원도 없는 마을 공동체를 구상했고, 「공화국의 멸망」에서 국가와 법률이 이상적 공화국을 멸망시켰다고 한탄하였다. 즉 이광수는 강권적인 법률과 국가를 부정하고 상애, 상구하는 사람들이 동회를 중심으로 이루는 자치적 공동체를 지향하였다. 이광수의 자치적 공동체는 크로포트킨이 『상호부조론』에서 제시한 촌락 공동체와 매우 유사하다. 크로포트킨에 의하면 인간 최초의 조직은 가족이 아니라 무리나 군집이었다. 가족이라는 형식이 나타난 후 인간의 사회성은 인간으로 하여금 촌락 공동체를 만들게 하였다. 이 촌락 공동체는 현대까지 이어진다. "촌락 공동체의 제도는 토지 경작자의 필요와 사상에 매우 적합하였으므로, 모든 압박에도 불구하고 금일까지 촌락 공동체의 여명이 전 유럽에 살아 남았다. 그리고 유럽의 농촌생활에는 공동체의 시대 이래의 관습과 습관이 침투하고 있다."[156] 크로포트킨에 따르면 프랑스, 독일, 스위스, 이탈리아 등 여러 국가의 다양한 지방에 촌락 공동체가 남아 있다. 크로포트킨이 촌락 공동체에 주목하는 이유는 "촌락 공동체는 큰 자치권을 갖고 있으며 연방 영토의 태반을 차지하고 있다"는 데에 있었다.[157] 크로포트킨은 공동체로 국가를 대체하려는 의도가 있었기에 촌락 공동체를 중요한 참조점으로 보았다. 크로포트킨은 국가를 "개인의 손발을 묶고 개인의 모든 자유를 박탈"한 야만족으로 규정하였다. 그에 의하면 "국가는 개인의 억압을 위해, 자유로운 협약의 파괴를 위해, 왕, 재판관, 성직자 즉 국가 앞에서 모든 국민들을 똑같은 노예로 만들기 위해 전쟁하였다."[158] 그는 국가가 소수의 이익을 위해서 대다수 국민의 이익을 희생시킨다고 생각하였다. 이러한 억압적인 국가

156 크로포트킨, 백용식 역, 앞의 책, 212면.
157 위의 책, 215면.
158 위의 책, 102~103면.

에 대항하기 위해 크로포트킨은 상호부조론을 내세우고 촌락 공동체를 강조하였다. 앞서 살펴본 바와 같이 이광수는 1910년대부터 1930년대에 이르기까지 지속적으로 크로포트킨에 대한 학문적 관심을 표현하였다. 일본 유학 시절에 그는 크로포트킨의 상호부조론을 수용하기까지 하였다. 이 점에서 이광수가 상상한 '모범촌'과 '금촌' 등 자치적 공동체는 『상호부조론』의 연장선에 위치한 것이었다.

이광수는 1919년에 2·8독립선언을 기초하고 상하이로 탈출했다가 1921년에 조선으로 돌아왔다. 상하이에서 돌아온 이광수는 수양동맹회의 창립에 착수하였다. 수양동맹회는 1922년 2월에 결성되었고, 1925년에 동우구락부와 통합하여 수양동우회가 되었다. 수양동맹회가 결성된 지 3개월이 뒤인 1922년 5월에 「민족개조론」이 『개벽』지에 발표되었다. 「민족개조론」에서 이광수는 "朝鮮民族 衰頹의 根本原因은 墮落된 民族性에 있다"고 지적하였다. 그는 민족을 구제할 방안으로 민족의 개조를 제안하였다. 상·중·하로 구성된 「민족개조론」의 하편에서 이광수는 개조의 방법을 제시하였다. 그가 제시한 방법은 바로 단체의 조직이었다. "民族改造는 오직 同盟으로야만 된다. 그러므로 이 同盟으로 생긴 團體는 가장 鞏固하여 永遠性을 가짐이 필요하다."(「민족개조론」, 17 : 212) 이광수에 의하면 새로운 사상을 전파하는 데는 신문이나 잡지보다 단체가 더 강력한 선전적 효과가 있었다.

수양동맹회를 결성하기 1년 전에 발표한 「중추 계급과 사회」와 「소년에게」에서 이광수는 이미 동맹의 중요성을 널리 알렸다. 한일합병에 따라 조선은 국권을 침탈당하였고 정치적으로 독립적인 지위를 상실하였다. 진화론을 수용했던 이광수는 약육강식의 세계에서 조선이 도태될 것을 걱정할 수밖에 없었다. "「부활의 서광」(1918.3)에서는 조선이 진화의 범위에서 벗어나 있을지도 모른다는, 또는 조선은 정신의 영역에서 진화의 계기를 스스로 마련하고 있지 못한 것일지도 모른다는 위기의식이 분출되고 있다."[159] 그는 「중추 계급과 사회」에서 조선이 '비상한 경우'에 처해 있다고 지적하였다. 이광수의 판단에 의하면 "朝鮮은 現在 非常한 境遇에 있습니다. 거의 民族的生存의 死活이 關頭한 非常한 境遇에 있"었다. 민족이 도태될지도 모르는 상황에서 이광수는 민족을 구원하는 방법으로 단체를 제시한다.

> 各各 이를 얻기로 同盟하는 것이 이른바 修養同盟, 修學同盟이니 이것이 곧 非常한 時代에 處한 非常한 방법이다.[160]

수양동맹회는 비상한 시기의 비상한 방법이었다. 수양동맹회가 결성되기 1년 전에 발표된 「중추 계급과 사회」는 수양동맹회 결성을 언론을 통해서 예비한 것이었다. 이광수가 수양동맹회를 민족을 구원할 방법으로 간주한 이유는 수양동맹회가 바로 '단체'였기 때문이었다.

> 屢次 말한 바와 같이 人類의 生活은 團體生活이니 各個人의 生活을 分析하면 여러 가지 重重한 團體生活이외다. (…중략…) 文化가 向上할수록 生活의 內容이 複雜할수록 團體生活의 必要와 種類가 느는 것이니 이 團體生活을 잘하는 것이 生存에 適者인 者의 特徵이외다.[161]

159 김동식, 「민족개조와 감정의 진화」, 『한국학연구』 29, 인하대 한국학연구소, 2013, 35면.
160 「중추 계급과 사회」, 『이광수전집』 17, 156면.

약육강식의 세계에서 살아남으려면 단체생활이 중심이 되어야 했다. 상부상조하는 단체야말로 적자適者의 특징이기 때문이었다. 이광수에 의하면 소크라테스, 플라톤은 민족개조를 시도하다가 실패하였다. "그의 失敗의 原因은 '團體事業'이란 것을 깨닫지 못한 點에 있"었다. 서재필은 독립협회운동을 일으켰지만 그 운동은 실패로 돌아갔다. 이광수는 독립협회의 실패를 "단결의 공고치 못"한 것과 "정치적 색채"를 띠는 데에서 찾았다. 실패를 반복하지 않기 위해서 그는 민족개조의 방법으로 동맹 즉 단체를 택하였다. "團體의 存在가 百千의 新聞, 雜誌보다 偉大한 宣傳力을 가진 것"이기 때문이었다. 단체는 주의와 사상을 오래 유지하고 전파할 수 있었다.

동맹과 단체의 중요성을 보여주는 사례로 이광수는 길드 제도를 제시하였다. "우리는 이러한 大結社의 성공한 例를 英國의 길드에서 보았거니와, 朝鮮은 特殊한 處地에 있기 때문에 朝鮮人이 크게 奮發만 하면 全民族的 大産業結社를 組成하기가 困難할지언정 결코 不可能한 일은 아니다."(「민족적 경륜」, 17 : 276) 길드guild는 유럽에서 중세에 결성되었던 상공업자의 동업조합이다. 크로포트킨에 의하면 길드는 중세 도시에서 상호부조로 결성된 집단이었다. 『상호부조론』에서 크로포트킨은 많은 지면을 할애하여 길드를 소개하였다. 그에 따르면 자유 도시의 출현은 촌락 공동체와는 다른 요소를 필요로 했다. "그것은 중세에 들어와 새로운 결합 형태에 의하여 생기를 얻었고 그것을 강화하고 고무하는 정신은 똑같지마는, 새로운 전형을 만들어 낸 것이다. 새로운 전형 그것은—곧

161 「민족개조론」, 『이광수전집』 17, 208면.

길드이다."[162] 농촌에 촌락 공동체가 있다면 도시에는 길드라는 상호부조 조직이 있었다. "길드는 한갓 환경과 생활상의 온갖 사고에 접하면 행위와 상호 지지를 다하는 집단이었다."[163] 크로포트킨은 길드에서 모든 구성원이 형제자매로 호칭되고 대우된다는 점에 주목하였다. 길드를 지배하는 것은 동포애의 감정이었고, 이는 국가나 정부의 지배 원리와는 다른 것이었다. 개조 동맹을 만들자고 제안한 이광수는 성공 사례로 영국의 길드를 제시하였다. 조선에서 길드와 같은 공동체를 만드는 것은 당장은 어렵지만 불가능한 일은 아니었다. 개조단체의 구성은 그 첫 걸음이었다.

"各人의 準繩은 自己라하는 詭辯學派의 標語는 奉公이라든지, 相互扶助라든지 하는 단체생활에는 生命이라 할 道德의 權威를 無視하는 말이외다."(「민족개조론」, 17 : 172) 이광수가 볼 때, 역사적으로 민족을 개조하는 시도는 많았지만 단체를 이루지 못해서 모두 실패로 돌아갔다. 이 장면에서 이광수가 사용한 상호부조라는 용어는 단체생활의 생명이었다. 앞서 확인했듯이 이광수에게 단체생활은 생존의 적자의 특징이었다. 적자생존의 세계에서는 단체생활이 생존의 중요한 방책이었다. 상호부조가 단체생활의 생명이라는 말에서 짐작할 수 있듯이 이광수에게 단체는 상호부조를 원칙으로 조직되어야 했다. 이 맥락에서 이광수의 단체 사상은 상호부조론을 수용한 결과였다.

우리네는 서로 믿지 아니하기 때문에 이러한 團體가 成立하되며, 維持發展

162 크로포트킨, 백용식 역, 앞의 책, 156면.
163 위의 책, 166면.

되기가 어려웁니다. 따라서 全民族的團體生活이 不可能하게 되고 團體生活이 不可能하면 그 民族은 滅亡할 수밖에 없는 것이외다. 크로포트킨氏의 말을 들으면 모든 動物 중에 가장 生存에 適한 者는 가장 잘 相互扶助의 實을 擧하여 가장 鞏固한 團結을 成하는 者라 하였습니다.[164]

이광수는 크로포트킨의 『상호부조론』의 영향을 받아 생존경쟁에서 살아남는 수단으로 단체를 택하였다. 이는 「소년에게」에서 분명하게 드러난다. 크로포트킨은 상호부조를 잘 하는 동물이 생존의 적자라고 주장하였고, 상호부조란 서로 도와주면서 공고한 단체를 이루는 것이었다. 이광수는 크로포트킨의 논리에 근거하여 단체생활이 불가능한 민족은 멸망할 것이라고 주장하였다. 상호부조라는 습관을 가진 자에게만 살아남을 기회가 주어지며, 민족의 멸망을 방지하려면 단체를 이룰 수밖에 없었다. 이처럼 이광수의 민족개조론의 저변에는 크로포트킨의 상호부조론이 있었다. 이광수는 상호부조론을 방법으로 삼아 민족의 개조를 실행하려고 하였다.

帝國主義의 世界를 民主主義의 世界로, 生存競爭의 世界를 相互扶助의 世界로 改造하여라, 男尊女卑의 世界를 男女平權의 世界로 개조하여라.[165]

「민족개조론」에서 이광수는 다시 상호부조론을 제시하였다. "생존경쟁의 세계를 상호부조의 세계로 개조하여라"라는 말에서 알 수 있듯 이

164 「소년에게」, 『이광수전집』 17, 230면.
165 「민족개조론」, 『이광수전집』 17, 170면.

광수는 상호부조와 생존경쟁을 대립적인 개념으로 간주하였다. 그는 생존경쟁을 부정하고 상호부조의 세계를 추구하였다. 즉 진화에 있어서 이광수는 상호부조가 진화를 추진한다고 보는 입장이었다. 그는 생존경쟁이 아닌 상호부조를 추구하였다. 조선민족에게 닥친 위기상황에서 이광수는 상호부조론에 근거한 단체를 결성으로써 민족을 부활시키려고 하였다. 그의 기획에 따르면 재건되는 민족은 상호부조의 세계에 속하였다.

상호부조 세계로의 지향은 수양동맹회·수양동우회를 통해서 집중적으로 나타났다. 1922년 2월 이광수는 자택에서 수양동맹회를 발기하고 1926년 이를 동우구락부와 합쳐서 수양동우회를 결성하였다. 수양동우회는 회원제를 원칙으로 하고 감독부, 이사부, 의사부, 심사부로 구성되었는데, 기초 단위는 반班이었다. 반은 매달 월례회를 개최하였다. 월례회는 새로운 회원의 입회 문답과 회원 혹은 외부 인사의 강연이 주를 이루었다. 강연 내용은 흥사단의 사상, 민족운동의 동향, 생활 방식 개선 등 다양한 주제로 구성되었다. 수양동우회는 회원을 확보하여 민족개조의 기초를 다지고자 하였다.

1926년에 수양동우회의 중요한 사업으로 『동광』이 창간되었다. 수양동우회는 서대문 이광수의 집에서 동광사를 만들고 그해 5월부터 『동광』을 발행하기 시작하였다. "주목할 것은 『동광』이 주장하는 '자조自助'와 '호조互助'이다."[166] 1926년 『동광』 10월호에는 「주장」이라는 표제 하에 이윤재가 "자조와 호조"를 제기하였다. 「주장」과 같은 호에 실린 「크

166 이경훈, 「인체 실험과 성전」, 『동방학지』 117, 2002, 216면.

로포트킨의 도덕관」에서 '상호부조'가 '호조'로 사용되었다는 점을 고려한다면, 이 글의 호조가 상호부조를 가리킨다는 것을 쉽게 알 수 있다. 유서는 『동광』에서 「크로포트킨의 문예관」(1926.9), 「크로포트킨의 도덕관」(1926.10), 「크로포트킨의 호조론 개관」(1927.2), 「크로포트킨의 교육관」(1927.6) 등의 글을 발표했다. 『동광』은 이 글들에 지면을 제공해 줌으로써 상호부조론을 조선인들에게 소개하였다. "이는 수양동우회가 어떤 식으로든 크로포트킨의 상호부조론을 수용했음을 증명한다."[167] 『동광』에는 이 밖에도 상호부조론을 소개하는 많은 글이 게재되었다. "자조의 정신과 호조의 정신－말은 간단하나 우리의 근본 방침이 거기 있다."[168] 이윤재에 의하면 조선은 자조와 호조의 정신이 결핍되어 있기 때문에 "환산 결렬"한 처지에 빠졌다. 환산 결렬한 처지를 극복하기 위해서 그는 국민에게 자조의 정신과 호조의 정신을 환기시켜야 한다고 주장하였다. 『동광』 1927년 3월호에는 산옹山翁의 글인 「자조의 정신과 호조의 정신－우리 수양운동의 근본의를 논하여」가 삭제되었다는 공지가 실렸다. 안창호 또는 이광수로 추정되는 산옹은 수양동우회의 근본적 정신이 자조와 호조에 있다고 주장하였다.[169] 산옹이 안창호이든 이광수이든 이 사실은 수양동우회의 지도자가 상호부조론을 동우호의 중요한 이론적 근거로 받아들였다는 점을 보여준다. 즉 "수양동우회와 이념적으로 어울리지 않을 듯한 상호부조론은 도산의 '유정한 사회' 및 『동광』이 꿈꾸는 '신사회의 이상'을 뒷받침하는 학설로 수용되었다."[170]

167 위의 글, 218면.

168 이윤재, 「주장」, 『동광』, 1926.10, 5면.

169 김윤식은 『이광수와 그의 시대』 2(솔, 1999)에서 산옹이 도산 안창호라고 주장하고, 이경훈은 「인체 실험과 성전」에서 산옹이 이광수라고 주장한다.

이광수는 「민족개조론」에서 상호부조론에 근거하여 단체를 민족개조의 방법으로 제시하였고, 수양동우회도 역시 상호부조론을 수용하였다. 앞서 살펴본바, 아나키즘은 여러 유파로 분류되었다. "일제강점기 한국인들이 수용한 아나키즘에는 아나코-코뮤니즘, 아나코생디카리즘, 개인적 아나키즘, 허무주의적 아나키즘, 인도주의적 아나키즘 등 다양한 종류가 포함되어 있었다. 그리고 지역에 따라 그 내용이 상당히 달랐다. 하지만 사회진화론을 극복하는 과정에서 아나키즘을 수용하였던 관계로 아나코-코뮤니즘의 영향을 강하게 받았다."[171] 한국사회에서 널리 수용된 아나키즘은 크로포트킨의 아나코-코뮤니즘이었다. "아나키스트 코뮨주의는 마침내 모든 형태의 억압과 특권을 끝장내고 자유과 평등, 박애라는 황금시대로 인도하여 했다." 크로포트킨은 "지배 원리가 조금씩 자발적인 협동 원리로 전환되고 있다고 믿었다. 삶의 모든 영역에서 자발적인 단체들—노동조합, 학회, 적십자—이 사람들을 공동의 이해관계와 열정으로 묶고 있고 조화로운 협동으로 유지되는 자유로운 코뮌들이라는 미래사회로 가기 위한 준비를 하고 있었다."[172] 크로포트킨은 강권적 국가를 자치적인 공동체로 대치하려고 하였다. 이광수 역시 자치적인 이상촌을 구상하고 수양동우회를 만들었다. 그러나 이광수에게 공동체는 민족개조의 방법일 뿐이었다. 공동체를 조직하는 것은 민족개조를 위한 것이었고, 이광수의 최종 목표는 민족이었다. 크로포트킨의 상호부조론적 아나키즘은 이광수에게 민족개조의 과정이었다.

170 이경훈, 앞의 글, 218면.
171 이호룡, 『아나키스트들의 민족해방운동』, 독립기념관 한국독립운동사연구소, 2008. 87면.
172 폴 애브리치, 하승우 역, 『아나키스트의 초상』, 갈무리, 2004, 111~112면.

一民族의 生活이 이미 一大 團體生活의 集積이외다. 産業團體, 敎育團體, 宗敎團體, 修養團體, 慈善團體이나 娛樂運動을 目的으로 하는 團體, 各種 學者의 團體, 枚擧할 수 없거니와 一民族의 生活은 이러한 各種의 團體生活을 細胞로 하여 組織된 大團體生活이외다. 國家를 個人의 集合이라고 볼 一面이 있는 同時에 個人의 集合인 大小諸團의 集合이라고 볼 一面이 또 있습니다. 그런데 이 一面은 가장 重要한 一面이니 대개 現代의 國家生活이나 民族生活은 이 一面으로 가장 잘 說明되기 때문이다. 一民族의 生活이 個人이나 家族의 生活을 造成의 單位로 하던 것은 昔日의 일이요, 現代의 民族生活의 造成單位는 위에 列擧한 것과 같은 大小 各種의 단체외다.[173]

예전의 민족은 가족 단위로 구성되었지만 현재 민족의 하위 구성 부분은 단체였다. 이광수에 의하면 민족은 산업단체, 교육단체, 종교단체 그리고 수양단체로 구성되었다. 약육강식의 세계에서 민족을 부활시키는 데 가장 효과적인 것은 단체의 결성이다. 자각한 "그 사람이 自己와 뜻이 꼭 같은 사람 하나를 찾아 둘이서 同盟을 합니다. 먼저 자기를 힘써 改造하고, 다음에 改造하자는 뜻이 같은 사람을 많이 모으기로 同盟합니다. 차차 三人, 四人씩 늘어 數千萬의 民族中에서 數百 乃至 數千人을 募集하여 한 덩어리, 한 社會, 한 改造同盟團體를 이룹니다".(「민족개조론」, 17 : 188) 선구자들이 동맹을 결성한 후 민중을 깨우쳐 단체를 조직하여 민족을 개조해야만 했다. 이제 민족은 개인도 가정도 아닌 단체로 구성되었다. 단체는 민족을 개조하는 방법이자 민족의 구성 요소였다.

173 「소년에게」, 『이광수전집』 17, 230면.

"民族改造를 목적하는 同盟團體는 可能한 모든 手段을 다하여 그의 생명이 永續하기를 힘써야 할 것이외다."(「민족개조론」, 7 : 212) 동맹과 단체의 목적은 민족개조였다. 이광수는 「모범촌」과 「농촌계발」에서 '모범촌'과 '금촌' 등 자치적 공동체를 상상하고 수양동우회라는 단체를 만들었는데 그 목적은 민족을 부활시키는 데에 있었다. 그에게 단체는 민족의 기본 구성 요소였고, 공동체는 개인과 민족을 연결하는 매개였다.

크로포트킨의 아나코-코뮨주의는 자치적 공동체를 바탕으로 한 국제주의를 지향하는 것이었다. 그러나 이광수가 공동체를 조직한 목적은 민족에 있었다. 이광수는 아나키즘의 방법론을 받아들였지만, 아나키즘과는 다른 목적을 지녔다. 이광수에게 아나키즘은 신앙이라기보다는 민족주의로 가는 수단이었다. 크럼John Crump의 지적처럼 일본과 중국의 아나키즘과는 달리, 한국의 아나키즘은 민족주의적 색채가 매우 짙었다.[174] 1910년을 전후한 일본의 침략으로 인하여 민족해방이 당면과제가 된 상황에서 "민족해방을 위한 모색의 일환으로 당시 중・일 양국에서 혁명 사상을 급성장하고 있던 아나키즘에 주목하게 되었다. 즉 아나키즘이 국권 회복과 민족해방을 위한 실천적이고 이념적인 차원에서 받아들여지게 된 것"이었다.[175] 이광수의 아나키즘적 경향 역시 이러한 맥락에 놓여 있었다. 그가 상호부조론을 수용하여 공동체를 조직하려던 것은 민족을 부활시키려는 목적 아래 계획된 것이었다. 이광수가 추구한 궁극적 목표는 상호부조적 공동체가 아니라 민족이었다. 이광수는

174 크럼, 「동아시아에 있어서 아나키즘과 민족주의」, 『아나키즘 연구』, 국민문화연구소 출판부, 1995, 104~108면.

175 구승회 외, 『한국 아나키즘 100년』, 이학사, 2004, 82면.

전형적인 아나키스트는 아니었지만 그의 민족주의는 아나키즘과 맞물려 있었고 아나키즘사상은 이광수에게 지대한 영향을 주었다.

1910년부터 1923년까지 일본에서는 『백화白樺』이라는 이름의 기관지를 통해 백화파라는 유파가 활동하였다. 이 그룹이 후원자였던 무샤노코지 사네아쓰가 시작한 아타라시키무라운동은 하나의 업적으로 세간에 널리 알려져 있다.[176] 무샤노코지 사네아쓰의 아타라시키무라운동은 세 편의 대화로부터 시작된 것이었다. 1918년 7월 무샤노코지 사나아쓰가 『오사카마이니치신문大阪每日新聞』에 「하나의 국가」라는 제목으로 첫 번째 대화를 발표하였고, 두 번째와 세 번째 대화를 「신촌 생활의 길」과 「신촌 생활의 길 2」라는 제목으로 『백화』지 제5호와 제6호에 발표하였다. 1918년 11월 14일에 그는 미야자키현宮崎縣 고유군兒湯郡 기조무라木城村에 땅을 구입하여 아타라시키무라운동을 태동시켰다. 1938년에 이 토지의 대부분이 댐 공사로 인해 수몰되자, 1939년 사이타마현埼玉縣 이루마군入間郡 게로산毛呂 쓰즈라누키葛寬로 이사하였다. 이 문화운동은 현재까지도 지속되고 있다.

저우쭤런과 일본의 아타라시키무라와의 영향 관계는 『백화』지에서부터 추적해야 한다. 1911년 저우쭤런은 『백화』를 구입하기 위해 무샤노코지 사네아쓰와 교신하였다. 1918년 7월 무샤노코지 사네아쓰가 『신촌』를 창간하자 저우쭤런은 10월에 이를 주문하기 시작하였다. 무샤노코지 사네아쓰가 1918년에 아타라시키무라를 만들자 저우쭤런은 1919년 3월에 「일본의 신촌」이라는 글을 발표하였다. 이 글은 중국에

176 구노 오사무 · 쓰루미 슌스케, 심원섭 역, 『일본근대사상사』, 문학과지성사, 1994, 17면.

서 최초로 아타라시키무라를 소개하는 글이었다. 저우쭤런은 1919년 7월 7일부터 7월 11일까지 아타라시키무라를 방문하였고, 아타라시키무라를 떠나기 전에 아타라시키무라의 촌외 회원이 되었다. 저우쭤런은 아타라시키무라의 첫 번째 외국인 회원이 되었다.

"본 지부는 이미 금년 2월에 성립되었다. 저우쭤런 군이 전부의 사무를 총괄하기 때문에 신촌에 관련된 모든 업무는 직접 연락해서 접수하길 바란다. 가서 방문할 분이 계시면, 본 지부에서 기꺼이 소개해 주고 수속도 대신 처리해 주겠다." 1920년 3월 1일에 저우쭤런은 『신청년』 제7권 제4호에 「신촌베이징지부계사新村北京支部啓事」라는 제목으로 아타라시키무라의 베이징 지부를 만든다는 공고를 냈다. 이때부터 저우쭤런의 집은 아타라시키무라의 베이징 지부가 되었다.

저우쭤런의 소개로 다수의 중국 지식인들이 아타라시키무라에 관심을 갖게 되었다. 1920년에 『민국일보民國日報』의 문예란인 『비평批評』 제4~6호가 '신촌호新村號'로 발행되었고, 『신조新潮』, 『신인新人』 등의 잡지도 아타라시키무라를 집중적으로 소개하였다. 흥미로운 것은 중국공산당의 초대 지도자 리다자오李大釗와 마오쩌둥毛澤東이 아타라시키무라운동에 관심을 가졌다는 사실이다. 『저우쭤런 일기』 1920년 4월 7일의 기록에는 "마오쩌둥 군이 내방한다"고 쓰여 있다.[177] 아타라시키무라 베이징 지부가 설립한 지 한 달 후에 마오쩌둥이 찾아온 것이었다. 리다자오는 1920년 1월부터 저우쭤런, 천두슈陳獨秀 등과 함께 베이징공독호조단北京工讀互助團을 발기하였다. 베이징공독호조단은 실패로 끝났지만 공

177 周作人, 『周作人日記』 中, 大象出版社, 1998, 115면.

독호조단은 전국으로 전파되어 각지에서 만들어졌다.[178] 사회운동에 냉담했던 저우쭤런이 참여한 사회운동은 베이징공독호존단의 발기와 신촌운동에의 투신이 유일했다. 그는 신해혁명의 폭력성을 비판하였고, 5·4운동에 참가하지 않았으며 후일 학생운동을 비판하기까지 하였다. 그런 그가 아타라시키무라운동에는 적극적으로 참여하였다.

"신촌의 이상은 협력과 자유, 호조와 독립을 생활의 근본으로 보는 것이다."(「新村的精神」, 2 : 143) 「신촌의 정신」에서 저우쭤런은 신촌을 '협력'과 '자유' 그리고 '호조'와 '독립'의 공동체로 보았다. 자유와 독립은 개인을 가리키는 것이고, 협력과 호조는 단체의 상호부조를 의미하는 것이었다. 앞서 살펴보았듯 1918년에 발표한 「인간적 문학」에서부터 저우쭤런은 '개인'에 관심을 가지고 종교적 억압으로부터 '인간'을 해방시키려고 하였다. 그가 이해한 신촌은 바로 '인간적' 공동체였다.

> 신촌의 목적은 정상적인 인간의 생활이다. 그 중 두 가지 근본적 사상이 있다. 첫째, 각자가 노동의 의무를 수행하고 건강생활에 필요한 의식주를 무료로 제공받아야 한다. 둘째, 모든 인간은 같은 인간이다. 인류에 대한 의무를 다하는 동시에 자신의 개성을 충분히 발전시켜야 한다.[179]

178 1920년에 상하이에 상하이공독호조단(上海工讀互助團), 장쑤성 쿤산(昆山)에 '지행신촌(知行新村)', 허난성 시화(西華)에 '청년촌(青年村)', 후베이성 황강(黃岡)에 '준신학교(浚新學校)'가 만들어졌다. 조선인 이우민(李愚珉) 등이 1921년에 후난성 창사시(長沙市)에 '한중호조사(韓中互助社)'를 발기하기도 하였다.

179 「新村的精神」, 『周作人散文全集』 2, 196면. "新村的目的, 是在於過正當的人的生活. 其中有兩條重要的根本上的思想. 第一, 各人應各盡勞動的義務, 無代價的取得健康生活上必要的衣食住. 第二, 一切的人都是一樣的人, 盡了對於人類的義務, 卻又完全發展自己個性."

인간적 공동체에서 인간은 인류의 구성 요소이자 개성을 가진 '개인'이었다. "신촌의 정신은 우선 인류를 하나의 통일체로 본다. 개인은 이 통일체의 단위"라는 저우쭤런의 말처럼 아타라시키무라에서 강조한 것은 공동체였다. "나는 인간이 개인적 동물이면서도 사회적 동물이고, 자력적인 동시에 협력적이라고 생각한다. 자력적인 것이 개인의 일인데 이 문제는 다음에 이야기하고, 지금 협력적 방면에 대하여 말하겠습니다."[180] 「두 번째 대화」에서 무샤노코지 사네아쓰는 인간이 개인적 성격과 사회적 성격을 모두 가진다고 지적하였다. 그런데 무샤노코지 사네아쓰에게 가장 중요했던 것은 '협력 방면'이었다. 사네아쓰와는 달리 저우쭤런은 '개성'의 충분한 발전을 우선적으로 받아들였다. "신촌의 운동은 모범적인 인간의 생활을 만드는 데 중점을 둔다."(2 : 141) 즉 개인과 인류라는 통일체의 두 방면에서 무샤노코지 사네아쓰는 인류를, 저우쭤런은 개인을 더 중요시하였다. 저우쭤런의 「인간적 문학」이 개인주의와 휴머니즘의 관계에서 신촌의 사상을 접한 결과라는 연구가 있으나[181] 「인간적 문학」과 신촌에 관련된 글에서 저우쭤런은 개인을 우선시하였다. "인간의 인류에서의 위치는 삼림에서의 나무와 같다. 삼림이 왕성하면 나무도 무성해진다. 그러나 나무들이 무성해야 삼림이 우거진다."(「人的文學」, 2 : 88) 아타라시키무라운동에서 개인을 인정했기 때문에 저우쭤런은 이 운동을 수용하였다.

아타라시키무라는 국가와 생존경쟁에 대한 부정과 상호부조를 지지하는 입장이었기 때문에 저우쭤런의 관심을 끌었다. "우리는 군국주의

180 武者小路實篤, 「新しき村に就ての對話」, 『武者小路實篤集』, 筑摩書房, 1955, 365면.
181 李培艷, 「新村主義與周作人的新文學觀」, 『中國現代文學研究叢刊』, 中國現代文學館, 2014.

를 반대한다. 군국주의가 개인을 인정하지 않고, 군국을 만드는 재료로 희생시키기 때문이다. 현재 사회나 세계 등을 목표로 하고 개인을 인정하지 않고 단지 재료로 삼으면 군국주의와 무슨 차이가 있을까.”(「新村的精神」, 2 : 198) 저우쭤런은 국가와 인류를 확연하게 구별하였다. 국가는 군국주의를 바탕으로 개인의 자유를 억압하는 강권적 존재였다. 앞서 확인했듯이 저우쭤런은 1907년에 발표한 「중국인의 애국」에서 이미 ‘애국’을 국가와 무관한 것으로 설정하였다. 그에게 애국이라는 용어는 실은 민족에 대한 사랑을 의미했다. 저우쭤런은 1912년에 건국된 공화국도 경찰로 인민을 진압하는 기구라는 점에서 기존의 국가와 다르지 않다고 보았다. 그는 국가라는 강권적인 존재를 부정하였다.

> 신문에서 나온 용화 신촌의 요강을 보고 성격이 다른 것을 알게 되었다. 그 마을에 많은 기관이 있다. 예를 들어 행정과, 사범과 그리고 경찰과 등 있다. 이는 신촌에 없는 것들이다. 이(용화신촌－인용자)는 ‘모범촌’일지는 몰라도 우리가 말하는 ‘신촌’과는 다르다. 신촌의 이상은 인간으로 하여금 모범적인 인간이 되도록 노력하도록 하는 것이지만 ‘모범촌’의 이상은 인간을 모범적인 국민으로 만드는 것이다. 이것이 큰 차이점이다.[182]

아타라시키무라가 만들어진 후부터 중국 각지에서는 자치적 단체가 만들어지기 시작하였다. 저우쭤런의 베이징공독호조단이 그 대표적인

182 「新村的精神」, 『周作人散文全集』 2, 202면. “我看見報上龍華新村的簡章, 才知道性質不是一樣. 別的不論, 只是那村裡的許多機關, 如行政科司法科員警科之類, 就為新村所沒有. 簡單的說一句, 這可算是一個模範町村, 與我們所說的新村不同, 新村的理想, 是使人努力做一個模範的人, 模範町村的理想, 是使人努力做一個模範的國民, 這是極大的異點.”

예였다. 1919년 광둥성 용화龍華에 신촌이라는 이름으로 마을이 만들어졌고 용화 신촌에서는 회원을 모집하였다. 용화 신촌은 신문에 공고를 내자마자 저우쭤런으로부터 비판을 받았다. 용화의 신촌에 경찰과 사법 등 기관이 설치되어 있었기 때문이었다. 저우쭤런에게 경찰과 사법 등의 기관은 국가의 이익을 보호하기 위해 설치되는, 인간의 자유를 억압하는 기구였다. 즉 경찰과가 설치되어 있는 용화 신촌은 하나의 '국가'에 해당하였다. 용화 신촌에 거주하는 사람은 '인간'이 아니라 모범적인 '국민'이었다. "국가는 인간 활동의 모든 영역을 지배하고, 권력 장악을 위한 전쟁과 내적인 투쟁을 수행하고, 폭군들을 교체하기만 하는 피상적 혁명을 일으킬 것이다."[183] 앞서 이미 서술한바, 저우쭤런은 1907년부터 『천의보』를 통해서 크로포트킨의 학설을 접하고 크로포트킨의 글을 번역하였다. 크로포트킨에 의하면 국가는 인간의 자유를 박탈하는 존재였다. 개인을 희생시키는 군국주의에 대한 저우쭤런의 거부감은 크로포트킨의 영향을 받은 것이었다.

국가가 전쟁을 초래한다는 점도 크로포트킨이 국가를 반대한 이유 중의 하나였다. "국가는 전쟁 없이 만들어질 수도 존재할 수도 없다. 국가를 이루는 한 지역이 이웃 지역과 대립하는 이해를 갖는 것을 허용하는 순간 전쟁은 불가피하게 된다."[184] 크로포트킨에 따르면 전쟁에서 패배하든 승리하든 개인에게 돌아오는 것은 노예 상태밖에 없다. 이러한 주장은 무샤노코지 사네이쓰의 『어느 청년의 꿈』에서 그대로 반영되었다.

183 크로포트킨, 백용식 역, 앞의 책, 40면.
184 위의 책, 132면.

낯선 이	이 세상에서 왜 전쟁이 있습니까.
청년	많은 국가가 있는 까닭이죠.
낯선 이	이렇다면, 국가가 없어지면 전쟁도 없어집니까.
청년	그럴 겁니다.[185]

『어느 청년의 꿈』은 1916년 1월부터 『백화』지에 발표되어 이듬해 단행본으로 간행되었다. 1919년에 루쉰이 이를 중국어로 번역하여 『신청년』지에 발표하였다. 그보다 1년 앞선 1918년에 저우쭤런은 『신청년』 지면을 통해서 이 희곡을 소개하였다. 그는 인류에 대한 사랑으로 "장래를 위하여 씨앗을 뿌리"려는 목적에서 『어느 청년의 꿈』을 소개하였다. "지금의 국가 제도를 계속 실행하면 전쟁이 더욱 격화할 것이다."(「讀小路君所作〈一個靑年的夢〉」, 2 : 28) 전쟁을 없애기 위해 국가를 폐지해야 한다는 것이 무샤노코지 사네아쓰와 저우쭤런이 공통적으로 주장한 바였다. 무샤노코지 사네아쓰는 반국가 및 반전운동으로 아타라시키무라를 만들었다.

> 이전의 생존경쟁에서는 같은 종 내부의 상호부조와 다른 종 사이의 경쟁이라는 측면 외에도 같은 종 내부에 치열한 투쟁이 벌어졌다. 이제는 생존경쟁의 법칙을 수정해서 경쟁을 인간과 자연력 혹은 다른 종류와의 사이에 국한시켜야 한다. 인간 사이에서는 투쟁해서 안 되며 상호부조해서 평화롭게 살아야 한다.[186]

185 武者小路實篤, 「ある青年の夢」, 『武者小路實篤集』 2, 筑庵書房, 1955, 311면.
186 「新村的理想與實際」, 『周作人散文全集』 2, 237면. "以前的爭存, 固然也有同類互助與異類相

『상호부조론』에서 크로포트킨은 상호부조가 생존경쟁과 함께 진화를 추진하는 하나의 요소라고 지적하였다. 그러나 그에게 생존경쟁은 자연 그리고 적이라는 대상과의 싸움이다. 같은 종 내부에는 생존경쟁이 존재하지 않는다. "같은 종에 속한 동물 간의 격렬한 생존경쟁은 내가 그것을 찾아보려고 애를 썼으나, 끝내 보지를 못했다는 것이다."[187] 오히려 같은 종 내부의 상호부조로 인해 "동물은 적으로부터 안전하게 보호되고, 식량의 확보도 유리하게 될 뿐만 아니라 (…중략…) 자연과의 격렬한 싸움에서 살아남을 수 있"게 된다.[188] 「신촌의 이상과 실제」에서 저우쭤런 역시 생존경쟁의 법칙을 수정해야 하다고 역설하였다. 저우쭤런에게 생존경쟁은 "인간과 자연력 혹은 다른 종"과의 사이에서 벌어지는 일이었고, 인간 내부에서는 상호부조해야만 했다. 저우쭤런이 1907년에 크로포트킨의 학설에 관심을 가졌다는 사실을 염두에 두면, 그의 주장이 크로포트킨의 『상호부조론』에 근거한 것임을 알 수 있다. "인류가 인간적 생활을 하지 못한 것이 큰 잘못이다. 이 잘못은 여러 가지 이유가 있겠지만, 쉽게 말하면, 그들이 인류가 상호부조로 살아야 한다는 것을 모르기 때문이다."(「日本的新村」, 2 : 136) 「일본의 신촌」에서 저우쭤런은 무샤노코지 사네아쓰의 글을 인용하면서 상호부조의 중요성을 역설하였다. 저우쭤런은 인류가 전쟁과 경쟁을 버리고 상호부조해야 인간답게 살 수 있다고 믿었다.

인간의 상호부조 방식이 바로 촌락 공동체였다. 크로포트킨에 의하면

爭, 但同類中也一樣劇烈的爭鬪. 現在想將生存競爭的法則加以修正, 只限於人與自然力或異類的中間, 若在人間同類, 不但不應爭鬪, 而且還應互助了和平的生活才是."

187 크로포트킨, 하기락 역, 『상호부조론』, 형설출판사, 1994, 17면.

188 위의 책, 24면.

인간은 최초로 부족 단위로 살다가 이동과 전쟁 등으로 부족 단위의 삶을 유지할 수 없게 되자 촌락 공동체라는 생활 방식을 만들었다. "그들은 시련을 극복하고 새로운 조직-촌락 공동체를 만들어내었다. 다음의 15세기 간 또는 그 이상 동안, 인간을 하나로 결합시키고 있던 단위가 이 촌락 공동체였다. 촌락 공동체로부터 공동의 노력으로 점유하고 방위하는 동유지란 생각이 확립되었다."[189] 봉건적 국가는 촌락 공동체를 제거하려고 하였지만, 촌락 공동체는 현재까지 유지되어 왔다. 특히 전쟁으로 나라가 황폐화될 때 촌락 공동체는 구성원들이 계속 생존할 수 있도록 그들을 결속시켰다.

제1차 세계대전 후에 세워진 아타라시키무라가 촌락 공동체의 대표적인 사례였다. 제1차 세계대전 후 일본은 국내 파업과 폭동이 끊이지 않고 쌀값이 많이 오르는 등 사회 질서가 문란해졌다. 이러한 상황에서 무샤노코지 사네아쓰의 이상촌운동이 시작되었다.[190] "신촌의 생활은 한편으로 매우 자유롭고, 다른 한편으로는 극히 엄격하다. 촌내에서 일하고 휴식하고 행동하는 것은 각자 알아서 하는 일이라 특별한 규정이 없다. 남에게 해를 주지 않으면 자유롭게 행동할 수 있다. 그러나 마음에서 나오는 제재는 법률보다 백배로 심각하다. 따라서 모든 사람이 독립적이지만, 같은 궤도로 행동해서 협동적인 생활을 만들었다."(「日本新村 訪問記」, 2 : 181) 1919년 7월에 저우쭤런은 4일간 아타라시키무라를 방문하여 방문기를 남겼다. 당시 경제적 어려움 때문에 아타라시키무라는 준비 단계에 불과했다. 저우쭤런이 지적하듯이 "현재의 마을은 진정

189 위의 책, 122면.

190 福田清人・松本武夫, 『武者小路實篤』, 清水書院, 1979, 101면.

한 신촌이 되지 못하고 있다".(「新村的理想與實際」, 2 : 241) 4일이라는 한정된 시간 동안 저우쭤런은 아타라시키무라의 실제 상황을 파악할 수는 없었다. 따라서 저우쭤런이 방문기에서 보여준 것은 현실의 아타라시키무라가 아니라 저우쭤런이 꿈꾼 신촌이라고 보는 것이 타당하다.

"신촌에는 행정과 사법 등의 조직이 없고 억압적인 법률 조례가 없다. 서로의 개성을 존중한다는 전제하에 모두 자유롭게 말하고 행동할 수 있다."(「新村的理想與實際」, 2 : 241) 신촌은 강권적인 국가와 달리 경찰과 법률이 없는 마을이었다. 마을은 매월 한 차례의 회의를 통해서 관리되고 운영되었다. 회의에서는 당월의 할 일을 결정했고, 다수결이 아니라 모든 사람이 이해하고 받아들일 수 있도록 하는 것을 원칙으로 삼았다. 그는 이렇게 함으로써 진정한 평등이 이루어진다고 믿었다.

신촌에서 "사람들은 협력적 노동을 통해서 안전한 생활을 조성한다." 노동을 통해서 생존에 필요한 음식물을 생산하였다. 이 노동은 자본주의 임금저하의 노동과 달랐다. 자본주의 사회에서는 부르주아가 노동하지 않기 때문에 노동자가 이중 노동을 하게 된다. 노동자는 임금 교환을 위한 노동을 하지 않으면 생활을 유지할 수 없다. 그러나 신촌에서는 노동이 교환의 대상이 아니라 의무였다. 기본 의식주를 위해서 모든 사람이 노동을 해야 했다. 그러나 자본주의 사회와 달리 신촌에서는 노동이라는 의무를 수행했다면 누구나 의식주를 무료로 받을 수 있었다. "이 마을에서는 사람들이 각자의 능력에 따라 한 가지의 일을 골라서 한다. 어렵고 힘든 일을 하거나 더 많은 일을 해도 좋지만, 일반적인 일을 해도 무방하고, 똑같이 안전한 생활을 할 수 있다—건강한 생활에 필요한 의식주를 무료로 받을 수 있다."(「新村的理想與實際」, 2 : 238) 저우쭤런에 따르면 한 사람이 하루만 일을 하고 일 년간 병들어 노동하지 못한다 해도, 그는 여전히 생활필수품과 의약을 무료로 받을 수 있었다. 노동 시간은 하루에 불과하지만 그는 이미 인류에 대한 의무를 충실히 수행하였다. 따라서 신촌에서는 "불행한 자, 병들고 늙거나 어려서 노동을 못 하는 사람들이 모두 안전하게 생활할 수 있다." 신촌에서 노동은 의무이지만 노동력을 상실한 사람의 생존은 보장되었다. 이것이 저우쭤런이 구상하는 상호부조의 공동체였다.

저우쭤런에게 신촌 건설은 사회개조의 수단이었다. 제1차 세계대전은 일본뿐 아니라 중국에도 지대한 영향을 주었다. 외침과 내전으로 인해 중국은 생존경쟁에서 도태될 위험에 처하였다. 이 시기에 일본사회를 개조하려는 아나타라시키무라운동이 시작되었다. 저우쭤런에게 "신촌은 평화로운 방법으로 사회를 개조하는 것"이었다.(「新村的討論」, 2 : 288) 혁명은 유혈과 희생을 동반하지만 신촌운동은 "무기와 피로 하늘과 땅이 뒤집히는 것을 반대한다."

> 신촌은 새로운 집을 한 간을 지어서 보여주려고 한다. 허물어진 집에 사는 사람이 새 집을 보고 그 좋은 점을 자연히 알아낼 것이다. 그 때 그들은 본을 받아 개조하기를 간절히 원할 것이다.[191]

저우쭤런은 신촌 건설운동을 집짓기에 비유하였다. 구사회가 기울어진 집이라면 혁명가들은 이를 헐고 나서 새 집을 짓는 것이었다. 저우쭤

191 「新村的理想與實際」, 『周作人散文全集』 2, 243면. "新村的人主張先建一間新屋, 給他們看, 將來住在破屋的人見了新屋的好處, 自然就會明白, 情願照樣改造了."

런의 신촌운동은 이상적인 생활양식을 만들어 놓고 보여줌으로써 개조를 권유하는 기획이었다. 사회개조가 목적이라도 피를 흘리는 혁명은 분명히 인류간의 생존경쟁이었고, 지양되어야 했다. 저우쭤런이 주장하는 사회개조는 새로운 생활 방식을 보여줌으로써 민중을 계몽시키는 것이었다. 새로운 생활 방식이 바로 신촌이자 크로포트킨의 촌락 공동체였다. 크로포트킨은 정부의 간섭을 없애는 것이 진화의 추세라고 주장하였다. 문명의 발전에 따라 인간과 인간은 자연적으로 연합하게 될 것이다.[192] 신촌은 바로 상호부조론에 근거하여 이루어진 인간의 자연적 결합이었다.

"촌락 공동체의 제도는 토지경작자의 필요와 사상에 매우 적합하였으므로, 모든 압박에도 불구하고 금일까지 촌락 공동체의 여명이 전 유럽에 살아남았다. 그리고 유럽의 농촌생활에는 공동체의 시대 이래의 관습과 습관이 침투하고 있다."[193] 아나키스트 크로포트킨은 국가라는 억압적 기구를 부정하고 인간에게 가장 적합한 생활 방식이 촌락 공동체와 도시의 산업조합이라고 주장하였다. 그에게 인간이란 상호부조의 원칙 아래에서 단체를 이루어야만 진화할 수 있는 존재였다. 1914년에 제1차 세계대전이 발발하고 전 세계가 전쟁의 소용돌이에 휩쓸렸다. 이광수는 「모범촌」, 「용동」, 「농촌계발」 등의 소설을 발표하여 이상적인 농촌을 그려냈다. 또한 그는 수양동맹회를 조직하여 민족개조에 힘썼다. 일본의 무샤노코지 사네아쓰는 『어느 청년의 꿈』(1916) 등의 반전 작품을 발표하고, 1918년에 아타라키시무라를 만들었다. 저우쭤런은

192 Kropotkin, 巴金 譯, 「麵包的掠奪」, 『巴金譯文全集』 9, 人民文學出版社, 1997, 522~524면.
193 크로포트킨, 하기락 역, 앞의 책, 212면.

1907년부터 크로포트킨의 학설을 받아들였고, 아타라시키무라의 첫 외국인 회원으로 베이징에서 아타라시키무라 지부까지 창설하여 상호부조하는 '신촌' 운동이라는 사상을 중국에 알렸다.

이광수는 1910년대 초반부터 자치운동에 기반한 이상촌을 구상하였다. 저우쭤런은 아타라시키무라의 직접적 영향 하에서 '신촌' 운동을 전개하였다. 민족개조의 현실적 방법을 모색하는 데에 있어서는 저우쭤런보다 이광수가 빨랐다. 또 저우쭤런의 신촌운동이 빠르게 현실적 한계에 봉착하였던 것과 달리, 이광수의 수양동우회는 매우 큰 성공을 거두었다. 수양동우회의 성공은 이광수의 흥사단 단원의 신분에서 기인한 바가 컸다. 이광수는 동학당의 당도를 이어 독립정부의 임원, 흥사단의 당원으로 조직운동을 지속하였다. 반면에 저우쭤런은 개인적 수양을 목표로 한 진덕회를 제외하면 어떤 조직에 가담한 적이 없었다. 이광수의 민족개조는 수양동우회를 중심으로 실천되었지만, 저우쭤런의 민족개조는 이론적인 색채가 더 강하였다.

제1차 세계대전 이후 조선과 중국에 대한 열강의 침략은 강화되었다. 이광수와 저우쭤런은 상호부조의 공동체를 통하여 위기를 타개하고자 하였다. 크로포트킨에 의하면 상호부조에 능한 자가 생존경쟁에서 살아남는 법이었다. 따라서 민족을 개조하여 부활시키는 데에는 상호부조가 절대적으로 필요하였다. 이광수의 '이상촌'과 수양동우회, 저우쭤런의 '신촌'과 '베이징공독호조단'이 상호부조라는 이론에 근거하여 구상되고 만들어졌다. 이들의 공동체 기획은 도태의 위험에 빠진 민족을 부활시키기 위한 것이었다. "修養同盟, 修學同盟을 다시 말하면 民族改造運動이라 할 수 있으니 各各 自己부터 改造하여 改造된 個人의 鞏固한 一團을 지어 그 一團으로 하여금 全民族의 中心階級이 되게 하여 漸次로 全民族을 改造하여 無力하던 民族으로 하여금 有力한 民族을 이루게 하는 運動이외다."(「中樞階級과 社會」, 17 : 156) 더 나아가 그들은 상호부조로 이루어진 공동체가 새로운 민족을 구성하기를 바랐다. 이광수과 저우쭤런의 민족개조에는 상호부조론적 아나키즘사상이 저변에 깔려 있었다. 다만 크로포트킨이 추구한 상호부조론적 아나키즘은 민족개조의 방법론이었지만 목표가 아니었다. 그들은 공동체를 매개로 민족의 개조를 겨냥하였다.

저우쭤런은 국가를 강하게 부정하였고, 이광수도 국가를 긍정하지 않은 채 애매한 거리를 유지하였다. 우승열패의 진화론 세계에서 중국과 조선은 도태에 직면하였다. 이광수와 저우쭤런은 민족을 생존의 단위로 설정하고, 민족개조와 민족의 부활에 심혈을 기울였다. 그들은 민족을 민족심리를 지닌 유기적인 공동체로 보았으며 민족개조도 민족심리와 민족성의 차원에서부터 착수하였다. 이때 민족은 심리적인 요소를 지닐 뿐만 아니라 신체적 조건을 지닌 생물체였다. 그 신체적 조건이 인간이었다. 따라서 우생학적 연애관에 근거한 근대적 개인의 탄생도 민족개조의 일환으로 추구되었다. 새로운 심리와 신체를 가진다고 해서 민족의 개조가 완성되는 것은 아니었다. 민족은 인간으로 구성되지만 단순한 개체의 총합은 아니었다. 민족과 개인 사이에는 조직적으로 구성된 공동체라는 매개가 존재하며, 상호부조론에 근거한 공동체는 민족개조의 방법론이자 실천방안이었다. 요컨대 이광수와 저우쭤런의 민족개조는 민족의 심리, 민족의 신체 그리고 공동체라는 매개 · 방법론으로 이루어지는 전면적인 작업이었다.

제5장

근대문학 개념의 수용 및 민족문학의 건설

1. 근대문학Literature의 개념 정립

1) 서구문학 이론의 수용과 일본이라는 매개항

『논어』「선진」 편에는 "덕행에는 안연·민자건·염백우·중궁, 언어에는 재아·자공·정사에는 염유·계로, 문학에는 자유·자하가 뛰어나다"[1]라는 구절이 있는데, 여기서 문학은 덕행, 언어, 정사와 더불어 사과四科의 하나로서 박학을 뜻한다. 이는 문학이라는 용어가 동아시아에서 처음으로 사용된 사례였다. 한나라 시대에 이르러서 문학은 유교의 경전이라는 뜻을 유지하면서 학교라는 새로운 뜻을 갖게 되었다. "경제景帝가 이를 좋게 생각하고 각 군에 문학을 설립하라고 명하였다. (…중략…) 회계의 군수로 혼란을 평정하고 문학을 설립하는 데 학도가 몇천

1 "德行, 顔淵閔子騫冉伯牛仲弓. 言語, 宰我子貢. 政事, 冉有季路. 文學, 子游子夏."

명이 있었다."[2] 『화양국지華陽國志』에서 나오는 이 구절에서 문학은 학교를 가리키는 용어였다. 한나라 말기에는 문학이라는 이름의 벼슬도 생겼다. 서기 178년에 영제靈帝는 "홍도문학을 설치하고 재능이 있는 사람을 모집하였다. 그리고 홍도문학 락송와 강람 등 32인을 위하여 그림을 그려줌으로써 공부하는 사람을 격리하였다".[3] 당나라 시대에 한유韓愈 등이 문이재도文以載道라는 개념을 제기하였고, 이때부터 문학은 유교의 경전과 도덕을 전하는 도구로 전락하였다.

한편 서양에서 Literature는 문자라는 뜻의 리테라literra를 어근으로 하는 라틴어 리테라투라literratura에서 파생되었다. Literature는 14세기부터 독서로 얻은 학식이라는 의미로 영어에 유입되었다. 18세기에 Literature는 '박학'을 지칭하는 일반적 단어에서 특정한 종류의 저작을 가리키는 특수한 단어로 의미가 변하였다. 일본에서 문학文學이라는 Literature의 역어는 복잡한 경위를 거쳐 만들어졌다. 후쿠치 오치福地櫻痴는 Literature와 개념적으로 합치하는 문학의 용례를 남긴 사람 중 하나였다. 「일본문학의 부진을 개탄함」에서 그는 문학을 시, 소설 극 등의 장르를 총괄하는 명칭으로 사용하였다. 후쿠치 이후에도 그 단어는 한동안 유동적인 의미망을 유지하였다. 역어로서의 문학이 정착된 시기는 쓰보우치 쇼요의 『소설신수』(1885)가 출간되고 일본 문예비평에서 근대가 성립된 시기와 대체로 일치한다. 즉 문학이 일본에서 현대적 용법으로 사용되기 시작한 시기는 1885~1886년 무렵이었고, 1887~1889년 무렵에는 문학이라는 개념이 일본어 체계에 안착하였다.[4] 이후 1900년대 초의 일본에서는 문학개론

2 任乃强, 『華陽國志校補圖注』, 上海古籍出版社, 1987.
3 『後漢書 楊賜傳』, 中華書局, 1965, 1991면.

서가 연달아 간행되었다. 1906년에 오오타 요시오太田善男의 『문학개론』, 1907년에 나쓰메 소세키夏目漱石의 『문학론』 그리고 1908년에 시마무라 호게쓰島村抱月의 『문학개론』이 발표되었다.[5] 1916년에는 혼마 히사오本間久雄의 『신문학개론』이 와세다대학 출판부에 의해 출간되었고 수정본인 『문학개론』은 1925년에 출판되었다.[6]

이광수는 1905~1910년, 1915~1919년 두 차례에 걸쳐 일본에서 유학생활을 했으며, 저우쭤런은 1906~1911년에 일본에서 수학하였다. 두 사람이 일본에서 체류하던 시기는 일본에서 문학이 Literature의 번역어로 정착되던 시기였다. 이광수는 1910년에 「문학의 가치」, 1916년에 「문학이란 하오」를 발표하였다. 저우쭤런은 1908년에 「문장론」을 발표하였다. 이광수의 「문학의 가치」는 "한국 최초의 문학론으로 평가"[7]가 되며, 「문학이란 하오」는 "한국 근대문학론의 최초의 확립"을 이룬 논문으로 평가된다.[8] "저우쭤런은 문학이라는 개념에 대해 전면적으로 정의를 내렸다. 이는 근대문학 이론 비평 전체 중에 유일무이한 것"이었다.[9] 문학이라는 단어는 춘추전국 시대부터 사용되었지만 현대적인 의미의 '문학'은 이광수와 저우쭤런에 의하여 정착되었다.

4 황종연, 「문학이라는 역어」, 『동악어문학』 32, 동악어문학회, 1997, 464면.

5 저우쭤런은 나쓰메 소세키의 『문학론』이 출간되자마자 구입하였다. 「文學論譯本序」, 『周作人散文全集』 5, 廣西師範大學出版社, 2009, 762면.

6 傅瑩, 『中國20世紀上半葉文學概論的發軔與演變』, 暨南大學 博士論文, 2002; 金永兵・榮文漢, 「本間久雄文學概論模式及其在中國的影響」, 『內蒙古師範大學學報』 39-6, 內蒙古師範大學, 2010; 蓋生, 「本間久雄的新文學概論對中國20世紀初文學原理文本書寫的影響」, 『湖南社會科學』, 湖南省社會科學界聯合會, 2010.

7 최원식, 『문학』, 소화, 2012, 139면.

8 김윤식, 『근대 한국문학 연구』, 일지사, 1973, 65면.

9 黃曼君, 『中國近百年文學理論批評史』, 湖北教育出版社, 1996, 193면.

이광수가 「문학의 가치」를 발표하기 2년 전인 1908년에 저우쭤런은 "중국 근현대 문학사상 전화 과정 중의 중요한 한 고리"인 「문장론」을 발표하였다.[10] 저우쭤런의 「문장론」은 총 30개의 단락으로 구성되었다. 저우쭤런은 제1단락에서 민족이 실체와 정신으로 구성된다고 주장하였다. 그다음 제2~3단락에서 그는 이집트, 그리스, 슬라브 민족의 사례를 제시하고, 민족 부활의 가능성과 진화의 계기가 정신에 있다고 지적하였다. 제4단락에서는 정신과 문학의 관계가 서술되었다. 제5~7단락에서는 공자가 시를 정리하면서刪詩 사무사思無邪를 주창함으로써 중국인의 정신이 시들었다는 내용이 담겼다. 저우쭤런은 제8~14단락에서 서양문학론에 근거하여 문학을 정의하고, 제15~20단락에서는 문학이 지닌 사명을 서술하였다. 제21~29단락에서 저우쭤런은 문학을 치화治化와 동일시한 토아이우정陶祐增의 『중국문학지개관中國文學之概觀』과 린추안지아林傳甲의 『중국문학사中國文學史』[11]를 비판하였다. 마지막 단락에서 그는 문학을 실용성이 아닌 '먼 효과'의 측면에서 접근해야 한다고 주장하였다.

문학을 Literature의 번역어로 사용한 최초의 중국인은 저우쭤런이 아니었다. 1903년에 발표된 「문학과 과학을 소홀히 하지 말라」의 저자는 "리터래처가 바로 문학이다"라고 선언하였다.[12] 량치차오도 「소설과 군치의 관계論小說與群治之關係」에서 "소설이 문학의 가장 높은 수준이다"라고 하면서 근대적 의미에서 문학이라는 용어를 사용하였다. 1904년에

10 위의 책, 192면.

11 린추안지아의 『중국문학사』는 일본 사사카와 다네오(笹川種郎)의 『支那文學史』의 체재를 모방하였다. 린추안지아의 『중국문학사』에 관해서는 류준필, 『동아시아의 자국학과 자국문학사 인식』(소명출판, 2013, 66~75면)을 참조.

12 「論文學與科學不可偏廢」, 『大陸』, 1903.3, 1면.

량치차오는 「신서목제요新書目提要」라는 글에서도 문학을 Literature와 동일한 것으로 간주하였다.[13] 그러나 이들은 모두 문학이라는 용어만 사용하였고, 문학이 무엇인지에 대해서는 반성하거나 고민하지 않았다. 1904년에 린추안지아는 사사카와 다네오笹川種郎의 『지나문학사支那文學史』을 참고하여 『중국문학사』를 저술하였다. 이 책에서 린추안지아는 『지나문학사』에 소개된 서술 양식만을 모방하였지만 근대적 문학관을 수용하지 않았다. 린추안지아는 중국의 경학經學, 이학理學, 제자철학을 문학으로 분류할 뿐만 아리라 사사카와 다네오가 중국의 "음서淫書"를 문학에 포함시킨 것에 불만을 토로하였다.[14] 전근대적 문학 개념을 사용하여 문학사를 서술하는 린추안지아는 후세 연구자들로부터 많은 비판을 받았다. 린추안지아 등 "최초의 문학사가들이 문학 개념을 명확히 하지 않고 모든 학술을 문학으로 분류시켰다".[15] 1900년대 초 중국의 지식인들은 문학을 Literature의 번역어로 인식하였음에도 전근대적 문의 개념을 배제하지 않은 경우가 많았다. 저우쭤런은 「문장론」에서 "문학이 무엇인지도 모르면서 문학사를 어찌 논하느냐"고 린추안지아의 『중국문학사』를 집중적으로 비판하였다. 저우쭤런의 「문장론」은 서구의 문학이 무엇인지를 체계적으로 설명하는 글이었다.

중국에서는 전장(典章)을 시로 간주하고, 설부에 이르러 권선징악을 최고로

13 중국에서 Literature가 문학으로 번역된 과정에 대해서는 李春, 「文學飜譯如何進入文學革命」(『中國現代文學研究叢刊』, 2011)을 참조. 이 논문은 저우쭤런의 「문학론」을 연구의 대상으로 다루지 않는다는 문제가 있다.

14 林傳甲, 『中國文學史』, 廣州存眞閣, 1914, 182면.

15 胡雲翼, 『新著中國文學史・序』, 上海北新書局, 1932, 3면.

봤으며, 문학과 교훈 사이에 아무런 경계가 없었다.[16]

「문장론」을 발표하기 1년 전인 1907년에 저우쭤런은 헨리 라이더 해거드Henry Rider Haggard(1856~1925)와 앤드루 랭Andrew Lang(1844~1912)이 공저한 *The World's Desire*를 번역하면서 서문을 덧붙였다. 이 서문에서 저우쭤런은 서양의 소설 개념과 중국의 소설 개념의 차이를 설명하였다. "태서에서 시는 개인적으로 창작한 것이고 미를 추구하기 때문에 자유롭게 마음을 표현할 수 있다." 그러나 "중국에서는 근자에 이르러서 소설이 도덕을 가르치는 것을 악으로 본다". 서양에서 문학은 일찍이 종교의 구속에서 벗어나 자율성을 획득했으나, 중국에서는 문학을 유교의 경전으로 보고 재도라는 역할만 강요하였다. 문이재도文以載道로서의 문학에서 벗어나기 위해서 저우쭤런은 이정移情이라는 개념을 제기한다. "문은 정을 움직이는 것이니 인간의 정을 움직이면 문의 책임을 다한 것이다."(「紅星佚史・序」, 1 : 48) 저우쭤런은 문학이 정의 영역을 담당하는 개념임을 밝힘으로써 유교 경전으로서의 문과 문학을 구별하였다.

> 오늘날은 새로운 기원을 취해야 한다. (…중략…) 서구에서 문장이라는 용어는 라틴어 Litera 및 Literatura에서 나오는 것인데 그 뜻이 원래 복잡하여 로마시대에도 명확한 정의를 내리지 않았다. (…중략…) 문학은 意象, 感情, 風味(Taste)를 거친 인생사상의 표현으로 서면으로 기록되는 것이다. (문학은) 학술에서 벗어나 모든 영역에 두루 미치기 때문에 모든 사람

16 「紅星佚史・序」, 『周作人散文全集』 1, 廣西師範大學出版社, 2009, 48면. "中國則以典章視詩, 演至說部, 亦立勸懲為臬極, 文章與教訓漫無畛畦."

에게 지적으로 이해되고(Intelligible) 또한 재미(Interesting)를 느끼게 한다.[17]

1908년에 발표한 「문장론」에서 저우쭤런은 문학을 literature로서 인식해야 한다고 역설하였다. 「문장론」에서 그는 "문자 저작 등은 모두 종교의 감시를 받기 때문에 가차假借할 수가 없었다"고 재도로서의 전근대적 문학 개념을 부정하였다. 그에 따르면 상고시대에는 아름다운 문장이 3천여 수에 달할 정도였는데, 공자가 그것을 305편으로 간추려 정리할 때부터 문학은 통치의 수단으로 전락하였고, 민심을 구속하는 제도가 되었다. 따라서 '새로운 기원'인 literature의 번역어로 문학을 재정의하는 일은 문학과 민심의 자유를 회복하는 바람직한 일로 여겨졌다. 전통적인 문의 개념을 부정하고 문학을 literature의 번역어로 사용하기 시작하면서, 그는 재도載道로 표상되는 문학의 전근대적 역할을 부정하고 인간의 사상과 감정을 전달하는 문학의 예술적인 성격을 강조하였다.

여기서 "새로운 기원新宗"이라는 용어에 주목할 필요가 있다. 새로운 기원이라는 말에는 본래 기원이 있다는 뜻이 내포되어 있다. 즉 새로운 기원이란 종래의 기원과 단절하고 새로운 문학을 시작하겠다는 선언을 의미하였다. 이는 이광수가 말한 '어동의이語同意異'를 연상시킨다. 이제부터 문학은 literature의 번역어로 사용되어야 했다. 이처럼 literature라는 새로운 개념을 종래의 '문학'이라는 단어로 번역한 것은 저우쭤런

17 「論文章之意義暨其使命因及中國近時論文之失」, 『周作人散文全集』 1, 94~96면. "今之所說, 務取新宗 (…中略…) 原泰西文章一語, 系出拉體諾文Litera及Literatura二字, 其義至雜糅, 即羅馬當時亦鮮確解. (…中略…) 文章者, 人生思想之形現, 出資意象, 感情, 風味(Taste), 筆為文書, 脫離學術, 遍及都凡, 皆得領解, 又生興趣者也."

과 이광수의 공통점이었다. 이 공통점은 일본에서 성립한 분카쿠文學라는 번역어의 영향을 받은 것이었다.

일본에서는 쓰보우치 쇼요의 『소설신수』가 출간되면서 문학이 literature의 번역어로 정착되었다. 저우쭤런의 문학 개념은 일본 지식계의 영향을 크게 받았고, 그중에서도 오오타 요시오太田善男의 『문학개론』을 참고한 것으로 보인다. 1906년에 출간된 『문학개론』에서 오오타 요시오는 문학이 literature의 번역어임을 밝혔다. "이른바 문학은 영어 literature를 번역한 것이다. 이 영어 단어는 원래 라틴어 Litera 및 Literatura에서 유래한 것이다. 본래 문전, 문학, 학문을 가리키는 것이었으나 차차 변천하여 오늘날의 의미를 가지게 되었다."[18] 오오타 요시오는 1906년에 『문학개론』에서 문학이라는 용어의 기원을 정리하였다. 저우쭤런도 「문장론」에서 문학을 literature의 번역어로 사용할 것을 역설하면서 literature의 변천 과정을 정리하였다. "서구에서 문장이라는 용어는 라틴어 Litera 및 Literatura에서 유래한 것인데 그 뜻이 원래 복잡하여 로마시대에도 명확한 정의를 내리지 않았다."(「論文章」, 1 : 94) 문학이 literature의 번역어이고, literature는 라틴어에서 변형된 것이라는 저우쭤런의 주장은 『문학개론』의 서술과 일치한다.[19] 저우쭤런은 문학 개념의 변천사를 정리한 오오타 요시오의 『문학개론』에 근거하여 문학을 종래의 개념과 단절시키고 새로운 개념인 literature로 정착시켰다. 그는 「문장론」을 통

18 "所謂文學とは英語の"リテラテコア"(literature)を飜したるものなり. 英原語は羅典語のLitera若しくはLiteraturaより出でたるものにして本來の字義は, 文典, 文字學問など云はんやうなりしが次第に變遷して今日用ふるが如ぎ意味となれり." 太田善男, 『文學概論』, 東京 博文館, 1906, 23면.

19 根岸宗一郎, 「周作人留日期文学論の材源について」, 『中国研究月報』 583, 中国研究月報編集部, 1996.

해서 근대적 문학literature의 필요성을 역설하고, 재도지문으로서의 문학에 속박되어 있는 중국인들의 사고를 변혁하고자 하였다.

저우쭤런은 문학literature을 사상과 감정을 표현하는 자율적인 영역이자 민족적 사명에 복무하는 영역으로 규정하였다. 그는 헌트Theodore Whitefield Hunt(1844~1930)의 『문학론*Literature : Its Principles and Problems*』을 근거로 삼아 논의를 전개하였다. "미에 초점을 맞추지 못하고 학문을 가리키면서 문장을 거론하는 것은 매우 천박한 짓으로, 이를 받아들이면 안 된다. 그 주의가 절충되고 주장이 근사한 것은 최근 미국인 헌트Hunt의 설이다."(「論文章」, 1 : 96) 저우쭤런은 1936년에 발표한 「동경의 서점」에서 마루젠丸善 서점을 오가며 서양 서적을 구입한 경험을 회고하였다.(7 : 342) 마루젠에서 발간한 월간지 『학등』에는 수입 서적 목록이 등재되어 있었다. 1907년 5월호의 리스트에서는 1906년 12월에 출간된 헌트의 『문학론』을 찾아볼 수가 있다.[20] 이로 미루어 볼 때 저우쭤런은 마루젠 서점을 통해서 헌트의 『문학론』을 입수한 것으로 보인다.

저우쭤런은 1967년에 펴낸 『지당회상록』에서 서양이론서를 상당 부분을 참조하여 「문장론」의 앞부분을 썼다고 회고하였다.[21] 「문장론」의 제8단락부터 제14단락까지는 헌트 『문학론』 제1부 제2장 「문학의 정의A Definition of Literature」를 번역하고 정리한 것이었다. 제15단락부터 제20단락까지도 헌트의 『문학론』 제1부 제12장 「문학의 사명The Mission of Literature」을 번역하여 요약한 내용이었다.[22] 헌트는 오늘날에는 그 이름이 잘 알려져

20 위의 글, 39면.
21 周作人, 『知堂回想錄』, 香港 : 三育圖書文具公司, 1980, 219면.
22 이 부분에 대해서는 根岸宗一郎, 앞의 글과 고운선, 「주작인 산문에 나타난 문학 담론 연구」(고려대 박사논문, 2009)를 참조.

있지 않지만, 1910년대 동아시아 지식인들에게는 주요 논자 중 하나로 받아들여졌던 인물이었다. 헌트의 『문학론』은 중국 근대문학 이론의 구축에 결정적인 영향을 주었다.[23] 1907년에 『문학론』을 펴낸 나쓰메 소세키는 1906년판 헌트의 『문학론』을 구입하여 수장하였다.[24] 혼마 히사오本間久雄는 1916년에 출판한 『신문학개론』 제1부의 제1장, 제5장, 제7장, 제9장 그리고 제2부의 제1장에서 헌트의 『문학론』을 인용하였다. 1900년대 일본에서는 매슈 아널드Matthew Arnold(1822~1888), 드 퀸시De Quincey(1785~1859), 포스넷Posnett(1882~1901) 등의 문학론이 모두 소개되어 있었는데 저우쭤런은 헌트의 『문학론』을 번역하고 소개하였다. 저우쭤런은 1905년에 에드거 앨런 포의 『황금벌레』와 코난 도일의 『셜록 홈스』 중의 한편을 번역하였고, 빅토르 위고의 『레미제라블』를 번안하였다. 그는 1906년에 일본에 도착하자 세인츠베리G.Saintsbury(1845~1933)의 『영국문학사』와 텐Hippolyte Taine(1828~1893)의 『영국문학사』를 구입하였다. 이처럼 저우쭤런은 서양문학과 문학론에 대하여 지대한 관심을 가지고 있었다. 1906년에 저우쭤런의 스승이던 장타이옌은 「문학논략文學論略」이라는 글을 발표하는데, 그에 의하면 "원래 文이란 經·史·子·集 일체를 포괄"하는 것이었다.[25] 그는 문文을 필筆과 사辭로 구분하는 것에 반대하면서 유교 경전을 포함한 글文을 모두 문학으로 인정하였다. 같은 해 왕궈웨이는 「문학소

23 張法, 「中國文學理論學科發展回望與補遺」, 『文藝研究』, 中國藝術研究院, 2006, 31면.

24 根岸宗一郎, 앞의 글, 39면.

25 章太炎, 『文學論略』, 群衆圖書公司, 1925, 3면. 1910년에 짱타이이안은 「문학총략(文學總略)」을 발표하고 "문자가 대나무나 비단에 새겨졌기에 그것을 일러 文이라고 하고, 그 법칙을 논하는 것을 문학이라 한다"고 주장하였다. 장타이옌의 문론에 대하여는 류준필, 『동아시아의 자국학과 자국문학사 인식』(소명출판, 2013), 제2장을 참조.

언文學小言」을 발표하였다. 서구 미학에 주목한 왕궈웨이는 장타이옌과 달리 "문학이란 유희적 사업文章者遊戲的事業"이라고 믿고, 문학의 심미적 요소만을 강조하였다.[26] 1907년 저우쭤런은 헌트의 『문학론』을 입수하고 헌트의 주장을 택하였다. "문학을 논하는 자들은 문학이 일반 학문과 차이가 없다고 주장하거나 문학을 오락으로 본다. 그 절충을 취한 근사한 논의가 미국인 헌트의 주장이다."(1 : 96) 저우쭤런이 일본에 소개된 문예이론 가운데 헌트의 문학론을 택한 이유는 '중용中庸' 때문이었다.

저우쭤런은 헌트의 주장에 근거하여 문학을 다음과 같이 정의하였다. "문학은 意象, 感情, 風味(Taste)를 거친 인생사상의 표현으로 서면으로 기록되는 것이다. (문학은) 학술에서 벗어나 모든 영역에 두루 미치기 때문에 모든 사람에게 지적으로 이해되고Intelligible 또한 재미Interesting를 느끼게 한다."[27](1 : 96) 저우쭤런은 다시 이 정의를 네 가지로 나누어 설명하였다. ① 문학이라는 것은 글로 기록된 것이다. ② 문학은 학술이 아니라 진眞과 미美를 일반 사람에게 보급하는 것이다. ③ 문학은 인생 사상의 표현이기에 느낌Sensible 수 있어야 한다. ④ 문학에는 없어서 안 될 요소 세 가지가 있다. 상상적인 것Ideal, 감흥적인 것Impassioned, 그리고 미적인 것Artistic이다. 사상은 어떤 매개Medium를 거쳐서 표현되어야 문학이 될 수 있었고, 그 매개는 의상意象, 감정感情, 풍미風味였다.(『論文章』, 1 : 96~98)

1905년에 출간된 린추안지아의 『중국문학사』에서는 문학을 장중莊重, 우미優美, 경쾌輕快, 주경遒勁, 명석明晳, 정치精緻 여섯 가지로 나누었다. 린추안지아는 유교 경전에 의하여 문학을 분류하였던 것이었다. 뿐만

26 王國維, 「文學小言」, 『教育世界』 139, 1906.12.
27 Hunt, 傳東華 譯, 『文學論』, 商務印書館, 1935, 30면.

아니라 린추안지아는 황제에게 올리는 상서를 치사지문治事之文이라고 하면서 문학으로 분류하였다. "치화治化는 예禮에서 나오고, 사飼와 장章은 시詩에서 나온 것이다. 공자께서 가르쳐주신바, 예와 시를 배우는 것을 똑같이 중시해야 한다. 시가詩歌는 문학으로 전해지고, 예관禮官이 지키는 것이 정사政事이다. 공부한 후에 정치에 들어선다."[28] 린추안지아는 문학을 유교의 경전과 동일시할 뿐 아니라 문학의 주된 역할이 치화에 있다고 주장하였다. 저우쭤런의 「문장론」은 바로 이러한 주장을 반박하기 위해서 발표되었다.

> 시를 정리하고 예를 확정(刪詩定禮)하는 것은 국민사상의 봄 꽃(春華)을 시들게 만들고 제왕의 보조적 기구로 역할을 하였는데 그 화(禍)가 마치 진(秦)의 분서와 같다. 공자는 중국문학의 종조인데 인심을 이 지경으로 구속하니 인심이 영락하는 것은 더 말할 것도 없다.[29]

유교의 전통 아래에서 문학은 통치의 기구로 전락하였고 국민사상을 자유롭게 드러내지 못하게 되었다. 때문에 저우쭤런은 문학을 유교로부터 독립시켜 literature의 번역어로 사용하였다. literature의 번역어로서의 문학은 "인생 사상의 표현"이었다. 인생 사상의 표현이라는 규정은 통치기구로서의 문학 개념을 부정하고, 문학을 사상 · 감정의 산물로 정초하려는 의도에서 제출되었다. 문학은 사상 · 감정의 자유로운 표출이

28 林傳甲, 앞의 책, 51면.

29 「論文章之意義暨其使命因及中國近時論文之失」, 『周作人散文全集』 1, 92면. "刪詩定禮, 閼國民思想之春華, 陰以為帝王之右肋, 推其後禍, 猶秦火也. 夫孔子為中國文章之匠宗, 而束縛人心至於此, 則後之零落又何待夫言說歟."

되었다. 문학은 자율성을 획득하였고, 유교로부터 독립하였다.

저우쭤런은 문학을 유교로부터 독립시키는 한편 문학의 고유한 특성, 문학성을 강조하였다. "문학에는 없어서 안 될 요소가 세 가지 있다. 상상적인 것Ideal, 감흥적인 것Impassioned 그리고 미적인 것Artistic이다." 문학은 사상·감정의 표현이지만 학술이나 철학과는 다른 방식으로 사상과 감정을 표현하였다. 문학은 상상적이고 미적인 것이었다. 후술하겠지만, 저우쭤런은 문학의 미적인 측면에 대해서는 헌트의 주장을 수용하지 않았다. "미적이라는 것은 구조에 있다. 요컨대 장과 구章句, 운율, 수사, 용재鎔裁 등에 있는데 그 정밀한 정의는 미학에 근거를 두는 것이다."(「論文章」, 1 : 98) 문학은 재미를 불러일으킬 수 있어야 하고 형식적인 미를 갖추어야 하는 것이었다.

문학에 자율성과 예술성을 부여함으로써 저우쭤런은 재도지문이라는 유교적 문학 개념을 부정하고 근대적 문학 개념을 중국에 정착시켰다. 그러나 "상상은 환상에 떨어지기 쉽고, 미에 치우치면 L'art pour L'art(예술을 위한 예술)로 나아가고, 감정을 중요시하다보면 천박해질 수가 있다". (「論文章」, 1 : 99) 저우쭤런은 문학의 부작용을 염려하면서 헌트의 『문학론』 제1부 제12장을 논거로 삼아 문학이 사명을 지닌다고 역설하였다.

저우쭤런에 따르면 문학은 네 가지 사명을 지니고 있다. ① 높은 이상이나 위대한 사상을 표현해야 한다. ② 시대정신을 정확하게 서술해야 한다. ③ 인간의 정을 세상에 알려야 한다. ④ 정신을 드높임으로써 인생을 고상하게 해야 한다.(「論文章」, 1 : 99~105) 언지유물言之有物이라는 개념은 1917년 후스胡適의 「文學改良芻議」에서야 다시 제기되었다. 문학에는 지혜로운 생각이 담겨 있어 "독자로 하여금 그 묘한 이치를 알게 함으로써 심령의 기갈을 달랜다". 또한 문학은 시대정신의 산물이면서도 시대정신을 바로잡을 수 있다. "한 나라가 쇠퇴하여 민심이 흐트러질 때 반드시 명철한 자가 우뚝 일어나 개선하도록 국민을 지도한다." 저우쭤런에게 문학은 공리주의에도 예술 지상주의에도 함몰되지 않는 것이었다. 문학 자체가 지닌 고상한 이치는 국민의 사상을 고양할 수 있었다.

> 문장은 국민정신이 기탁하는 바이다. 정신이 왕성하면 문장이 밝아지고, 정신이 쇠약해지면 문학이 정신을 보완한다. 고로 문장은 실용적인 것은 아닐지라도 먼 효과(遠功)가 있다.[30]

저우쭤런은 헌트의 문학론에 드러난 중용적 태도 때문에 헌트의 주장을 수용하였다. 헌트의 『문학론』은 근대적 문학 개념을 소개할 뿐만 아니라 문학의 사회적 역할도 인정하였다. 헌트에 따르면 문학은 인간의 사상을 함양하고, 시대의 정신을 바로잡을 수 있었다. 저우쭤런은 헌트의 문학론에 근거하여 문학에는 먼 효과가 있다는 결론을 내렸다. 문학을 재도로부터 해방시키려는 저우쭤런의 계획은 문학의 사회적 역할을 부인하지 않았다. 그가 부정한 것은 문학을 치화의 기구로 간주하는 관점이었다. 근대적 문학 개념에 따르면 문학은 인간감정과 사상의 자유로운 표현이며, 인간의 감정에 스며들어 인간사회를 진화시키는 것이었다. 인간사회를 진화시키는 것이 문학의 먼 효과였고 가장 중요한 기능

30 「論文章之意義暨其使命因及中國近時論文之失」, 『周作人散文全集』 1, 115면. "夫文章者, 国民精神之所寄也. 精神而盛, 文章固即以发皇, 精神而衰, 文章亦足以补救, 故文章虽非实用, 而有远功者也."

이었다. 헌트는 문학의 사회적 역할을 중시했고, 이 때문에 저우쭤런은 헌트의 문학론을 자신의 논거로 선택하였다.

> 文學이라는 語義도 在來로 使用하던 者와는 相異하다. 금일 소위 文學이라 함은 西洋人이 使用하는 文學이라는 語義를 取함이니 西洋의 literatur 혹 literature라는 語를 文學이라는 語로 飜譯하였다 함이 適當하다. 고로 文學이라는 語는 在來의 文學으로의 文學이 아니요, 西洋語에 文學이라는 語意를 表하는 者로의 文學이라 할지라.[31]

한편 1910년에 발표한 「문학의 가치」에서 이광수는 "英語에 literature(문학)이라는 字도 또한 전자와 略同한 歷史를" 가진다고 보았으나 「문학이란 하오」에 이르러서는 종래의 문학 개념을 부정하고 문학을 literature의 번역어로 사용해야 한다고 역설하였다. 이광수는 저우쭤런보다 분명하게 문학을 "서양어에 문학이라는 어의를 표하는 자로의 문학"이라고 규정하였다. 저우쭤런이 「문장론」에서 논거의 출처를 명시한 것과는 달리, 이광수는 문학을 literature의 역어로 정착시킨 「문학이란 하오」에서 그의 문학론의 근거가 어디에서 유래하였는지를 밝히고 있지 않다. 기존 연구는 「문학이란 하오」의 연원을 『소설신수』에서 찾았다.[32] 그런데 1922년에 발표한 「문학에 뜻을 두는 이에게」에서 이광수는 다섯 권의 문학이론서를 추천하였다.[33]

31 「문학이란 하오」, 『이광수전집』 1, 삼중당, 1962, 547면.
32 김윤식, 앞의 책, 69면.
33 「문학에 뜻을 두는 이에게」, 『이광수전집』 16, 46면.

윈치스터 原著, 『文學批評論』

夏目漱石, 『文學論』

本間久雄, 『文學概論』

坪內逍遙, 『英文學史』

五十風力, 『日本文學史』

1899년에 출간된 윈체스터Caleb Thomas Winchester(1847~1920)의 『문학비평의 제 원리*Some Principles of Literary Criticism*』는 오오타 요시오, 나쓰메 소세키, 혼마 히사오 등이 공통적으로 원용한, 대표적인 서구의 문학론이다.[34] 이 저서는 1923년에 중국어로 번역되었다. "윈체스터의 『문학비평의 제 원리』와 헌트의 『문학론』의 체계가 중국 근대문학이론의 구축에 결정적인 영향을 주었다."[35] 혼마 히사오는 『신문학개론』의 서문에서 주제를 선택하고 설명 방식을 결정하면서 윈체스터의 『문학비평의 제 원리』와 헌트의 『문학론』을 참고했다고 밝혔다.

혼마 히사오는 쓰보우치 쇼요와 시마무라 호게쓰의 지도를 받아 1909년에 와세다대학 영문학과를 졸업하였다. 졸업 후 그는 시마무라 호게쓰가 중심이었던 『와세다 문학』의 동인으로 활동하다가 1918년에 와세다 영문학과 강사를 담당하였다. 그는 1928년에 영국 유학길에 올랐다가 1931년에 귀국하여 와세다대학 문학부 교수가 되었다. 혼마 히사오의 『문학개론』은 1916년에 『신문학개론』이라는 제목으로 와세다대학 출판부에서 간행되었다가 1925년에 수정되어 『문학개론』으로 재

34 이재선, 『이광수 문학의 지적 편력』, 서강대 출판부, 2010, 55면.
35 張法, 앞의 글, 31면.

출간되었다.[36] 이광수가 추천한 혼마 히사오의 『문학개론』은 1916년에 출간한 『신문학개론』임이 분명하다. 히사오의 『신문학개론』은 1916년에 와세다대학 출판부에서 출간되었고 이광수는 1915년에 와세다에 입학하였다.[37] 따라서 이광수는 1916년에 혼마 히사오의 『신문학개론』이 출간되자마자 『신문학개론』을 접할 수 있었다. 그리고 그는 1916년 11월에 「문학이란 하오」를 발표하였다.

> 文學도 次次獨立이 되어 其 意義가 明瞭히 되어 詩歌, 小說 등 情의 分子를 포함한 文章을 文學이라 칭하게 至하였으며[38]

36 혼마 히사오의 『신문학개론』은 중국에 막대한 영향력을 행사한 저술이었다. 1919년에 문어문으로 번역되었다가 1925년에 백화문으로 번역되었다. 『신문학개론』은 1930년까지 12번이나 재판되었다. 타이완에서는 1950년부터 일곱 번이나 재판되었다.

37 『이광수 문학의 지적 편력』에서 이재선은 혼마 히사오의 『신문학개론』의 출판 시기를 1921년으로 추정하고 있다. 그러나 혼마 『신문학개론』은 1919년에 이미 중국어로 번역되었다. 『신문학개론』 중국어 역본의 역자 서문에 출판 시기를 추정할 단서가 있다. 번역자 창시천(章錫琛)은 "내가 최초로 이 책을 번역한 것이 민국 8년, 즉 원저가 출판한 지 3년이 될 때었다"라고 밝혔다. 민국 8년이 1919년임을 감안하면, 혼마의 『신문학개론』이 출판이 출판된 시기는 늦어도 1916년이다. 장시천은 1919년에 『신문학개론』의 앞부분을 문언문으로 번역하였고, 1920년에는 『新中國』 잡지에 발표하였다. 1924년에 와서 그는 『신문학개론』의 뒷부분을 번역하여 『문학』에 발표하였다. 그 후 1925년에는 백화문으로 번역하여 상하이 상무인서관(商務印書館)을 통해서 번역본을 출간하였다. 1925년에는 왕푸촨(汪馥泉)의 번역본도 출간되었다. 창시천의 번역본은 1925년 8월에 출간되었고, 왕푸촨의 번역본은 1925년 5월에 상하이서점(上海書店)을 통해서 간행되었다. 1926년에는 창시천의 번역본이 재판되었다. 1930년에 와서 장시천은 개명서점(開明書店), 왕푸촨은 상하이아동도서관(上海亞東圖書館)을 통해서 번역본을 재출간하였다. 혼마 히사오의 『문학개론』은 중국에서 1920~1930년에 무려 열두 번이 재출판될 정도로 지대한 영향을 주었다. 1927년에 출판된 톈한(田漢)의 『문학개론』, 1931년에 이유천(李幼泉)과 홍북평(洪北平)의 『문학개론』, 1932년에 간행된 조백천(曺百川)의 『문학개론』이 모두 혼마의 『신문학개론』을 저본으로 삼았다. 이에 대한 연구는 金永兵·榮文漢, 「本間久雄文學概論模式及在中國的影響」; 盖生, 「本間久雄文學概論對中國20世紀初文學原理文本書寫的影響」; 傳瑩, 「外來文論的譯介及其對中國文論的影響」 등을 참조.

38 「문학의 가치」, 『이광수전집』 1, 546면.

> 文學이란 特定한 形式下에 人의 思想과 感情을 發表한 者를 謂함이니라. (…중략…) 文學은 마치 自己의 心中을 讀하는 듯하여 美醜喜哀의 感情을 伴하나니 此 感情이야말로 실로 文學의 특색이니라.[39]

이광수는 1916년에 문학의 정의를 은밀히 수정하였다. 1910년에 발표한 「문학의 가치」에서 이광수는 문학을 정情과 결부시켰다. 다만 1910년의 이광수에게 문학은 "情의 分子를 포함한" 것이었다. '포함한다'는 표현에는 정이 문학의 여러 요소 중의 하나라는 뜻이 담겨 있었다. 그러나 「문학이란 하오」에 이르러 이광수는 문학을 "인의 사상과 감정을 발표한 자"로 재정의하였다. 문학은 이제 '정'을 포함한 것이 아니라 '정'에 해당하는 것이다. 문학과 정의 관계에 있어서 「문학의 가치」와 「문학이란 하오」 사이에는 큰 격차가 있었다. 그 격차의 이면에는 드 퀸시의 '지식의 문학'과 '힘의 문학' 개념, 그리고 지정의 삼분법이 각각 작용하고 있었다.

"정의 분자는 바로 호게쓰의 『문학개론』에서 온 것이다."[40] 1908년에 출간된 『문학개론』 제5장의 소제목은 "文學と其の內容：知情"이었다. 호게쓰에 의하면 문학은 지와 정을 모두 포함하는 것이었다.

> 문학의 내용은 지(知) 외에 정(情)이라는 것을 필요로 한다.[41]

---

39 「문학이란 하오」, 『이광수전집』 1, 548면.

40 이재선, 앞의 책, 26면.

41 島村抱月, 「文學概論」, 『抱月全集』 4, 天佑社, 1920, 410면. "文學の內容となるものは知の外に情の要素の必用であることが分る."

시마무라 호게쓰의 『문학개론』에 의하면 문학은 지와 정으로 구성된 것이었다. 시마무라 호게쓰는 정을 문학의 주요 요소라고 주장하면서 정의 중요성을 강조하였다. 그러나 『문학개론』에서 문학은 정만을 담당하는 영역이 아니었다. 문학은 지와 정의 결합체였다. 이는 「문학의 가치」에서 문학을 "情의 分子를 포함한" 것이라고 본 이광수의 주장과 일치한다. 보다 정확하게 말하면 문학이 정을 포함한다는 이광수의 주장은 호게쓰의 영향을 받았다. 1908년에 출간된 시마무라 호게쓰의 『문학개론』과 1910년에 발표된 이광수의 「문학의 가치」에서 정은 문학을 구성하는 여러 요소 중의 하나였다. "호게쓰가 교수로서 문학과 강의록으로 써서 1908년 10월 와세다대학 출판부에서 간행한 『문학개론』의 제5장 「문학과 그 내용—지정」에서 '지식의 분자' 또는 '지식적 분자'에 대흥하여 문학의 내용이나 현상을 밝히기 위해서 '정의 분자', '정적 분자'이라는 용어를 쓴 것에서 바로 인용 · 수용된 것이다. 이것이 이광수의 '정의 분자'론 또는 정의 문학관을 형성시키는 가장 근접적이거나 직접적인 근거이다."[42] 이광수는 '정적 분자'라는 표현뿐 아니라 문학에 지와 정을 아우른다는 호게쓰의 논리까지 수용하였다. 따라서 그는 「문학의 가치」에서 "정의 분자를 포함한 문장을 문학이라"고 규정하였다.

문학이 지와 정으로 구성된다는 주장은 1906년에 출간된 오오타 요시오의 『문학개론』에서도 찾아볼 수 있다. "문학에는 두 가지가 있다. 하나는 지적문학이고, 하나는 정적문학이다."[43] 문학은 지적문학과 정적문학으로 구분될 수 있었다. 오오타 요시오는 지적문학과 정적문학이

42 이재선, 앞의 책, 26면.

43 太田善男, 『文學概論』, 東京 : 博文館, 1906, 27면.

라는 구분을 드 퀸시의 「포프의 시」이라는 글에서 차용한 것이라고 밝혔다. 토머스 드 퀸시Thomas De Quincey(1785~1859)는 작가이자 비평가로 문학계에 많은 영향을 끼쳤다.

> 문학이라는 사회 기구는 서로 혼합하면서도 서로 독립한 두 가지의 기능으로 구분할 수 있다. 양자가 자주 혼합되어 사용되지만 때로는 자연적으로 서로 배척한다. 이 양자 중 하나는 지식의 문학이고, 다른 하나는 힘의 문학이다. 전자는 지식을 가르치는 역할, 후자는 감동을 주는 역할을 수행한다. 전자가 키라면 후자는 노 혹은 돛이다. 전자가 논변적인 이해라면 후자는 즐거움과 동정을 통해서 최종적으로 더 높은 이해 혹은 이성에 도달한다.[44]

알렉산더 포프Alexander Pope를 기념하기 위해서 쓰인 「포프의 시」에서 드 퀸시는 문학을 지식의 문학과 힘의 문학으로 구분한다. 지식의 문학은 논리적으로 지식을 가르치는 것이며, 힘의 문학은 감정을 통해서 이성을 획득하게 하는 것이다. "인간의 격정, 욕망, 감정으로 이룬 안개와

44 "In that great social organ which, collectively, we call literature, there may be distinguished two separate offices, that may blend and often do so, but capable, severally, of a severe insulation, and naturally fitted for reciprocal repulsion. There is, first, the literature of knowledge, and, secondly, the literature of power. The function of the first is to teach; the function of the second is to move. the first is a rudder; the second, an oar or a sail. The first speaks to the mere discursive understanding; the second speaks ultimately, it may happen, to the higher understanding or reason, but always through affections of pleasure and sympathy. The first speaks to the mere discursive understanding; the second speaks ultimately, it may happen, to the higher understanding or reason, but always through affections of pleasure and sympathy." Thomas De Quincey, *The Poetry of Pope*, 1848; http : //users.clas.ufl.edu/pcraddoc/deq.htm.

눈부신 옷이 입힌 감성의 빛을 거쳐야만 힘의 문학으로 불릴 수 있다."[45] 힘의 문학은 인간의 감정을 기초로 한 문학이다. 지식의 문학은 지식의 영역, 힘의 문학은 감정의 영역에 해당되는 것이다. 다시 말하면 드 퀸시에 의하면 문학은 지식과 감정으로 구성되는 것이다. 그런데 일본에서 최초의 문학개론서를 출간한 사람인 시마무라 호게쓰는 문학이 지와 정으로 구성된다고 주장하고, 오오타 요시오 역시 문학이 지적문학과 정적문학으로 구분된다고 말하고 있는 것이다. 문학을 지와 정으로 나누는 드 퀸시의 주장이 일본 최초의 문학 연구자에게 매우 큰 영향을 주었다고 볼 수 있다.

1916년에 시마무라 호게쓰의 제자인 혼마 히사오가 『신문학개론』을 간행하였다. 『신문학개론』에서 혼마 히사오도 드 퀸시의 문학 주장을 언급한다. "19세기 초 영국 저명한 학자인 드 퀸시Thomas De Quincey(1785~1859)는 말했는데 '우선 지식의 문학이 있고, 그다음으로 힘의 문학이 있다.'"[46] 『신문학개론』의 연구사 부분에서 혼마 히사오가 드 퀸시의 주장을 정리하고 있는 것이다. 오오타 요시오, 시마무라 호게쓰가 드 퀸시의 주장을 수용하였으며 혼마 히사오의 『신문학개론』에도 드 퀸시의 주장이 언급되었다. 그러나 혼마 히사오는 드 퀸시의 문학 개념 주장에 찬성한 것은 아니었다.

드 퀸시가 말하기를 지식의 문학(과학)은 가르치는 것이고, 힘의 문학

45 "It does and must operate-else it ceases to be a literature of power-on and through that humid light which clothes itself in the mists and glittering iris of human passions, desires, and genial emotions."

46 本間久雄, 章錫琛 譯, 『新文學概論』, 上海 : 商務印書館, 1926, 4면.

(여기서 말하는 문학)은 감동적인 것이다.[47]

괄호 안의 내용에 주목할 필요가 있다. 혼마 히사오는 힘의 문학을 "여기서 말하는 문학"으로 규정하였다. "여기서 말하는 문학"은 『신문학개론』에서 거론하는 문학으로 혼마 히사오가 이해한 문학 개념이었다. 힘의 문학이 문학이라면 지식의 문학은 지금의 문학이 아니라는 뜻이 된다. 혼마 히사오는 지식의 문학을 과학으로 분류한다. 이 주장은 1926년에 재출간되었던 『문학개론』에서도 찾아볼 수 있다. "힘의 문학은 여기서 내가 말하는 문학이다." "힘의 문학(여기서 말하는 문학)."[48] 『신문학개론』은 문학이라는 영역에서 지식을 배제하고 감정만을 할당하였다. 혼마 히사오는 드 퀸시 문학 개념 중에 감정을 담당하는 부분만을 문학으로 인정하였고, 지식을 담당하는 부분은 과학으로 분류하였다. 드 퀸시부터 시마무라 호게쓰와 오오타 요시오까지만 하더라도 지적문학과 정적문학을 모두 '문학'으로 간주하였지만, 혼마 히사오는 정적문학만을 문학으로 인정하였다. 1916년에 출간된 혼마 히사오의 『신문학개론』에 이르러서 지식이 문학의 영역으로부터 배제되어 문학은 감정만이 작동하는 영역이 되었다.

이러한 변화는 윈체스터나 헌트 같은 신세대 이론가들의 등장과 깊은 관련이 있었다. 1899년에 윈체스터는 『문학비평의 제 원리』를, 1906년에 헌트는 『문학론』을 출간하였다. 앞서 확인했듯 헌트는 문학이 인

47 위의 책, 7면.

48 本間久雄, 『文學概論』, 東京堂, 1926. "力の文學とは吾々がここに云ふ文學である."(19면) "力の文學(ここに云ふ文學)"(21면).

간의 감정을 담당하는 영역이라고 주장하였고, 그의 주장은 저우쭤런에 의해 수용되었다. 윈체스터 역시 문학은 지식이 아니라 감정의 영역이라고 주장하였다.

> 문학에 있어 가장 기본적인 요소는 감정의 힘과 깊은 관련이 있다. (…중략…) 문학평론에 있어서 아래와 같은 요소를 필히 주의해야 한다. ①감정 ②상상 ③사상 ④형식이 그것이다.[49]

윈체스터의 『문학비평의 제 원리』는 '정의와 범주', '문학이 무엇인가', '문학에 있어서의 감정 요소', '상상', '문학의 이성적 요소', '문학의 형식적 요소', '시', '산문소설, 그리고 결론'의 총 8장으로 구성되어 있다. 제2장인 '문학이 무엇인가'에서 윈체스터는 문학을 감정의 마력을 지닌 것으로 규정하고, 감정, 상상, 사상, 형식의 네 가지 문학의 요소를 제시하였다. 지와 정을 문학의 요소로 본 드 퀸시와 달리, 윈체스터는 감정, 상상, 사상과 형식 네 가지 요소가 문학을 구성한다고 보았다. 즉 윈체스터는 『문학비평의 제 원리』에서 지를 문학의 영역으로부터 배제시켰다.

이 주장은 혼마 히사오에 의해 그대로 수용되었다. "윈체스터에 의하면, 문학이 불멸의 재미와 감동을 지닌 이유는 근본적으로 '인류의 감정을

49 "The essential element in literature, then, is the power to appeal to the emotion. (…중략…) In summary, then, we fined that in all critical examination of literature we must notice the following elements. 1. Emotion, 2. Imagination, 3. Thought, 4. Form." C. T. Winchester, *Some Principles of Literature Criticism*, New York : The Macmillan Company, 1899, pp.56~361.

다루'기 때문이다."[50] 혼마 히사오의 『신문학개론』은 제1부 문학통론과 제2부 문학비평론으로 구성되었다. 제1부는 문학의 정의, 문학의 특질, 문학의 기원, 문학의 요소, 문학과 형식, 문학과 언어, 문학과 개성, 문학과 국민성, 문학과 시대 그리고 문학과 도덕 총 10장으로 구성되었다. 제1장 문학의 정의에서 혼마 히사오는 워세스트Worcester(1784~1815), 드 퀸시De Quincey, 매슈 아널드Matthew Arnold(1822~1888), 포스넷Posnett(1882~1901), 허드슨William Henry Hudson(1841~1922), 헌트와 윈체스터 등의 주장을 나열하였다. 제2장 문학의 특질에서는 윈체스터의 학설이 집중적으로 소개되었다. 혼마 히사오의 『신문학개론』의 구조는 "윈체스터의 『문학 비평의 제 원리』와 허드슨의 『문학 연구 입문』을 참조한 것"이었다.[51] 혼마 히사오의 『신문학개론』은 윈체스터의 『문학비평의 제 원리』를 폭넓게 참조하였고, 문학이 감정을 담당한다는 주장도 혼마 히사오의 『신문학개론』에 수용되었다.

다시 이광수의 「문학의 가치」와 「문학이란 하오」로 돌아가자. "大槪 情的 分子를 包含한 文章이라 하면 大誤는 無하리라." 앞서 이미 살펴봤듯이 「문학의 가치」에서 이광수는 문학이 정의 분자를 포함한다고 주장하였다. 포함한다는 말은 문학이 정 외에 다른 요소도 포함한다는 뜻이다. 이는 시마무라 호게쓰와 드 퀸시의 논리와 동일한 것이었다. 그러나 「문학이란 하오」에 이르러 이광수는 "文學과 科學이 區分하기 는 極難"하다고 말하면서 "科學的 知識을 記錄한 者는 文學이라 謂키 不得하며 오직 人으로의 思想과 感情을 記錄한 것이라야 文學이라 함을 謂함이로다"(1 :

50 本間久雄, 章錫琛 譯, 앞의 책, 9면.
51 金永兵・榮文漢, 앞의 글, 72면.

548)라며 문학의 정의를 수정하였다. 과학적 지식은 문학의 내용이 될 수 없고 오직 인간의 사상과 감정만이 문학의 내용이 될 수 있었다. 문학에서 과학적 지식을 배제하는 논리는 혼마 히사오의 『신문학개론』과 일치하는 것이었다. 「문학의 가치」에서 문학과 정의 관계는 모호한 상태로 남아 있었지만 「문학이란 하오」에 와서는 문학이 곧 정에 해당된다는 주장이 확고해졌다.

1917년에 발표한 「소년의 비애」에서 이광수는 다시 지적문학과 정적문학이라는 구분을 제기하였다. "문호가 美的, 情的文學을 愛함에 返하야 문해는 知的, 善的文學을 愛한다."[52] 문호는 정적문학을, 문해는 지적문학을 좋아한다. 정적문학과 지적문학의 구분은 「문학이란 하오」로의 후퇴라는 인상을 준다. 그러나 「소년의 비애」에서 나오는 지적문학과 정적문학은 드 퀸시의 문학 구분과는 다르다. 「소년의 비애」에 나타난 지적문학과 정적문학은 지정의 삼분법을 전제로 한 것이다. "知의 作用이 有하매 吾人은 眞理를 追求하고 意의 方面이 有하매 吾人은 善 또는 義를 追求하는 지라. 然則 情의 方面이 有하매 吾人은 何를 追求하리요. 즉 美라."(「문학이란 하오」, 1 : 550) 1916년에 발표한 「문학이란 하오」에서 이광수는 지정의 삼분법을 제기하였다. 그에 의하면 지는 진에, 정은 미에, 의는 선에 해당되는 것이다. 「소년의 비애」에서 문해가 좋아하는 지적과 선적문학은 지와 의에 해당되는 것이다. 그리고 문호는 미적, 정적문학을 사랑한다. 미적, 정적문학을 사랑한다는 말에서 알 수 있듯 미가 정에 해당되는 분류법이 「소년의 비애」에서는 작동하고 있다. 「소년의

52 이광수, 「소년의 비애」, 『청춘』 8, 1917, 275면.

비애」에서 등장한 지적문학과 정적문학이라는 표현은 지, 정의 이분법적 구조가 아니라 지정의 삼분법에 근거를 둔 것이었다.

지정의 삼분법은 「문학의 가치」에서 언급되었다. 「문학의 가치」에서 이광수는 "智와 意만 중히 여기고 情은 賤忽히" 하는 현상에 불만을 토로하며 정을 중요시해야 한다고 역설하였다. 그러나 '정적情的 분자分子'는 문학의 일부 구성 부분일 뿐이었다. 「문학이란 하오」에 이르러서야 '眞-知' '善-意' '美-情'이라는 구조가 확립되었다. 다음 절에 보다 상세히 논하겠지만, 이광수의 지정의 의식은 시마무라 호게쓰의 미학 연구로부터 영향을 받았다. 일본에서는 1870년대부터 지정의 삼분법과 더불어 미학이 소개되었고, 시마무라 호게쓰는 1908년에 『문학개론』과 『미학개론』을 동시 출간하였다. 그는 1894년에 발표한 「미학 및 미술상의 연구」에서도 지정의 삼분법을 소개하였다. 그러나 1908년에 출간한 『문학개론』에는 지정의 삼분법에 대한 언급이 없다. 호게쓰는 미학 영역에서 지정의 삼분법을 논의하였지만 1908년까지는 지정의 삼분법에 근거하여 문학을 분석하지는 않았다. 시마무라 호게쓰는 1910년에 간행한 『문예개론』에서부터 지정의 삼분법으로 문학을 연구하기 시작하였다. 『문예개론』에서 그는 인간의 심리가 지정의로 삼분되며, 정은 예술에 해당한다고 주장하였다. 1916년에 이르러 시마무라 호게쓰의 제자였던 혼마 히사오는 『신문학개론』을 간행하여 문학이 바로 감정의 영역이라고 역설하였다. 이광수는 제2차 유학 시절에 시마무라 호게쓰와 혼마 히사오가 재직하던 와세다대학에 입학하였다. 와세다 입학한 후 발표한 「문학이란 하오」에서 이광수는 본격적으로 지정의 삼분법으로 문학을 설명하였다. "文學은 人의 情을 滿足케 하는 書籍이니라." 그는 인간의 심리는 지정의로 구성되며, 문학은 정의 영역을 담당한다고 주장하였다. 문학이 정만을 담당한다는 주장은 1899년에 출간된 윈체스터의 『문학 비평의 제 원리』에서 찾아볼 수 있다.

「문학의 가치」에서 문학에 정을 포함시켜야 한다는 입장에 섰던 이광수는 「문학이란 하오」에 이르면 사상과 감정이 문학을 이루게 된다는 주장을 펼쳤다. 지와 정의 복합 구조로서의 문학 개념은 사라지고, 문학은 정에 해당된다는 관념이 확정된 것이 「문학이란 하오」였다. 「문학의 가치」가 드 퀸시의 지식의 문학과 힘의 문학이라는 논리에 함몰되어 있었다면, 「문학이란 하오」는 그 논리를 벗어나 지정의 삼분법에 근거하여 문학을 설명하려는 시도였다. 윈체스터와 헌트 등의 이론가들은 드 퀸시의 주장을 발전시켰고, 이들의 이론은 일본 지식계에 수용되었다. 이광수의 「문학이란 하오」가 발표된 시기는 바로 윈체스터와 헌트의 주장이 수용되던 때였다. 이광수는 일본 지식계의 동향에 영향을 받아 윈체스터의 학설을 수용하였다.

윈체스터는 문학의 내용이 감정이며, 문학에는 영구적인 가치가 있다고 역설하였다. 윈체스터에 따르면 인간의 감정이 변하지 않는 것이었고, 따라서 감정을 다루는 문학도 영구적인 것이었다. 따라서 그는 감정이 서적에 영구적 가치를 부여하고 문학적 성격을 지니게 한다고 주장하였다.[53]

53 "It is the power to appeal the emotions that gives a book permanent interest, and consequently literary quality." C. T. Winchester, *Some Principles of Literature Criticism*, p.22; 本間久雄, 章錫琛 譯, 앞의 책, 11면.

똑똑한 학생이라면 거의 모든 분야의 객관적 지식에서 호머 시대의 사람을 바로잡아 줄 수도 있을 것이다. 그러나 호머는 여전히 좋다. (…중략…) 이는 우리가 시에 대해 가지고 있는 생각이 삼천 년 전의 사람들과 모든 방면에서 같아서가 아니다. 문학을 이해하는 근본적인 바탕이 그때나 지금이나 같기 때문이다. (…중략…) 호머 시대의 지식, 과학은 한물간 것이다. 그러나 호머는 그렇지 않다. 왜 그렇지 않은가? 그것은 호머가 인간의 감정에 호소하기 때문이고 인간의 감정은 근본적으로 같기 때문이다. 다시 말해 어떤 특정한 감정은 변할 수 있지만 인간 감정의 보편적인 특징은 크게 변하지 않는다는 것이다.[54]

호메로스의 시를 삼천 년이 지나고 금일에 와서도 여전히 시로 읽는 것은 인류의 감정이 같기 때문이다. (…중략…) 호메로스 시대의 과학 지식은 이미 진부한 것이 되었다. 그러나 호메로스의 시작은 여전히 새롭다. 그것은 감정 때문이다.[55]

문학이 영구성을 지닌다는 윈체스터의 주장은 혼마 히사오의 『신문

54 "A bright schoolboy could set right the man of Homer's day on almost every department of objective knowledge; but Homer is as good as ever (…중략…) Not indeed that our estimate of the poem is in all respects identical with that of the men of three thousand years ago, but the great essential grounds of literary appreciation were the same then as now. (…중략…) while the science, the knowledge of Homer's day is antiquated, Homer is not antiquated, Why not? Simply because Homer makes appeal to the emotions, and men's emotion remain essentially the same. That is, while any single emotion is transient, the general character of human emotion does not greatly alter." C. T. Winchester, *Some Principles of Literature Criticism*, New York : The Macmillan Company, 1899, pp.22～43.

55 本間久雄, 章錫琛 譯, 앞의 책, 11면.

학개론』에 그대로 반영되었다. "윈체스터에 의하면, 문학의 특질은 '작품이 영구적 가치의 진리를 담을 뿐만 아니라 작품 자체가 영구적 가치를 지닌다'는 데에 있다. (…중략…) 윈체스터의 생각에 개인의 감정은 순간적인 것이지만, 인류 보편적인 감정은 공통적인 것이다. 공통적인 것이란 시간과 공간을 초월하고 인간이면 모두 공감하고 공유할 수 있는 것이다. (…중략…) 호메로스 시대의 학문은 이미 낙후되었지만 호메로스는 도태되지 않았다. 왜 그러냐면, 그것은 옛날이나 지금이나 변하지 않는 인간의 정을 담기 때문이다."[56] 『신문학개론』 제2장에서 혼마 히사오는 불변의 감정에 기초한 문학이 영구적인 재미와 가치를 지닌다는 윈체스터의 주장을 인용하였다. 혼마는 3천년의 세월이 지났음에도 호메로스의 시가 새로움을 유지한다는 윈체스터의 주장을 『신문학개론』에서 많은 지면을 할애하여 그대로 인용하였다. 『신문학개론』에 인용된 윈체스터의 주장은 이광수의 「문학이란 하오」에도 나타난다.

> 감정의 大幹에 至하여는 전혀 不變코 共通한 듯하도다. 大文學의 立脚地는 실로 此點에 在하니 何時에 讀하여도 何地에서 讀하여도, 何人이 讀하여도 '재미있는' 문학은 즉 大文學이라. 希臘人 호메로스의 『일리아드』는 適例니 此는 距今三千年 前의 作이로되 其 味는 如新하며 詩經 중의 幾部分도 如新하니라.[57]

호메로스의 『일리아드』는 삼천 년 전의 작품인데도 불구하고 여전히 새롭다. 이광수의 이 말은 윈체스터의 주장과 동일한 맥락으로 제출되

56 위의 책, 8~11면.
57 「문학이란 하오」, 『이광수전집』 1, 554면.

었다. 호메로스의 작품이 "如新"하다는 주장이 같을 뿐 아니라, "如新"의 원인도 같았다. 인류의 감정은 공통된 것이기 때문에 정적문학은 새로움을 유지한다. "大文學人의 精神就中에 感情은 時代와 處地를 隨하여 多少의 變遷이 有하나 대가 一貫不變하는 것이며 또 各人에 就하여 言하더라도 大概 共通한 것"이기 때문이었다. 전술하였듯 1910년에 발표한 「금일 아한 청년과 정육」에서 이광수는 정의 가치를 높이 평가하는 동시에 동물적 본능으로서의 정이 변하지 않는다고 주장하였다. 정의 불변성에 있어서 이광수와 윈체스터는 유사한 관점을 취했다. 윈체스터는 인간의 감정을 순간적인 것과 공통적인 것으로 나누고 공통적인 감정이야말로 위대한 문학을 구성한다고 주장하였다. 이광수는 문학의 불변성을 감정의 불변성으로부터 추론하는 윈체스터의 논리에 쉽게 공감할 수 있었다. 문학의 불변성에 대한 견해가 유사했기 때문에 이광수는 윈체스터의 표현을 참고하여 자신의 문학론을 구축할 수 있었다.

> 가장 값싸고 알아보기 쉬운 것은 本間久雄의 氏의 文學概論이요, 윈치스터 著 文藝批評論은 原文인 英文으로는 그리 어려운 冊이 아니나 日本譯은 좀 어렵게 되었더라 합니다.[58]

1922년에 발표한 「문학에 뜻을 두는 이에게」에는 혼마 히사오와 윈체스터의 이름이 등장한다. 영문인데도 그리 어려운 책이 아니라는 이광수의 언급은 그가 윈체스터의 『문학비평의 제 원리』를 읽었음을 시사

58 「문학에 뜻을 두는 이에게」, 『이광수전집』 16, 46~47면.

한다. 정적문학에 대한 주장 특히 정에 기초한 문학의 영구성에 대한 역설이 그 증거이다. 그런데 이광수는 윈체스터의 『문학비평의 제 원리』로부터 직접적인 영향을 받은 것만은 아니었다. 윈체스터와 이광수 사이에서 혼마 히사오가 매개적 역할을 수행했기 때문이었다. 혼마의 『신문학개론』에는 다양한 이론가가 인용되지만 그중에서도 윈체스터가 큰 비중을 차지하고 있었다. 게다가 혼마 히사오는 와세다대학의 교수진으로 활동하고 있었고, 1916년에는 그의 『신문학개론』이 출간되기도 하였다. 정에 기초한 문학의 영구성도 혼마의 『신문학개론』에서 자세히 소개되었다.

혼마 히사오는 시마무라 호게쓰의 제자로, 시마무라 호게쓰 중심의 『와세다 문학』의 동인으로 활동하였으며, 호게쓰가 별세한 다음해인 1919년에는 『호게쓰 전집抱月全集』을 펴내는 데에 일조하였다. 그러나 그의 문학관은 호게쓰와 동일한 것이 아니었다. 앞서 본 바와 같이 혼마 히사오는 『신문학개론』에서 문학의 일부분으로 간주되었던 지의 영역을 문학의 범주에서 제외시켰다. 또한 혼마 히사오는 호게쓰와 달리 문학을 국민성과 연결시켰다. 1907년에 하가 야이치의 『國民性十論』이 출간되었으나, 1908년에 출간한 호게쓰의 『문학개론』에서는 국민성이 언급되지 않았다. 반면에 혼마의 『신문학개론』 제8장의 소제목은 바로 '문학과 국민성'이었다. 혼마는 국민성 개념을 수용하면서 귀스타브 르봉의 『민족 진화의 심리학적 법칙』을 문학 영역으로 도입하였다.

> 문학은 국민성(nationality) 또는 국민혼과의 관계, 즉 작품 및 작가가 그가 속한 국가의 국민성과 매우 밀접한 관계를 맺고 있다. (…중략…) 프

랑스 학자 르 봉 박사(Gustave Le Bon)의 명저 『민족 발전의 심리(Lois Psychologiques L'évolution des peuples)』의 설명이 가장 적당하다.[59]

「문학의 가치」에서 언급되지 않는 민족성 개념은 「문학이란 하오」에서 도입되었다. 「문학이란 하오」 제7절의 소제목은 혼마 히사오의 『신문학개론』의 제8장의 소제목과 동일한 "문학과 민족성"으로 되어 있다. "進步하는 一代의 思想과 感情과 生活方式은 其代 전 民族이 硏究하고 彫琢하고 修鍊한 結果이니 此는 無限한 苦心과 努力의 結晶이라. (…중략…) 此는 遺産으로 次代에 傳하여 (…중략…) 百代千代를 傳하는 동안에 그 內容은 愈益贍富하고 其品質은 愈益精練되나니 此가 즉 一民族의 精神的 文明이요, 民族性의 기원이다. 然而 此 貴重한 精神文明을 전하는데 最히 有力한 者는 즉 其民族의 文學"이다.(「문학이란 하오」, 1 : 550~551) 이광수에 의하면 민족성은 누적되고 유전되어 가는 것으로, 민족성을 담아 표현한 것이 문학이었다. "문학예술의 제작에 있어서 국민성이 자연적으로 그 작가의 인격적 배경이 된다."[60] 한 민족의 민족성은 그 민족의 문학을 통해서 확인될 수 있었다. 이 주장은 1922년에 발표한 「민족개조론」에서도 번복되지 않았다. "르 봉 박사는 그의 명저 『민족심리학』에 언어, 제도, 사상, 신앙, 미술, 문학 등 무릇 일국의 문명을 조직하는 각종 요소는 이를 지어낸 민족성의 외적 표현이라(민족심리학 제2장 제1절)고 단언"하였다.(「민족개조론」, 17 : 183) 문학은 민족성의 산물이면서 민족성을 겉으로 표현해낸 것이었다. 따라서 이광수는 「문학이란 하오」의 결론부에서 조

59 本間久雄, 章錫琛 譯, 『新文學槪論』, 上海 : 商務印書館, 1926, 53~54면.
60 위의 책, 55면.

선문학의 유무를 논하였다. 귀스타브 르 봉의 이름은 1921년 8월에 발표한 「팔자설을 기초로 한 조선인의 인생관」에서야 명시되지만, 「문학이란 하오」에서부터 르 봉의 영향을 감지할 수 있다. 혼마 히사오의 『신문학개론』에서 르 봉의 『민족 진화의 심리학적 법칙』이 명시적으로 인용되었다는 사실을 감안하면, 「문학이란 하오」를 발표할 당시에 이광수가 이미 『민족 진화의 심리학적 법칙』을 접했다 해도 놀라울 것은 없다.

르 봉의 『민족 진화의 심리학적 법칙』은 1910년에 일본에서 번역 출판되지만 1910년에 발표한 이광수의 「문학의 가치」에는 민족성에 대한 언급이 없었다. 1910년의 이광수에게 문학은 지역적인 것이었다.

> 東洋은 氣候 不調하고 土地不毛하여 生活이 困難한 土地(邦國이나 地方)가 多한고로, 衣, 食, 住의 原料를 得함에 汲汲하여 智와 意만 중히 여기고 情을 賤忽히 하여 此를 排斥하여 (…중략…) 彼歐洲는 反此하여 其大部分은 氣候溫和하고, 土地肥沃하여 生活에 餘裕가 多한 고로, 人民의 智와 意에만 汲汲하지 아니 하고 情의 存在와 價値를 覺한지라 그러므로 文學의 發達이 속히 되어서 今日에 至하였나니라.[61]

서양은 따뜻하고 토지가 비옥하기 때문에 정이 충분히 발전하였고, 이에 따라 문학도 발전하였다. 그러나 동양은 한대寒帶에 위치하고 토지도 비옥하지 않아 생활 여유가 없었다. 기후로 인한 생활의 불편함은 智와 意만을 중시하고 情을 소홀히 하는 태도를 낳았고, 동양에서 문학은

61 「문학의 가치」, 『이광수전집』 1, 546면.

유희로 전락하였다. 문학이 "時勢와 境遇를 좇아 遲緩盛衰의 차이가" 있다는 주장은 적지 않은 비판을 받았다. "이 황당한 '자기 오리엔탈리즘'은 동양과 그 문학에 대한 거의 완벽한 왜곡이다. 조선의 가난을 '온대에는 처하나 한대에 근近한 온대'라는 식으로 설명하는 것을 보건대, 온대를 높이고 열대와 한대는 천시하는 서구 중심적 문명론의 포로임이 틀림없을 것이다."[62] 기후와 토지의 차이를 근거로 동서양의 문학적 차이를 설명한 이광수의 주장은 당혹스러운 것이다. 그가 자신의 첫 문학론에서 납득하기 어려운 발언을 한 이유는 무엇일까?

이광수의 이 주장은 이폴리트 텐Hippolyte Taine(1828~1893)을 연상시킨다. 『영국문학사』에서 텐은 문학의 창작과 발전이 종족, 환경, 시대라는 세 요소에 의해 결정된다고 주장하였다. 텐에 따르면 기후가 춥고 환경이 열악한 지역에서는 먹고사는 것 자체가 문제이기에 문예가 발전할 여유가 없었다. 반면에 따뜻하고 산물이 풍족한 지역에서는 생활에 문제가 적어 과학과 예술을 발전시킬 여유가 있었다. "其 進步, 發展의 度는 土地를 좇아, 國民의 程度를 좇아 또는 時勢와 境遇를 좇아 遲緩盛衰의 차이가 有하리로되, 文學 그것은 人類의 生存할 때까지는 存在할지니라."(「문학의 가치」, 1 : 546) 조선은 "溫帶에는 處하나 寒帶에 近한 溫帶"기 때문에 문학을 발전시킬 여력이 거의 없었다. 문학의 발전이 "국민의 정도", "토지" 그리고 "시세와 경우"에 따라 달라진다는 이광수의 주장은 『영국문학사』에서 텐이 제시한 문학 세 요소와 같았다.

62 최원식, 『문학』, 소화, 2012, 142면.

이와는 별도로 기후와 환경이 그것에 다양한 요구를, 결과적으로 다른 방향의 행동을 불러온다. (…중략…) 어떤 경우, 춥고 축축한 땅에서, 어둡고 축축한 숲속 깊은 곳에 혹은 거친 바닷가 해안에서, 우울한 감정이나 격렬한 감정에 사로잡혀, 술이나 역겨운 탐식에 빠지고, 싸움이나 피를 흘리는 삶에 힘을 쏟는다. 다른 경우는 다시 사랑스러운 풍경 속에서, 밝고 웃음소리 나는 해안가에서, 항해와 무역에 이끌려, 식탐에 사로잡히지 않아, 시작부터 사교적 방식으로, 국가의 안정된 기관으로, 웅변 기술, 유희, 과학 발명, 문학, 회화 등을 발달시키고자 하는 감정과 기질로 기울어진다.[63]

텐의 『영국문학사』는 19세기 후반부터 일본 지식계에 큰 영향을 주었다. 1890년에 간행된 최초의 일본문학사 『일본문학사』는 바로 텐의 『영국문학사』의 영향을 받아 저술된 것이었다.[64] 『일본문학사』에서 저자 미카미 산지三上參次와 쿠아사부로高津鍬三郎는 문학의 영향 요소를 세 가지로 분류한다.

첫 번째, 국민 고유의 특성이다. 세계 각 나라의 인민은 각기 특별한 기상

63 "Differently climate and situation bring it various needs, and consequently a different course of action. (…중략…) some in cold moist lands, deep in black marshy forests or on the shores of a wild ocean, caged in by melancholy or violent sensations, prone to drunkenness and gluttony, bent on a fighting, blood-spilling life; others, again, within a lovely landscape, on a bright and laughing sea-coast, enticed to navigation and commerce, exempt from gross cravings of the stomach, inclined from the beginning to social ways, to a settled organisation of the state, to feelings and disposition such as develop the art of oratory, the talent for enjoyment, the inventions of science, letters, art." H. A. Taine, *History of English literature*, New York : Henry Holt&Company, 1886, pp.10~11.

64 미카미 산지, 쿠아사부로의 『일본문학사』와 텐의 『영국문학사』의 영향 관계에 대해서는 류준필, 『동아시아의 자국학과 자국문학사 인식』(소명출판, 2013)을 참조.

과 품격을 지닌다. 두 번째, 외부 현상이다. 우리나라의 지위, 지세의 형식, 기후의 춥고 따뜻함, 날씨가 서로 다르다. 세 번째, 시운이다.[65]

"국민 고유의 특성", "외부 현상", 그리고 "시운"이라는 삼 요소는 텐의 문학 발전 삼 요소와 같은 것이었다. "외부 현상"에서 미카미 산지와 쿠아사부로는 지세와 기후 등을 거론하였다. 1905년에 출간한 하야시 모리 테로의 『일본문학사』에서도 문학과 환경의 관계를 중요시하였다. "한 나라의 문학은 그 국민성에 의해 결정되고, 그 국민성은 풍토 산천 등 자연 현상에서 생기는 것이다."[66] 1908년에 번역된 영국인 에스턴 William George Aston(1841~1911)이 쓴 『일본문학사』의 첫 단락에서도 일본의 역사와 지리적 환경 그리고 인종이 문학에 큰 영향을 준다는 주장이 실렸다.[67] 이처럼 1863년에 출간된 『영국문학사』는 세계적으로 영향력 있는 저서였을 뿐만 아니라, 일본 지식계에도 큰 영향을 주었다. 1890년대부터 출간된 일본문학사에는 대부분 텐의 문학 삼 요소가 반영되었다. 이광수가 일본으로 건너간 1905년은 일본에서 텐이 활발하게 수용되던 시기였다. 유학생 이광수는 일본 지식계를 매개로 텐의 학설을 접했다. 그의 황당한 '자기 오리엔탈리즘'은 문학 개념과 문학사를 정립하려는 중에 발생한 것이었다.

1900~1910년대 일본에서는 문학개론이 연달아 출간되었다. 이 문

65 "第一, 國民固有の特性. 世界各國の人民, 各其特異なる 氣象, 品格を具ふ. (…中略…) 第二, 身外 現象. てきは邦國 の地位, 地勢 の形式, 氣候 の寒暄, 天象 の異同 (…中略…) 第三, 時運." 三上參次・高津鍬三郎, 『日本文學史』, 金港堂本店, 1890, 26~27면.

66 林森太郎, 『日本文學史』, 博文館, 1905, 1면.

67 William George Aston, 芝野六助 譯, 『日本文學史』, 大日本圖書株式會社, 1908, 1면.

학개론서들은 드 퀸시, 매슈 아널드, 포스넷, 하드슨, 그리고 윈체스터와 헌트 등 서양문학 이론가의 학설에 근거를 두었다. 저우쭤런과 이광수는 일본에서 수학하던 시기에 중국과 한국 최초의 근대적 문학론을 발표하였다. 저우쭤런은 헌트의 『문학론』을 참조하여 「문학론」을 작성하였다. 이광수의 경우, 「문학의 가치」와 「문학이란 하오」라는 두 문학론 사이에 '정의 분자'를 포함한 문학과 '정의 기초에 立'한 문학이라는 차이가 있었다. 이러한 차이는 제1차 유학과 제2차 유학에 접한 문학사상에서 달랐기 때문에 발생하였다. 시마무라 호게쓰의 『문학개론』에서는 문학이 지와 정으로 구성된다고 간주하였으나, 혼마 히사오의 『신문학개론』에서는 지를 문학의 구성요소에서 배제하였다. 드 퀸시의 문학론에서 윈체스터와 헌트의 문학론으로 서양문학론의 참조점이 변하면서 지를 문학의 영역에서 배제하려는 움직임이 활발해졌다. 이처럼 이광수의 문학론은 일본 지식인을 매개로 서양문학론을 적극 수용했던 결과였다. 문학의 정의, 특질, 요소 그리고 사명까지 정리한 저우쭤런의 「문학론」과 이광수의 「문학이란 하오」는 일본 근대 담론 체계 안에서 서양의 문학론을 수용한 하나의 문학개론이었다.

2) 지정의知情意 체계와 언문일치의 문제

> 近世에 至하여 人의 心은 知·情·意 三者로 作用되는 줄을 知하고 此 三者에 何優, 何劣이 無히 平等하게 吾人의 精神을 構成함을 覺하며, 吾의 地位가 俄히 昇하였나니, 일찍 知와 意의 奴隷에 不過하던 者가 知와 同等한 權力을 득하여 知가 諸般 科學으로 滿足을 求하려 함에 情도 文學·音樂·美術 등으

로 自己의 滿足을 求하려 하도다.[68]

이광수의 지정의 삼분법은 그간 연구들에서 활발하게 토론되어 온 과제이다.[69] 『이광수 문학의 지적 편력』에서는 이광수의 지정의론과 시마무라 호게쓰의 『문학개론』 사이의 관계를 조명한다. "호게쓰는 『문학개론』의 제5장 「문학과 그 내용—지정知情」에서 지·정을 함께 다룸으로써 이를 지·정이 대등한 '지정 융회'知情融會라고 지적하기도 한다."[70] 시마무라 호게쓰의 『신미사학』을 비롯한 '와세다 미사학'의 맥락에서 이광수의 지정의론을 검토한 연구도 제출되었다.[71] 그러나 시마무라 호게쓰는 『신미사학』에서 지정의 삼분법을 논의하지 않았고, 『문학개론』에서도 지정의 문제를 다룰 뿐 지정의 삼분법을 언급하지 않았다.[72] 따라서 어느 시점에 지정의 삼분법이 호게쓰의 미학 연구에 등장했는지를

68 「문학이란 하오」, 『이광수전집』 1, 548면.

69 저우쭤런은 지정의 문제에 주목하지 않았다. 그러나 1900년대에 왕궈웨이(王國維)가 문학 영역에서 지정의 문제를 제기하였다. 리둥메이, 「이광수와 왕궈웨이의 근대문학 개념 비교 연구」, 『한국학연구』 51, 인하대 한국학연구소, 2018.

70 이재선, 『이광수 문학의 지적 편력』, 서강대 출판부, 2010, 51면.

71 김재영, 「이광수 초기 문학론의 구조와 와세다 미사학」, 『한국문학연구』 35, 고려대 민족문화연구원, 2008.

72 『소설신수』의 저자인 쓰보우치 쇼요(坪內逍遙)는 1891년에 『미사학 논고』라는 책을 간행하였다. 미사학을 논하는 이 책에서 그는 지정의를 언급하였다. 그러나 『미사학 논고』에서의 지정의론은 이광수의 지정의론과는 달랐다. 지정의의 분과에 근거하여 미학 / 문학이 정의 영역을 담당한다고 본 니시 아마네, 호게쓰, 이광수의 견해와 달리, 『미사학 논고』에서 쇼요는 지(智)의 문, 정(情)의 문 그리고 의(意)의 문이 있다고 주장하였다. 즉 쇼요의 미사학에서는 문학이 정만을 담당하지 않는다. 이로 미루어 볼 때 미사학의 지정의와 미학의 지정의가 다른 양상으로 나타난 것임을 알 수 있다. 미사학에서 문은 문장을 가리키며, 지정의는 각각 지의 문장, 정의 문장, 의의 문장에 해당하는 것이었다. 미사학에서는 지정의의 상위 개념이 문장이었다. 그러나 미학에서 지정의는 인간의 정신적 능력을 의미하였고, 그 상위 개념은 인간이었다. 「문학의 가치」와 「문학이란 하오」에서 이광수는 문장의 차원이 아니라 인간 심리의 영역에서 지정의를 거론한 것이었다.

살펴볼 필요가 있다.[73]

시마무라 호게쓰는 1891년에 와세다의 전신인 동경전문대학에 입학하여 1894년에 졸업하였다. 졸업 후부터 『와세다 문학』에서 활동하였고, 1902년부터는 펠로우십을 지원받아 독일과 영국에서 심리학과 문학을 공부하였다. 1905년에는 귀국하여 와세다대학에서 강의하기 시작하였다. 1902년에 출간된 『신미사학』은 호게쓰의 대표작이었다. 호게쓰는 이 저술을 통하여 미사학 연구에서 큰 성과를 거두었다. 호게쓰는 "신극의 부新劇の父"라고 불릴 정도로 근대희곡에도 기여한 바가 컸다. 간과할 수 없는 것은 호게쓰가 일본 삼대 미학가 중의 한 명으로 평가받을 만큼 일본 미학의 대가였다는 점이다. 그는 1894년에 「미학 및 미술상의 연구」, 1896년 「심미적 연구의 방법」, 1900년 『태서미학사』, 1906년 「동적 미학」을 저술하였다. 또한 그는 1907년에는 「미학과 생의 홍미」를 『와세다 문학』에 발표하였고, 1908년에는 『미학개론』을 와세다문학사에서 출간했으며, 1911년부터는 와세다대학에서 미학을 강의하였다. 호게쓰는 후일 강의록을 정리하여 『미학 미정고美學未定稿』라는 제목으로 출간하였다. 대학을 졸업할 직후부터 호게쓰는 미학 연구에 주력했다. 호게쓰가 1894년에 발표한 「미학 및 미술상의 연구」는 2개의 장으로 구성되어 있는데 제1장의 목차는 아래와 같다.

第一 意識 性質

73 미학과 미사학의 구분에 관하여 1902년에 출간한 『신미사학』에서 호게쓰는 분명하게 말하였다. "Aesthetics가 미학 혹은 심미학으로 번역되고, rhetorics는 미사학으로 번역되었다(エスヤチツクスを美學又は審美學と譯し, レトリシクを美辭學と譯するきは)." 島村抱月, 『新美辭學』, 『抱月全集』 4, 天佑社, 1920, 22면.

一 心と物との關係

二 意識

三 知・情・意[74]

미학에 관한 첫 논문에서부터 호게쓰는 지정의 삼분법을 제시하였다. 그리스 시대부터 인간의 정신은 지知・정情・의意 세 가지 능력으로 구분되었다. 독일 능력심리학 창시자인 테텐스J. N. Tetens(1736~1807)는 『인간 본성과 그 발전에 관한 철학적 시론』에서 인간의 정신을 인식, 의지, 감정으로 분류하였다. 칸트I. Kant(1724~1804)의 『순수이성비판』, 『실천이성비판』, 『비판력 비판』을 통해서 지정의 삼분법이 널리 알려졌다. 칸트보다 약간 이른 시기에 활동하였던 바움가르텐Alexander Gottlieb Baumgarten(1714~1762)은 1735년 「시에 관한 몇 가지 철학적 성찰」에서 미학이라는 학문을 창립하였다. 그는 지식을 연구하는 논리학에 대응하여 감성을 연구하는 감성학Aesthetic을 제시하였다. 시마무라 호게쓰는 『미학개론』에서 바움가르텐과 감성학으로서의 미학을 소개하였다. "미학이 하나의 학문으로 독립되는 것은 지금으로부터 150~160년 전에 바움가르텐에 의해서였다."[75] 르네상스와 계몽주의 이래로 사물의 본질을 파악하는 이성은 높이 평가되었지만 감성은 저급하고 혼란한 것으로 간주되었다. 이런 상황에서 바움가르텐은 감성에 대한 지식을 하나의 독립적인 학문으로 인정하였다. 미학과 지정의 삼분법을 동아시아에 소개한 사람은 니시 아마네西周였다.

74 島村抱月, 「美學及美術上の硏究」, 『抱月全集』 3, 天佑社, 1920, 32면.
75 「美學概論」, 위의 책, 5면.

> 인성의 역할은 대개 세 가지로 나뉘는데 첫째는 지(智)로 사물의 도리를 깨달아 그에 따르는 것이며, 둘째는 의(意)로 도덕적 학문으로 행실의 본보기로 삼는 것이며 셋째는 정(情)으로 아름답고 오묘한 것이기에 마음으로 느껴야 하는 것이다.[76]

니시 아마네는 최초로 동아시아에 서양의 근대 미학을 전파한 사람이자 일본에서 최초로 서양문학 개념을 소개한 인물로 알려져 있다. 1870년에 씌어진 『백학연환』에서 니시 아마네는 미학aesthetics을 '가취론佳趣論'으로 번역했다. 그가 1872년에 쓴 「미묘학설」은 일본에서 저술된 최초의 미학 서적이었다. 이 글에서 니시 아마네는 미학을 미묘학美妙學으로 번역하였다. "철학은 일종의 미묘학을 말하는 것이다. 소위 미술과 상통해서 (…중략…) 미묘의 학은 미추를 목표로 하는 것이다."[77] 「미묘학설」에서 미학을 미추를 목표로 한 학문이라고 규정한 니시 아마네는 1877년 「역리학설譯利學說」에서 지정의 삼분법을 제시하고, 미학은 정의 영역을 담당한다고 주장하였다. 아마네에 따르면 지는 논리, 의는 도덕 그리고 정은 미학의 영역에 해당되는 것이었다. 니시 아마네는 「미묘학설」과 「역리학설」을 통해서 지정의의 분화와 정을 담당한 미학의 독립성을 동아시아에 전파하였다.

니시 아마네는 지정의 삼분법에 근거하여 미학을 소개하였으나, Aesthetics를 가취론佳趣論, 미묘학美妙學, 선미학善美學 등으로 번역하고 미학이라는 용어

76 "人生之作用, 區之爲三, 一曰智, 是致知之學, 所以律之也. 二曰意, 是道德之學, 所以範之也, 三曰情, 是美妙之論, 所以悉之也." 西周, 「譯利學說」, 『西周哲學著作集』, 岩波書店, 1933, 276면.

77 "哲學ノ一種ニ美妙學ト云アリ. 是所謂美術ト相通ジテ (…中略…) 美妙ノ學ハ美醜ヲ目標トナスト言." 「美妙學說」, 위의 책, 10~11면.

는 사용하지 않았다. 1882년부터 다카야마 초규高山樗牛와 모리 오가이森鷗外 등은 도쿄대학에서 '심미학'이라는 명칭으로 미학을 가르치기 시작하였다. 1883년에 와서 나카에 조민中江兆民(1829~1897)이 쥘 베른Eugene Veron의 저작을 『유시 미학』이라는 제목으로 번역 · 출판함으로써 일본에서 미학이라는 용어를 정착시켰다. 앞에서 살펴보았듯이 '문학'도 영어 Literature의 번역어로서 1885~1886년 무렵에 일본에서 수용되기 시작하였고, 1887~1889년 무렵에 이르면 안정된 용법으로 사용되었다.[78] 일본에서 미학과 문학이라는 개념은 비슷한 시기에 일본에 정착되었다.

> 近世에 至하여 人의 心은 知 · 情 · 意 三者로 作用되는 줄을 知하고 (…중략…) 知가 諸般科學으로 滿足을 求하려 함에 情도 文學 · 音樂 · 美術 등으로 自己의 滿足을 求하려 하도다.[79]

1877년에 쓴 「역리학설」에서 니시 아마네는 지정의의 분과를 소개하고 미학이 정을 담당하는 학문이라고 주장하였다. 그러나 이광수에게 정을 담당하는 것은 미학이 아니라 문학이었다. 정의 만족은 문학 · 음악 · 미술 등에서 추구되는데, 문학과 친숙했던 이광수는 문학과 정의 관계에 주목하였다. "情이 이미 知와 意의 奴隷가 아니요, 獨立한 精神作用의 一이며, 從하여 情에 基礎를 有한 文學도 亦是 政治 · 道德 · 科學의 奴隷가 아니라."(「문학이란 하오」, 1 : 549) 정이 독립하면서 문학도 독립된 영역을 확보하였다. 이광수의 근대문학론은 지정의 삼분법에 근거하여

78 황종연, 「문학이라는 역어」, 『동악어문학』 32, 동악어문학회, 1997, 464면.
79 「문학이란 하오」, 『이광수전집』 1, 548면.

전개되었고, 전근대 사회에서 도덕의 부속물이었던 문학은 지정의의 분화에 따라 정치와 도덕으로부터 독립하였다. “情의 要求를 滿足케 하려 하나니 吾人이 酒를 愛하고, 色을 貪하며, 風景을 求함이 실로 此에서 生하는 것이니 文學藝術은 실로 此 요구를 充하려는 使命을 有한 것이니라.”(「문학이란 하오」, 1 : 548) 이광수에게 문학은 정을 담당하는 예술이었고, 정에 대한 요구는 문학을 통해서 만족되는 것이었다. 이광수는 본래 미학의 근거로 제시되었던 지정의 삼분법에서 미학의 자리를 문학으로 대치시켰다. 미학을 문학으로 대치시킴으로써 그는 한국 최초의 문학론을 탄생시켰다. 이광수는 미학과 관련된 논의들을 문학론의 토대 내지 근거로 삼았다. 이광수는 미학에서 논의하였던 지정의 삼분법을 문학에 도입하면서 조선의 문학론을 재구성하였다.

미학을 일본으로 수입한 니시 아마네는 미학을 정의하지는 않았다. 그러나 그는 「미묘학설」에서 시와 산문 그리고 음악과 조각에 모두 미학의 원리가 적용된다고 하면서 문학과 미학의 관계를 대략적으로 설명하였다.[80] 그리고 1908년에 이르러 『미학개론』에서 시마무라 호게쓰는 미학을 다음과 같이 정의하였다.

> 미학을 모든 문예의 철학으로 삼기 위해서는 ‘미(美)’라는 말의 내용을 확장하여 모든 예술의 극점을 의미하도록 해야 한다. 또는 미라는 말을 버리고 모든 예술적 현상의 철학 혹은 과학이라고 바꿔 말해도 좋다. 즉 미학이란 결국 예술적 현상이 성립하는 과정 및 예술과 인생의 관계를 연구하

80 西周, 「美妙學說」, 11면.

는 것을 가리킨다.[81]

호게쓰에게 미학은 문학예술의 철학이었고, 인생과의 관계 속에서 문학예술의 미를 연구하는 학문을 의미하였다. 미학은 인간을 중심에 놓고 문학예술의 미를 연구하는, 인간과 긴밀한 관계를 가진 학문이었다.

> 문예가 우리에게 주는 자극 혹은 인상이라고 할 만한 심리적 상태를 총괄한 이름이 미이다. 그리고 이러한 미라고 하는 현상에 깊이 들어가는 연구가 바로 미학이다. (…중략…) 우선, 우리의 머릿속의 심리적 요소인데 가령 그것을 지, 정, 의라는 세 가지로 나누고 (…중략…) 정, 의는 우리의 생명이고 그것이 곧 예술의 생명이다.[82]

1910년에 출간한 『문예개론』에서 호게쓰는 문학 영역에서 지정의 삼분법을 언급하기 시작하였다. 문예는 '미'라는 인간의 심적 상태를 다루는 것이었고, 미적 현상을 연구하는 학문이 미학이었다. 호게쓰에 의하면 인간의 심리는 지정의로 구성되고, 과학은 지적 만족을 제공하고 정과 의는 예술의 생명이었다. 지정의 세 가지 요소 중에 정과 의는 예술

81 島村抱月, 「美學概論」, 2면. "美學をしてあらゆる文藝の哲學たらしめんためには, 其美といふ言葉の內容を擴張して, 單に一切藝術の行止りと云ふ位の意味にする. 又は美といふ言葉を捨てて, 凡て藝術的現象の哲學又は科學と言ひかへてもよい. 卽ら美學とは結局藝術的現象の成立する次第, 及ひそれが人生の對する關係を硏究するのと言ふことになる."

82 島村抱月, 「文藝概論」, 『抱月全集』 3, 405~406면. "文藝が我等に興へる刺戟, もしくは印象ともいふべき心的狀態を總括した名は, 卽ち美だある. 而して此の美といふ現象の立ち入つた硏究はやがて 美學である (…中略…) 先づ 第一に吾の頭の中の心理上の要素であるが, 假に之を知情意の三つに分けて (…中略…) 情意は我が生命であり, それがやがて藝術の生命である."

분야에 해당될 뿐만 아니라 예술의 핵심이었다. 「미학 및 미술상의 연구」에서 정을 심미의 주된 요소로 보았던 호게쓰는 『문예개론』에 와서는 정을 예술의 생명으로 간주하였다. 문학과 미학은 인간의 정을 공통분모로 함께 논의될 수 있었다. 호게쓰는 『문예개론』에서 지정의 삼분법에 근거하여 문학(문예)에 해당된 것이 정이라고 하면서 지정의 삼분법을 문학 영역으로 끌고 들어왔다. 지정의 삼분법은 이제 문학 영역에 적용 가능한 구분이 되었다.

시마무라 호게쓰는 1894년에 「미학 및 미술상의 연구」를 발표하고, 이광수가 제1차 유학 중이던 1908년에는 『미학개론』과 『문학개론』을 간행하였다. 또한 시마무라 호게쓰는 『미학 미정고』 등 저서가 이광수의 제2차 유학 시절에 출판되었고, 비슷한 시기에 와세다대학에 미학이 정규 과목으로 설치되었다. 이광수는 대학 1~2학년 때 철학, 심리학, 국문학을 수학하였다. 3학년에는 미학과 미학사라는 과목이 개설되어 있었다.[83] 이광수가 미학 또는 미사학을 수학하였는지 확인할 수 없지만, 와세다 교수인 호게쓰의 『미학개론』과 『미학 미정고』 등의 저작을 접했을 가능성은 크다. 이광수는 「부활의 서광」과 「문사와 수양」에서 시마무라 호게쓰의 말을 재차 인용하였고, 「오도답파기」(1917)에서는 기차에서 호게쓰와 만난 이야기를 적었다. 이광수와 호게쓰가 기차에서 대담을 나누었다는 사실은 와세다 학생 이광수가 와세다 교수 호게쓰와 면식이 있었음을 방증한다. 이광수가 1870년에 니시 아마네에 의해 소개되었던 지정의 삼분법을 '일반 상식'으로 알았을 가능성은 충분하지

83 구장률, 「'문학지'의 번역」, 『민족문학사연구』 47, 민족문학사학회, 2011, 150~151면.

만, 「문학의 가치」와 「문학이란 하오」에서 지정의 삼분법을 문학 영역에서 적용하였다는 점을 감안한다면, 이광수가 시마무라 호게쓰의 영향 하에서 문학론을 전개한 것은 분명하다. 시마무라 호게쓰가 미학의 논리를 문학의 영역에 도입하였다면 이광수는 이를 계기로 미학의 맥락에서 문학을 사고하고 미학론에 근거한 문학론을 구상하였다.

> 吾人의 精神은 知情意 三方面으로 作하나니 知의 作用이 有하매 吾人은 眞理를 追求하고, 意의 方面이 有하매 吾人은 善 又는 義를 追求하는지라. 然則, 情의 方面이 有하매 吾人은 何를 追求하리요. 즉 美라. 美라 함은 卽 吾人의 快感를 興하는 자니 眞과 善이 吾人의 精神的 慾望에 必要함과 如히 美도 吾人의 精神的慾望에 必要하니라.[84]

칸트는 지정의 삼분법에 근거하여 진선미라는 개념을 제기하였다. 「문학이란 하오」에서 이광수는 지정의 삼분법과 함께 진선미 개념을 사용하였다. 지는 진, 의는 선, 그리고 정은 미에 대응하는 것이었다. 이광수에게 "미라 함은 즉 오인의 쾌감을 여하는 자"였다. 즉 정과 미는 인간에게 쾌감을 주는 요소였다.

쾌감은 무엇인가? 『미학 미정고』에서 시마무라 호게쓰는 미를 객관과 주관으로 구분한 뒤, 주관적 '미'를 정서, 지식, 연상, 심력조합, 공상, 그리고 쾌감으로 분류하였다. "쾌감이라고 한 조건을 미로부터 제외한다면 도저히 미라는 것의 완전한 개념은 성립할 수 없다고 생각한다."[85]

84 「문학이란 하오」, 『이광수전집』 1, 550면.

85 島村抱月, 『美學未定稿』, 『抱月全集』 3, 286면. "快感と云ふ一條件を美から拔き去つたなら

쾌감은 인간의 주관적 요소 가운데 가장 중요한 것이었다. 쾌감과 무관한 '미'는 성립할 수 없는 개념이었다. 호게쓰는 『미학 미정고』에서 쾌감이 미학 연구의 중심이 되었음을 지적하였다.

쾌감이라는 용어는 「문학이란 하오」에서 빈번하게 언급되었다. 문학자는 "人으로 하여금 美感과 快感을 發케 할 만한 書籍을 작하는 人"이었고, 문학자의 역할은 인간의 미감과 쾌감을 만족시키는 데 있었다. "情의 要求를 滿足케 하려 하나니 吾人이 酒를 愛하고, 色을 貪하며, 風景을 求함이 실로 此에서 生하는 것이니 文學藝術은 실로 此 要求를 充하려는 使命을 有한 것이니라".(「문학이란 하오」, 1 : 548) 주색과 풍경에 대한 추구는 정의 만족에서 기인한 것이었다. 정의 만족은 감각적 쾌락을 포함하였고, 문학예술은 감각적 쾌락을 제공하는 역할도 수행하였다. "吾人은 春香, 李道令의 戀愛를 觀하고 快感을 受하며, 盧智深의 憤怒와 謝氏의 怨恨을 觀하고 快感을 受하도다."(1 : 549) 문학 작품을 통해서 독자는 흥미와 쾌감을 체험할 수 있었다.

"쾌감은 관조의 주관적인 측면이며, 더구나 모든 단계에 있어서 관조의 주관적 측면이다. 그러나 쾌감이 주관적인 까닭은 바로 그것이 순수한 정조만으로 이루어졌기 때문이다. 이 쾌감이 전달되며 알리는 것은 객관적인 것이며 바로 취미 판단의 내용이 된다. 그러나 취미 판단은 관조 중에서 쾌감이 알리는 것만을 진술하는 것이다. 그리하여 쾌감은 작용 조직 안에서 중심적 지위를 차지하고 있다. 그럼에도 쾌감은 미적 관계에서 보면 완전히 독립적인 요소로서 다른 요소에 환원시킬 수 없으

ば到底美と 云ふ完全な概念は成立しないだらうと思ふ."

며 독립적으로 분석되는 것이다."[86] 쾌감은 미학에서 주관적인 요소이며 독립적인 것이었다. "美라 함은 卽 吾人의 快感를 興하는 자니 眞과 善이 吾人의 精神的 慾望에 必要함과 如히 美도 吾人의 精神的慾望에 必要하니라." 이광수에게 쾌감은 정신적인 욕망이며 미를 만족시키는 것이었다. 또한 미는 지정의 중의 정에 해당되는 것이었다. 따라서 "이광수가 정의 능력을 중심으로 심리학적으로 규정한 문학의 영역은 바꿔 말해서 '미적인 것the aesthetic'의 영역이라고 하는 것이 좀 더 정확하다."[87]

「문학의 가치」와 「문학이란 하오」에서 이광수는 문학의 범주 안에서 지정의를 논하면서 미학을 언급하지 않았다. 그런데 1924년에 「문학강화」에서는 이광수가 문학 영역에서 미학을 거론하였다.

> 藝術品의 本質이 되는 것이 快味 또는 재미다. (…중략…) 이 快味를 불러서 우리는 審美的感情의 만족이라 하고, 이 感情을 일으키는 물건을 美한 것이라고 하고 어떤 물건으로 하여금 '美한 것'이 되게 하는 요소를 이리는 美(Beauty)라고 부른다. 그리하고 美의 法則을 硏究하는 學問을 美學이라고 부르고[88]

문학 작품의 본질은 쾌미이며 재미였다. 이 쾌미는 심미적 감정이었다. 미를 연구하는 학문이 미학이었다. "美가 藝術에 따라서 詩의 詩 되는 根本要件"(「문학강화」, 16 : 70)이었다. 「문학강화」에 와서 이광수는 선명하게 심미적 관점에서 문학을 규정하였다. 이광수가 「문학강화」에서

86 Nicolai Hartmann, 김성윤 역, 『미학이란 무엇인가』, 동서문화사, 2012, 81면.
87 황종연, 앞의 글, 470면.
88 「문학강화」, 『이광수전집』 16, 68~70면.

진리 가치 감정, 도덕 가치 감정, 심미 가치 감정이라는 용어를 사용하기는 하지만, 문학 작품이 인간에게 쾌감을 준다는 입장은 변함이 없었다. 그러나 「문학이란 하오」에서 지정의의 분리를 주장하던 이광수가 「문학강화」에서는 지정의의 합일을 주장하였다.

「문학강화」에서 이광수는 심리학적 용어를 빌려 「문학이란 하오」에서 등장하던 쾌감과 쾌미를 설명하였다. "快味가 오직 눈과 귀라는 感官 卽 본다, 듣는다 하는 感覺으로만 생긴다고는 할 수 없다. 우리가 스스로 經驗하는 바와 같이 그 快味는 퍽 깊은 무엇에 생기는 것과 같고 또 우리가 '나'라고 부르는 人格 全體에서 생기는 것 같다." 쾌미는 관능이며 심리학 상의"神經系統 全部의 滿足"이었다. "(文學으로 또 널리 말하면 모든 예술을) 읽을 때에, 또는 읽는 것을 들을 때에, 經驗한 快味는 一般 感覺으로 하는 그것보다도 깊고 또 部分的이 아니요, 全的(全神經的, 全經驗的 또는 全人格的)이다."(「문학강화」, 16 : 69) 이광수는 문학 작품을 읽을 때 독자가 쾌감을 체험하게 된다고 생각하였다. 「문학강화」는 문학 작품이 미적 쾌감을 부여한다는 점에서는 「문학이란 하오」와 다를 바가 없었다. "吾人은 春香, 李道令의 戀愛를 觀하고 快感을 受하며, 盧智深의 憤怒와 謝氏의 怨恨을 觀하고 快感을 受하도다."(「문학이란 하오」, 1 : 549) 단지 「문학강화」에서는 미학이라는 이론으로 문학과 쾌감 그리고 미를 보다 상세하게 설명할 뿐이었다. 「문학이란 하오」는"쾌감과 미의 연관에 대한 해명을 통해서 문학의 예술성을 본격적으로 논의하는 것은 아마도 저자에게도 독자에게도 시기상조의 논의"[89]라는 평가를 받았다. 그러나 이광수

89 김재영, 「이광수 초기 문학론의 구조와 와세다 미사학」, 『한국문학연구』 35, 고려대 민족문화연구원, 2008, 398면.

가 「문학이란 하오」에서부터 지정의(진선미)라는 체계에서 정을 미와 대응하는 관계로 설정하고, 문학작품이 쾌감을 만족시키는 예술이라고 하면서 미학적 논리로 문학을 설명하였다는 의의를 무시할 수는 없다.

"우리는 생명을 가진지라 그리고 어디까지나 이를 이어 가려면 본능적 욕망-生存慾이라는 것을 가졌으며 또 그 욕망은 다른 무슨 욕망보다 굳세어서 이 욕망 앞에는 온갖 욕망이 顔色을 잃으며 顔色이 잃을 뿐만 아니라 굴복하며 굴복할 뿐만 아니라 희생이 되는도다."(「여의 자각한 인생」, 1 : 576) 1910년에 진화론자 이광수에게 생존은 절대적인 요구였다. 이광수는 1910년에 발표한 「조선 사람인 청년에게」에서 "천부된 양심의 명령을 좇아 생의 보지 발전에 필요한 사위의 온갖에 대하여 정성스러이 있는 힘을 다하여 생각하고 노력하면 그는 모두 선이니라 정의니라"(1 : 535)라고 하면서, 생의 보지 발전을 최고의 선으로 규정하였다. "무, 결핍, 불완전성으로 대변되는 상황, 현실의 전면적 결핍이 부정적 허무주의를 강요하는 상황만이 주어진 것이다. 이 지점에서 이광수는 민족의 생명유지를 궁극의 윤리로 설정한다."[90] 그러나 1910년부터 나라는 없어졌고, 민족의 생명 유지도 점차 어려워졌다.

생의 보지 발전을 부르짖던 이광수는 1916년에 와서 문학의 미학적 가치를 추구하였다. 바움가르텐은 1750년에 인간의 감성을 연구하는 미학을 창립하여 이성을 중심으로 한 철학으로부터 인간의 정을 해방시켰다. 지정의 삼분법은 심리학에서 인간의 정이 이성과 같은 지위를 지님을 입증해 주었다. 지정의 삼분법에서 정은 "感情은 時代와 處地를 隨

90 김동식, 「1910년대 이광수의 문학론과 한국 근대문학의 비민족주의적 기원들」, 『비평문학』 45, 한국비평문학회, 2012, 237면.

하여 多少의 變遷이 有하나 대개 一貫不變하는 것이며 또 各人에 就하여 言하더라도 大槪 共通한 것”(「문학이란 하오」, 1 : 554)이었다. 지의 영역인 과학에는 새로운 것과 오래된 것이 있지만, 정은 일관적이고 불변하는 것이었다. 일관불변하는 정은 민족성을 유지시켰다. “此 貴重한 精神的 文明을 전하는 데 最히 有力한 者는 즉 其 民族의 文學”이었다. 지정의 삼분법에 따라 정은 지로부터 독립되고, 이에 따라 “文學은 超然히 宗敎倫理의 束縛 以外에 立하여 人生의 思想과 感情과 生活을 極히 自由롭게 如實하게 發表”하게 되었다. 정은 지와 의의 구애에서 벗어나고, 정을 다루는 문학은 인간의 사상과 감정을 자유롭게 표현할 수 있게 되었다. 조선문학은 조선인의 사상과 감정을 전달하는 수단이 되었다. 나라가 망하고 민족이 위급한 상황에서 민족을 유지시킬 수 있는 것은 민족성을 담는 문학뿐이었다.

이광수가 「문학의 가치」가 발표하기 몇 해 전에 루쉰의 「마라시역설摩羅詩力說」, 저우쭤런의 「문장론」이 발표되어 새로운 문학 개념을 중국에 도입하였다.[91] 루쉰의 「마라시역설」이 서양의 문학 작품을 소개하는 데에 집중한 것과 달리, 저우쭤런의 「문장론」은 문학이란 용어를 새롭게 재정의하려고 시도하였다. 이러한 시도는 「문장론」이 문학사적으로 보다 의미 있는 저술이 되도록 하였다. 문학이라는 개념을 새롭게 정의하려던 저우쭤런이 Literature의 번역어로 문학文學이 아니라 문장文章을 선택했다는 사실을 간과해서는 안 된다.

「문장론」에서 저우쭤런은 경사대학당京師大學堂 교원인 린추안지아의

91 루쉰과 저우쭤런의 문학사상에 관해서는 錢理群, 「魯迅周作人文學觀發展道路比較硏究」, 中國社會科學, 1984.3 참조.

『중국문학사』와 도어이유증의 『중국문학의 개관』을 비판하고 있다.[92] 『중국문학사』와 『중국문학의 개관』에서는 모두 '문학'이라는 단어를 사용하였고, 저우쭤런도 린추안지아와 도어이유증의 문학사를 거론할 때 '문학'을 사용하였다. 그러나 저우쭤런이 자기 논의를 전개할 때에는 '문장'이라는 용어를 썼다. 일본에서 문학이 Literature의 역어로 안착하였고 중국 유학생들도 이를 수용하였기에 저우쭤런도 Literature의 역어로 문학文學을 사용한다는 사실을 잘 알고 있었을 것이다. 그러나 그는 Literature의 역어로 문장이라는 단어를 사용하였다.

『논어』「선진」 편에서 문학이라는 용어가 처음으로 사용되었고, 이는 덕행, 언어 그리고 정사와 더불어 사과四科의 하나로 박학을 뜻하였다. 문장文章도 문학과 마찬가지로 『논어』에 사용된 용어였다. 「태백」 편에 "위위호 기유 성공이야, 환호 기유 문장"이라는 구절이 있는데 주희朱熹의 주에 따르면 여기서 나오는 문장은 "예악의 법칙"을 의미하는 것이었다.[93] 중국문학 비평사를 최초로 체계적으로 정리한 궈사오위이郭紹虞에 의하면 양한 시기에 이르러도 문학과 문장은 여전히 구분되었으나 그 의미는 이전과 달라졌다. "박학의 뜻을 가진 자를 '학學' 혹은 '문학文學'으로 칭하고, 아름답고 감동적인 문사文辭는 '문文' 혹은 '문장文章'으로 칭하게 되었다." 문학은 유가의 학술을 가리켰고, "학술이 아니라 사와 장詞章을 뜻하는 것"은 "'문장文章'이나 '문사文辭'로 불렀다."[94] 문학은 학술적인 역할을 담당하였고, 문장은 수사적인 미를 의미하였다. 궈사오위는

92 린추안지아의 『중국문학사』에 대하여 류준필, 『동아시아의 자국학과 자국문학사 인식』(소명출판, 2013), 제1부 제2장에서 자세히 소개하고 있다.

93 "巍巍乎其有成功也, 煥乎其有文章. 文章, 禮樂法度也."

94 郭紹虞, 「文學觀念與其含義之變遷」, 『東方雜誌』 25, 1928.1, 134~136면.

남조南朝 시기에 이르러 문학은 학술적인 의미에서 벗어나 오늘날의 의미에 가까워졌다고 지적하였다. 그러나 여전히 문학과 문장은 동일한 맥락에서는 사용되지 않았다. 1910년대에 이르러서도 지식인들은 문학과 문장 두 용어를 구분하여 사용하였다.

> 요즘의 새로운 학설에 따르면 과학과 문예는 모두 자신의 독립된 영역이 있다. 하지만 문예 가운데도 문학과 문장은 사실 또 서로 다른 영역이다. 문장이라는 것은 량수밍(梁漱溟) 선생이 말한 바와 같이 일이나 사물의 의미를 종합적이고 체계적으로 쓰는 것으로서 말을 좋게 꾸미는 데 그 목적이 있다. 지금의 문법학이나 수사학 등이 이에 속한다.[95]

1915년에 발표한 이 글에서 중국 최초의 근대적 저널리스트로 평가받는 황위안융黃遠庸은 문학과 문장을 서로 다른 것으로 의미화하였다. 그는 무용, 조각, 시가 등을 문학으로 분류하였고, 아름답게 꾸미는 것, 즉 수사학 등을 문장으로 분류하였다. 문학이 사상으로 만들어진 것이라면, 문장은 아름답게 꾸미는 것이었다. 이처럼 1910년대까지 문장은 수사학 차원에서 거론되었다.

1905년 류스페이는 「문장원시文章源始」이라는 글을 발표하였다. 그에 의하면 문장이라는 것은 언어 내부적 자질이나 속성을 의미하였다. "사詞는 수식하면 문이 되고 수식하지 않는다면 문이라 할 수 없다."[96] 류스페이는 이 글에서 중국 문장의 형성 및 발전의 과정을 정리하고 문장에

95 黃遠庸, 「晚周漢魏文鈔序」(1915), 『遠生遺著』, 中國科學公司, 1938, 355면.
96 劉師培, 「文章源始」, 『國粹學報』 1-1, 1905, 2면.

식飾이 없어서는 안 된다고 주장하였다. "리유쓰페이는 修飾을 근거로 文의 의미를 이해한 것이다. 물론 그 수식이란 韻語와 偶語를 의미한다. 이를 통해 리유쓰페이의 文論이 언어체의 형식적 층위를 훨씬 부각한 양상임을 확인할 수 있다. 리유쓰페이의 文論이 결과적으로 언어체 내적인 특질이나 더 나아가 彣彰－華美의 발현에 중심을 둔 것이라 이해하는 것은 꽤 타당해 보인다."[97] 류스페이는 문장과 문학이라는 용어를 함께 사용하고 있는데, 그가 볼 때 문장이 수행하는 가장 중요한 역할은 수식이었다.

「문장원시」를 발표할 당시에 류스페이는 일본에 거류하고 있었다. 이 시기 그는 아나키즘 기관지 『천의보』를 창간하였고 유학생 잡지 『하남』의 총 편집도 맡고 있었다. 앞 장에서 이미 살펴보았듯이 저우쭤런은 일본에 도착하자 『천의보』에 글을 투고하기 시작하였고, 이를 계기로 아나키즘사상을 접하였다. 5·4운동 이후 그는 아나키즘사상을 바탕으로 '신촌' 운동에 투신하였다. 루쉰과 저우쭤런은 일본에서 유학하는 동안 『하남』에 많은 글을 발표하였다. 저우쭤런의 「문장론」과 「애현편」은 모두 『하남』지에 발표되었다. "내가 『하남』에 투고한 글은 두 편이었다. 그중의 하나는 「문장론」인 것 같은데 (…중략…) 편집을 맡은 선생이 괴벽이 있었다. 문장을 길게 써야 한다는 것이었다. 길수록 원고료를 많이 줬다."[98] 저우쭤런의 친구였던 치안수안둥의 회고에 의하면, 저우쭤런은 1907년에 발표된 류스페이의 「포생학술발미鮑生學術發微」를 스크랩하여 보관하였다.[99] 이처럼 저우쭤런은 류스페이의 학술에 관심

97 류준필, 「문과 수사의 대립과 결합」, 『동아시아 한국학의 형성』, 소명출판, 2013, 156면.
98 周作人, 『知堂回想錄』, 香港 : 三育圖書文具公司, 1980, 219면.

이 많았다. 따라서 저우쭤런이 류스페이의 문론文論을 숙고하였을 가능성이 크다.

류스페이뿐만 아니라 비슷한 시기에 일본에 체류하던 장타이옌도 「문학논략文學論略」과 「문학총론文學總論」 등을 발표하여 문과 수사의 관계를 논하였다. 그는 「문학논략」(1906)에서 다케시마 마타지로武島又次郎의 『수사학』을 비판하였다. 대나무나 비단에 새겨진 문자를 모두 문학으로 보는 장타이옌이 다케시마 마타지로가 주장하는 수사를 비판하는 것이었다. 류스페이와 장타이옌은 일본 지식인들의 영향을 받아 문장과 수사에 관심을 가졌던 것으로 보인다. 일본에서는 니시 아마네의 『백학연환』과 「지설」이 출간된 후로, 문학은 유교적 학문으로서의 성격을 탈피하여 '문장학'과 '수사학'으로 일신하였다.[100]

> Literature는 바로 문장 (…중략…) 文章에는 다섯 종류의 학이 있는데 rhetoric(文章學) poetry(詩) history(歷史學) philology(語原學) criticism(論辯學)이다.[101]

『백학연환・총론』(1870)에서 니시 아마네는 Literature를 문장으로 번역하였다. 이 글에서 니시 아마네는 문장을 레토릭, 시, 역사, 어학과 비평 다섯 가지로 나누었다. 여기서 주목할 것은 레토릭이다. 『백학연

99 錢玄同, 『錢玄同文集』 6, 中國人民大學出版社, 2000, 32면.

100 和田繁二郎, 『近代文學創成期研究』, 櫻楓社, 1974, 29면.

101 西周, 「百學連環總論」, 『明治文學全集』 3, 筑摩書房, 1967, 50면. "Literature卽文章 (…中略…) 文章に五ツの學あり, rhetoric(文章學) poetry(詩) history(歷史學) philology(語原學) criticism(論辯學)."

환 · 총론』에서 니시 아마네는 레토리rhetoric을 문장학으로 번역하였다. 그에 의하면 레토릭은 문장 즉 Literature를 구성하는 부분이었다. 1873년에 쓴 「지설」에서 니시 아마네는 보통학을 文, 數, 史, 地 네 가지로 분류하였다. 아마네는 문을 보통학의 앞머리에 놓고, 어학과 레토릭으로 구분하였다. "그 일은 어학이라고 하고, 그 이는 문학이라고 한다."[102] 「지설」에서 그는 레토릭rhetoric을 다시 문학으로 번역하는 데, 문학과 문장의 용례가 안정되어 있지는 않지만 레토릭이 Literature에 속한다는 주장은 일관성 있게 유지되었다.

니시 아마네는 레토릭을 '문장학', '문학', '문과'로 번역하였다. 그 후 다시 '문사학', '화문학', '수사학', '강연설' 등으로 번역하기도 하였다. "레토릭의 번역어로서 수사학이 선택되기까지는 적잖은 과도기를 거쳐야만 했다. 비단 이 시기뿐만 아니라 이후로도 오랫동안 '美辭學'과 文章學 등이 수사학의 경합 대상이었다."[103] 1890년대에는 다케시마 마타지로를 비롯한 제국대학계 수사학과 쓰보우치 쇼요를 비롯한 와세다계 미사학이 각각 자리를 잡게 되었다. 1891년에 쓰보우치 쇼요는 『마사논고美辭論稿』를 출간하였고, 1902년에는 시마무라 호게쓰가 『신미사학』을 펴냈다. 수사학을 연구하는 논저들에서 '문장'은 오늘날의 문학을 의미하는 것이었다.

"쓰보우치 쇼요는 『미사논고』의 「文의 源」이라는 절에서 인간의 지정의의 결과인 사思가 언어로 드러난 것을 기록한 문헌 일체를 일컬어 문文

102 西周, 「知說」, 『西周哲學著作集』, 岩波書店, 1933, 239면. "其一ラ'ダレマル'(語學)ト云フ, 其二ラ'レトリック'(文學)ト云フ."

103 류준필, 「문과 수사의 대립과 결합」, 『동아시아 한국학의 형성』, 소명출판, 2013, 127면.

이라 이름하고 장章이라고 한다고 말한다. 그리고 「文의 殊와 通」이라는 절에서 "一時一處에만 유효한 문장 또는 특정 개인, 단체에게만 특별한 의미를 갖는" 제한적인 수문殊文과 일반적인 통문通文을 나누고는 "通文을 文學的文章이라고 하고, 그것을 美辭論의 본령으로 한다"고 천명한다. 이어서 「文의 形」에서 "문장에 律語와 散文의 구별이 있"다고 환기한다."[104] 쓰보우치 쇼요는 『미사논고』에서 토머스 아널드의 『영국문학약사』를 인용하고 있는데 인용문에서 그는 Literature의 역어로 문학이라는 단어를 사용하였다. "가장 넓은 의미의 문학이란 인간 사상의 기록이다."[105] 1885~1886년 무렵에 문학은 오늘날과 같은 의미로서 일본어에 정착하기 시작하였고, 1887~1889년 무렵에는 그 의미망이 안정되었다.[106] 『미사논고』는 1891년에 출간되었고, 이때 문학은 이미 Literature의 번역어로 정착되었다. 아널드의 문학사를 인용하면서 쇼요가 문학이라는 단어를 사용하고 있기 때문에, 그도 문학이 literature의 번역어임을 인지하고는 있었을 것이다. 그러나 『미사논고』에서 쇼요는 문장이라는 용어를 사용하였다. 그것은 쇼요가 의도적으로 문장이라는 단어를 썼음을 말해준다. 쓰보우치 쇼요에게 문장은 Literature의 번역어가 아니라 sentence의 번역어였기 때문이었다.

> 미사학은 또한 수사학이라고도 한다. 단어를 수식하여 아름답게 하는 이치를 설명하는 것 즉 하나의 문장학이다. 그리고 문장은 미술의 한 면이다.[107]

104 위의 글, 59~160면.
105 坪内逍遙, 『美辭論稿』, 春陽堂, 1927, 13면.
106 황종연, 「문학이라는 역어」, 『동악어문학』 32, 동악어문학회, 1997, 464면.
107 島村抱月, 『新美辭學』, 『抱月全集』 2, 天佑社, 1920, 19면. "美辭學また修辭學とも稱す. 辭を修

쓰보우치 쇼요에 이어 시마무라 호게쓰가 1902년에 『신미사학』을 간행하였다. 『신미사학』에서 호게쓰도 문장이라는 단어를 선택하였다. 미사학은 문장의 미를 연구하고 미술적인 특성을 지닌 학문이었다. 이 시기 일본에서는 미술이 문학을 내포하였다. 근대문학은 미술에 속한다는 믿음과 더불어 도덕적·정치적 효용성을 배제하는 것으로 인식되었다.[108] 덧붙여 호게쓰는 '수사 과정'과 '사상의 현실적 발전'의 결합이 문장이라고 주장하였다.[109] 문장은 수사라는 과정을 거쳐야만 문장이 될 수 있었다. 시마무라 호게쓰에 의해 "정식화된 '예술=소재+기교=문장'의 연원이라 할 수 있는 쓰보우치 쇼요坪內逍遙의 '通文=문학적 문장'라는 인식은 결국 '문장文章=수사修辭=형상성形象性'에 다름이 아니다."[110] 즉 수사학 연구에서 시마무라 호게쓰는 쓰보우치 쇼요와 마찬가지로 문장=sentence라는 의미망을 고수하였다. 다시 말해서 1900년대 초반까지 일본 지식계에서 문장이라는 번역어는 수사학과 긴밀한 관계를 가졌다.

"서구에서 문장이라는 용어는 라틴어 Litera 및 Literatura에서 나오는 것인데 그 뜻이 원래 복잡하여 로마시대에도 명확한 정의를 내리지 못했다."(「論文章」, 1 : 94)[111] 앞서 살펴보았듯이 「문장론」에서 저우쭤런은 Literature의 어원을 추적하면서 Literature의 번역어로 문장이라는 단어를 사용하였다. 「문장론」은 1908년에 『하남』에 발표되었는데 이때에는 이미 문학이 Literature의 번역어로 자리를 잡았다. 그럼에도 불

辭して美ならしむもる理を說くむの卽ら一個の文章學なり. 而して文章は一面の美術なり."

108 정병호, 「일본 근대문학·예술 논쟁 연구 1」, 『일본학보』 55, 한국일본학회, 2003, 343면.

109 島村抱月, 「新美辭學」, 앞의 책, 140면.

110 류준필, 앞의 글, 160면.

111 "原泰西文章一語, 系出拉體諾文Litera及Literatura二字, 其義至雜糅, 即羅馬當時亦鮮確解."

구하고 저우쭤런은 굳이 Literature의 번역어로 문장을 사용하였다. 저우쭤런의 '문장'을 고자古字를 선호하는 문자벽으로 보는 견해도 있다.[112] 그러나 저우쭤런은 1904년부터 세계문학을 번역하고 이를 중국에 보급하고자 했던 인물이었다. 1905년에 보들레르와 앨런 포 등 모더니즘 작가의 작품을 번역할 정도로 저우쭤런의 문학적 감각은 세련되었다.

> 중국에서는 경전을 시로 보고, 설부까지 권선징악을 최고로 봤다. 문장과 교훈에는 구별이 없었고 가장 좁은 경계를 가졌다. (…중략…) 그러나 지금 세계에서 문사(文辭)라는 것은 학(學)과 문(文) 외에 없다.[113]

1907년 3월에 쓴 「홍성일사 · 서」에서 저우쭤런은 문학을 권선징악의 도구로 보는 전통적 문학관을 비판하였다. 이 글에서 그는 문사文辭라는 용어를 썼다. 문사는 수식이 없으면 문이 될 수 없다는 류스페이의 말을 연상시키는 단어였다. '辭'는 수사를 뜻하며, 미사학 혹은 수사학을 환기시키는 용어였다. 학과 문을 포함하는 문사와 문학에서 학과 문을 구분하는 일은 문학을 지知의 문, 의意의 문 그리고 정情의 문으로 나누었던 쓰보우치 쇼요의 『미사논고』를 연상시킨다. 『미사논고』에 나타난 문은 sentence의 번역어로 미사학 / 수사학의 영역에 속한 것이었다. 미사학에서는 문학의 미가 문장의 수식에 있다고 보았다. "정의 문情文이 이의 문理文보다도 말詞에 의존하는 요소가 강하다. (…중략…) 정의 문

112 閻立飛, 「文學與文章」, 『天津社會科學』, 天津社會科學院, 2011.

113 「紅星佚史 · 序」, 『周作人散文全集』 1, 48면. "中國則以典章視詩, 演至說部, 亦立勸懲為臬極, 文章與教訓漫無畛畦 (…中略…) 然世之現為文辭者, 實不外學與文二事."

이 지닌 미는 상想과 더불어 말詞과 어조調 두 가지를 번역하지 않으면 전달하는 것이 불가능할 것이다."[114] 미는 상상력과 문구의 아름다움에 있는 것이었다. "태서에서 시는 개인적으로 제작하여 주미主美한 것이다."(「紅星佚史・序」, 1 : 48) 서구의 '문장'은 주미 때문에 발전하였다. 저우쭤런에게 이 주미의 '문장'은 문사文辭이기도 하였다. 즉 저우쭤런에게 문학의 미는 수사와 긴밀한 관계가 있었다. 이 점에서 저우쭤런의 문장관은 문장炗彰-화미華美라는 리유쓰페이의 주장과 같은 맥락에 있었다. 1907년에 저우쭤런은 이미 수사에 관심을 기울였다. 그는 근대 수사학의 요소로 지신의 문학관을 수립하려고 하였다.

문학을 본격적으로 다루는 「문장론」은 헌트의 『문학개론』을 정리한 것이었다. 저우쭤런은 이를 「문장론」과 저우쭤런의 회고록에서 밝혔다. 전술하였듯이 저우쭤런은 「문장론」의 제8단락부터 제14단락까지 헌트의 『문학론』 제1부 제2장인 「문학의 정의A Definition of Literature」를 번역하고 정리하였다. 제13단락에서 저우쭤런은 헌트의 주장을 근거로 삼아, 문학에는 없어서 안 될 세 가지 요소가 있다고 역설하였다. 상상적인 것Ideal, 감흥적인 것Impassioned, 그리고 미적인 것Artistic이었다. 여기서 저우쭤런은 상상적인 것과 감흥적인 것에 대한 설명은 헌트의 『문학개론』을 따랐지만, 미적인 것이라는 항목에서는 헌트의 논의를 벗어났다.

> 문장에 있어 결코 없어서 안 될 것이 이상적(Ideal), 감흥적(Impassioned), 미적(Artistic)인 요소이다. (…중략…) 예술적인 요소에 있어 구조가 가장

114 坪内逍遙, 「飜譯すべき外國文學」, 『早稻田文學』, 1893.4, 53면.

> 중요한데 대충 말하면, 장과 구(章句) 윤율(聲律), 조식(藻飾), 용재(鎔裁) 등이 있으며 그 섬세한 논리는 미학에 근거를 둔다.[115]

> 예술적으로는 '수법적인 장점'이 있어야 한다는 것이다. 즉 특별한 스타일을 말하는 건데 이는 문학이라는 특수한 경계 외에 없는 것이다.[116]

『문학개론』에서 헌트는 Artistic을 '수법적인 장점'으로 규정하였다. 헌트에게 Artistic은 작가가 지닌 문학적 특수성이었다. 상상력과 감흥적인 것에 대한 설명에서 헌트의 『문학론』을 충실하게 따르던 저우쭤런이 Artistic을 미적이라고 번역한다. 또한 그는 헌트의 『문학론』에는 나오지 않은 장과 구, 윤율, 조식, 용재를 들어 미적이라는 항목을 해설하였다. 즉 저우쭤런에게 미는 구조, 윤율 그리고 수사를 뜻하는 것이었다. 장구章句, 윤율, 조식, 용재 등을 강조했다는 점으로 미루어 볼 때, 저우쭤런은 수사학의 차원에서 문학을 사고하였다고 볼 수 있다.

더 나아가 저우쭤런은 미적 원리가 미학에 근거를 둔다고 주장하였다. 미학이나 미사학은 『문학론』의 해당 장에는 나오지 않는 용어였다. 헌트의 주장을 근거로 삼았던 저우쭤런이 미에 대한 해석에서는 헌트의 『문학론』을 벗어나고 있었다. 저우쭤런은 미학이라고 말하지만 장과 구, 윤율, 조식, 용재 등은 모두 수사학을 가리키는 것이었다. 물론, 호게쓰의 논의를 따른다면 저우쭤런의 '미학'은 미사학 / 수사학이었다. 시

115 「論文章之意義暨其使命因及中國近時論文之失」, 『周作人散文全集』 1, 98면. "文章中有不可缺者三狀, 具深思(Ideal) 能感興(Impassioned) 有美致(Artistic) (…中略…) 至言美致, 則所貴在結構, 語其粗者, 如章句, 聲律, 藻飾, 鎔裁皆是, 若其精微之理, 則根諸美學者也."

116 Hunt, 傳東華 譯, 『文學概論』, 商務印書館, 1935, 37면.

마무라 호게쓰는 『신미사학』에서 미사학이 미학에 속한다고 지적하였다. 장과 구, 윤율, 조식, 용재 등이 미사학 / 수사학에 해당하는 요소였다는 사실을 염두에 둔다면, 저우쭤런에게 수사가 문학의 중요한 요소였음은 분명해 보인다.

"이상적인 것Ideal, 감흥적인 것Impassioned, 미적인 것Artistic. 이 세 가지를 구비해야 문장이 되는 것이다."(「論文章」, 1 : 98) 저우쭤런이 볼 때, 수사가 없는 문학은 불가능한 것이었다. Literature의 역어로 문장을 택한 것은 수사학적 사고와 관계가 있었다. 『미사논고』와 『신미사학』에서 쓰보우치 쇼요와 시마무라 호게쓰는 문장=sentence라고 인식하고, 수사학에서 문장의 중요성을 강조하였다. 문장은 미사학을 환기시키는 용어였다. 그렇다면 저우쭤런은 왜 미사학을 주시하였을까?

> 아시아 각 나라에 지극한 문(文)이 있지만, 단지 언(言)과 문(文)이 분리되어 있기 때문에 채집하기 어려워 결여되어 있다. 동방은 심히 쇠락했구나.[117]

「문장론」의 후속으로 발표한 「애현편」에서 저우쭤런은 언과 문이 불일치하기 때문에 동양에서 문학이 발전하기 어려웠고, 문학이 발전하지 못하면서 동양이 쇠락했다고 지적하였다. 저우쭤런의 일본 유학은 일본에서 수사학이 대두하던 시기의 일이었다. "일본에서 '수사학'의 대두란 한편으로 언문일치의 염원이라는 어문현실에 대한 자기 인식을 근거로 삼아, 자국어의 실질적 재현을 실현하는 과정의 산물이었다."[118] 중국에

117 「哀弦篇」, 『周作人散文全集』 1, 135면. "亞洲列國, 亦有至文, 徒以言文隔絕, 艱於採錄, 故從蓋闕, 嗟夫, 東方之衰微甚矣."

서는 언문 불일치의 문제가 일본과 조선처럼 심각하지는 않았다. 하지만 문언문과 백화문의 문제는 지식인들에게 여전히 큰 과제로 1915년부터 대두한 신문화운동의 주된 논의 내용이었다. 그런데 1908년에 저우쭤런은 이미 언과 문의 불일치가 초래한 문제에 대해서 사고하고 있었다. 그는 언과 문의 분리로 인해 민심을 담는 문학이 기록되지 못하고, 이에 따라 중국이 "적막지향寂寞之鄉"이 되어 영락하는 것을 염려하였다. 1900년대의 일본 지식계는 "人文學的 '文學'觀과 修辭學的 '文學'觀, 그리고 純文學概念의 錯綜이 중요한 특징이었다".[119] 저우쭤런이 일본에 체류하면서 당시에 활발하게 전개되었던 시마무라 호게쓰와 이가라시 지카라五十嵐力의 수사학 연구에 지대한 관심을 보였다. 이들의 수사학적 문학관은 언문일치에 목표를 둔 것이었다. 언문의 불일치가 민족의 쇠락을 초래한다고 본 저우쭤런에게 이 수사학적 문학관은 단지 하나의 문학적 활동 이상의 의미가 있었다. 저우쭤런은 수사학적 문학관에서 문학을 넘어 민족의 생존과 연관되는 논리를 발견하였던 것이다. 이 맥락에서 문장이라는 용어는 새로운 문학 개념인 Literature의 번역어이자 수사학의 상징이었고, 민족의 생존과도 긴밀한 관계가 있었다. 저우쭤런은 헌트의 『문학론』을 근거로 삼되 수사학을 적극 활용하여 자신의 문학론을 세웠다. 그의 근대문학론은 근대적 문학의 수립에 머무르지 않았고, 문학을 통해서 쇠락한 민족을 부활시키려는 의도를 내포하고 있었다.

118 류준필, 앞의 글, 130면.
119 和田繁二郎, 『近代文學創成期硏究』, 櫻楓社, 1974, 38면.

2. 근대문학과 민족문학

1) 문자文字, 민족성, 민족문학

(1) 문자의 중요성과 번역 (불)가능성

일본에서 민족성 문제는 메이지 시대부터 논의되기 시작하여 청일전쟁과 러일전쟁의 승리를 계기로 활발하게 연구되기 시작하였다. 하가야이치芳賀矢一의 『국민성10론國民性十論』(1907)을 비롯한 저서들이 이 시기에 출간되었다. 1916년에 출간된 혼마 히사오의 『신문학개론』에서는 민족성을 문학 영역에 도입하였다. 『신문학개론』의 제8장인 "문학과 국민성"에서는 귀스타브 르 봉이 『민족 진화의 심리학적 법칙』에서 민족성의 항구성을 서술한 단락이 인용되었다. "어느 누구도 종족성, 즉 르 봉 박사가 말하는 종족혼에서 벗어날 수가 없다. 즉 누구도 이 종족성을 바탕으로 한 민족성에서 벗어날 수 없다. 문학예술이 국민성과 어떤 긴밀한 관계가 있는지를 추측할 수 있다. 문학예술의 창조에 있어서 국민성은 자연적으로 그 작가의 인격적 배경이 된다."[120] 모든 인간이 민족성을 지니기 때문에 문학 작품에도 자연스레 민족성이 스며든다. 이광수의 「문학이란 하오」에도 "문학과 민족성"이라는 절이 있다. 이광수에게 민족성을 "전하는데 最히 有力한 자는 즉 其民族의 문학"이었다.

그러나 이광수는 "문학과 민족성"이라는 절에서 모순된 주장을 펼쳤다. "無心無腸한 先人들은 愚하게도 中國思想의 奴隷가 되어 自家의 문화를 絶滅하였도다." 「문학이란 하오」에서 이광수는 민족문학을 민족성을

120 本間久雄, 章錫琛 譯, 앞의 책, 55면.

전하는 데에 "가장 유력한 자"라고 평가하면서 중국사상의 노예가 되어 민족문학을 고사시킨 선인들을 강하게 비판하였다. 그는 "중국인의 사상을 탈"하고 조선문학을 건설하겠다고 선언하였다. 이때 이광수가 민족문학을 건설하는 방법으로 서양문학을 제시하였다는 점에 주목할 필요가 있다. "방금 西洋新文化 浸浸然袭来하는지라, 조선인은 마땅히 舊衣를 脫하고, 舊를 洗한 후에 차 新文明중에 全身을 沐浴하고 자유롭게 된 정신으로 新精神적 文明의 創作에 着手할지어다."(「문학이란 하오」, 1 : 551) 이광수는 신정신문명의 창조가 서양 신문화의 세례를 받음으로써 가능해진다고 전제하였다. 그는 새로운 민족문학의 건설을 서양의 이른바 신문명에 의거하여 성취하고자 하였다. 이러한 주장은 민족문학의 건설을 위해서 대상만을 바꾼, 또 다른 사대주의를 지향하는 것으로 보인다. 이광수가 '오리엔탈리즘'이라고 평가받을 만한 발언을 한 이유는 무엇이었을까? 여기서 이광수가 서양문학의 번역물을 조선문학으로 인정했다는 점을 간과해서는 안 된다. 즉 서양문학을 수용하는 데에는 조선어로 번역해야 한다는 전제 조건이 있었다. 서양문학에 대한 수용은 이광수의 속문주의와 긴밀한 관련이 있었다.

메이지 시대부터 일본에서는 언문일치운동이 전개되었다. 니시 아마네와 시마무라 호게쓰 등은 모두 언문일치를 적극 지지하였다. "근대 일본이 언어 개혁에 착수했을 때 가장 먼저 부상된 것은 한자를 어떻게 처리할 것인가 하는 문자 문제였다. 메이지 초기에는 일본의 문화와 사회가 서양에 비해 뒤떨어진 것을 한자 때문이라고 생각하는 사람들이 많았다. 그래서 선진국이 되기 위해서는 한자를 버려야 한다는 논의가 등장했다. 서양은 스물여섯 자의 알파벳으로 모든 말을 표기할 수 있는데,

한자는 글자 수가 너무 많아 한자를 습득하는 데 많은 시간을 소비해 다른 중요한 지식을 획득할 시간이 없다는 것이다."[121] 니시 아마네는 1874년에 「로마자로 국어를 표기하는 논」을 발표하여 일본문학이 발전하려면 한자를 폐지해야 한다고 건의하였다. "自由美妙氏가 三十餘年 前에 言文一致體를 主唱한 이래로 文學的 作品은 물론이어니와, 科學書, 政治論文 등에 至하기까지도 純現代語를 採用하게 되니 此는 一國 文化에 至大한 影響을 及하는 進步라."(1 : 553) 이광수는 「문학이란 하오」의 "문학과 문"이라는 절에서 일본의 언문일치운동을 언급하였다. 이광수는 일본이 근대국가로 발전하는 데에 언문일치가 큰 역할을 수행했다고 판단하였다. "朝鮮서는 古來로 漢文이 아니면 文이 아닌 줄로 思하였으며 文즉 文學으로 思하였나니 此가 文學의 發達을 沮害한 大障碍이나."(1 : 552) 니시 아마네와 마찬가지로 이광수도 한문으로 쓰인 것만을 문학으로 봤던 종래의 문학관이 조선문학의 발전을 저해한 원흉이라고 생각하였다.

이광수의 제1차 유학 시절부터 한문에 대한 비판적 의식을 드러냈다. 1908년에 이광수는 이보경이라는 이름으로 「국문과 한문의 과도시대」를 발표하였다. 이 글에서 이광수는 한문 전용은 물론 국한문 혼용도 비판하면서 한문을 폐지하고 국문을 전용할 것을 역설하였다. "點劃이 煩雜ᄒᆞ고 字數가 頗多ᄒᆞ야 此로써 一生을 費ᄒᆞ야도, 오히려 達키 不能ᄒᆞᆫ 者乎아." 한자는 글자가 많을 뿐만 아니라 복잡하기 때문에 한자 공부에 시간과 정력을 낭비하여 사상과 지식을 배우지 못하였다. "顧念我邦 五千年 彬彬ᄒᆞᆫ 歷史가 今日 慘憺ᄒᆞᆫ 黑雲 中에 沈淪코쟈 ᄒᆞᆷ이 비록 數多ᄒᆞᆫ 原

121 이연숙, 「일본에서의 언문일치」, 『역사비평』 70, 역사비평사, 2005, 376면.

因이 有ᄒᆞ리로ᄃᆡ 此文字의 影響ᄒᆞᄂᆞᆫ ᄇᆡ 多大ᄒᆞ리로다."[122] 이광수는 조선이 발전하지 못한 이유를 한문과 한자의 영향에서 찾았다. 따라서 "國文을 專用하고 漢文을 專廢ᄒᆞᆫ다 함은 國文의 獨立을 云함"이었고, 한문 폐지는 한글을 한문으로부터 독립시키는 작업이자 조선문학 독립의 첫걸음이었다. 이광수는 단순히 문자생활의 개선을 목표로 삼은 것이 아니었다. 그는 민족의 독립을 겨냥하여 국문 전용을 주장하였다.

> 國民의 精粹되ᄂᆞᆫ 國語를 發達ᄒᆞᆯ거슨 不待多言이로ᄃᆡ 此를 有形ᄒᆞ게 發表ᄒᆞᄂᆞᆫ 國文을 維持 發達ᄒᆞᆷ도 亦是 國民의 義務가 아닌가. (…중략…) 我邦人은 彼支那 文字에 惑醉ᄒᆞ야 此 優美便利ᄒᆞᆫ 文字ᄂᆞᆫ 輕忽에 付ᄒᆞ야 現今의 狀態를 産ᄒᆞ얏스니 엇디 可歎티 아니ᄒᆞ리요.[123]

국문은 국민의 정수였고, 국문에는 민족의 사상과 감정이 담겨 있었다. 한문을 폐지하고 국문을 전용하자는 주장이 조선문학을 만들기 위함이라 할 때, 조선문학은 무엇이었을까? "朝鮮文學이라 하면 勿論 朝鮮人이 朝鮮文으로 作한 文學을 指稱할 것이라."(「문학이란 하오」, 1 : 554) 1916년에 제시된 조선문학에 대한 이광수의 정의는 1929년에 와서도 변함이 없었다.

> 朝鮮문학은 朝鮮文으로 쓰이는 것이다. (…중략…) 文學은 決코 그 作者의 國籍을 따라 어느 國文學에 屬하는 것이 아니요, 오직 쓰이어진 國文에 따라

122 이광수, 「국문과 한문의 과도시대」, 『태극학보』 1908.5, 17면.
123 위의 글, 16~17면.

어느 國籍에 屬하는 것이다. 말하자면, 文學의 國籍은 屬地가 아니요, 屬人(作者)도 아니요, 屬文(國文)이다.[124]

이광수에게 조선문학(민족문학)은 조선문으로 쓰인 것이었다. 즉 조선문은 민족문학이냐 아니냐를 판단하는 유일한 기준이었다. 여기서 한문을 강하게 부정했던 이광수가 중국소설의 번역물을 조선문학으로 인정했다는 사실에 주목할 필요가 있다. 그는 "經書와 史略, 小學 등 飜譯文學"을 조선문학으로 취급하였다. 그의 속문주의에 의하면 "新舊約 及 耶蘇敎文學의 飜譯"은 조선문학으로 분류해야 했다. 뿐만 아니라 이광수는 조일제와 이상협의 번안소설도 조선문학으로 인정하였다. "何夢諸氏의 飜譯文學은 朝鮮文學의 機運을 促하기에 意味가 深할 줄로 思하노라." 조선문을 기준으로 민족문학을 규정하는 이광수가 외국문학의 번역물도 조선문학으로 인정하는 이상한 현상이 발생하였다. 번역물의 취급만이 아니라 '번역' 자체에 대해서도 이광수는 이상한 견해를 밝혔다. 번역물을 민족문학으로 인정했던 이광수가 1930년대에는 번역의 불가능성을 주장하였다.

진정한 의미의 번역은 불가능하다는 것이다. 그것이 철학, 문학, 종교 등 민족생활의 핵심에 관한 것일수록 다른 말로는 옮겨지지 아니하는 것이다.[125]

文章은 單位의 羅列이지마는 文學의 文章은 單語의 羅列만이 아니요, 그 必

124 「조선문학의 개념」, 『이광수전집』 16, 176면.
125 「조선민족론」, 『이광수전집』 17, 329면.

然的 結合이다. 그러므로 文學은 飜譯도 不可能이요, 改作도 不可能이다.[126]

문학이 Literature의 번역어라고 역설하였던 이광수가 문학 번역의 불가능성을 이야기한다는 것은, 얼핏 보면 1930년대에 이르러 돌연히 노선을 변경한 것처럼 보인다. 그러나 자세히 살펴보면, 이광수가 1908년부터 1930년대까지 일관된 주장을 고수하였다는 것이 명확해진다. 이광수 논의의 대전제는 언제나 조선문학은 조선어로 써야 한다는 것이었다. "국문은 조선인들을 언어상으로 동질화하여 결속시킴으로써 그들의 민족적 독립의 조건을 창출하는 효과를 낳는 것이다. 조선인들이 국문을 전용한다는 것은 그들이 자아를 자각했다는 것, 그리고 자유로운 자아 표현의 방식을 획득했다는 것을 의미한다."[127] 민족적 자아는 변하지 않으며 이식될 수도 없었다. 문학 자체는 번역될 수 있으나 문자와 문학이 함축한 민족적 자아는 번역될 수 없었다. 「민족개조론」에서 이광수는 민족의 번역 불가능성을 다음과 같이 설명하였다. "르 봉 박사는 그의 명저 『민족심리학』에 언어, 제도, 사상, 신앙, 미술, 문학 등 무릇 일국의 문명을 조직하는 각종 요소는 이를 지어낸 민족성의 외적 표현이라(민족심리학 제2장 제1절)고 단언하였"다.(17 : 183) 문학 번역의 불가능성은 민족성 이식이 불가능하다는 인식과 결부된 문제였다.

각 민족의 예술은 심리학상의 어떤 조직과 관련이 있다. 언어, 제도 그리고 신앙도 마찬가지다. 따라서 신속하게 변할 수 없고 아무 변화도 없이 한

126 「문학과 문장」, 『이광수전집』 16, 233면.
127 황종연, 앞의 글, 474면.

민족으로부터 다른 민족으로 옮길 수가 없다. (…중략…) 한 문화를 구성하는 근본적 요소가 한 민족의 독특한 것이고 그 민족의 심리 구조의 대표이고 표현이다. 따라서 한 민족에서 다른 민족으로 옮겨갈 때 극히 깊은 변화를 겪지 않을 수가 없다.[128]

한 번 형성된 민족의 특성이 전통의 법칙에 따라 얼마나 엄청난 힘을 갖는지에 따라서 종교, 제도, 예술 등 한마디로 문명의 모든 구성 요소들은 민족정신의 외적 표현에 지나지 않는다는 점을 지적한 바 있다. 또한 민족성의 힘은 대단히 강력하기 때문에 어떤 민족의 기본 요소가 다른 민족에 이식되려면 가장 철저한 원천적 변혁을 겪지 않으면 안 된다는 사실도 강조한 바 있다.[129]

귀스타브 르 봉은 『민족 진화의 심리학적 법칙』과 『군중심리』에서 모두 민족성의 이식이 불가능하다는 점을 지적하였다. 앞서 살펴보았듯이 이광수와 저우쭤런의 민족개조사상은 모두 르 봉의 『민족 진화의 심리학적 법칙』을 근거로 삼았다. 민족성은 근본적 성격과 부속적 성격으로 구성되며, 근본적 성격이 변하지 않기 때문에 민족성이 불변한다는 것이 르 봉의 주장이었다. 그에 의하면 문학과 예술 그리고 종교는 민족성의 표현이고, 민족성이 변하지 않기 때문에 문학과 예술은 근본적으로 변할 수가 없는 것이었다. 따라서 외국의 문학을 수용한다 해도 그것을 왜곡시키거나 변형하지 않은, 완전한 상태로 이식할 수는 없었다. 외

128 르 봉, 『민족 진화의 심리학적 법칙』, 영역본 83~99면; 일역본 86~100면; 중역본 68~78면.
129 르 봉, 이상돈 역, 『군중심리』, 간디서원, 2005, 93면.

국어문학을 자국어로 번역하는 순간 번역물은 민족어에 의해 근본적인 변화를 겪게 되었다. 르 봉은 번역물의 변화를 이집트, 그리스, 수단을 사례로 들어 설명하였다. 수단과 그리스는 이집트의 문화예술을 모방하였다. 그런데 그리스에서는 100년 후 이집트 문화의 영향에서 완전히 벗어난 더 높은 수준의 문명을 창출되었으나 수단에서는 이집트의 문화가 "흑인의 저열한 형식"으로 떨어졌다.[130] 수단과 그리스는 모두 이집트의 문명을 수용하였으나, 100년 후에는 이집트 문화의 특성이 사라지고 '수단적인' 그리고 '그리스적인' 문화가 나타났다. 수단과 그리스의 민족성이 이집트의 문화를 개조한 것이었다. 개조를 통해서 이집트 문명은 이미 수단과 그리스의 고유한 문명이 되었다. 이 사례에서 알 수 있듯이 이식이라는 것은 불가능한 일이었다. 따라서 문학에서도 번역은 불가능했다. 번역되는 순간, 민족성이 문화를 개조하기 때문이었다.

저우쭤런은 일생 동안 11권의 번역서를 출간한, '번역의 대가'였다.[131] 저우쭤런은 번역을 통해서 중화주의를 타파하고 세계문학을 수용하고자 하였다. 그는 타민족의 문학을 수용하는 작업이 민족문학을 훼손시키지 않는다고 보았다. 일단 외국어 문학이 번역되고 나면, 중국어로 쓰였기 때문이었다. 중국어로 번역된 것은 이미 중국의 것이었고 중국인의 사상과 감정이 들어가 있는 것이었다. 따라서 저우쭤런에게는 유럽화란 존재하지 않는 개념이었다. 번역문학에 대한 이와 같은 견해는 1934년에 루쉰의 글, 그 유명한 「나래주의拿來主義」에 다시 나타났다. "갖고 오지 않으면 인간은 새로운 인간이 될 수 없다. 갖고 온 것이 없으면

130 르 봉, 『민족 진화의 심리학적 법칙』, 영역본 100~126면; 일역본 102~128면; 중역본 79~97면
131 총 11권의 『周作人譯文全集』은 2012년에 上海人文出版社에 의해 출판되었다.

문예는 새로운 문예가 될 수 없다."[132] 외국문학을 수용해야 한다고 주장한 저우쭤런과 루쉰 형제는 1909년에 번역소설집 『역외소설집』을 일본에서 간행하였다. 이 형제는 외국의 새로운 사상을 소개하여 침체된 중국사상을 개조하고자 하였다.

저우쭤런은 외국문학의 영향력을 인정했기 때문에 열정적으로 외국문학을 번역하였다. 그에 따르면 중국 근대문학은 외국문학의 영향을 받아서 발생한 것이었다. "지금의 신시와 단편소설은 모두 외국문학의 영향을 받아 발생한 것이다. 중국문학은 자연 발전으로는 언제 생길지 모른다. 헤브루 고대문학의 우미한 목가와 연애 등은 중국에서 흔히 찾아볼 수 없는 것이다. 이것들이 중국의 신흥문학에게 도움이 되어 하나의 문학 형식을 탄생시키기를 바란다."(「聖書與中國文學」, 2 : 305~306) 외국어 문학의 번역은 민족문학에 새로운 가능성을 열어주었다. 신시와 단편소설은 중국 고전문학에는 없는 문학 형식이었다. 외래문학의 수용을 통해서 중국에서 신시와 단편소설이라는 새로운 문학형식이 출현하였다. 더 나아가 저우쭤런은 중국문학의 맹아가 외국에 있다는 문제적인 주장까지 내세웠다.

> 현대 중국문예의 맹아는 이국에서 온 것이다. 이는 당연한 일이다. 그러나 이를 고국(古國)에 심으면, 이 맹아가 고국의 특수한 흙과 공기를 흡수하여 장래에 어떠한 꽃이 필지 주목할 일이다.[133]

132 魯迅, 「拿來主義」, 『中華日報 · 動向』, 1934.6.7.

133 「在希臘諸島」, 『周作人散文全集』 2, 444면. "中國現在文藝的根芽, 來自異域, 這原是當然的, 但種在這古國裡, 吸收了特殊的土味與空氣, 將來開出怎樣的花來, 實在是很可以注意的事."

중국 고전문학이 우수할 뿐 아니라 방대함에도 불구하고, 근대문학은 서양에서 유래하였다고 저우쭤런은 주장하였다. 이 대목에서 저우쭤런은 이식론자라는 혐의에서 자유로울 수 없다. 그러나 근대문학의 맹아가 서양에서 유래하였을지라도 중국이라는 땅에서 심겨 중국의 물과 공기를 흡수하여 꽃을 피어 낸다면, 그 꽃은 중국 고유의 문학이라는 논의의 맥락을 살펴볼 필요가 있다. 맹아가 서양의 것이어도 꽃은 중국의 것일 수 있는 이유는 "한 사람의 사상과 예술은 아무리 뛰어나더라도 무형중에 그 민족 총 문화의 영향을 받"기 때문이었다.(「在希臘諸島」, 2 : 443) 즉 문학은 민족성의 영향을 받기에, 근대문학이 서양에서 수입되었다 하더라도 고유한 국민성의 개조를 거치면 중국문학이 되었다. "타국의 문예학술을 본국으로 수입하는 것은 결코 타국에게 정복당하는 일이 아니다. 야만적인 허물을 벗은 문명이 유럽에서 먼저 발견되었다. 우리는 한발을 건너 그것을 유럽에서 갖고 오면 되는 일이다. 본국에 갖고 왔으니 바로 우리의 것이 되는 것이지 유럽화 같은 것은 없다."(「論中國舊戲之應廢」, 2 : 70) 중국인의 작품 속에는 중국의 민족성이 스며들어 있기 때문에 유럽화될 수가 없었고, 서양의 문학도 일단 번역만 되면, 중국 민족성의 침윤을 받아 중국문학으로 변형될 수밖에 없었다.

> 번역은 원래 굶주림을 달래는 방법으로 일시적으로 배고픔을 해결할 수는 있다. 하지만 배불리 먹으며 살고자 하면 자신이 경작을 해야만 한다.[134]

134 「譯詩的困難」, 『周作人散文全集』 2, 258면. "翻譯本來只是賑饑的辦法, 暫時給他充饑, 他們如果要儘量的果腹, 還須自己去種了來吃才行"

우리는 외국의 모범을 보고 따라할 수 있다. 다만 이는 자신의 언어와 사상으로 해야 한다.[135]

외국문학을 번역하는 작업은 문학에 대한 굶주림을 일시적으로 해소하기 위한 방책이었을 뿐 항구적인 해결책은 아니었다. 따라서 저우쭤런은 외국문학 형식을 빌려서 자신의 언어와 사상으로 문학을 창작해야 한다는 점을 강조하였다. 외국문학의 번역이 자국 사상과 자국 언어로 이루어지기 때문에 자국문학으로 인정할 수 있는 것이었다. 문학은 중국어로 번역되어야 할 뿐 아니라, 중국어로 창작되어야 했다. 이광수와 마찬가지로 저우쭤런도 언어를 무엇보다도 중시하였다.

이광수가 "야소교 문학의 번역"을 민족문학으로 인정했던 것처럼 저우쭤런도 성경의 번역을 무엇보다도 중시하였다. 성경의 번역이 유럽 각국의 국어 통일에 이바지한 바가 컸기 때문이었다. "유럽에서 성경의 번역은 각 나라 국어의 통일과 발전을 조성하였다. 이는 종교적이고 무의식적인 것이다. 그런데 시기가 다르고 위상이 다르기 때문에 중국에서는 성경 번역이 유럽과 같은 결과를 낳을 수 없다. 그래도 중국어와 문학의 개조에 있어서 많은 도움과 편리를 줄 수 있다고 믿는다. 이는 문학적이고 의식적인 것이다."(「聖書與中國文學」, 2 : 306) 유럽에서 성경의 번역은 종교적인 행위였지만 무의식적으로 각 나라 국어의 통일을 촉진하였다. 이에 착안하여 저우쭤런은 의식적으로 성경을 번역하자고 제안하였다. 저우쭤런은 성경의 번역을 통해서 중국어를 개조하고자 하였다.

135 「美文」, 『周作人散文全集』 2, 356면. "我們可以看了外國的模範做去, 但是須用自己的文句與思想."

"아시아 국가에도 문이 있지만 언과 문의 불일치 때문에 수록하기 어렵다."(「哀弦篇」, 1 : 135) 1908년에 일본에서 유학 중이던 저우쭤런은 언문일치운동의 영향을 받아, 언과 문의 분리가 아시아의 쇠락을 초래한다고 주장하였다. 중국은 조선과 일본처럼 문과 언의 괴리가 심각한 수준은 아니었으나, 문언문이 의사소통의 장애물이 되어 있었다. 1908년에 저우쭤런은 언어의 중요성을 깨닫게 되었다. 1919년에 5·4운동과 함께 백화문운동이 흥기하였다. 루쉰과 함께 5·4운동의 정신적 지도자였던 저우쭤런은 이때까지 고문古文을 비판하는 입장에 섰다. "내 생각에 문학은 문자와 사상으로 구성된다. 사상을 표현하는 문자가 불량하면 문학의 발전을 저해한다." 저우쭤런이 보기에 문학은 문자로 적히기 때문에 문자가 사상을 전달할 수 없다면 문학은 발전할 수 없었다. 저우쭤런이 판단하기에 중국의 고문은 이미 샤머니즘사상에 의해 침윤되어 있었다. "유교와 도교의 합성으로 이루어진 부자연스런 사상이 고문에 담겨 몇천 년 동안 깊게 뿌리내렸다. (…중략…) 이 황당한 사상이 이미 문자 속에 침투되어 자연히 어디서나 나타난다."(「思想革命」, 2 : 132) 5·4운동 시기에 발표한 그의 명편 「사상혁명」에서 그는 문학혁명에 있어서 두 가지 개혁을 제안하였다. 첫째는 문자의 개혁이었고 두 번째는 사상의 개혁이었다. 문자의 개혁은 문학혁명의 첫 단계였다. 문자의 개혁은 샤머니즘화된 도교와 유교사상이 문자에 스며들어 고문을 타락시켰다는 진단으로부터 나온 주장이었다. 따라서 "고문을 폐지하고 이 황당무계한 사상의 전용 도구를 없애는 것이 하나의 효과적인 방법이다".(2 : 133) 1919년에 치열한 문학혁명 속에서 저우쭤런은 샤머니즘사상이 담긴 고문을 폐지하자고 주장하였다. 그는 문학혁명이 문자와 사상의 개혁을 통해서 이루어진다고 믿었다.

5 · 4운동이 실패하자 저우쭤런은 "자신의 정원自己的園地"에 은거하게 되었다. 이 시기에 그는 국어에 대한 자신의 주장을 은밀하게 수정하였다. 1920년대에 그는 고문을 폐기해야 한다던 주장을 유보하고, 백화문과 고문의 혈연적 관계를 강조하기 시작하였다. "나는 고문과 백화문이 모두 중국어의 문장어이며, 결코 완전히 다른 것이 아니라고 믿는다." (「國語文學談」, 4 : 483) 샤머니즘의 매체로 전락한 고문을 폐기해야 한다고 주장했던 저우쭤런이 고문을 다시 중국어로 인정하기 시작하였다.

> 근년에 재삼 고려해서 결론을 얻었다. 언어를 바꾸는 것은 불가능한 일이다. (…중략…) 나는 에스페란토를 중요시한다. 그렇지만 (에스페란토는—인용자) 제2국어로 사용하고 싶다. 제1국어는 운명이 지정해 준, 좋든 나쁘든 조상이 남겨 준 언어를 사용해야 한다. 가능한 범위 안에서 수정이나 확대할 수 있지만 근본적으로 변경할 수 없다. (…중략…) 한 민족이 감정과 사상을 표현하는데 국어를 사용하는 이유는 문자 상의 편리와 더불어 더 중요한 사상 상의 편리 때문이다.[136]

국어는 조상으로부터 이어받은 것이며 민족적 감정의 표현이었다. 르봉이 지적하였듯 문자는 민족성의 외부 표현이었다. 문자에는 불변의

136 「國語改造的意見」, 『周作人散文全集』 2, 753면. "近年再經思考, 終於得到結論, 覺得改變語言畢竟是不可能的事 (…中略…) 我現在仍然看重世界語, 但只希望用他做第二國語, 至於第一國語, 仍然只能用那命運指定的或好或歹的祖遺的語言, 我們對於他可以在可能丟人範圍內加以修改或擴充, 但根本上不能有所更張. (…中略…) 一民族之運用其國語以表達思想情思, 不僅是文字上的便利, 還有思想上的便利更為重要."

민족성이 담겨 있었다. 전술하였듯이 1912년에 발표한 「공화국의 성쇠」에서는 르 봉의 영향력을 감지할 수 있었고, 1918년에 발표한 「수감록 38」부터는 르 봉이 본격적으로 거론되기 시작하였다. "민족성이 조성되면 좋든 나쁘든 쉽게 바꿀 수 없다. 프랑스 G. Le Bon 저 『민족 진화의 심리』에서 이를 서술하고 있다."(2 : 75) 저우쭤런은 일찍이 르 봉의 유전설을 접하고 중국 민족성에 대하여 반성적 사고를 전개하였다. 민족성은 문자와 문학에도 나타나는 것이었다. "나는 유전적인 국민성을 소지로 삼고, 가능한 한 각 방면의 영향을 받도록 하고 지속적으로 변화하게 함으로써 영구적이면서도 새로운 민족성을 조성한다. 마치 인간의 유전에 다른 분자를 넣어도 그 근본적인 성격은 잃지 않는 것과 같다. 예를 들어 국어의 문제, (…중략…) 내 생각으로 한자의 본성 위에서 '유럽화'를 최대한 수용하여 한자의 표현력을 증가시키도록 해야 한다."(「國粹與歐化」, 2 : 517) 귀스타브 르 봉의 민족성 이론에 따르면 민족성의 근본적 성격은 변하지 않는 것이었다. 따라서 저우쭤런은 국어의 발전에 있어서 최대한으로 "유럽화"해야 한다고 주장하였다. "유럽화"는 한자를 더 풍부하게 만들어 주지만 한자의 근본적 성격은 바꿀 수 없었다.

> 계통이 다른 언어는 원래 동화(同化)할 수 없는 것이다. 현재 이른바 서구화는 국어의 특성에 따라 문법을 더 엄밀하고 실용적으로 만드는 것이다.[137]

1922년에도 유럽화가 없다는 1918년의 주장이 반복되었다. 언어가

137 「國語改造的意見」, 『周作人散文全集』 2, 757면. "系統不同的言語本來決不能同化的, 現在所謂歐化實際上不過是根據國語的性質, 使語法組織趨於嚴密, 意思益以明瞭而確切, 適於實用."

동화될 수 없듯이 문학도 동화될 수가 없었다. 따라서 번역문학은 외국문학이 아니라 중국문학이 되었다. 중국어 그 자체에 중국인의 사상과 감정이 담겨 있기 때문이었다. 중국어로 번역하는 순간부터 그 안에는 중국인의 감정이 들어가 중국문학이 되었다. 즉 진정한 '번역'은 불가능했다. 외국문학을 수용해도 그것은 다시 '중국적'으로 변신되었다. 이는 루쉰의 작품을 통해서 확인할 수 있다. "「아Q정전」 수법의 출처는, 내가 알기로, 외국 단편소설에 있다. 러시아 고골과 폴란드 헨리크 시엔키에비치의 영향이 가장 크고 일본 나쓰메 소세키와 모리 오가이의 저작도 적지 않은 영향을 주었다. (…중략…) 그러나 국민성이라는 것이 참 기묘한 것이다. 이 소설에서 수많은 외국적인 분자를 수용했지만, 결과적으로 슬라브의 대륙적인 압박이 있지만 '웃음의 눈물'이 없다. 일본에 대하여 동방적인 기이한 수법이 있지만 하이쿠적인 것은 없다."(「阿Q正傳」, 2 : 534) 저우쭤런은 「아Q정전」이 발표되자마자 서평을 썼다. 루쉰의 동생이었던 그는 루쉰이 사용한 수법을 잘 알고 있었다. 그에 의하면 러시아, 폴란드, 일본 등 다양한 국적의 작가들이 사용한 수법이 수용되었지만 「아Q정전」이 여전히 중국적이었다. 이러한 결과는 기묘한 국민성에서 기인하였다. 「아Q정전」은 외국적인 것이 수용되었음에도 불구하고 중국인의 사고방식에 따라, 또 한자로 쓰였기 때문에 중국의 민족성을 띨 수밖에 없었다. 즉 민족성이 외국적인 것을 중국적인 것으로 개조하였다.

문자와 문학의 민족성을 확인하고, 고문을 폐지해야 한다고 주장한 저우쭤런은 1922년에 이르면 현대 국어를 조직하기 위해서 우선 고문을 채택해야 한다고 주장하였다. "(현대 국어)를 풍부하게 만들어야 한다.

방법은 몇 가지 있는데 첫째는 고어古語를 채택하는 것이다."(「國語改造的意見」, 2 : 756) 그는 오래된 문자일지라도 민족성을 담고 있는, 살아 있는 문자라면 그 문자를 그대로 사용해야 한다고 주장하였다. 1926년에 와서 그는 더 나아가 고문을 국어문학의 영역으로 다시 복위시켰다. "국어문학에 관한 예전의 황당한 관념을 수정하여 고문을 국어문학 안으로 초청해야 한다."(「國語文學談」, 4 : 485) 이는 5·4운동 시기에 발표했던 극단적인 주장을 수정한다는 뜻이었다. 문언문을 완전히 배제했던 입장이 문언문도 중국문학으로 인정하는 입장으로 바뀌었다. "나는 국어문학이 한문학漢文學의 새로운 명칭이라고 생각한다. 한문으로 쓰인 문학, 팔고문과 시첩시試帖詩도 포함된다."(「國語文學談」, 4 : 484) 팔고문과 시첩시는 이미 시대에 뒤떨어진 것이었으나, 한자로 쓰였기 때문에 민족문학으로 분류되었다. 이 점에서는 저우쭤런도 이광수와 같은 속문주의자였다. 이광수가 한자가 조선어가 아니라는 이유로 한자로 쓰인 문학을 조선문학에서 배제시켰다면, 저우쭤런은 한자로 쓰인 문학은 현재에 사용가치가 없어도 민족문학으로 인정하였다. 이는 당연한 것으로 보이지만, 그 저변에는 문자에 담긴 민족성 문제가 깔려 있었다. 저우쭤런에게 고문은 민족성이 담겨 있어 중국문학이 될 수 있었고, 이광수에게 한문은 조선의 민족성과 무관한 것이었기에, 한문문학은 조선문학이 될 수 없었다.

이광수와 저우쭤런은 서구의 Literature 개념을 통해 자국의 문학 개념을 개조하였다. 그들에게 문학은 전통적 재도의 문이 아니라 자율적인 감정을 전달하는 매체였다. 이광수와 저우쭤런은 역어로서의 문학 개념을 자국에 정착시켰다. 그러나 이들의 작업은 탈아입구脫亞入歐와는 무관한 일이었다. 이광수와 저우쭤런이 문학을 Literature의 역어로 규정했던 것은 민족문학을 전반적으로 서구화하는 것은 아니었기 때문이다. 서구화는 이루고 싶어도 이루어질 수가 없는 것이었다. 문학과 문자가 '민족성의 외적 표현'이었기 때문이다. 민족성이 변하지 않는다면 문학도 서구화될 수 없었다. 즉 문학은 번역 불가능했다. 오히려 번역이 불가능했기 때문에 이광수와 저우쭤런 등의 동아시아 지식인들은 서구의 문학 법칙을 적극 수용하였다. 서구의 문학은 자국의 문학을 풍부하게 할 뿐 근본적인 민족성을 건드릴 수 없는 것이었기 때문이었다. 그들이 "문학의 개념, 원리, 지식을 생산하는 규칙을 바꾸었다는 의미에서의 단절이다. 그것은 한마디로 담론상의 단절"로서 전통문학을 부정하였다.[138] 그들에게 문학과 문자는 민족성의 외부 표현으로서 유전되는 것이었다. 따라서 전통과의 완전한 단절도, 진정한 번역도 불가능한 것이었다.

(2) 문학, 민족, 그리고 민족문학

"文學이라는 字의 由來는 甚히 遼遠하여 確實히 其出處와 時代는 攷키 難하나, 如何튼 其 意義는 本來 一般學問이러니 人智가 漸進하여 學問이 점점 複雜히 되매 文學도 次次 獨立이 되어 其 意義가 明瞭히 되어 詩歌, 小說 등 情의 分子를 包含한 文章을 문학이라 칭하게 至하였으며 (이상은 東洋) 英語에 Literature(文學)이라는 字도 또한 전자와 略同한 歷史를 有한 者라."(「문학이란 하오」, 1 : 545) 일반 학문이었던 문학은 인간 지혜의 진화에 따라 정의 분자로 분화되었다. 문학의 독립은 정의 독립을 기초

138 황종연, 앞의 글, 470면.

로 하였다.

> 情이 이미 知와 意의 奴隷가 아니요, 獨立한 精神作用의 一이면 從하여 情에 基礎를 有한 文學도 亦是 政治, 道德, 科學의 奴隷가 아니라 此等과 比肩할 만한, 도리어 一層 吾人에게 密接한 關係가 有한 獨立한 一現象이다. (…중략…) 今日의 文學은 超然히 宗教 倫理의 束縛 以外에 立하여 人生의 思想과 感情과 生活을 極히 自由롭게 如實하게 發表하고 描寫하나니, 現代 文明諸國의 大文學이 出함이 실로 此를 因함이라.[139]

> 文學은 決코 修身書나 宗教적 教訓書도 아니오, 그 補助는 더구나 아니요, 文學에는 뚜렷이 文學自身의 理想과 任務가 잇습니다.[140]

정은 원래 지와 의의 노예였는데 "문예부흥이라는 인류 정신계의 대변동이 有한 이래로 情에게 독립한 지위를 與하여 知나 意와 평등한 대우를 받게 되"었다. 이광수는 근대의 기능 분화functional differentiation에 따라 문학을 설명하였다. "이광수는 지정의知情意 삼분론에 근거하여 '眞-知-學問(科學)', '善-意-道德(宗教)', '美-情-文學(藝術)'의 계열을 제시하며, 각각의 기능과 가치가 독립적이라는 점을 분명하게 밝힌다."[141] 1910년대의 이광수는 정이 지와 의의 노예에서 벗어나 독립적인 위치를 획득했음을 명시하고, 이에 따라 정을 기초로 한 문학이 종교로부터

139 「문학이란 하오」, 『이광수전집』 1, 549면.
140 이광수, 「현상소설고선여언」, 『청춘』 12, 1918, 98면.
141 김동식, 「1910년대 이광수의 문학론과 한국 근대문학의 비민족주의적 기원들」, 240면.

독립한다고 주장하였다. 이에 따르면 문학은 '지' 또는 '의'와는 무관하게 정의 산물이고 정만을 표현하는 것이었다. 1910년대에 이광수의 문학론은 주정주의의 입장에서 쓰였다.

"人은 실로 情的動物이라 情이 發한 곳에는 權威가 無하고, 義理가 無하고 知識이 無하고 道德, 健康, 名譽, 羞恥, 生死이 無하나니 嗚呼라 情의 威요, 情의 力이여, 人類의 最上權力을 握하였도다."(「금일 아한 청년과 정육」, 1 : 526) 1910년대 이광수에게 인간은 '情的 動物'이었다. 이광수가 볼 때 지식과 도덕에 앞서 인간이 가장 필요한 것은 '情育'이었다. 앞서 살펴보았듯이 1910년대의 이광수에게 인간은 인간이기 전에 우선 동물이었다. 인간은 자연적인 존재였고, 자연적인 인간은 본성을 지니고 있었다. 이때 인간의 본성은 바로 도덕에 의해 억압된 정이었다. 정의 해방, 정에 대한 인정은 무엇보다도 중요한 과제였다. 이광수는 정의 해방이 문학을 통해서 이루어진다고 생각하였다. 문학은 "情에 基礎를 有한" 것이었고, 정은 문학을 통해서 표현되는 것이었다. "文學은 마치 自己의 心中을 讀하는 듯하여 美醜喜哀의 感情을 伴하나니 此感情이야말로 실로 文學의 特色이니라."(「문학이란 하오」, 1 : 548) 「문학이란 하오」가 발표될 당시, 이광수는 문학을 "人의 思想과 感情을 發表한 者를 謂함이라"고 말하였으나 어디까지나 논의의 핵심은 감정에 있었다. 감정은 "문학의 특색"이었다.

"自國의 歷史에 對하여 아무 知도 識도 없으니 그중에서 健全한 文學, 偉大한 文學이 나오기를 어떻게 바라겠습니까."(「문사와 수양」, 16 : 22) 1921년에 발표한 「문사와 수양」에 이르게 되면 자연적인 인간으로서의 본능인 정을 강조하던 이광수가 '지'와 '식'을 중요시하게 되었음을 확인할 수 있다. 이광수에게 인간은 이제 "정적 동물"이 아니라 지와 식을 갖추어야 하는 존재가 되었다. "진실로 工夫보다도 天才보다도, 글 잘 짓는 것보다도 必要한 것이 있으니 그것은 곧 健全한 人格이외다."(「문학에 뜻을 두는 이에게」, 16 : 57) 1920년에 들어서면서 이광수의 주장에 큰 변화가 생겼다. "정이 발한 곳"에 권위와 지식 그리고 도덕이 없다고 역설하던 이광수가 정을 대신하여 "건전함"을 내세우기 시작하였다. "글 잘 짓는 것", 즉 문학보다는 "건전한 인격"이 더 필요하다고 1922년의 이광수는 주장하였다. 그렇다면 건전함은 무엇을 가리키는 것이었을까? "健全한 人格이란 德性을 具한 人格이라는 뜻과 같은 듯합니다. (…중략…) 健全한 人格이 되려면 德性을 기초로 하고 健全한 體力과 一門以上의 完成한 知識과를 兼全하여야 할 것이외다. 德體知 三育이라는 말을 平凡하다고 웃지 마시오."(「문사와 수양」, 16 : 27) 1920년대의 이광수에게 인간은 "덕성을 기초로" 한 존재였다. 인간은 도덕이라는 우선적인 조건을 갖추어야 할 뿐만 아니라 덕예지라는 삼육을 모두 수행해야 했다. 흥미로운 것은 이광수가 '정'을 소홀히 하고 있다는 점이다. 덕예지 삼육에서 덕성은 중심이 되고, 정은 제외되었다. "本에 反하여 情育을 勉勵하라"고 정을 외쳤던 이광수는 1920년대에 와서 정을 은폐시키고 덕지체의 구조를 강조하였다. 이와 동시에 그의 문학관도 변화하였다.

> 價値는 一種의 滿足의 感情이다. (…중략…) 우리에게는 先天적으로 三種의 感情이 있다고 한다. 眞理價値感情에서 科學이 나오고, 道德價値感情에서 善한 行爲의 努力이 생기고, 審美價値感情에서 藝術的活動이 생기는 것이다.
>
> 이렇게 三種의 價値의 別이 있거니와, 文學에 있어서는 이 세 가지가 合一한 듯하다. (…중략…) 文學은 결코 官能藝術인 音樂 모양으로 다만 審美感만

으로 價値를 判斷할 것이 못 되고, 다른 두 가지 價値感 즉 眞理感과 道德感의 滿足을 요구하는 까닭이다.[142]

道德과 藝術은 하나이니 道德적 아닌 藝術은 참 藝術이 아니요, 藝術的 아닌 道德은 참 道德이 아니외다.[143]

문학은 종교와 과학의 노예가 아니며, "뚜렷이 문학 자신의 이상"을 지닌다고 역설했던 이광수는 1921년에는 문학과 도덕이 하나라는 입장으로 돌아섰다. 이광수는 「문학의 가치」에서 출발하여 「문학이란 하오」를 경유하는 지적 탐색 끝에, 지정의 삼분법에 근거하여 문학에 독립적인 지위를 부여하였다. 그러나 1920년대에는 와서 이광수는 예술과 도덕이 같은 것이라고 주장할 뿐 아니라 지정의에 기초한 문학의 독립성이라는 문학관을 전반적으로 수정한 것으로 보인다. 이 시기의 이광수는 인간에게 세 가지 감정이 있다고 보았다. 이 세 가지 감정이 곧 진리가치 감정, 도덕가치 감정, 심미가치 감정이며, 이를 다시 말하면 진선미였다. 이광수는 인간의 심리를 진선미 즉 지정의로 삼분한 주장을 고수하면서도 문학의 정체성은 수정하였다. "문학에 있어서 이 세 가지가 합일한 듯하다." 이광수는 문학이 지정의를 총괄한다는 주장하게 되었다. 문학은 이제 "정에 기초"한 것이 아니라 지정의가 합일한 것으로 그 성격이 변하였다. "정의 만족"만을 담당하던 문학이 "다른 두 가지 가치 감정 즉 진리감과 도덕감의 만족"까지 책임을 지게 되었다. 이제 이광수

142 「문학강화」, 『이광수전집』 16, 83면.
143 「예술과 인생」, 『이광수전집』 16, 30면.

에게 문학은 지정의의 합일을 뜻하였다.

또한 "정의 만족"을 외쳤던 이광수가 1921년에는 문학에 대하여 부정적인 발언까지 서슴지 않는다. "대저 文學이나 藝術은 文明의 꽃인데, 道德과 知識과 富力의 基礎가 없는 社會에 文學·藝術만 繁昌한다 하면 이는 所謂 枯楊生華로 그 根幹의 老衰를 促進하게 될 뿐일 것이외다. 그러므로 眞情을 말하면, 나는 現在 우리 朝鮮에 文士가 많이 나기를 願치 아니하고, 科學者, 그 中에도 自然科學者가 많이 나기를 願하는 바외다."(「문학에 뜻을 두는 이에게」, 16 : 45) 이 글에서 이광수는 도덕과 지식의 수준이 낮은 상황에서 문학만 발전하면 오히려 "고양생화"가 되어 더 빠른 쇠퇴를 초래한다는 입장에 섰다. 이에 따라 이광수는 청년에게 문학을 배우지 말고 과학을 배우라고 호소하였다. 이광수의 판단에 "오늘의 조선에서 가장 필요한 것이 爲先 富力獲得의 源泉이 되는 理科部類의 自然科學 應用科學의 知識"이었다. 문학도를 지망하는 이들을 향한 글에서 이광수는 조선에 가장 필요한 것이 문학이 아니라 부富를 가져올 수 있는 과학이라고 역설하였다.

「문학의 가치」의 마지막 단락을 보면 1920년대 이광수의 문학관에 얼마나 큰 변화가 생겼는지 짐작할 수 있다. "大抵 累億의 財가 倉廩에 溢하며 百萬의 옷이 國內에 羅列하며 軍艦·銃·砲·劍戟이 銳利無雙한들 其 國民의 理想이 不確하며 思想이 卑劣하며 何用이 有하리요." 문학에 매진했던 1910년대의 이광수는 한 민족 / 국가에 부富나 무력武力보다 문학이 더 중요하다고 역설하였다. "문학이 국민의 이상과 사상을 지배함으로써 결국 나라의 흥망을 좌우한다고, 따라서 조선도 서양처럼 그런 국민문학을 발전시켜야 한다고 판단하는 함에서 이는 국민문학론이다.

그런데 반식민의 계기가 진화론적 문명론에 압도된 데 유의해야 한다. 서양문학 따라잡기가 전면에 나서면서 정에 기초한 자율파 순문학을 문학이라는 신성한 이름 아래 호출하는 물신화가 이루어졌던 것이다. 요컨대 국민문학이되 방점이 '국민'에서 '문학'으로 이동하는 미묘한 전도가 발생한 터이다."[144]

그러나 「문학에 뜻을 두는 이에게」에서 이광수는 조선에게 가장 절실한 것은 문학이 아니라 부의 원천인 과학이라고 선언하였다. "一國의 興亡盛衰과 富强貧弱은 전혀 其 國民의 理想과 思想 如何에 在"한다고 하던 이광수는 사라지고 조선에 가장 필요한 것은 과학으로 대변되는 부富라고 주장하는 이광수가 새로 태어난 듯했다. 1920년대에 들어서면서, 즉 1919년 이후부터 이광수의 문학관에는 많은 변화가 생겼다. ① 인간을 자연적인 "정적 동물"에서 "건전한 인격"을 갖추어야 하는 존재로 수정하였고, ② 문학을 단순한 "정"의 만족이 아니라 "지정의"의 합일로 재의미화 하였고, ③ 조선을 진화시키는 결정적 요소를 문학에서 과학으로 이동시켰다. 이러한 변화의 핵심은 지, 정 그리고 의의 관계에 있었다. 정만을 중시했던 이광수가 1919년 이후에는 지정의의 합일을 더 중요하게 여기면서 이 같은 변화가 발생한 것이었다. 문학과 지정의의 관계가 재설정되면서 이광수의 조선문학관에도 변화가 생겼다.

> 朝鮮文學은 오직 將來가 有할 뿐이요, 過去는 無하다.[145]

144 최원식, 『문학』, 소화, 2012, 144면.
145 「문학이란 하오」, 『이광수전집』 1, 555면.

「문학이란 하오」에서 이광수는 이두로 쓰인 향가와 『용비어천가』, 시조 『하여가』, 『단심가』, 고소설 『춘향전』, 『심청전』 등을 조선문학으로 거론하였다. 하지만 이광수는 이 중에서 『용비어천가』의 가치만을 "眞正한 意味로 朝鮮文學의 嚆矢"로 인정하였다. 『하여가』와 『단심가』는 한문으로 쓰였다는 한계가 있었고, 『춘향전』와 『심청전』은 전설문학에 불과하였다. 이광수의 조선문학에 대한 인식은 1918년에 발표한 「부활의 서광」에서 이광수가 "果然 朝鮮人의 文學이라 할 만한 朝鮮文學이 있을까"라는 물음이 제기되면서 수정되었다. 그는 「부활의 서광」에서 문학이라고 하는 것을 하나씩 분석해 보았다. "音樂으로 보건댄 所謂 正樂이라는 것이 있어 李氏朝鮮의 標準音樂이라 할 수 있으나 그것도 朝鮮人 全體에 普及되었다 할 수가 없고, 歌謠는 아직도 民謠時代를 脫却치 못하였다. 作歌者와 作曲者 모르는 歌謠는原始的民謠時代의 遺物이니 이것이 音樂의 源泉은 된다 하더라도 아직도 예술이라고 일컬을 것은 아니"었다.(17 : 28) 이광수는 가요를 조선의 문학은커녕 문학으로도 인정하지 않았다. 「문학이란 하오」에서 조선문학으로 거론했던 시조는 어떠했을까. "朝鮮말로 表現한 것 한 點은 기쁜 일이다. 그러나 이 時調도 民族文學이라고 稱하리 만큼 普及하지도 못하였고, 朝鮮人의 眞精神, 眞生命에 接觸하기에는 너무 距離가 멀었었다."(17 : 28) 시조는 조선의 정신을 표현하지 못하기 때문에 민족문학이라고 할 수 없었다. 『춘향전』과 『심청전』도 시조보다 경우가 좋지 못했다. "春香歌, 沈淸歌 같은 것을 歌劇이라 할 수도 있지마는 이 亦是 原始的・傳說的・遊戲的이요 決코 藝術的이라 할 수는 없다. 그 劇本 되는 春香歌, 沈淸歌가 爲先 一個傳說에 不過하는 것이요, 藝術品이라고 許할 수가 없다."(17 : 29) 『춘향전』과 『심청전』은

'예술' 작품으로 인정받지 못했고, 따라서 조선문학이 되지도 못했다. 결론적으로 이광수에게 조선문학은 과거에는 없었고 오직 장래에 있을 것이었다.

이광수의 판단에 의하면 "조선인에게 詩도 없고, 小說도 없고, 劇도 없고, 즉 문예라 할 만한 문예가 없고 즉 朝鮮人에게는 精神的生活이 없었다." 이광수는 시, 소설, 극, 즉 문학이 없으므로 조선인에게는 정신적 생활이 없다고 판단하였다. 문학을 시, 소설, 극의 삼대 장르로 구분하는 것은 서양 근대문학의 규범에 따른 것이었다. 「문학이란 하오」에서 이광수는 문학을 Literature의 번역어로 사용할 뿐 아니라 서양의 문학 형식도 그대로 수용하였다. "文字로 記錄함을 云함이니 口碑傳說은 文學이라고 稱키 不能하고 文字로 記錄된 后에야 비로소 文學이라 할 수 有하다 함이 其一이요. 其二는 詩·小說·劇·評論 등 文學上의 諸 形式이니 記錄하되 體制가 無히 漫錄한 것은 文學이라 稱키 不能하다." 이광수가 수용한 서구의 근대적 문학은 두 가지 형식적 조건을 요구하였다. 문학은 첫째로, 문자로 기록되어야 했고, 둘째로, 시, 소설, 극, 평론 등의 장르를 가져야만 했다. 그는 이 기준을 조선에 적용시켰다. 첫째 조건으로 그는 한글을 내세웠다. 이에 따라 한문학과 구비문학이 배제되었다. 둘째, 시, 소설, 극 그리고 평론으로 구성된 서구 근대문학의 장르론을 따라 전설과 가사 등 서구 근대문학 장르에 포함되지 않는 조선의 창작물도 문학의 개념에서 제외되었다. 시조는 시로 분류되었지만 조선인의 정신과 거리가 멀다는 이유로 문학의 범주에서 배제되었다. 서구 근대문학의 기준을 기준으로 문학의 경계를 확정하였기 때문에 조선에는 문학이 없다는 결론이 나올 수밖에 없었다. 이광수는 「문학이란 하오」에서 "他民族에 求치 못할 朝鮮民族 特有의 精神文明"(1 : 551)을 추구한다고 하면서도 서구의 근대문학 모델을 기준으로 조선의 문학을 재량할 뿐이었다. 그는 조선민족의 특유의 정신문명이 조선 특유의 문학 형식에 의해 전해진다고 생각하지 못하였다. 즉 「문학이란 하오」를 집필한 시기의 이광수는 서구의 근대문학이라는 개념에 함몰되어 있었다. 자율적인 문학은 민족문학이 추구해야 할 이상이었고 조선문학은 '문학'의 파생물이었다. 그러나 1919년을 기점으로 이광수의 조선문학관에는 큰 변화가 발생하였다.

> 朝鮮古文學은 오직 그것뿐이다. 吏讀로 적힌 향가와 正音으로 적힌 時調, 歌詞, 戱曲(春香傳, 沈淸傳)뿐이다. (…중략…) 西洋文化의 影響을 받은 新文學을 加하면 朝鮮文學을 成한 것이다.[146]

「조선문학의 개념」에서 이광수는 민족문학(조선문학)을 다시 분류하였다. 이두로 쓰인 향가, 한글로 적힌 시조, 가사와 희곡은 조선 고문학에 포함되었고, 서양문학의 자장 아래에서 형성된 소설과 시는 신문학으로 분류되었다. 「조선문학의 개념」에서 조선문학은 고문학과 신문학의 상위 개념이 되었다. 이광수는 1920년대에 이르러 문학으로 인정하지 않았던 시조와 고소설을 조선문학의 범주 안에 위치시켰다. 뿐만 아니라 이 글에서 그는 조선 고문학의 원천적인 지위를 인정하였다. "吏讀로 記錄된 新羅의 郷歌 數十篇과 正音으로 記錄된 時調 千餘篇은 실로 朝鮮

146 「조선문학의 개념」, 『이광수전집』 16, 178면.

文學의 淵源이요, 本體다." 「부활의 서광」의 이광수는 시조가 민중에게까지 보급되지 않아 조선의 정신과 거리가 멀었다고 단언하였으나, 「조선문학의 개념」을 쓸 무렵의 이광수는 향가와 시조를 양적으로 방대할 뿐 아니라 질적으로도 조선문학의 연원이자 본체인 것으로, 그 가치를 인정하였다. 향가와 시조는 "조선혼의 유일한 기록이요 성전"이었다. 1920년대에야 비로소 이광수는 '조선적인' 것을 '발견'하게 되었다. '문학'의 입장에서 '조선'을 바라보기 때문에 조선문학이 없다고 선언하였던 이광수가 '조선'의 입장에서 '문학'을 보게 된 것이었다. 그는 구호에 그쳤던 「문학이란 하오」의 민족성에서 탈피하여 자신의 1910년대 문학관을 수정하였다.

이처럼 '조선'의 입장에서 '문학'을 보게 되자 "조선문학"이 눈앞에 떠오르게 되었다. 이광수가 '조선'의 입장에서 '문학'을 보게 되었다는 사실은 1921년의 글에서부터 확인할 수가 있다. "arts for art's sake라는 藝術上의 格言은 藝術을 他部門의 文化(政治나 教育이나 宗教나)의 奴隷狀態에서 獨立시키는 意味에 있어서는 대단히 훌륭한 格言이지마는, 그 範圍를 지나가서 使用하면, 이는 '個人은 自由라' 하는 格言을 無制限으로 사용함과 같은 害惡에 빠지는 것이외다. 生에 對하여 貢獻이 없는 것, 더구나 害를 주는 것은 그것이 무엇이든지 다 惡이니 文藝도 만일 個人의 特히 우리 民族의 生에 害를 주는 자면 마땅히 두드려 부술 것이외다."(「문사와 수양」, 16 : 17) 앞서 살펴보았듯이 「문사와 수양」에서 인간을 '정적 동물'에서 '건전한 인격'을 갖춘 존재로 보면서부터 문학을 '정'의 만족에서 '지정의'의 만족으로 보는 변화가 나타났다. 인간의 정만 중시하면 개인의 자유를 무한대로 확대하여 예술 지상주의에 빠지게 될 위험이 있었다. 그 위험은 "우리 민족의 생을 해"하는 것이었다. 자연적인 동물로서의 '정'에서 '건전한 인격'으로, 또 '지정의'의 통일로 중점을 옮기는 그의 변화는 이처럼 "민족의 생"에 대한 사고에서 나왔다. "一民族의 立脚地로 보아 그네가 所有한 文士의 人格의 高低는 實로 그 民族의 休戚에 關한 배라, 만일 自己의 種族을 사랑하는 情을 가진 文士일진대, 먼저 自己의 人格을 健全 偉大케 하기에 努力할 것이외다."(「문사와 수양」, 16 : 25) '정'에서 '지정의'의 통일, 즉 건전한 인격을 추구하는 것은 문사의 인격이 민족의 휴척休戚과 깊은 관련이 있기 때문이었다. 민족의 진화와 발전을 위해서 이광수는 문사의 건전한 인격, 지정의를 모두 포함한 문학을 요구하였다. 바꿔 말하면 '정'의 만족에서 '지정의'의 통일로 강조점이 이동하는 것은 이광수와 문학관이 '문학'에서 '민족'문학으로 옮겨간 데에서 기인한 것이었다.

시간상으로 보면, 문학관의 변화는 1920~1921년경부터 시작되었다. 「민족개조론」의 이론적 근거였던 귀스타브 르 봉의 『민족 진화의 심리학적 법칙』은 1921년에 발표한 「팔자설을 기초로 한 조선인의 인생관」에서 이미 언급되었다. 「팔자설을 기초로 한 조선인의 인생관」과 「소년에게」을 거쳐 1922년의 「민족개조론」에 이르는 과정은 이광수가 『민족 진화의 심리학적 법칙』을 통해서 민족성에 대한 이해가 변화하였음을 보여준다. 앞 장에서 살펴보았듯이 민족성은 이천년 전이나 지금이나 다름이 없을 정도의 고정성이 강조된 개념이었다. 조선의 민족성을 규명하기 위해 이광수는 전설적인 『산해경』부터 살폈다. 이 시점에 이르러서 이광수는 그의 조선문학관을 수정할 수밖에 없었다. "르 봉 박사는 그의 명저 『민족심리학』에 언어, 제도, 사상, 신앙, 미술, 문학 등 무릇 일국의 문명을 조직하는 각종 요소는 이를 지어낸 민족성의 외적 표현이라(민족심리학 제2장 제1절)고 단언하였"다.(「민족개조론」, 17 : 183) 문학은 민족성의 외부 표현이었다. 조선이라는 민족은 단군 시대부터 존재해왔으며 이에 따라 인의예용仁義禮勇이라는 민족 성격이 형성되었다. 단군 시대부터 형성된 민족성은 어떻게 표현되는가? 서구의 근대문학론으로 조선의 민족성을 재량할 수 없기 때문에 이광수는 그의 조선문학관을 수정할 수밖에 없었다. 1924년에 발표한 「민요 소고」가 대표적인 사례였다. "민요는 그것을 부르는 민족의 공동적 작품이다. (…중략…) 민요에 나타난 리듬과 사살은 그 민요를 부르는 민족의 특색을 드러낸 것이니 그럼으로 그 민족의 문학은 민요(전설도 포함하여) 기초하지 않지 못할 것이다."(「민요 소고」, 16 : 84) 「민요 소고」에서 이광수는 문학으로 취급하지 않던 민요를 민족성이 표현된 예술로 인정하게 되었다.

조선민족의 연속성은 곧 민족성의 연속성이었고, 민족성은 이광수 시대의 조선까지 유전되어 왔다. 따라서 민족을 초점에 둔 이상, 이광수는 그의 비연속적 조선문학관을 수정할 수밖에 없었다. 「문학이란 하오」까지 이광수의 조선문학론은 서구 근대문학 개념에 함몰되어 있었고, '문학'에 방점이 찍혀 있었다. 그러나 「민족개조론」에서 이광수의 조선문학론에는 전도가 발생하였다. 방점이 '문학'에서 '민족'으로 이동하였다.

민족(조선)문학이 과거에는 존재하지 않았다고 본 이광수의 초기 문학론과 달리, 저우쭤런의 문학론은 민족에서부터 출발하였다. 앞 절에서 살펴보았듯이 1908년에 발표한 「문장론」은 헌트의 『문학론』을 저본으로 삼았다. 「문장론」에서 저우쭤런은 중국의 전통적 문학 개념이 중국인의 정신을 퇴화하게 만들기에 새로운 기원인 Literature를 취해야 한다고 역설하였다. 그는 "주의가 절충하고 주장이 근사한 것은 최근 미국인 헌트Hunt의 설이다"(1 : 96)라고 명시하면서 헌트의 『문학론』을 번역하고 정리하였다. 또한 앞 절에서 분석했듯이 저우쭤런은 헌트 외에도 오오타 요시오太田善男의 『문학개론』의 영향을 받았다. 『문학개론』에서 오오타 요시오는 문학을 우선 순문학(시)과 잡문학(문)으로 구분한 뒤, 순문학은 다시 독식시讀式詩와 음식시吟式詩로, 잡문학은 서술문과 평론문으로 분류하였다. 저우쭤런도 「문장론」에서 문학을 순문학과 잡문학으로 나누었다. 순문학이 바로 시詩이며 시를 독식시讀式詩와 음식시吟式詩로 분류한 것도 『문학개론』의 분류법과 같았다.

오오타 요시오는 『문학개론』에서 문학을 순문학과 잡문학으로 나누고, 순문학을 독식시와 음식시로 분류한 후, 또 다시 음식시는 서사시, 서정시 그리고 극시로 나뉘고, 독식시는 서사문, 서정문과 소설로 나뉘었다. 또한 그는 잡문학을 윤리, 정치, 역사, 철학, 과학, 종교, 미술, 사회 분야에 맞추어 분류하였다.

讀式詩(readable poetry) ＝ 散文詩

詩(poetry) ＝ 純文學

吟式詩(singable poetry) ＝ 律語詩[147]

오오타 요시오에 의하면 시는 ① 서사시Epic, ② 서정시Lyric, ③ 희곡Drama 세 가지로 유형화되었다.[148] 그는 드 퀸시, 아널드 등의 문학이론을 근거로

147 太田善男, 『文學概論』, 東京 : 博文館, 1906, 114면.
148 위의 책, 15면.

『문학개론』을 저술하였는데, 이 같은 그의 문학 분류법도 역시 서구적의 장르론을 차용한 것이었다. 한편 저우쭤런은 문학이 순문학과 잡문학으로 구성된다는 주장을 받아들이되 세부적인 구분은 그대로 수용하지 않았다.

> 문장이란 비록 문과 시를 총괄하지만 두 가지로 분류할 수 있다. 하나는 순문장 혹은 시라고 부른다. 이는 또 두 가지로 분류할 수 있다. 시부(詩賦), 사곡(詞曲), 전기(傳記), 운문(韻文)을 포함한 읊조리는 시(吟式詩)와 설부류(說部類)인 눈으로 읽는(讀式詩), 즉 산문(散文)이 있다. 기타 서기논장(書記論狀) 등은 별도로 모두 잡문장(雜文章)이다.[149]

저우쭤런은 문장을 순문장과 잡문장으로 분류하고 순문장을 다시 시부, 가사, 전기, 운문, 산문 그리고 설부(소설)[150]로 분류하였다. 오오타 요시오가 서양의 문학 분류법에 따라 순문학을 분류했던 것과는 달리, 저우쭤런은 순문학의 하위 장르에 중국의 전통 양식을 배치하였다. 중국의 전통적 시부詩賦, 사곡詞曲, 전기傳記, 운문韻文 등이 모두 서양의 순문학에 배정되었다. 오오타 요시오가 근대적 기능분화에 따라 잡문학을 정치적, 윤리적으로 구분하였다면 저우쭤런은 중국 고유의 서술양식 즉 서기논장書記論狀을 잡문학에 포함시켰다. 문학의 하위 장르를 재구성함으로써 저우쭤런은 중국 전통적 문학 양식을 모두 근대적 문학 안으로 포섭하였다.

149 「論文章之意義暨其使命因及中國近時論文之失」, 『周作人散文全集』 1, 111면. "夫文章一語, 雖總括文詩, 為其間實分兩部, 一為純文章, 或名之曰詩, 而又分為二, 曰吟式詩, 中含詩賦, 詞曲, 傳記, 韻文也; 曰讀式詩, 為說部之類, 散文也. 其他書記論狀諸屬, 自 為一別, 皆雜文章耳."
150 설부라는 단어가 소설로 발전하는 과정에 대하여는 다음을 참조. 劉曉軍, 「說部考」, 『學術研究』, 廣東省社會科學界聯合會, 2009.

저우쭤런은 문학을 Literature의 번역어로 정착시키고 서양의 문학 분류법을 받아들이면서도 중국의 전통적 문학 양식을 Literature의 범주로 포함시킨 것이었다. 이광수는 1910년대에 전통적 문학 형식을 문학 개념에서 배제하였으나 저우쭤런은 1908년에 중국 전통적 서사양식을 모두 Literature의 역어인 문학으로 인정한 셈이었다. 조선문학이 없었다고 본 이광수와 달리, 저우쭤런에게는 중국의 고전문학이 모두 민족문학이었다. 이는 일본 유학 시절에 이광수가 근대에 함몰되었던 반면, 저우쭤런은 민족성에 관심이 더 많았기 때문에 발생한 차이였다.

이광수는 1920년대에 들어서야 르 봉의 민족심리학에 관심을 갖게 되지만, 저우쭤런은 이보다 이른 시기인 1900년부터 1910년대에 걸쳐 이폴리트 텐과 귀스타브 르 봉을 통해서 민족성에 주목하게 되었다. "나는 1906년 8월에 동경에 도착했는데 마루젠丸善 서점에서 최초로 구입한 책이 세인츠베리G. Saintsbury의 『영국문학 약사』 한 권과 텐의 영문 역본 4권이었다."(「동경의 서점」, 7 : 243) 텐의 영문역본 4권은 텐의 『영국문학사』를 가리키는 것이었다. 이는 저우쭤런의 회고록에서 다시 확인할 수 있다. "동경에 도착할 때 마루젠 서점에서 보낸 온 서양 책 한 박스를 받았는데 루쉰이 귀국하기 전에 주문한 것이다. 그중에 (…중략…) 영문으로 번역된 프랑스 텐Taine의 『영국문학사』 4권이 있었다. 나는 이 책을 통해서 이른바 문학사를 알게 되었다."[151] 일본 유학 중이던 루쉰은 1906년 3월에 잠시 귀국했다가 6월에 저우쭤런과 함께 다시 일본으로 건너갔다. 저우쭤런은 일본에 도착하자마자 루쉰이 주문한 『영국문학

151 周作人, 『知堂回想錄』, 香港 : 三育圖書文具公司, 1980, 197면.

사』를 받아볼 수 있었다. 텐의 『영국문학사』는 1863년에 출간되었고, 19세기 후반부터 일본 지식계에 매우 큰 영향을 주었다. 앞 절에서 확인했듯이 1890년에 일본의 첫 문학사인 『일본문학사』가 간행되었는데 이 문학사는 바로 텐의 『영국문학사』에 자극을 받아 쓰인 것이었다. 『일본문학사』에서 저자가 문학의 영향 요소를 국민성, 지역, 시대 세 가지로 분류하였다.

> 프랑스 학자 텐의 논의에 의하면, 국민 문장의 변천은 세 가지 요소에서 비롯된다. (…중략…) 이 세 가지 요소는 무엇인가. 첫째는 민족성이다. 민족성이란 인간의 무리가 나라를 이루는 데에 가장 기본이 되는 것이다. 만사가 여기서부터 시작되는데 문장은 특히 그러하다. 사상과 감정이 다르므로 문예와 저작이 자연히 달라진다. (…중략…) 한 나라의 문학을 보면, 민족성의 차이가 있다는 것을 확인할 수 있다.
>
> 두 번째는 경지(境地)이다. (…중략…) 풍토가 다르면 인간도 달라진다. 아일랜드는 북쪽의 끝에 있고 매우 춥기 때문에 국민이 유유자적한 생활을 하지 못해 서정시가 드물다. 그러나 남쪽에 있는 이탈리아는 따뜻한 햇살을 받아 국민이 봄기운처럼 마음이 후련하다. 따라서 독일의 『파우스트』와 같은 깊이 있는 드라마를 생산할 수 없다.
>
> 세 번째는 시대이다. (…중략…) 문장은 인심에 기원을 두기 때문에 당대 상사와 깊은 관계가 있다. (…중략…) 문장은 시대의 변화에 따라 달라진다.[152]

152 「哀弦篇」, 『周作人散文全集』 1, 133~134면. "依法國學者戴因氏言, 則國民文章之變遷, 凡三事為之始機 (…中略…) 三事維何? 一曰種性, 種性者, 人群造國之首機, 萬事之所由起, 而在文章亦著. 以思想感情之異, 則藝文著作, 自趨於不同. (…中略…) 今即征之一國文章, 而種性之畛畦故在. / 二曰境地, (…中略…) 夫風土之異人固甚矣, 如愛斯蘭僻處極北, 其地沍寒, 人

「애현편」에서 저우쭤런은 텐의 학설을 중국에 소개하였다.[153] 인종 · 환경 · 시대 "이 세 가지가 착종하여 한 시대의 문장을 구성한다". 「문학의 가치」에서 삼 요소 중에 환경을 특히 강조한 이광수와 달리 저우쭤런은 민족에 중심을 두고 있었다. 문학의 결정적인 요소는 민족성이기 때문에 문학은 곧 민족성의 산물이었다. 민족성은 문학을 통해서 확인되었다. "만약 나라에 큰 변동이 생기면 흥망의 기억이 인심에 남는데 이는 문장에 기탁하게 된다." 문학은 민족성의 산물일 뿐 아니라 민족 변천의 기록이었다.

이광수는 「문학이란 하오」에서 문학을 Literature의 번역어로 사용해야 한다는 주장에서부터 논의를 시작하였다. 그러나 저우쭤런은 「문장론」에서 민족 개념에서부터 논의를 전개하였다. "한 민족의 민이 민족의 땅에 모여 진화한다. 그 색이 다르고 아름답고 장엄하여 많은 변천을 겪고 어리석은 무리와 구별된다. 우수한 국민을 만드는 데는 두 가지 요소가 있다. 하나는 질체質體고 다른 하나는 정신이다."(「論文章」, 1 : 87) 문학을 서술하는 「문장론」의 첫 마디에서부터 저우쭤런은 민족 발전의 요소를 제시하였다. 저우쭤런에 의하면 민족은 질체와 정신으로 구성되는데 "질체는 인人, 지地, 시時 세 가지를" 가리켰다. 질체는 민족의 실체이지만 질체만으로는 민족을 구성할 수 없었다. 저우쭤런에 의하면 민족을 구성하는 데 정신은 질체와 같은 비중을 차지하고 있었다. "듣기로

鮮逸思, 故抒情之詩寡. 而南方義大利受朝陽之光, 其民則暢爽有春氣, 故欲求神思幽必如德國 Faust之詩, 不可得也. / 三曰時序 (…中略…) 蓋文章之起根于人心, 故與當世界思想所關甚大 (…中略…) 文章之變, 所以亦隨時序而異者也."

153 저우쭤런의 텐 수용에 대해서는 고운선, 「주작인 산문에 나타난 문학 담론 연구」(고려대 박사논문, 2009) 참조.

질체가 망하더라도 정신이 이를 재건할 수 있고, 혹은 질체가 망해도 정신은 죽지 않는다고 한다. 그러나 정신이 시들어 죽었는데 질체만 살아남는다는 말을 듣지 못하였다."(1 : 88) 저우쭤런이 말하는 정신이란 국민정신이었고, "국민정신은 이로 볼 수 있는데 혹은 국혼이라고 일컬었다". 민족의 실체가 사라져도 민족정신이 살아 있으면 민족을 다시 만들 수 있었다. 그러나 민족정신 없이는 민족의 실체가 살아남을 수 없다는 것이 저우쭤런의 주장이었다. 이를 증명하기 위해 저우쭤런은 이집트와 그리스를 예로 들었다. 번성하던 이집트 정권은 페르시아에 의해 와해되었지만 "묘지, 조각이 남아 있고 게다가 비석에 새긴 것과 탈리폿 야자 잎에 남긴 기록은 고후하고 장엄하여 곳곳에 정신을 담고 있다". 따라서 이집트는 "도태되지만 멸망하지 않았다". 마찬가지로 그리스가 망국 후에 재건될 수 있었던 이유는 "옛날 문명의 빛이 사라지지 않았기 때문"이었다. 저우쭤런에 따르면 이집트 민족과 그리스 민족이 살아남을 수 있던 원동력은 옛날부터 형성된 민족정신에 있었다.

"정신이라는 것은 스스로 드러낼 수가 없고 반드시 무엇에 덧붙여야 드러날 수 있다. 모든 문화가 안 되는 것이 없고, 문장이 특히 효과적이다."(「論文章」, 1 : 91) 민족정신은 쇠락하는 민족을 부활시킬 수 있었고, 그 정신은 문화 특히 문학을 통해서 드러나는 것이었다. 다시 말하면 문학은 민족정신의 운반체carrier였다. 저우쭤런은 「문장론」에서 민족의 구성, 멸망과 부활 등을 서술한 뒤에야 문학을 언급하였다. 그리고 문학은 민족정신을 담는 도구였다. 즉 저우쭤런은 문학을 위해 근대문학론을 소개한 것이 아니라 민족을 고려하여 문학을 택하였다.[154]

앞 절에서 이미 확인했듯이 「문장론」에서 저우쭤런은 문학이 먼 효과를 지닌다고 주장하였다. 문학은 당장 실용성이 없다 하더라도 민족정신을 담고 있어 훗날을 기약할 수 있었다. 문학은 쇠약해진 민족을 부활시키는 기능을 지녔다. 다시 말해서 「문장론」은 몇천 년 동안 축적된 문학으로 새로운 민족을 만들겠다는 계획이었다. 그 계획은 서양의 Literature(문학)를 통해서 추진되었다. 민족정신의 유지가 서양 근대문학을 통해 이루어진다는 주장은 일견 모순적이지만, 저우쭤런은 '마음'이라는 개념으로 이 모순을 해소하였다. 「문장론」에서 저우쭤런은 구택舊澤과 신조新潮라는 개념을 제기하였다. '마음'은 바로 구택과 신조를 연결시키는 고리였다.

> 문장은 세속적인 것과 절연하고 극히 세부적인 것을 기탁하여 심령과 직접적으로 연결된다. 따라서 그 공효가 극히 놀랍다. 말은 마음의 소리며 글자는 마음의 그림이다. 마음에서 우러나고 마음으로 받아들인다.[155]

저우쭤런이 민족정신을 보완하기 위해 서양의 근대문학을 선택했던 것은 서양의 근대문학이론에 따르면 문학이란 마음에서 나오는 자율적인 것이기 때문이었다. "태서의 시는 대부분 개인이 창작한 것으로 미를 추구하기에 자유롭게 뜻을 표출하여 마음을 펴낼 수 있다. 그러나 중국에서 제도를 시로 보아 (…중략…) 문장과 교훈이 아무런 경계도 없고

154 그렇다 해도 저우쭤런의 문학관은 공리주의적인 량치차오의 문학론과는 다르다. 량치차오가 문학을 교육의 수단으로 본 반면 저우쭤런은 문학을 단순한 수단으로 보는 것을 거부하였다. 그것은 1900년대 왕궈웨이 등이 이미 중국에서 자율적인 문학관을 소개했던 것과 무관하지 않았다. 이에 관해서는 다음을 참조. 黃開發, 「周作人的文學觀與功利主義」, 『中國現代文學硏究叢刊』, 中國現代文學館, 2004.

155 「論文章之意義暨其使命因及中國近時論文之失」, 『周作人散文全集』 1, 91면. "特文章為物, 獨隔外塵, 托質至微, 與心靈直接, 故其用亦至神. 言, 心聲也, 字, 心畫也, 自心發之, 亦以心受之."

정신을 펴지 못하게 만든다."(「紅星佚史一序」, 1 : 48) 앞 절에서 살펴봤듯이 저우쭤런에게 Literature의 번역어로서의 문학은 "인생 사상의 표현"이었다. '인생 사상의 표현'이라는 규정은 저우쭤런이 통치기구로서의 문학 개념을 부정하고, 문학을 사상 감정의 산물로 간주했음을 명확하게 보여준다.

저우쭤런에게 사상 감정은 개인에 한한 것이 아니라 전체 국민의 것이었다. "영국인 커트호프Courthope는 '문학에서 국민의 마음을 볼 수 있다. 마치 역사책에 사람의 생활이 기록되어 있듯이 말이다'라고 하였고, 독일인 헤르더Herder는 그것을 민성民聲이라고 하였다."(「論文章」, 1 : 92) 문학이 종교의 구속에서 벗어나 자유롭게 국민의 감정을 표현하면 그것이 '민성'이 되었다. 중국 국민의 마음을 표현하는 문학이 중국의 민성 즉 민족문학이었다. "민성이 실려 있는 바가 그 정情을 다 드러낼 수 있다면 그로 인해 새로운 계기新機를 열 수 있고, 또 축적된 옛 문화古化를 보존할 수도 있게 된다."(「論文章」, 1 : 115) 다음 절에서 보다 상세히 서술하겠지만 저우쭤런에게 민성은 민요나 전기소설 그리고 동화 등을 가리켰다. 즉 민성은 민족문학으로 옛 문화를 이르는 말이었다. 그러나 저우쭤런에게 민성은 옛 문화만을 뜻하지 않았다. 민성을 통해서 새로운 계기 즉 신조新潮가 열리기 때문이었다. 신조는 서양의 근대문학을 가리키는 것이었다. "다른 나라의 문학을 수집하여 우리의 땅에 수입하여 보완적 역할을 할지도 모른다."(「哀弦篇」, 1 : 149) 저우쭤런은 서양의 근대적 문명을 도입하여 국민이 그 정신을 자유롭게 표현하게 하여 민족을 부활시키고자 하였다. "니체 왈 무덤에서만 부활이 시작한다."(「哀弦篇」, 1 : 149) 앞서 이미 확인했듯이 저우쭤런에 따르면 진화론의 질서 속에서 중국은 도태되어 가고 있었다. 때문에 그가 '부활'을 추구하였다. 민족의 부활은 근대문학이라는 장치를 거쳐야 했다. 서양의 근대문학 관념을 수용하는 일은 문학의 자율성을 인정하여 중국의 문학을 유교로부터 해방시키고 민성을 자유롭게 표현할 수 있게 하는 계기였다. "문장이 개혁되면 사상을 펼 수 있게 되어 민족정신이 훌륭함美大으로 진화된다. 이것이 미래의 희망이다."(「論文章」, 1 : 115) 1900년대 저우쭤런이 Literature라는 개념을 중국에 소개하여 문학의 자율성을 구축한 작업은 민족의 부활을 목표를 둔 것이었다.

1911년에 저우쭤런은 귀국하여 고향에서 교편을 잡았다. 이와 동시에 그의 문학관에는 미세한 변화가 나타났다. 민족의 부활을 위해 Literature를 택한 그가 "사회에 집착하지 말라"고 주장하기 시작하였다. 1914년에 저우쭤런은 「소설과 사회」라는 글을 발표하였다. 이 글에서 그는 「문장론」과는 조금 다른 입장에서 논의를 전개하였다. "문학의 첫째 임무는 통찰력이 있는 이치를 인심에 전달하여 영명지역靈明之域에 도달하도록 도와주는 것이다."(「論文章」, 1 : 102) 「문장론」의 저우쭤런은 민중을 계몽하여 민족을 진화시키는 문학의 역할을 더 강조하였다. 그러나 「소설과 사회」에 와서 그는 "근대소설은 모든 사람이 다 이해하는 것이 아니다. 평범한 대중이 감상할 수 있는 것은 문학사에 아무런 가치도 없다"(「小說與 社會」, 1 : 317)고 적었다. 민중을 계몽하는 것을 중심으로 삼던 저우쭤런의 관심이 '문학사'로 옮겨갔다. "저작 등은 더 이상 사회적 기호嗜好에 따르지 않고 개인적 예술 취미를 기준으로 삼아야 한다." 「소설과 사회」에서 문학은 개인적 취미로 창작한 것이 되었다. 이 시기에 저우쭤런은 민족이 아닌 문학의 입장에서 문학을 바라보게 되었다.

1918년에 발표한 「인간적 문학」은 문학혁명의 기수로 간주되었다. 앞서 분석했듯 「인간적 문학」에서 저우쭤런은 진화론에 근거하여 성을 비롯한 인간의 본성을 인정하고 영육이 일치하는 문학의 창작을 주장하였다. "인간의 정상적 생활은 바로 이 영육일치적 생활이다."(「人的文學」, 2 : 87) 그에게 인간적 문학은 바로 인간의 정상적인 생활을 기록하는 것이었다. 문학은 재도의 기구가 아니라 인생을 묘사하는 창작물이 되어야 했다. "그가 인간을 문학의 중심으로 설정한 것은 문학이 문학 자체로 회귀하는 추세를 민감하게 파악한다는 것을 뜻한다. 동시에 재도적인 구문학과 신문학 사이에 뚜렷한 경계선을 그은 것이다."[156] 「인간적 문학」에서 저우쭤런은 인간을 중심으로 문학을 고찰하는 입장을 선명하게 드러냈다. "인도주의를 바탕으로 인생의 제 문제에 대하여 기록하고 연구하는 문자를 인간적 문학이라고 할 수 있다."(「人的文學」, 2 : 88) 저우쭤런이 말하는 인도주의는 "개인에서부터 시작한다. 인도를 말하든지 인류를 사랑한다든지 우선적으로 자신이 인간으로서의 자격을 획득하고 인간이라는 자리를 잡아야 한다".(「人的文學」, 2 : 88) 저우쭤런의 인도주의적 문학은 실질적으로 개인주의 문학을 제창하였다.

개인을 중심으로 문학을 규정한 인도주의적 문학은 많은 비판에 직면하기도 하였다. "사회의 해방에서 개인의 해방으로 이끌고, 문학을 민족투쟁, 계급투쟁의 사회 현실에서 개인적 영역으로 축소시키며 인간의 생물적 욕구로 환원시키는 것은 신민주주의 혁명 시대에서 문학에 대한 요구와 정반대 방향으로 가는 것이다."[157] 1980년대 계급투쟁 사상이

156 黃曼君, 『中國近百年文學理論批評史』, 湖北教育出版社, 1996, 255면.
157 錢理群, 「魯迅, 周作人文學觀發展道路比較硏究」, 中國現代文學研究叢刊, 1981.12, 189면.

남아 있는 상황에서 저우쭤런의 개인주의 문학관은 민족해방을 저버린다는 비판을 받았다. 1996년에 출간된 『중국 근 백년 문학이론비평사』를 보면 저우쭤런의 「인간적 문학」을 고평하였으나 그의 개인주의 문학관은 여전히 문제적인 것으로 간주하고 있다. "개인에만 집중하고 사회 정체적인 요소를 소홀히 하는 인도주의는 분명한 한계가 있다."[158] 저우쭤런이 시선은 민족에서 개인으로 이동하였다. 그렇다면 저우쭤런은 과연 민족을 저버리고 개인의 해방만을 추구하고자 했을까?

> 현대에 개인은 비록 종족 중의 하나인데 그가 진화하려는 욕구는 늘 종족보다 앞선 것이다. 따라서 그가 종족을 대표하게 된다.[159]

저우쭤런은 「인간적 문학」의 주요 논거였던 진화론의 영향 아래에서 문학도 진화한다고 주장하였다. "상고문학에서 표현되는 감정은 전 사회적이다. 후에 개인의 사상이 발달되어 개인의 감정이 중시된다. 이는 상고부터 19세기까지의 변화이다."(「宗教問題」, 2 : 334) 저우쭤런에 따르면 최초의 문학은 전 종족적인 것이었다. 개인이 종족에 포함되어 있기 때문에 종족의 욕구가 바로 개인의 욕구였다. 개인주의가 발달하면서 문학은 개인 감정의 표현에 주목하게 되었다. 서양의 경우, 19세기 이후부터 문학은 "많은 변화를 거쳐서 다시 평민 정체 쪽으로 발전된다. 그러나 거기에는 개인의 색채가 강하게 부여되어 있다. 이는 문예 진화의

158 黃曼君, 앞의 책, 252면.

159 「新文學的要求」, 『周作人散文全集』 2, 209면. "現代的個人雖然原也是族類的一個, 但他的進步的欲求, 常常超越族類之先, 所以便由他代表了族類了."

결과다. 원시적 문학과 다른 점도 역시 여기에 있다".(「新文學的要求」, 2 : 206) 「인간적 문학」에서 밝히듯 유럽에서는 르네상스 시기부터 개체로서의 인간이 발견되었지만, 중국에서 인간은 4천년 동안 인간으로 취급받지 못하다가 새롭게 발견되어야 하는 단계에 놓여 있었다. 때문에 저우쭤런은 개인으로서의 인간을 강조할 수밖에 없었다. 그러나 저우쭤런이 민족과 절연한, 완전히 개인적인 문학을 주장한 것은 아니었다.

원시 시대에 종족이 개인을 대변했다면 개인이 발견된 오늘날에는 개인이 민족의 진화 방향을 대표한다는 것이 저우쭤런의 주장이었다. 개인은 민족을 구성하는 요소로서 민족의 일원이기 때문이었다. 저우쭤런에게는 개인의 진화가 전체적인 민족보다 중요한 것이 되었다. 이는 군중의 낙후성 때문이었는데, 다음 절에서 이를 상술할 것이다. "먼저 각성된 인간은 소리를 내어 외친다. 그가 개인적으로 감정을 표현한 것이라 하더라도, 개인적 욕구는 실제로 그 외의 인류를 대신한다. 그들이 아직 깨닫지 못하거나 표현할 능력을 갖추지 못해서 표현하지 못한 감정과 욕구를 (각성된 인간이－인용자) 밝혀낸 것이다."(「新文學的要求」, 2 : 209) 개인을 중점적으로 다루었던 「인간적 문학」 이후의 글들도 계몽주의적 성격을 지녔다. 저우쭤런은 민족 및 민중을 계몽시키려는 목적에서 개인을 강조하였다. 따라서 1910년대의 저우쭤런의 글은 개인이 뚜렷하게 부각되지만 민족이라는 공동체를 저버린 것이 아니었다. 선각자인 개인이 자신의 감정을 표현하고 문자화하는 것이야말로 실로 민족의 진화를 추동하는 운동이었다. 다시 말해서 '인간적 문학'은 민족문학을 구축하기 위해 제안된 것이었다. 「문장론」과 「애현편」에서 저우쭤런이 문학을 민족과 직접적으로 연결시켰다면 「인간적 문학」 이후부터의 문학은 개인이라는 매개를 통해서 민족에 작용하였다. 개인이라는 우회를 거치나 문학의 목표는 여전히 민족이었다. 5·4운동 전후 저우쭤런은 인도주의 문학과 개인적 문학을 호소하였으나 호소 뒤에서 그가 겨냥한 것은 민족 문학이었다. 민족문학에 대한 관심은 그가 별세할 때까지 지속하였던 민속학 연구를 통해서도 확인할 수 있다.

한편 「문학이란 하오」에서 이광수는 '근대문학'의 관점에서 민족문학을 바라보고 조선문학이 오직 장래에 있을 것이라고 선언하였다. 민족문학을 부정하는 것으로 오독될 수도 있는 주장이지만 그 속에는 민족문학의 형성에 대한 애틋한 염원이 담겨 있었다. 「문장론」에서 저우쭤런은 문학을 민족정신이 기탁한 것이라고 표현하면서 중국의 문학적 전통을 모두 서양 근대문학으로 인정하였다. 1919년경에 두 사람의 문학관에는 뚜렷한 변화가 생겼다. 르 봉이 전개한 민족심리학의 영향으로, 민족개조를 추구하던 이광수는 '민족'의 입장에서 '문학'을 바라보게 되었다. 그는 조선의 전통적 문학 양식을 모두 조선문학으로 인정하게 되었다. 저우쭤런은 선명한 공리주의적 민족문학관을 버리고 개인을 중심으로 한 자율적 문학을 강조하기 시작하였다. 그에게 개인은 민족의 일부분으로, 자율적 문학을 창작하는 일은 민족문학을 구성하는 작업과 맞닿아 있었다. 개인을 매개로 한 민족문학의 진화는 민중과 운동에 대한 실망 때문이었다. 저우쭤런의 실망은 르 봉의 또 다른 저작인 『군중심리』와 무관하지 않은데, 이는 다음 절에서 상술된다. 조금씩의 변화는 있을지언정 민족 및 민족문학의 부활이 이광수와 저우쭤런의 공통된 소망이었음에는 변함이 없었다.

2) 민족문학의 전근대적 기원과 근대문학의 연속성

'네이션'이란 일반적으로 주권을 지닌 정치 공동체의 구성원을 의미하는 말로 이해된다. nation의 어원은 라틴어 natio이다. 이 말은 처음에는 출생과 관련된 의미를 갖는 단어였다. 이 단어는 13세기 이후 유럽에서 문화적이고 정치적인 권위를 지닌 대표자들의 모임이나 정치적·문화적·사회적 엘리트를 의미하는 것이 되었다가, 프랑스 혁명에서 nation의 주권성을 역사상 최초로 헌법적 원리로 명시한 이후부터 근대국가의 성원을 nation으로 쓰기 시작하였다. 이 nation은 동아시아에서는 국민으로 번역되었다. 1912년의 『철학자휘哲學字彙』 제3판은 nation을 '국, 국민'이라고 서술했다. 일찍이 1866년에 출간한 후쿠자와 유키치의 『서양사정西洋事情』에는 미국 '독립선언'이 완역되어 있는데 이 가운데 '국민'이라는 단어가 몇 번 등장한다. 그런데 이때 '국민'은 '인민'과 거의 동의어로 사용되었고 state 또는 독일어 staatvolk의 번역어로도 사용되었다. 개념과 번역어가 정돈되지 않은, 혼란한 상황에서 유신정부는 천황을 정점으로 하는 중앙 집권적인 국가 체제를 수립하고 이 체제를 구성하는 사람들을 '국민'이라는 말로 개념화했다.[160]

프랑스의 nation은 원리 상 어떤 종족·문화·종교적 요소와도 무관하며 프랑스 국가가 공동체로서 표방하는 정치적 가치에 대한 동의에 기반을 두는 개념이었다. 반면에 국민 창출 과정이 프랑스와 대비되는 독일에서는 정치적 의지와 시민적 권리를 지닌 구성원들의 집합체가 아니라 언어와 전통, 혈통, 관습과 정서를 공유하는 문화적 집단, 즉 '폴크

160 박명규, 『국민·인민·시민』, 소화, 2009, 62~74면.

Volk'가 국가 구성의 주체로 부각되었다. 독일의 폴크는 국가 형성과 별도로 오래전부터 존속해 온 문화적이고 혈통적인 공통체로 간주되었다.[161] 독일어 Volk는 민족, 국민 그리고 민중을 의미한다.[162] 민중으로서의 Volk는 영어 folk와 동일한 어원인 Vulgo에서 파생되었다. Vulgo는 군중을 뜻하는 Bal이 음운학적 변동에 따라 Val로 변하여 탄생한 파생어였다. Vulgo는 독일어의 Volk와 영어 folk의 어원이 되었으며 독일어의 Volk와 영어 folk는 모두 '민民'을 뜻한다.[163] "민중이란 그것이 무엇이든 최소한 하나의 공통된 인자를 공유하고 있는 집단을 지칭하는 것이다. 공통된 인자는 집단의 정체성을 낳게 되는데 던데스는 그러한 정체성을 공유한 집단을 민중이라고 간주했다."[164] 문화와 혈통을 강조하는 독일어 Volk와 마찬가지로, 영어 folk는 인간의 집단인 민중이라는 뜻을 지녔다. 한편 people를 민중으로 번역하는 경우가 종종 있으나, 일반적으로 통용되는 people의 역어는 민중이 아닌 인민이다. "일본에서 인민은 'people'의 번역어로 알려져 있다. 물론 일본의 경우 제2차 세계대전 후 헌법 제정 과정에서 맥아더 헌법의 'people'은 '국민'으로 번역되는 부분이 있었지만 대체로 국민은 'nation'의 번역어로, 인민은 'people'의 번역어로 받아들여진다."[165]

민중이라는 용어에는 상당히 오랜 역사가 있다. 『國語・越語下』에서 "府倉實卽民衆殷"이라는 말이 있고 『公羊傳・文公』에서 "射姑民衆不悅, 不

161 위의 책, 68~69면.
162 陳懷宇, 「赫尔德與周作人」, 淸華大學學報, 2009, 61면.
163 戶曉輝, 『現代性與民間文學』, 社會科學文獻出版社, 2004.
164 Elliott Oring, 나경수 역, 『민중과 민속의 장르』, 전남대 출판부, 2004, 1면.
165 박명규, 앞의 책, 141면.

可使將"이라는 구절도 있다. 여기서 나오는 민중은 백성을 가리키는 것이었다. 1970년대에 이르러 한국에서 민중이라는 용어가 민중운동과 함께 관심의 대상이 되었다. 따라서 민중에 대한 연구는 1970~1980년대의 민중문학론 또는 민족문화론의 맥락에서 논의되는 경향이 강하다. 그러나 1920년대에도 민중에 주목하는 다수의 논설이 발표되었다. 1921년의 『동아일보』를 보면, '국민'은 총 16번, '민중'은 총 22번 사용되었다.[166] 이처럼 민중은 1920년대의 중요한 키워드였다. 1920년대 민중이 빈번하게 사용된 것은 3・1운동의 영향이 컸다. 1922년에 『독립신문』에 발표된 「우리의 삼일운동과 중국의 오사운동」에서는 민중과 운동을 결합하기도 하였다. "非常한 事業은 반듯이 非常한 人才를 待하야 成就하나 民衆大多數의 運動이 안이면 偉大한 價値를 得지 못하나니 그럼으로 우리 民族의 前途希望이 오직 大同團結에 在하다 하노라."[167] 이 글에 의하면 민중운동은 정부보다 강력한 영향력을 행사하였다. 독립이라는 사업은 지도자가 필요하지만 민중운동이 없으면 지도자는 자신의 역할을 수행할 수 없었다.

> 이때까지 우리가 다 合力하야 할 일을 一部 人士에게만 委托하고 지난 우리 民衆은 인제 自覺하야 다시 自己의 할일을 自己의 誠力으로 애써도 보고 自己의 計劃으로 實行도 하야보자 우리의 生의 要求를 人에게만 依치 말고 自力으로도 實現시키도록 힘써보자 우리 民衆－이때까지 一部 階級의 度外視

166 허수, 「식민지기 '집합적 주체'에 관한 개념사적 접근」, 『역사문제연구』 23, 역사문제연구소, 2010.

167 「우리의 삼일운동과 중국의 오사운동」, 『독립신문』, 1922.7.1.

밧은―우리 民衆은 自覺하자 奮起하자 부리움으로 할 것이 안이오 相助함으로 할 것이며 盲從으로 할 것이 안이오 自覺으로 하여보자 獨立運動은 우리들도의 獨立運動에오 一部 志士然 自處하는 어룬들만의 獨立運動이 안이다 (…중략…)民衆! 生도 우리의 生 自由도 우리의 것임으로 獨立運動도 우리 것으로 化하여야 할지니 未來는 오직 民衆의 것이라야 될 것이다.[168]

1922년 9월에 발표된 「독립운동의 민중화」라는 글은 민중의 자각을 호소하였다. 민중을 각성시키는 일은 독립운동을 위한 것이었다. 종래 지식인들은 민중은 무식・무력한 존재로 보고 도외시하였다. 그러나 3・1운동과 5・4운동을 전개되면서 지식인들은 민중의 힘을 발견하게 되었다. 이에 따라 1920년대에 민중은 운동의 주체로 부상하였다. "佛蘭西의 自由革命은 루소 一匹夫의 叫號가 아니라 18世紀 全世界民衆의 叫號이며 (…중략…) 우리 朝鮮民族의 記錄은 아무리 四千餘年의 長時間에 뻐쳣다 하더래도 나의 가장 謳歌하고 讚歎하는 民衆的 要求의 爆發인 甲午革新運動을 노코서는 曉天의 星辰과 가티 落落할뿐. (…중략…) 四千年來―우리 記錄上에 唯一無二한 民衆的 運動인 甲午革新의 運動. 그에 對하야서야 어찌 讚歎치 아니하며 謳歌치 아니하며 崇仰치 아니하며 表彰치 아니하랴?"[169] 1922년에 황의돈은 이전의 변혁운동이 모두 지배자에 의해 행해졌으며 민중은 단지 기만의 대상이었다고 지적하였다. 그에 의하면 갑오개혁은 민중의 요구가 폭발한 민중운동의 첫걸음이었다. 황의돈은 4천 년 이래 첫 민중운동이었던 갑오개혁을 극찬하였다. 그는

168 「독립운동의 민중화」, 『독립신문』, 1922.9.30.
169 황의돈, 「민중적 규호의 제일성인 갑오의 혁신운동」, 『개벽』 22, 1922.4.1.

갑오개혁을 통해서 민중이 각성하기 시작했을 뿐만 아니라 민중운동이라는 장이 열리기 시작한다고 생각하였다. 신채호는 황의돈의 논의에서 한 걸음 더 나아가 민중을 혁명의 주체로 설정하였다. "금일 혁명으로 말하자면 민중이 곧 민중 자신을 위하여 하는 혁명인 고로 '민중혁명'이라 '직접혁명'이라 칭함이며, 민중직접의 혁명인 고로 (…중략…) 그러므로 우리 혁명의 제일보는 민중 각오의 요구니라."[170] 이처럼 1920년대 지식인에게 민중은 단순히 계몽의 대상일 뿐만 아니라 사회 변혁의 힘으로 발견되었다. 신채호 등 조선의 지식인에게 민중은 계몽의 대상이자 계몽의 주체로 정초되었다.

그러나 이광수에게 민중은 계몽의 대상이지 계몽의 주체는 아니었다. 1917년에 발표한 「금일 조선 야소교의 흠점」에서 이광수는 조선민중의 낙후성을 지적하였다. 그는 야소교가 과학과 연수하여 과학적인 신학이 되었고, 과학적 방법으로 문명국에서 선교한다고 보았다. 그러나 야소교는 중국 및 조선 등 야만 민족에게는 과학적인 방법으로 선교할 수가 없었다. 따라서 낙후된 지역에서는 "천당 지옥"과 "사후 부활" 등 미신으로 선교한 것이 "蒙昧한 民衆을 죄악에서 구제하려 하오. 이는 불교에서도 無教育한 下級 愚民을 위하여 취하였던 방법"을 사용할 수밖에 없었다.(「금일 조선 야수교회의 흠점」, 17 : 25) 민중은 과학이라는 문명을 이해할 능력을 갖추지 못했다. 그들의 머리를 사로잡고 있는 미신을 통해서야 계몽의 계기를 비틀어 열 수 있었다.

1920년대를 걸쳐 1930년대에도 민중에 대한 이광수의 무시는 계속

170 신채호, 「조선혁명사」, 『단재 신채호 전집』 하, 형설출판사, 1979, 40~41면.

되었다. 1921년에 발표한 「중추 계급과 사회」에는 그의 엘리트주의가 분명하게 드러났다. 이광수는 생물 세포에 핵이 있듯이 한 사회의 형성에 있어서도 핵이 있어야 한다고 주장하였다. 그 핵이 바로 중추 계급이다. "현대 문명한 諸國家도 그 運命이 전혀 그 核을 作한 中樞階級에 달렸습니다."(「중추계급과 사회」, 17 : 152) 중추 계급은 근대국가의 운명을 좌우하는 중대한 역할을 수행하는 것으로 설정되었다. "현대 諸國의 中樞階級을 造成하는 자는 一言으로 말하면 識者階級, 有産階級"이다.(17 : 153) 지식인과 유산자가 중추 계급이 되는 것이다. 이 중추 계급은 "群衆의 上에 超出한 人格"을 가지고 경제, 교육 그리고 예술 등 영역에서 일반 민중을 지도함으로써 민족생활을 개선한다.

민중은 중추 계급의 대립항이었다. 이광수에게 민중은 "懦弱하려 하고, 落望하려 하고, 變心하려 하고, 妥協하려 하고, 倦怠하려"고 하는 사람들이었다.(「지도자론」, 17 : 282) 이러한 민중에게 용기와 희망을 주는 자가 지도자와 중추 계급이었다. "詩人의 義務는 그가 가진 '最善'을 民衆에게 보여줌에 있다. 그가 最善이라는 것보다도 그가 認識할 수 있는 感情한 수 있는 最善을 民衆에게 보여줌에 있다. 이 점에서 詩人은 民衆의 先生이요 指導者다."(「중용과 철저」, 16 : 146) 시인은 지식인으로서 중추 계급에 속하였다. 그가 가진 '최선'을 민중에게 보여주는 시인이야말로 민중의 지도자가 될 만하였다. 다시 말해서 이광수에게 민중은 지도를 받아야만 하는 존재였다. 그에 의하면 민중은 "제 살을 깎아 천재를 먹이고 제 껍질을 벗겨 천재를 입"혀야 하는 존재였다. 천재를 비롯한 중추 계급이 조선에 신문명을 가져올 것이기 때문에 민중은 자기희생을 통해서라도 지도자의 탄생에 도움을 주어야 했다. 민족의 진화를 추진하는 주체는 민중이 아니라 지도자과 중추 계급이기 때문이었다. "문화의 向上을 基調로 하는 민족의 運動의 原動力을 作하는 것은 일반 대중이 아니요, 실로 인텔리켄치아層이다."(「조선 민족운동의 삼 기초사업」, 17 : 315) 민중은 민족문화를 향상시킬 수 없고, 인텔리겐치아야말로 민족문화의 발전을 추진하는 주체였다. 이광수는 엘리트를 민족 진화의 주체로 설정하였다. 민족 진화에 있어서 민중은 계몽의 대상이자 동원의 대상이었다. "민중은 '형식적으로는' 사회 구성원 전체의 참여로 구성된다. 따라서 '형식적으로는' 민중 역시 민족의 한 부분인 것이다. '형식적으로는' 참여시키고 '내용적으로는' 배제하는 것, 이것이 동원이다."[171] 1920년대에 들어서면서 민중을 사회 변혁의 주체로 간주하기 시작했던 지식층의 동향과 달리, 동맹과 단체를 조직하여 민족개조를 시도했던 이광수는 민중을 개조의 대상으로 간주하였다. 이광수에게 민중은 낙후된 민족의 실체였다.

이광수에게 민중은 기본적으로 계몽의 대상이었으나 동시에 조선민족 그 자체를 의미하기도 하였다. 민중은 계몽의 대상이면서 계몽을 검증하는 주체였다.

> 어떤 偉大한 天才가 萬民의 맘을 代表하여 發論하는 것이다. 그 때에 그 發論이 民心에 合하는 것이면 곧 民心의 소리가 되는 것이니 이것이 文學的作品이 받을 最後의 檢印이다. 이 검인을 맞은 것만이 국민의 황금의 서가에 저장되어 '고전'이라는 영예를 누리는 것이다.[172]

171 하정일, 「소통의 부재 혹은 민중 동원의 수단으로서의 소통」, 『인문연구』 55, 영남대 인문과학연구소, 2008, 170면.

172 「문학강화」, 『이광수전집』 16, 82면.

민중은 지식인의 지도를 받는 위치에 있지만, 동시에 지식인의 작품을 사회적으로 승인하는 역할을 담당하였다. 민중이 민심을 대변하기 때문이었다. 1924년에 발표한 「문학강화」에서 이광수는 민심이라는 개념을 내세웠다. "(천자가) 선을 실행하여 민심이 기쁘고 천의를 득하다"는 『漢書・息夫躬傳』의 구절에서 알 수 있듯이 민중의 마음인 민심은 선과 악을 판단하는 기준이었다. "누가 이렇게 作家를 淘汰하는가. 그것은 오직 民心이다."(16 : 82) 민심은 봉건시대 정치의 정당성을 판단하는 기준일 뿐 아니라 작가와 작품의 우열을 결정하는 주체였다. 민심이 예술을 판단하는 기준이 되었다. "理想이 없는 藝術은 藝術이 아니요, 民衆의 心絃에 響鳴하지 않는 藝術도 藝術이 아니외다."(「예술과 인생」, 16 : 42) 예술은 민중의 심금 즉 민심을 감동시키지 못하면 예술이라고 할 수 없었다. 예술로 민중을 계몽시키는'계몽의 주체'는 지식이었지만 수용 단계에서 그 가치를 확인하고 결정하는 주체는 민중이었다. 이광수는 예술의 가치 판단이 민중에 의해 이루어진다고 믿었다. 이 지점에서 민중은 무지몽매하기만 한 존재는 아니게 되었다.

"라프케이디오란 교수는 말하기를 英美의 國論을 左右하는 것은 결코 지식계급이의 名哲한 理論이 아니요 民衆의 感情이니 이것을 左右하는 것은 文藝라고 하였다."(「문예쇄담」, 16 : 108) 근대국가 영국과 미국에서 민심, 민중의 감정은 이미 국론을 좌우하는 힘이 되었다. 봉건시대에는 우민 정책의 실시로 인하여 민중이 무지몽매한 무리로 전락하였으나 민중은 근대에 이르러서 새로운 위상으로 등장하였다. 근대의 민요관에서 '민'은 내부의 분열이나 대립을 초월하는 국민 내지 민족을 환기시키는 집단으로서의 민중으로 규정되었다.[173]

(예술은) 그 民衆의 傳統的理想에 接觸치 아니하고는 그 民衆의 嗜好에 合하기 어려울 것이외다. (…중략…) 우리는 이러한 藝術을 우리 民衆에게 줌으로 우리 民衆의 精神的生活을 復活시키고 아울러 그네에게 限없는 기쁨과 創造力을 줄 것이외다.[174]

「예술과 인생」에서 이광수는 조선의 민중예술은 반드시 조선민중의 생활을 그려야 한다고 역설하였다. 또한 이광수에게 민중예술은 민중의 전통적 이상에 접촉했을 때에야 비로소 수용될 수 있는 것이었다. 여기서 주목할 것은 전통적 이상이라는 용어다. 민중의 전통적 이상에 접해야 민중의 기호에 합한다는 표현은 민중이라는 기호가 전통을 지향한다는 사실을 추측케 한다. 환언컨대 이광수에게 민중은 전통성을 지닌 존재였다. 민중은 조선의 전통을 지니고 있어서 전통적 이상과 접한 예술은 민중으로부터 수용될 수 있었다. 이광수에 의하면 민중이 좋아하는 것은 "단순하고 소박한 예술"이었다. 이러한 예술을 민중에게 주면 "민중의 정신적 생활을 부활"시킬 수 있는 가능성이 열렸다. 이광수는 예술과 민중의 관계를 논하면서 부활이라는 단어를 사용하였다. 전술했듯이 이광수는 귀스타브 르 봉의 『민족 진화의 심리학적 법칙』에 근거하여 영예로운 제1조선을 부활시키려고 하였다. 민족성의 근본적 성격이 변하지 않는다는 르 봉의 전제를 따른다면 당대 조선인의 혈통에는 제 1조선인이 형성했던 민족성이 유전되고 있었다. 바로 이 내재한 민족성이

173 임경화, 「'민족'의 소리에서 '제국'의 소리로」, 『일본연구』 44, 한국외대 일본연구소 2010, 11면.

174 「예술과 인생」, 『이광수전집』 16, 42~43면.

민족의 부활을 가능케 하는 동력이었다. 그렇다면, 조선의 민족성은 어떻게 확인해야 했을까? 이광수는 『산해경』과 『삼국사기』를 통해서 조선의 근본적 성격이 인의예용仁義禮勇이라고 규명하였다. 그 근거는 조선인에 대한 묘사로부터 왔다. "朝鮮人은 廉潔하였습니다", "朝鮮人은 甚히 自尊心이 많습니다." 조선의 민족성은 조선인을 통해서 확인되었다. 다시 말하자면 조선인의 성격이 바로 조선의 민족성이었다.

> 近代에 一部拜明輩가 漢族의 文化에 深醉하여 崇禎紀元後를 쓰면서도 一般民衆은 漢人을 '되놈'이라 하고 '오랑캐'라 하여 우리보다 훨씬 떨어지는 者로 여기도록 그처럼 自尊心이 많습니다.[175]

조선인은 중국문학에 심취하여 소중화를 자처하는 양반 계급이 아닌 일반 민중을 가리키는 것이었다. "옛 朝鮮人이란 것은 漢字中毒한 兩班階級을 가리킨 것이 아니요, 기억, 니은이나 알락 말락 純眞한 朝鮮農民들을 가리킨 것이다. 옛 朝鮮의 뿌리는 農民이었다. 이제 朝鮮의 뿌리는 農民이다."(「옛 조선인의 근본 도덕」, 17 : 320) 양반 계급은 한문에 중독되어 자아를 상실하였지만 농민으로 대변되는 일반 민중은 민족적 자존심을 가지고 있었다. 때문에 일반 민중이야말로 조선인의 대표였다. "一般民衆의 生活을 보더라도 獨立, 自主의 氣風이 않습니다."(「민족개조론」, 17 : 191) 이광수에 의하면 조선에서는 대가족 제도와 농노제가 실시된 적이 없기에 조선인은 독립과 자주의 성격이 강하였다. 이광수는 독립자주의 성

175 「민족개조론」, 『이광수전집』 17, 191면.

격이 일반 민중의 생활에서 드러난다고 보았다. 이 맥락에서 이광수는 조선인을 바로 조선의 민중으로 간주하였다.

귀스타브 르 봉에 따르면 민족성은 끊임없이 새로운 세대에 나타나면서 유전되었다. 새로운 세대는 '중등 계급'을 의미하였다. 『민족 진화의 심리학적 법칙』에서 사회 구조가 원추형이라고 주장한 르 봉은 소수의 엘리트가 원추형의 꼭대기를 차지하고, 지식인이 위 부분에 있고, '중등 계급'이 원추형의 아랫부분을 구성한다는 가설을 제시하였다. 민족성은 바로 아랫부분을 차지한 '중등 계급'을 통해서 유전되었다.[176] 이광수의 민중은 르 봉이 말하는 '중등 계급'에 해당하였다. 민중은 지적으로 엘리트의 지도를 받아야 하지만, 수적으로 민족의 절대 다수를 차지하였다. 민중은 민족의 생물적 실체였고 민족성의 운반자였다. 르 봉은 문화의 관점에서는 탁월한 사상을 가진 자가 중요하지만 민족의 관점에서는 엘리트가 중요한 존재가 아니라고 역설하였다. 민족성이 '중등 계급'에 의해 결정되기 때문이었다. "품성의 관점에서 보면, 중등인이야말로 인식되어야 할 대상이다. 중등인의 수준이 민족을 결정하기 때문이다. (…중략…) 품성에 있어서 대부분 종족의 중등 계급을 중심으로 변화한다."[177] 민족성은 엘리트에 의해 개선될 수 있지만 민족의 근본적인 성격은 불변하였다. 이 불변의 민족성이 바로 민중이라는 실체를 통해서 계승되었다. 중등 계급인 민중이야말로 불변의 민족성의 대변하는 존재였다.

이 지점에서 민중을 무지몽매한 존재로 규정하면서도 조선의 민족성

176 르 봉, 『민족 진화의 심리학적 법칙』, 영역본 39~49면; 일역본 44~54면; 중역본 36~44면.
177 위의 책, 영역본 45면; 일역본 51면; 중역본 41면.

을 민중에서 발견하려는 이광수의 모순된 주장이 해명된다. 현실에서는 엘리트가 지혜롭고, 민중은 무지하였다. 그러나 역사적으로, 민족성이라는 차원에서 보면, 민중은 "조상의 장기적인 연속성을 대변"하였다.[178] 이광수에게 민중은 이중적인 성격을 지닌 존재였다. 민중은 무지몽매한 존재이자 민족성을 운반하는 민족의 실체였다. 민중은 그가 맡은 민족적·역사적 역할 때문에 중요한 존재였다. 이광수가 민족성의 유전을 재현하는 존재인 민중을 중시할 수밖에 없었다. 민중의 전통적 이상에 닿지 못한 예술은 예술이 아니라는 「예술과 인생」의 주장은 민중의 역사적 성격으로부터 비롯된 것이었다. 민중은 민족성을 지니고 있으므로 민중의 이상과 접하지 않은 예술에는 민족성을 찾을 수 없었다.

> 만일 자칫하면 그 유혹에 넘어가면 그의 公人的生命은 永永絶滅하고 마는 것이다. 民衆이 이런 점으로는 대단히 嚴正한 裁判官이다. 그리고 이 裁判은 大逆罪의 裁判과 같이 一審이 곧 終審이다.[179]

앞서 살펴봤듯이 이광수는 엘리트 지도자가 민족 발전에서 핵심적인 역할을 수행한다고 주장하였다. 그러나 지도자는 절대적인 권위를 지닌 존재가 아니었다. 유혹에 넘어간 지도자는 민중으로부터 재판을 받아야 했다. 민중은 단순히 무지한 무리가 아니라 공정한 민족 역사의 대변자였다.

이광수는 민중의 역사성과 관련해서 다른 중요한 개념을 제기하였다.

178 위의 책, 영역본 45면; 일역본 51면; 중역본 41면.
179 「청년에게 아뢰노라」, 『이광수전집』 17, 312면.

그것은 1924년에 발표한 「민요 소고」에서 나온 민요였다. 민요의 개념은 1918년에 발표된 「부활의 서광」에서부터 나타났다. "歌謠는 아직도 民謠時代를 脫却치 못하였다. 作歌者와 作曲者 모르는 歌謠는 原始的民謠時代의 遺物이니 이것이 音樂의 源泉이 된다 하더라도 아직도 藝術이라고 일컬을 것은 아니며 …….”(「부활의 서광」, 7 : 28) 그러나 「부활의 서광」에서 이광수는 민요로부터 발전한 민가를 예술로 간주하지 않았다. 민요 역시 예술은 아니었다. 그 형태가 단순하고 원시적이기 때문이었다.

이는 1910년대까지의 민요에 대한 사회적 견해에 조응한 결과로 보인다. 1910년대 이전에 민요는 "음담패설"과 "망신망가망지 황음"으로 규정되었다.

> 所謂妓女唱夫給衢路兒童이開口則所謂歌曲이都是수심가난봉가알으랑홍타령等類뿐이니此何窮凶巨惡淫談悖說之成習也오 (…중략…) 此等亡身亡家亡國之荒音 (…중략…) 妨害志氣가莫此爲甚也라.[180]

『대한매일신보』에 발표된 이 기사는 당대 지식인들의 입장을 잘 드러내준다. 이 기사에서는 "1920년대부터 일기 시작한 '민요'의 연구・수집의 열기 속에서 가장 대표적인 '민요'로 꼽힌 수심가・난봉가・아리랑・홍타령 등이 '개명 진전'의 시대적 상황에 역행하는 부정적인 가요로 여겨지고 있다."[181] 1910년대까지만 하더라도 아리랑 등의 민요는

180 금혜(琴兮), 「가곡 개량의 의견」, 『대한매일신보』, 1908.4.10.
181 임경화, 「민족의 소리로서의 민요」, 임경화 편, 『근대 한국과 일본의 민요 창출』, 소명출판, 2005, 157면.

음담패설로 여겨졌다. 그러나 1920년대에 이르자 민요는 조선의 정신을 대표하는 하나의 '예술'로 인식되었다. 불과 10년이라는 짧은 시간 동안 민요에 대한 평가가 일신되었다.

민요에 대한 인식의 변화는 일본에서 시작된 민요 수집운동의 영향을 받았다. 1890년대에 민요는 번역어로 일본에 정착되었다. 1900년대부터 일본 지식인들은 민족성과의 관계 속에서 민요를 연구하고 채집하기 시작하였다.[182] 조선을 식민지로 병합한 후, 1912년경부터 총독부에서는 '민요 조사'를 실시하였고, 1920년대에 이르면 일본인에 의한 조선 민요의 채집과 연구가 본격화되었다. 주목할 것은 이광수가 일본인의 조선민요 연구에 참여하였다는 사실이다. 1927년에 일본에서 출간된 『조선민요의 연구』의 집필진은 일본인 11명과 조선인 3명이었다. 『조선민요의 연구』 집필에 참여한 3명의 조선인이 최남선, 이은상, 그리고 이광수였다.[183] 민요를 예술로 취급하지 않았던 이광수가 1920년대에는 민요 연구에 적극적으로 참여하고 있었다.

민요에 대한 이광수의 관심은 1924년에 발표한 「민요 소고」에 이미 드러났다. 「민요 소고」에 의하면 사람들이 부르는 노래는 대부분 민요였다. 그런데 학생이나 기생들과 달리 일반 민중들은 "예로부터 내려오는 민요로만 만족하고 있"었다. 민요는 이제 "망신망가망지 황음"이라는 인식에서 벗어나 일반 민중이 누릴 수 있는 정신적, 문화적인 향수享受가 되었다.

"민요라 함은 노래와 곡조의 작자를 알지 못하고, 언제 시작한지 모르

182 초보이 히데토, 「국민의 소리로서의 민요」, 위의 책, 131면.
183 임경화, 앞의 글, 164~170면.

고, 누가 지었는지 모르게 예로부터 전해오는 노래를 이른 것이다. 그러므로 민요는 그것을 부르는 민족의 공동적 작품이다."(「민요 소고」, 16 : 84) 이광수에게 작자 미상의 민요는 민족 공동의 창작품이었다. 입에서 입으로 전해지는 과정에서 민요는 만들어지는 것이었다. "다수 백성의 맘에 맞아서 그야말로 저절로 퍼지 것"으로 민요는 민중에 의해 창작되어 유전되는 것이었다. 「문학이란 하오」에서 구비 전설을 문학으로 분류할 수 없다고 역설했던 이광수가 1920년대에 와서 왜 민중의 노래인 민요에 관심을 가지게 되었을까?

> 민요의 연구는 이미 제 문명국에서는 거의 그 없는 자료도 없을 정도가 되었지만 조선에서는 아직 그 첫발도 들여놓지 않은 상태이다. 최근에 겨우 각 방면에 조선에 대한 연구열이 높아지는 것 같지만, 진정한 조선을 알기 위해서는 반드시 이 나라 민족의 민족성을 알아야 한다. 소박한 민중의 시대적 심리를 여실히 표현하는 민요에서 민족성을 엿보는 것은 유력한 자료가 될 것이다.[184]

민요는 민중들이 부르는 노래로서 민중의 심리를 드러냈다. 앞서 확인했듯이 이광수는 늦어도 1921년에 민족성에 대하여 관심을 가지게 되었고, 조선의 민족성을 개조하려고 하였다. 그에게 조선인의 성격이란 바로 조선의 민족성이었다. 조선인이라는 것은 양반 계급이 아니라 일반 민중을 일컫는 말이었다. 민중이야말로 조선 민족성의 실체이기

184 市山盛雄 編, 『朝鮮民謠の硏究・例言』, 坂本書店, 1927; 임경화, 「민족의 소리로서의 민요」, 170~171면에서 재인용.

때문에 민중의 심리를 드러내는 민요는 자연스럽게 민족성을 내포하였다. 민요를 통해서 민족성을 확인할 수 있었다.

민족성과의 관계 속에서 민요를 연구한 작업은 독일의 헤르더Johann Gottfried von Herder(1744~1803)로부터 시작하였다. 헤르더는 민요 개념을 제안하고 민중이라는 계급에 관심을 보인 학자였다. "헤르더는 민족정신은 특히 노래를 통하여 잘 나타난다고 생각하였다. 따라서 그는 많은 민족의 노래들을 수집했고 그 노래들을 민요Volkslied라고 불렀으며, 이 용어를 독일에서 최초로 사용했다."[185] 헤르더의 민요 개념이 일본에 유입되자 일본지식인들은 민요에 나타난 일본의 민족성을 연구하기 시작하였다. 『조선민요의 연구』도 동일한 맥락에서 계획된 것이었다. 위 인용문에서 확인할 수 있듯, 『조선민요의 연구』는 "민요에서 민족성을 엿보"려는 의도로 민요를 수집하여 정리한 결과물이었다.

『조선민요의 연구』에는 이광수의 글도 수록되어 있다. 「민요에 나타난 조선 민족성의 일단民謠に現はれたる朝鮮民族性の一端」이 이광수의 글이다. 「민요에 나타난 조선 민족성의 일단」에서 이광수는 우선 조선의 민족성이 잔인하다는 호소이 하지메細井肇의 주장을 반박하였다. 이 글에 따르면 조선은 전혀 잔인하지 않으며, 침략을 당해도 보복하지 않고 단지 원망만을 하는 민족이었다. "병인년丙寅年 흑선黑船의 난 이래 외국인 침입에 대하여 적개심을 나타내었다고 할 만한 민요가 있는데, 대표적으로 꼽을 만한 것으로는 아마도, 洋鬼子 무리 / 우리가 맡은 / 대원의 궁은 / 걱정이 無用이라든가 함경도 원산은 / 좋은 곳이지만 / 倭奴의 괴롭힘에 /

185 이상현, 「근대 독일 민속학자들의 민족 이데올로기와 사회적 실천」, 『동아시아의 근대와 민속학의 창출』, 민속원, 2008, 13면.

견디기 어렵네 (…중략…) 라는 정도일 것이다."[186] 조선인이 잔인하지 않다는 '사실'은 민요를 통해서 증명되었다. 이광수는 더 나아가 조선이 낙천적인 민족성을 지닌다고 주장하였다. "조선 민족의 특성 중 하나는 낙천적이라는 것이다. (…중략…) 심청전이든 춘향전이든, 비극이면서도 언제나 '웃어버리는' 것을 잊지 않는다. 천년을 살거나 / 만년이나 살더란 말이냐 / 죽음에 들어서 노소가 있나까지는 어느 정도 비애의 어조를 띠고 있지만, 그들은 곧 살아생전에 / 마음대로만 / 놀아볼거나라고 말하는 것이다."[187] 이광수는 『심천전』이나 『춘향전』에서 조선 민족의 낙천성을 확인하였다. "근래 데카당 시인들은 서양식 절망이나 비애를 수입했지만 낙천적인 조선심에 그다지 공명하지 않는 모양이다. 시인 자신도 조선인이 이상 완전한 절망이나 완전한 슬픔에 빠지지는 않을 것이다. 민족성은 완고한 것이다."[188] 조선의 민족성은 낙천적이기 때문에 데카당스 시인들이라 하더라도 서구의 세기말적 사상에 완전히 침윤될 수가 없었다. 낙천적인 민족성이 완고하기 때문이었다. 근본적인 민족성은 변하지 않았다.

> 대개 이 민요 속에 흐르는 리듬들을 다만 현대 조선 사람에게만 맞는 것이 아니라 우리 민족의 고유한 리듬임을 추측하기 때문이다. (…중략…) 백성이 좋아하는 리듬이 근본적 특징은 변하지 않기 때문이다.[189]

186 이광수, 「민요에 나타난 조선 민족성의 일단」, 市山盛雄 編, 『朝鮮民謠の研究』, 坂本書店, 1927; 최주한, 『이광수와 식민지 문학의 윤리』 소명출판, 2014, 818~819면, '부록'.
187 이광수, 「민요에 나타난 조선 민족성의 일단」, 819면.
188 위의 글, 820면.
189 「민요 소고」, 『이광수전집』 16, 87면.

민요는 옛날부터 전해 내려온 것으로 조상들이 좋아하는 노래였다. 현대의 조선인도 조상들이 불렀던 민요를 좋아한다. 조선인이 "좋아하는 리듬이 근본적 특징은 변하지 않"았다. 물론 그것은 민족성의 불변성에 힘입은 바였다. 민족의 역사와 보조를 맞추며 전승되어온 민요는 중요한 의미를 지니게 되었다.

> 민요에 나타난 리듬과 사상은 그 민요를 부르는 민족의 특색을 드러낸 것이니 그러므로 그 민족의 문학은 민요(전설도 포함하여)에 기초하지 아니치 못할 것이다. 어떤 나라에서나 시가(詩歌)는 그 나라의 민요를 뿌리로 발달한 것이다.[190]

민족성은 변하지 않으며, 때문에 조선의 신문학은 전통문학과 혈연적 관계가 있을 수밖에 없었다. 따라서 이광수는 "우리 민요의 대부분이 퍽 옛날부터 전해 오는 것이다 하는 사실은 심히 중요"(「민요 소고」, 16 : 87) 하다고 주장하였다. 민요는 조상들의 마음을 담고 있으며, 예부터 내려온 것이기 때문에 "그 민족의 문학은 민요(전설도 포함하여)에 기초하지 아니치 못할 것"이었다. 즉, 조선의 민요는 조선문학의 근원이었다. 문학을 literature의 번역어로 정착시키고, 서양의 문학론을 참조하여 구비문학을 문학에서 추방했던 이광수가 마침내 조상들이 부르던 노래를 민족문학의 근원으로 인정하게 되었다.

저우쭤런에게 민중은 우선 '어리석은 군중庸衆'이었다. 1908년에 발

190 위의 글, 84면.

표한 「장중역기庄中譯記」에 이미 '어리석은 군중'이라는 표현이 등장하였다. "근세 러시아에서 가혹한 정치가 실시되어 똑똑한 사람이 살기 어려워지는 반면 어리석은 군중은 오히려 뜻을 이루게 된다."(「庄中譯記」, 1 : 127) 그에게 계몽자는 봉건사회 말기에 늘 위험에 직면하는 인물이었고, 군중은 오히려 사회 혼란 속에서 편하게 살아가는 사람들이었다. 1912년에 저우쭤런은 「어리석은 군중의 책임庸衆之責任」이라는 글을 발표하였다. "대개 천하에 인간은 불초한 자가 현인군자보다 늘 많은 것이다. (…중략…) 불초란 악하다는 것이 아니라 어리석은 군중을 가리키는 것이다. (…중략…) 어리석은 군중은 일반적으로 큰 과실이 없다. 그러나 뜻을 이루게 되면 함부로 일을 저질러 큰일을 망친다."(「庸衆之責任」, 1 : 231) 저우쭤런이 볼 때, 어리석은 군중은 스스로를 자제하여 사회에 해를 끼치지 않는 것이 최선이었다. 그는 민중의 주도로 일이 진행되면 오히려 사회가 퇴보한다고 믿었다. 전술했듯이 신해혁명 당시에 저우쭤런은 혁명에 냉담한 입장을 고수하였다. 이 태도는 기본적으로 그의 개인적 경험과 관련되어 있으나, 저우쭤런에게 귀스타브 르 봉의 『군중심리』가 끼친 영향도 결코 간과할 수 없다.

르 봉은 1894년에 『민족 진화의 심리학적 법칙』, 1895년에 『군중심리』를 간행하였다. 『군중심리』는 '군중의 시대'라는 말과 함께 귀스타브 르 봉이라는 이름을 세계적으로 알리게 한 중요한 저작이었다. 앞서 살펴보았듯이 저우쭤런은 1910년에 르 봉의 『민족 진화의 심리학적 법칙』과 『군중심리』를 읽었다. 『군중심리』에서 르 봉은 군중을 파괴력만 있을 뿐 지적 능력을 축적하지 못한 존재로 의미화 하였다. "군중은 고립된 개인은 할 수 없는 감정 표현과 행동을 할 수 있다. 숫자가 많으므로 무사하리라는 확신과 인원이 많으니 일시적이나마 강력한 힘을 갖게 되었다는 생각 덕분이다. 어리석고 무지하고 시기심 많은 개인이 군중을 이루면 자신이 무가치하고 무기력하다는 감정에서 해방되어 일시적이지만 엄청난 힘을 갑작스레 갖게 되었다고 생각하게 된다."[191] 고립된 개인은 무능하였다. 하지만 개인이 모여 군중이 되면 격렬하게 감정을 분출하게 되고, 이에 따라 군중은 강한 힘을 가지게 되었다. 그러나 군중의 반항과 폭발은 극히 일시적일 수밖에 없었다. 르 봉에 의하면 군중은 혁명으로 억눌렸던 심사를 표출한 후 본능적으로 노예 상태로 되돌아가는 존재였다. "군중은 온후한 지배자에게는 결코 공감을 표시하지 않으면서 자신들을 가혹하게 탄압한 폭군에게는 동조해 왔다. 더구나 군중이 가장 높이 세운 동상은 언제나 폭군의 것이었다."[192] 군중은 노예 본능에 종속된 존재였다. 이 맥락에서 군중은 혁명적이지 않았고 매우 보수적이었다. "철저히 보수적인 군중의 본능을 잘 알지 못하면 역사를 이해하기가 어려우며, 민중 혁명의 역사를 이해한다는 것은 더더구나 어려운 일이 된다."[193]

> 합군적 자대(合群的自大)와 애국적 자대(自大)가 한패가 되어 다른 개인을 배척하는 것이고 소수의 천재에 선전 포고를 하는 것이다. (…중략…) 이기면 나는 군중의 하나니까 당연히 이기는 것이다. 실패되면 사람이 많으니까 손해를 받는 사람이 내가 아닐 수도 있다. 모아서 소동을 일으키는

191 르 봉, 이재형 역, 『군중심리』, 문예출판사, 2013, 64면.
192 위의 책, 68면.
193 위의 책, 69면.

> 대중이 대부분 이러한 심리이다. 그들의 행동이 맹렬하게 보이지만 사실상 매우 비겁하다. 그 결과로는 복고(復古), 존왕(尊王), 그리고 부청멸양(扶清滅洋) 등이 있다.[194]

의화단운동은 민중 혁명이었다. 그러나 반청부명反清復明이라는 구호를 들고 일어난 의화단은 부청멸양扶清滅洋으로 전락하여 봉건 통치자에 항복하였고, 결국 청나라에 의해 토벌되었다. 민중의 보수적 성격은 그들로 하여금 복고復古와 존왕尊王으로 돌아갈 수밖에 없게끔 하였다. 의화단운동이라는 역사적 사건과 마주했던 저우쭤런은 르 봉의 『군중심리』에 공감하였고 『군중심리』에 근거하여 민중을 사고하였다.

저우쭤런에게 민중은 소수 천재를 공격하는 무리이기도 하였다. 민중이 무리를 이루어 개인을 배척하기 때문이었다. 이때 개인은 선각자를 의미하였다. 선각자인 개인이 신사상으로 정치・종교・도덕의 개혁을 추진할 때마다 보수적인 민중은 "습관과 제도를 높이 들고" 선각자의 개혁을 저지하였다. 저우쭤런에 의하면 민중은 비겁한 무리이며, 민중의 보수성은 그들로 하여금 봉건사회의 노예라는 신분에 만족하고 계몽을 거부하게 만들었다. 따라서 새로운 사회를 만드는 데에 있어서 가장 강한 저항력으로 작용하는 세력은 봉건 통치자가 아니라 어리석은 민중이었다. 저우쭤런에게 민중은 타락한 사회의 대표였다.

"국민의 문화 수준은 수평적인 것이 아니라 삼각형처럼 쌓여 있는 것

194 「隨感錄」, 『周作人散文全集』 2, 73~74면. ""合群的自大", "愛國的自大", 是黨同伐異, 是對少數的天才宣戰 (…中略…) 勝了, 我是一群中的人, 自然也勝了, 若敗了時, 一群中有許多人, 未必是我受虧, 大凡聚眾滋事時, 多具這種心理, 也就是他們的心理. 他們的舉動, 看似猛烈, 其實卻很卑怯. 至於所生結果, 則復古, 尊王, 扶清滅洋等等."

이다. 문화의 정점을 측량할 때 가장 높은 층에 있는 소수의 지식인을 기준으로 삼으면 된다. 그런데 타락한 정도는 아래층에 있는 다수의 우인愚人을 기준으로 보아야 한다." 여기서 저우쭤런은 민족의 구성을 삼각형으로 묘사하였다. 지식인이 꼭대기를 차지하고, 다수의 민중은 아래층을 구성한다. 이는 앞서 본 바와 같이 『민족 진화의 심리학적 법칙』에서 르 봉이 민족을 원추형으로 보고, 엘리트와 민중이 각각 꼭대기와 아랫부분에 위치한다고 주장한 것과 동궤에 있다. 저우쭤런은 민중에 관한 르 봉의 주장을 수용했다. 저우쭤런도 무지몽매한 민중이 수적으로는 많지만 민족의 진화를 촉진하는 적극적인 역할을 수행할 수는 없다고 보았다. "국민문화의 발전에 있어 좌우가 아니라 상하의 구조이다. '낙오'한 사람은 전초의 구호를 알아듣지 못한다."(「藹理斯與福來爾附記」, 4 : 168) 선두에 선 지식인이 민족의 진화를 추진하지만 '낙오'한 민중은 늘 민족의 진화를 저지하였다. 저우쭤런에게 민족의 진화를 방해하는 민중은 타락 그 자체였다.

그러나 동시에 저우쭤런은 민중을 "사회의 기둥"으로 간주하였다. "이러한 저작이 많이 발표되기를 바란다. 그래야 우리가 사회의 기둥으로서의 민중의 마음을 알게 될 수가 있다."(「江陰船歌 · 序」, 2 : 173) 1919년에 발표된 「강음선가 · 서」에서 저우쭤런은 1908년부터 어리석다고 폄하했던 민중을 사회의 기둥으로 격상시키고 민중의 마음을 이해해야 한다는 주장까지 내세웠다.

> 민간이란 원래 문화 소양이 뒤떨어진 민중을 가리키는 것이다. 민가(民歌)에서 드러난 정서(情緒)와 사실은 민중이 느낀 정서이고 인지한 사실이

며, 단지 소수자에 의해 선택되고 검정된 것이다. 따라서 민가(民歌)의 특성은 화려한 기교와 사상에 치우치지 않는다. 민간의 마음을 진실하게 표현한 것이라면, 곧 순수한 민가다.[195]

민중은 글자도 모르는 사람들이 다수였다. 민중이 부르는 노래가 민가民歌, 즉 민요였다. 민요는 민중의 마음을 표현하는 것이었다. "우리가 원한 것은 민가이다. 그것은 서정시나 교훈시가 아니라 민속학의 자료이다. 따라서 그것이 아무리 저속하더라도 수집되어 보관되어야 한다."(2 : 173) 민중을 어리석다고 비판했던 저우쭤런이 민중의 가슴으로부터 나오는 마음의 소리를 수집하여 보관해야 한다고 주장하였다. 민중의 마음에 대한 주목은 1908년에 발표한 「문장론」에 이미 나타났다. "독일의 헤르더는 이(문학－인용자)를 민성民聲이라고 한다."(1 : 92) 저우쭤런에게 문학은 민의 소리였고, 그는 민의 소리를 발굴하는 민속학에 지대한 관심을 표했다. 민속학이라는 용어를 중국에서 처음으로 사용한 인물이 저우쭤런이었을 정도였다. "민은 과거에 속한다. 민은 과거가 현재에 남긴 유전물의 캐리어이다. 이는 현대 민속학이나 민간문학의 주된 주장이다."[196] 민속학에서 민중은 무지몽매한 무리가 아니라 긍정적인 역사의 주체였다. 민속학의 창시자 헤르더에게 민중이란 "청중 가운데 가장 위대하고 가장 존경할 만한 구성원"이자 근대적 사고에 물들이지 않은 자연적인 존재였다.[197] 그에게 "민중은 자신의 견해를 강하고 확

195 「江陰船歌 · 序」, 『周作人散文全集』 2, 172면. "民間這意義, 本是指多數不文的民眾, 民歌中的情緒與事實, 也便是這民眾所感的情緒與所知的事實, 無非經少數人拈出, 大家鑒定頒行罷了. 所以民歌的特質, 並不偏重在有精彩的技巧與思想, 只要能真實表現民間的心情, 便是純粹的民歌."

196 戶曉輝, 앞의 책, 78면.

고하게 표출하고, 대상을 감각적이고 분명하고 생생하게 직관하며, 말하고자 하는 바를 직접적으로 자세히 느낀다. 따라서 민중은 온전한 말로 온전한 생각을 표출"하는 존재였다.[198] 민속학의 관점에서 민중은 지식인보다 건전한 사람들이었다.

저우쭤런이 민요의 차원에서 사고하기 때문에 민중을 "사회의 기둥"으로 규정하였다. "민요는 원시적인 시－그러나 진부하지 않은 시라고 말할 수가 있다. (…중략…) 민요의 가장 강렬하고 가치 있는 특색은 진실성과 성실성이다. 이는 예술품의 보편적인 정수이다."(「歌謠」, 2 : 545~546) 저우쭤런에게 민요는 민중의 진실한 감정을 드러내는, 원시적인 것이었다. '원시적'이라는 말은 민요가 먼 옛날부터 민중에 의해 불리었다는 것을 뜻하였다. 헤르더에 의하면 민요는 "오랫동안 조국전통의 입에서 계속적으로 불려질 수 있었던 교육받지 않은 감각적인 민중의 노래"였다.[199] 민요는 민중의 노래이고, 민중은 "조국 전통의 입"을 가진 사람들이었다. 민요를 부르는 민중은 이미 현실 속의 군중이 아니라 민족 전통의 대변자였다. 이제 민중은 원시적인 민요를 보존하는 역사적인 존재가 되었다. 이 때문에 5·4운동 전후, 중국 일부 지식인들이 '민중'과 '민족'을 같은 것으로 여겼다는 연구가 제출되었다.[200]

저우쭤런은 일본 유학 시절부터 민요에 대하여 관심을 가졌다. 그 관

197 헤르더, 「철학이 민중을 위해」, 김대권, 「헤르더의 민요집 비교 분석」, 『괴테연구』 26, 한국괴테학회, 2013, 11면에서 재인용.

198 위의 글, 13면.

199 헤르더, 「오시안과 옛 민족들의 노래」, 이해경, 「상호문화적 연구 대상으로서의 민요」, 『한국민요학』 26, 한국민요학회, 2009, 202면에서 재인용.

200 洪長泰(美), 董曉萍 譯, 『到民間去－1918~1937年的中國知識分子與民間文學運動』, 上海文藝出版社, 1993, 30~31면.

심은 민속학과의 만남에서 비롯된 것이었다. 1937년에 발표한 「나의 관하여」에서 그는 자신에게 큰 영향을 준 인물을 4명을 열거하였다. 그것은 크로포트킨, 브란데스, 그리고 프레이저와 엘리스이다. 크로포트킨과 엘리스의 영향은 앞 장에서 이미 살펴보았다. 프레이저James George Frazer(1830~1941)는 영국의 인류학자로 진화론적 민속학의 대표자였다. 일본 유학 시절의 독서경력을 회고하는 「동경의 서점」에서 그는 앤드류 랭Andrew Lang(1844~1912)의 저적을 읽었다고 술회하였다. "앤드류 랭의 인류학파 신화 연구로부터도 많은 도움을 받았다. 그림 형제가 편집한 동화의 가치만 알았는데 이때부터 안데르센 동화가 지닌 특별한 가치를 알게 되었다."(「東京的書店」, 7 : 346) 저우쭤런은 동경 마루젠 서점을 통해서 근대문학론을 접하고, 서구에서 기원한 민속학도 수용하였다. 서구의 민속학은 1884년에 일본으로 유입되었고, 1910년 6월 야나키타 구니오柳田國男는 『원동 물어遠東物語』를 간행하였다. 초판은 350부를 가운에 일련번호 291번을 저우쭤런이 구입하였다.(「遠東物語」, 5 : 802) 저우쭤런은 두 갈래의 민속학을 수용하였다. 하나는 프레이저와 앤드류 랭을 비롯한 서구의 진화론적 민속학이었고, 다른 하나는 민간전승과 민족전통 연구에 중점을 둔 헤르더와 야나키타 구니오의 민속학이었다.[201]

헤르더가 독일에서 최초로 민속학이라는 용어를 사용했다면, 중국에서 처음으로 민속학이라는 용어를 사용한 사람은 저우쭤런이었다. "동화 연구는 민속학에 근거하여 그 기원을 탐구해야 한다."(「童話略論」, 1 :

201 저우쭤런이 수용한 두 가지의 민속학에 대해서는 다음을 참조. 김미정, 「주작인에게 민속은 무엇이었을까」, 『중국문학지』 48, 중국어문학회, 2014; 趙京華, 「周作人與柳田國男」, 『魯迅研究月刊』, 北京魯迅博物館, 2002.

276) 1913년에 발표한 「동화 약론」에서 저우쭤런은 민속학의 원리로 동화를 연구해야 한다고 주장하면서 민속학이라는 용어를 중국에 도입하였다. 물론 저우쭤런의 민속학은 일본어를 번역한 것이었다. "중국 현대 민속학의 제기는 처음부터 서구 folklore에 대한 호응과 이식이다. 그러나 민속학이라는 번역어는 저우쭤런에 의해서 일본으로부터 빌려온 것이다."[202] 야나기타 구니오 등 일본 민속학자들에 의해 수용된 헤르더의 민속학을, 저우쭤런이 다시 일본으로부터 들여왔다.

전술한 바와 같이 「문장론」에서 저우쭤런은 헤르더의 민성이라는 개념을 사용하였다. 헤르더에게 민요는 민중, 민족의 소리를 의미하였다. 「애현편」에는 "독일인이 이를 시대정신Zeitgeist이라고 일컫는다"는 문장이 있는데 이 독일인이 바로 헤르더였다. 시대정신은 헤르더가 민속학을 연구하면서 고안한 용어였다. 1918년에 출간한 『구주문학사』에서 저우쭤런은 다시 헤르더의 '민성' 개념을 언급하였다. "헤르더가 이러한 뜻을 가지고 시를 6권 만들었는데 이는 『민성』이라고 한다."[203] 1918년에도 저우쭤런의 관심 대상은 여전히 민성, 즉 민족 / 민중의 소리에 머물러 있었다. 헤르더는 1778년에 전 6권으로 이루진 『민요』의 편저 작업을 끝내고, 후일 제목을 『민요에 담긴 민족의 소리』로 바꾸었다. 이것이 민족의 소리, 즉 민성의 유래였다.[204]

『민요에 담긴 민족의 소리』를 편저한 헤르더는 "민요를 타락하지 않은 정신적 심연의 증거 내지 순수한 역사의식의 보고로서 보았다." 그에

202 施愛東, 『中國現代民俗學檢討』, 社會科學文獻出版社, 2010, 43면.
203 周作人, 『歐洲文學史』, 河北教育出版社, 2002, 177면.
204 陳懷宇, 「赫爾德與周作人」, 『清華大學學報』 24, 清華大學, 2009, 57면.

게 "민요가 진정한 민족을 재발견하도록 하는 위대한 민족을 재생하는 치료법 중 확실한 방법"이었다.[205] 민요는 민족성을 운반하며 민족 재구성에 중요한 역할을 담당하였다. 따라서 헤르더는 민요 수집 작업에 전력하였다. 저우쭤런이 계속 거론했던 『민요에 담긴 민족의 소리』야말로 헤르더가 민요 수집의 결과였다.

민요에 대한 저우쭤런의 관심은 헤르더를 거론하는 「문장론」에서도 드러났다. "가요·속곡은 조잡하게 보여서 쓸데없는 것 같지만, 사람들은 천뢰天籟를 드러낸 것이 유학자의 저술을 초월할 지도 몰랐다."(1 : 115) 서양 literature 개념을 중국에 정착시킨 「문장론」에서 저우쭤런은 중국전통의 민요를 근대적 문학 개념에 포함시켰다. 그에게 민요는 천뢰였다. 장자莊子는 『제물론齊物論』에서 인뢰人籟 지뢰地籟, 그리고 천뢰라는 개념을 제기하는데, 인뢰는 악기, 지뢰는 자연의 소리, 그리고 천뢰는 곧 마음을 가리켰다. 저우쭤런에게 가요와 속곡은 마음에서 절로 드러나는 것이었다. 마음이란 물론 민중의 마음을 의미하였다. 민중의 마음에서 우러나오는 가요와 속곡은 유학자의 저술보다 더 많은 가치를 가진다는 것이 「문장론」의 논지였다.

민요에 대한 고평은 민요 수집으로 이어졌다. 헤르더는 민족의 소리를 발견하기 위해서 민요를 수집하였다. 마찬가지로 저우쭤런도 민요수집에 몰두하였다. 1918년 『베이징대학일간』에 「베이징대학 민요 징집 요강」이라는 공고가 났는데, 저우쭤런이 편집위원이었다. 저우쭤런은 1920년에 조직된 베이징대학가요연구회에서 책임자를 맡기도 하였

205 김면, 『독일 민속학』, 민속원, 2012, 27면.

다. 그는 1922년에 창간된 『가요주간』에 직접 발간사를 쓰고 편집을 담당했고, 1925년에는 외설 민요를 수집하기까지 하였다.

"이러한 민요에는 예술적 분자가 별로 없다. 그러나 이는 실제로 후일 아름다운 정시情詩의 뿌리와 싹이다. (…중략…) 이를 통해서 중국 민중의 성 심리, 그들이(즉 우리가) 남녀의 성관계에 어떠한 견해와 흥미를 가졌는지를 엿보려고 한다."(「徵求猥褻的歌謠啓」, 4 : 309) 앞서 확인한 바, 저우쭤런은 엘리스와 에드워드 카펜터의 영향을 받아 인간의 성은 자연적인 본능으로서 매우 성스러운 것이라고 주장하였다. 외설 민요의 수집은 조상들이 가진 성 심리를 확인하기 위한 것이었다. 외설 민요 연구는 자연인으로서의 조상을 연구하려는 목적에서 수행되었다.

> 그중의 하나는 민속학인데 민요가 민족심리의 표현으로 인정하고 있으며, 민요에는 수많은 고대 제도와 의식의 유적이 서려 있다.[206]

외설 민요가 조상의 성 심리를 드러낸다면, 일반 민요를 통해서는 조상의 일반적 심리를 알 수 있었다. 앞서 분석했듯 저우쭤런은 유교가 타락하면서 중국의 민족성이 퇴화했다고 주장하였다. 공자 시대의 중국인은 우수한 민족성을 지니고 있었고, 민요는 공자 시대 이전에 생긴 문학 형식이기 때문에 민요에는 순수한 민족성이 담겨 있었다. 민요는 "역사 연구의 측면에서 대체로 민속학에 속하는 것인데 민요에서 국민의 사상, 풍속과 미신 등을 고찰해 볼 수 있으며 언어학상으로도 참고 자료로

206 「讀童謠大觀」, 『周作人散文全集』 3, 95면. "其一是民俗學的, 認定歌謠是民族心理的表現, 含蓄著許多古代制度儀式的遺跡."

어느 정도 얻을 수 있"는 자료였다.(「歌謠」, 2 : 547) 민요를 통해서 민족적 무의식, 즉 민족성을 확인할 수 있었다. 저우쭤런이 헤르더의 민속학을 수용하는 이유가 바로 여기에, 민족성에 있었다. 헤르더 시대의 "독일은 프랑스 침략 전쟁 이후 신성로마제국의 체제붕괴로 경제적, 정신적 혼돈 상태에 있었다. 이 같은 정치 풍토에서 지식인들은 실제적인 사회 문제에 적극적인 자세를 추구하지 않았으며, 이들은 고대와 중세의 과거 시절 조국의 번연을 동경하며 침잠에 빠진 정신적 흐름을 나타낸다고 볼 수 있다. 현실 여건이 불행할수록 관념 세계로 후퇴하여 과거 지향적 중세 동경과 민족혼의 감정 이입을 발전시켰던 낭만주의 시대사조는 독일 민속학의 시대 조류에 영향을 주었다. 관찰되는 현상의 이면에 있는 민족의식을 찾고자 하였으며 공허한 과거의 근원적인 민족문화 영역을 넓히고 고대 게르만 민족학 연구를 통해 독문학과 밀접한 관계를 지니게 된다".[207] 과거의 민족성을 확인함으로써 전쟁으로 인한 위기에 빠진 민족에게 새로운 희망을 불어넣어야 한다는 과제가 헤르더와 저우쭤런에게 부과되어 있었다. 아편전쟁 이후 점차 비루해져 가는 민족의 현실은 지식인들로 하여금 고유한 민족성을 점검하도록 자극하였다. 민요에서 드러나는 순수한 민족성은 저우쭤런과 같은 지식인에게 민족 부활의 가능성을 암시하는 희망이었다. "5·4시기의 민속학은 민족성을 연구의 목적과 내용으로 삼는다. 이는 국민의 생활 전체(습관, 일상생활, 신앙 그리고 민간 문예)를 대상으로 하는, 사회학, 심리학, 인류학적 등 학제적인 종합 연구이다. 또는 민족생활사에 착수하여 민족 정신문화를 파악

207 김면, 앞의 책, 26면.

하고 연구하는 것이라고 말할 수도 있다."[208] 민족성의 표현인 민요를 채록하는 일은 중국의 민족성을 확인하는 작업이 되었다. 저우쭤런은 중국의 민족성을 파악하기 위해서 1910년대와 1920년대에 걸쳐 지속적으로 민요 채집에 몰두하였다.

민요 채집은 "작업은 현재 숨겨져 있는 빛을 드러낼 뿐 아니라, 또 장래의 민족시民族詩의 발전을 일으키고 있으니, 이것이 두 번째 목적"에서 이루어졌다.(「民謠·發刊辭」, 2:842) 민요 수집은 민속학 연구에 자료를 제공하고 시를 비롯한 민족문학을 새롭게 발전시켰다. 민족문학의 발전은 민요에 기초한 것이었다. 민족성이 보존된 민요는 민족문학과 뗄 수 없는 관계를 가졌다. "우리가 신화를 연구하는 것은 우리 조상의 사상과 이야기를 알아야 하기 때문이다. (…중략…) 신화는 고대 야만 민족의 사상과 유사遺事로 낭독되어 시가에 편입된 것이다. 즉 고대인 문학적 표현이며 이보다 더 오래된 것이 없을 것이다."(「神話的 趣味」, 3:532) 민요는 가장 오래된 노래일 뿐 아니라 고대인의 문학적 표현이기도 하였다. 다시 말하면 저우쭤런에게 민요는 원시적인 문학이었다. 민족정신이 담긴 민요는 민족문학의 근원이 되는 것이었다.

> 이 점에서 민요는 민족문학의 근원이다. 만약 기교와 사상적인 측면에서 훌륭한 것이 있다면 매우 좋지만 생성된 바가 서투른 단어와 비속한 의미를 띤다고 해도 어쩔 수는 없다.[209]

208 錢理群, 『周作人研究二十一講』, 中華書局, 2004, 28면.

209 「江陰船歌序」, 『周作人散文全集』 2, 172면. "民歌在這一方面原是民族的文學的初基, 倘使技巧與思想上有精彩的所在, 原是極好的事, 但若生成是笨拙的措詞, 粗俗的意思, 也就無可奈何."

가요는 민족의 문학이다. 이는 한 민족의 무의식적이고 전적인 표현이다.[210]

헤르더가 민요를 분석함으로써 민족성을 파악할 수 있다고 주장했다면, 저우쭤런은 민요를 민족문학의 근원으로 파악하였다. 민요는 원시시대부터 불린 노래로 민족문학의 기초를 다졌다. 따라서 저우쭤런은 민요를 "원시적이지만 진부하지 않은 시"로 규정하였다. 1932년에 저우쭤런은 자신의 연설을 정리하여 『중국 신문학의 원류』를 간행하였다. 이 책에서 그는 문학을 순문학, 통속문학, 원시문학 세 가지로 분류하였다. "원시문학은 민간에서 창작된 것이므로 원시인이 노래하고 즐겼던 것이다. 산가민요山歌民謠 등이 모두 그것이다. 이는 문학의 가장 낮은 수준의 형식이지만 후일 시가詩歌의 근원이다. 지금 중국문학을 연구하거나 중국문학사를 편저하는 사람은 대부분 『시경詩經』부터 시작한다. 그러나 민간의 가요는 『시경』이 나오기 훨씬 전에 나타났다. 이 부분을 신경을 써서 보지 않는다면, 문학의 근원에 대해서 설명할 수가 없게 된다."(「中國新文學的流源」, 6 : 53) 민요는 『시경』보다 유구한 역사가 있으며 원시인들이 노래로 불렀던 원시문학이었다. 중국문학사는 『시경』이 아니라 민요에서부터 시작해야만 했다. 민요 없이는 중국문학의 근원을 규정할 수가 없기 때문이었다. 민요는 형식적으로는 수준이 낮을지도 모르지만 민족문학의 출발점이었다.

이광수와 저우쭤런은 일본에서 근대문학 개념을 수용하고 모두 literature로서의 문학을 자국에 정착시켰다. 처음에 이광수는 근대문학 개념

210 「潮州畲歌集序」, 『周作人散文全集』 5, 100면. "歌謠是民族的文學, 這是一民族之非意識的而且是全心的表現."

을 기준으로 구비문학을 문학에서 배제하였다. 그러나 그는 「민요 소고」에 이르러 민요를 민족문학의 뿌리로 인정하게 되었다. 한 민족의 민족성을 민요를 통해서 확인할 수 있다고 주장한 민속학의 영향을 받은 변화였다. 이광수는 일본에서 활발하게 진행된 민속학 연구의 영향 아래서 『조선민요의 연구』에도 집필진으로 참여하였다. 민속학의 영향으로 이광수는 민요의 역사적인 위치를 인정하게 되었다. 저우쭤런은 일본 유학 시절부터 민요를 문학의 기원으로 보았다. 그가 헤르더의 민속학에 영향을 받았기 때문이었다. 결론적으로 이광수와 저우쭤런은 민속학의 영향을 받아 민요의 역사적인 지위를 인정하고 민요를 민족문학의 근원으로 규정하게 되었다.

3. 민족 · 계급 · 문학—프로문학 비판

1920년대에는 프로문학이 전면에 등장하였다. 1920년대 담론의 지형도가 변하면서 이광수는 민족주의 문학의 대표자로 분류되었다. 1931년에 양주동의 「문단측면관」에 응수한 「여의 작가적 태도」에서 이광수는 "민족주의의 문학이 대두할 것"이라고 공언하면서 민족주의 문학의 입장을 밝혔다. 이에 대해 "민족주의 문학은 이광수의 계급을 초월한 추상적 조선주의로부터 비롯된다. 그에 의하면 민족주의와 사회주의는 대립적일 수 없으며 민족주의에 대립적일 수 있는 것은 오직 세계주의뿐이라고 주장한다. 하지만 이광수의 민족주의는 모든 논리를 초월한 신념에서 비롯된 것으로 뚜렷한 이론적 모습을 제시하고 있지 못한 것이다"[211]라는 평가가 내려진 바가 있다. 그러나 이광수의 민족주의 문학이 정말로 이론적인 기반이 없는, "계급을 초월한 추상적 조선주의"였을까? 이광수가 1926년 『동아일보』에 발표한 「중용과 철저」를 살펴보자. 이 글에서 이광수는 혁명을 병으로 규정하였다.

> 혁명은 病이다. 때로는 불가피할 것이라 하더라도 紅疫이나 마마와 같이 무서운 병이다. 될 수 만 있으면 동포가 서로 憎惡하고 殺戮하는 혁명은 없이 살기를 원할 것이다.[212]

이광수에게 폭력과 살육으로 가득 찬 혁명은 병이었다. 따라서 그는 동포가 서로 증오하고 살육하는 혁명을 반대하였다. 이러한 주장은 1908년에 발표된 「수병투약」을 연상케 한다. "於是乎 樂人之惡惡人之樂과 利己的 觀念만 腦髓에 深印ᄒᆞ고 相救相濟ᄒᆞᄂᆞᆫ 團合的 思想은 靡然히 消去ᄒᆞ야 人人疾視ᄒᆞ고 日日爭鬪ᄒᆞ니 亂行之兵과 如ᄒᆞᆫ디라."[213] 앞서 이미 살펴본바, 이광수는 아나키즘의 영향으로 민족 내부의 투쟁을 반대하였다. 동포가 상호부조해야만 민족이 살아남을 수 있는 현실에서 민족 내부의 투쟁은 있어서는 안 되는 '악'이었다. 이광수는 상호부조론을 수용하여 '이상촌'을 상상하고, 조선을 상호부조하는 공동체로서 재구성하려고 하였다. 1926년 「중용과 철저」에서 동포가 서로 증오하고 살육하는 혁명이 없어야 한다고 역설했던 그의 주장은 이 같은 맥락에서 나왔

211 전승주, 「1920년대 민족주의 문학과 민족 담론」, 『민족문학사연구』 24, 민족문학사학회, 2004, 41면.
212 「중용과 철저」, 『이광수전집』 16, 145면.
213 이광수, 「수병투약」, 『태극학보』, 1908.10.24.

다. 그에게 혁명이란 "상구상제"가 아니라 민족 내부의 생존경쟁이었다. 이광수는 상호부조론에 근거하여 혁명에 반대하였다.

「중용과 철저」의 혁명은 물론 마르크스주의를 의미하였다. "帝國主義者만이 暴力의 讚美者요 司徒가 아니라 레닌主義者도 그러하였다. 오늘날의 共産主義라는 말에는 暴力革命이란 意味가 必然的으로 包含되어 있다."[214] 이광수는 레닌의 공산주의와 제국주의를 폭력이라는 차원에서 동질적인 것으로 간주하였다. 마르크스주의의 목표인 "공산"은 이광수가 상상한 "이상촌"과 유사하지만 조직 방법에 있어서는 큰 차이가 있었다. 단결과 상호부조를 통해서 조직되는 "이상촌"을 상상했던 이광수와 달리, 마르크스주의는 혁명으로 공산사회를 만들 수 있다고 주장하였다. 이광수의 반-혁명운동적 경향은 1920년대 동아시아에서 발생한 아나키즘-볼셰비즘 논쟁과 같은 맥락에 놓여 있었다.

1921년에 중국에서 『민성』 특별호(제30호)가 발행되었다. 『민성』 특별호는 마르크스주의, 프롤레타리아 독재, 볼셰비즘 그리고 계급투쟁을 비판하는 내용으로 구성되었다. 아나키스트들은 "프롤레타리아 독재란 단지 폭력으로 폭력을 제압하는 방식에 지나지 않는 것이므로, 그것에 동의할 수 없었다."[215] 비슷한 시기에 일본 아나키스트도 볼셰비즘을 비판하기 시작하였다. 아나키즘과 볼셰비즘 사이에는 상당한 이론적 차이가 있는데, 상호부조와 계급투쟁의 충돌은 논쟁점 중의 하나였다.[216]

214 이광수, 「비폭력론」, 『동광』 20, 1931.4, 60면.

215 조세현, 『동아시아 아나키스트의 국제 교류와 연대』, 창비, 2010, 174면.

216 주된 문제점은 아래와 같다. 첫째, 1917년 10월 혁명은 진정한 노동자 혁명이 아니라 볼셰비키가 일으킨 쿠데타다. 둘째, 볼셰비키는 프롤레타리아가 주도하는 독재, 즉 노동자 권력을 수립한 것이 아니라 프롤레타리아를 지배하는 볼셰비키의 독재를 수립했다.

1919년에 중국공산당의 최초 지도자 리다자오李大釗는 「계급투쟁과 호조」라는 글을 발표하여 아나키즘과 마르크스주의의 차이에 대하여 서술하였다. "크로포트킨Kropotkin의 『상호부조론*Mutual Aid*』을 보면, 인류가 동물 시절부터 협력과 우애의 정신으로 사회를 구상하는 법칙을 가진다는 이치를 알 것이다. (…중략…) 인류가 서로 사랑하고 호조해야 한다. 호조로 생존하고 진화된다. 전쟁으로는 생존하고 진화할 수가 없다. (…중략…) 상호부조론의 반대편에 계급투쟁Class Struggle설이 있다. 이 계급투쟁설은 마르크스Karl Max가 제기한 것이다."[217] 1910년대 말부터 크로포트킨의 『상호부조론』과 마르크스의 계급투쟁 사이의 이론적 차이는 중요한 쟁점이었다. 리다자오의 지적처럼 상호부조론은 마르크스주의의 계급투쟁과 충동하는 이론이었다. 『상호부조론』에 의하면, 인류는 상호부조를 통해서 생존하고 발전할 수 있었다. 그러나 마르크스주의자는 계급투쟁이야말로 사회를 변혁시킬 수 있는 근원적인 수단이라고 믿었다. 따라서 아나키즘의 세례를 받은 동아시아 지식인들은 마르크스주의의 투쟁설을 거세게 반대하였다. 「중용과 철저」에서 이광수가 혁명을 병으로 규정한 것은 이러한 시대적 경향에 따른 것이었다.

마르크스주의는 한 민족의 민중을 부르주아 계급과 프롤레타리아 계급으로 분리하고, 부르주아에 대한 프롤레타리아의 투쟁을 호소하였다. 마르크스·레닌주의의 입장에서는 프롤레타리아 계급이 부르주아 계

볼셰비키는 체계적으로 권력을 독점했고 공장에서 노동자 통제를 철폐했으며 반대파를 모조리 탄압하고 마침내 일당 국가를 세웠다. 셋째, 이렇게 해서 레닌(과 트로츠키)는 극악무도한 스탈린 정권이 등장할 수 있는 토대를 놓았다. 레닌주의는 스탈린주의를 낳았다고 앞으로도 그럴 것이다. 존 몰리뉴, 이승민 역, 『아나키즘 마르크스주의적 비판』, 책갈피, 2013, 70~71면.

217 李大釗, 「階級競爭與互助」, 『每週評論』 29, 1919.7.6.

급을 타도해야만 공산사회가 실현될 수 있었다. 그러나 이광수에게 프롤레타리아 계급과 부르주아 계급은 같은 민족이었다. "새로운 世代가 와서 國境과 民族的 모든 差異 — 言語・生活狀態・習俗 등 — 가 消滅되기까지는 民族的結紐는 絶對的이다. 더구나 今日의 朝鮮民族과 같이 民族向上運動이 必要한 地域에서는 모두 朝鮮民族의 民族的單一體思想을 破壞한 思想이나 行動은 朝鮮民族의 敵이니 그러한 思想行動을 하는 者는 民族的謀反者로 볼 것이다."(「여의 작가적 태도」, 16 : 195) 이광수에게 조선은 단일체였고, 단일체의 조선 민족은 같은 언어, 같은 생활 습관, 같은 생활 환경을 가졌다. 그에게 같은 민족성을 지닌 조선인을 부르주아와 프롤레타리아라는 두 개의 계급으로 분리할 수 있다는 주장은 어불성설이었다. 이광수는 조선 민족을 두 계급으로 나누어서 계급투쟁을 불러일으키는 것을 이적 행위로 보았다. 민족의 생존을 위해서는 계급투쟁이 아니라 상호부조를 선전해야 했다.

> 憎惡보다도 愛, 爭鬪보다도 和睦 (…중략…) 全世界 人類를 사랑함보다도 먼저 제 同胞를 사랑(더구나 제 同胞를 사랑할 줄도 배우기 前에 미워하기부터 배움은 무서운 일이다), 이러한 精神의 文學을 주는 것이 朝鮮民族의 前途의 運命을 爲하여 좋으리라 한다.[218]

증오와 쟁투보다 사랑과 화목을 민중에게 주어야 했다. 민중이 서로 사랑하고 호조할 수 있어야 조선 민족이 도태의 운명에서 벗어날 있기

218 「양주동 씨의 철저와 중용을 읽고」, 『이광수전집』 16, 157면.

때문이었다. "우리 東洋民族은 相生의 原理는 알았으나 相剋의 原理인 生存競爭이란 말부터 몰랐습니다."(「쟁투의 세계에서 호조의 세계에」, 17 : 260) 조선 민족은 예부터 서로 사랑하고 더불어 살아 왔다는 것이 이광수의 주장이었다. 약육강식을 내세운 사회진화론이 조선의 우수한 전통을 파괴한 상황에서 계급투쟁에 대한 선전은 민족을 더욱 타락하게 만들 위험이 다분하였다. 조선 민족의 진화를 위한다면 투쟁과 살육을 선전해서는 안 되었다. "憎惡와 鬪爭와 詛呪와 殺戮의 感情의 鼓吹가 革命의 鼓吹가 되는 것은 아니다. 眞正한 혁명의 鼓吹는 正義와 眞理와 同胞에 대한 熾熱한 愛와 이를 實現하기 위한 獻身과 協同과 赤誠과 勇氣와 敬虔의 純潔하고 高遠한 精神에 있는 것이다."(「중용과 철저」, 16 : 146) 진정한 혁명은 저주와 살육이 아니라 사랑과 정의를 고취할 때 이루어지는 것이었다. 이광수에게 혁명은 피를 흘리는 투쟁이 아니라 헌신과 사랑으로 민족을 개조하는 것이었다. 조선 민족은 예부터 상호부조적 습관을 유지해 왔다. "大事가 있는 때에는 物質의 扶助와 勞役의 扶助를 하였다. 이것도 一心으로였다. 서로 도와서 하는 말은 옛朝鮮人의 가장 사랑하는 말이었다. (…중략…) 만일 옛 朝鮮의 이러한 精神이 復活한다 하면 朝鮮은 어떠한 團體事業이라도 할 能力이 생길 것이다."(「옛 조선인의 근본 도덕」, 17 : 318) 조선에는 옛날부터 상호부조의 마을 공동체가 있어, 이 공동체 안에서 인간과 인간은 서로를 도우며 살았다. 이러한 상호부조적 정신이 부활되면 조선은 도태를 면할 수 있었다. 이광수는 사회진화론의 질서 속에서 상호부조로 민족을 진화시키는 것이 급선무라고 생각하였다. 프로문학은 민족 내부의 생존경쟁인 혁명을 주장하기 때문에 민족의 진화에 악영향을 끼칠 것이었다. 이 때문에 이광수는 동포를 살육하는 프롤레타리아 혁명과 혁명을 선전하는 프로문학을 반대할 수밖에 없었다.

이광수는 아나키즘-볼셰비즘 논쟁과 같은 맥락에서 프로문학을 반대하였지만, 논의의 초점은 민족에 맞추었다. 그가 보기에 조선 민족은 상호부조의 전통을 지니고 있으며 상호부조야말로 조선을 진화시키는 원리였다. 이 지점에서 국가 / 정부의 유무를 가지고 다투었던 아나키즘-볼셰비즘 논쟁과는 다른 양상이 발견된다. 아나키스트들은 볼셰비즘의 독재와 국가사상을 부정하고 유토피아적 공동체를 추구하였다. 그러나 이광수의 프로문학 비판은 민족이라는 공동체를 중시하는 입장에서 나왔다. 단지 프로문학을 비판하는 이론적 근거가 상호부조론이었을 뿐이었다. 이광수의 민족주의 문학론에는 아나키즘적 요소가 '이론적 근거'로서 내포되어 있었다.

「중용과 철저」에서 이광수는 변變과 상常의 개념을 제시하였다. "무엇에나 常과 變이 있거니와 文學(모든 藝術에도)에도 그것이 있다."(「중용과 철저」, 16 : 146) 문학에는 상적 문학이 있고, 변적 문학도 있었다. 이 구분에서 프로문학은 변적 문학에 해당하였다. 이광수는"당시에 대두하던 경향문학이나 프로문학과 같은 증오화와 쟁투화 지향의 혁명적인 '변'의 문학보다는 삶과 일상생활의 희로애락이 제시되는 상과 중용中庸의 문학을 취하는 것이 조선문학에서 더 바람직한 것이라고 주장한다. 문학은 변으로서의 '혁명문학'과 상으로서의 '인성의 깊은 흐름'을 따르는 문학으로 대립적 양분화 전제되어 있다. 전자는 '시대의 일시적 특색'인 '시대정신'과 결부된 문학이고, 후자는 '일상생활에서 나오는 희로애락을 제재'로 한 생의 항구성과 보편성을 지닌 문학이다."[219] 「중용과 철저」에서 이광수는 변적 문학에 대응하여 시대정신을 강조하였다. "괴에테는

Zeit Geist時代精神[220]라는 말을 하였다. 時代마다 그 時代를 支配하는 가장 큰 힘을 가진 精神이 있으니 個人들은 不知不識間에 거의 强迫觀念的으로 이 精神의 支配를 받는다.”(「중용과 철저」, 16 : 147) 시대정신은 그 시대를 지배하는 사상으로, 『이광수 문학의 지적 편력』에서는 이를 매슈 아널드와 연관시킨다.[221] 그러나 이광수의 「중용과 철저」에 반발한 양주동은 시대정신을 다른 차원에서 이해하고 있었다. 양주동은 시대정신을 이폴리트 텐의 맥락에서 이해하였다. “literary work is but a transcript of Contemporary manners. Taine.”[222] 「철저와 중용」의 서두에서 양주동은 텐의 말을 인용하면서 시대정신의 중요성을 역설하였다.

앞서 살펴봤듯이 시대정신은 헤르더에 의해 최초로 제기된 개념이었다. 헤르더에 의하면 시대는 끊임없이 발전하고, 따라서 한 시대를 연구하려면 그 시대정신부터 살펴보아야 했다. 헤르더로부터 100년 후 1863년에 이폴리트 텐의 『영국문학사』가 출간되었다. 이 책에서 텐은 시대정신이라는 개념을 제시하고, 한 민족의 문학이 종족, 환경, 시대에 의해 결정된다고 주장하였다.[223] 1865년에 출간한 『예술철학』에서 그는 이 삼 요소로 유럽의 회화와 조작을 분석하였다. “어느 특정 시대의 감정을 설명하기 위해 환경 연구 이외에 종족에 관한 연구를 첨가한다

219 이재선, 『이광수 문학의 지적 편력』, 서강대 출판부, 2010, 265~166면.

220 프로문학을 시대정신으로 규정한 것은 이광수만의 발명이 아니었다. 예를 들어 「중용과 철저」를 발표된 1926년에 중국에서는 『창조월간』 제1권 제3호에 궈모뤄(郭沫若)의 「혁명과 문학」이라는 글이 기고되었다. 이 글에서 궈모뤄는 “혁명문학 = F = (시대정신)”이라는 도식을 보여주었다.

221 이재선, 앞의 책, 273~282면.

222 양주동, 「철저와 중용」, 『조선일보』, 1926.1.23.

223 H. A. Taine, *History of English literature*, New York : Henry Holt&Company, 1886.

거나, 어느 세기의 예술 작품들을 설명하기 위해 그 시대의 지배적인 성향"[224]까지 고려해야 한다. 시대정신은 종족, 환경과 더불어 예술 작품에 결정적인 영향력을 행사하는 것이었다. 이광수는 「중용과 철저」에서 시대정신이라는 개념의 출처로 괴테를 지목하였고, 『예술철학』에서도 시대정신과 관련하여 괴테를 언급하였다. "멋진 예술 작품을 만들어내는 유일한 길은 바로 위대한 괴테가 했던 다음의 말 안에 고스란히 담겨 있다는 사실을 잘 알고 있기 때문이다. '아무리 넓다 해도 여러분의 정신과 마음을(우리 시대의 시상과 감정으로) 가득 채우시오.'"[225] 헤르더가 고안한 시대정신은 괴테를 통해서 널리 쓰이게 되었다. 「중용과 철저」에서 이광수는 환경의 영향도 언급하였다. "이것은 앵글로색슨族의 가장 中庸的·常識的인 民族的特性에서도 오는 것이려니와, 그 地理的으로 歷史的으로 北歐民族의 極端의 嚴肅과 遲鈍과 理智的·冥想的인 것에 南歐民族의 極端의 感覺的·感情的·快樂的·輕快的인 特徵을 받아 調和한 까닭이라고도 한다."(「중용과 철저」, 16 : 150) 지리적 환경과 민족성이 문학에 끼친 영향을 분석하는 작업은 「문학의 가치」에서의 문제적 발언을 연상시킨다. 문학은 "國民의 程度를 좇아 또는 時勢와 境遇를 좇아 遲緩盛衰의 차이가" 있는데 조선은 "溫帶에는 處하나 寒帶에 近한 溫帶"라서 문학을 발전시킬 여유가 별로 없었다.(「문학의 가치」, 1 : 546) 전술한바, 「문학의 가치」에서 이광수가 환경이 문학에 영향을 미친다고 주장했던 것은 이폴리트 텐의 영향을 받은 결과였다. 「중용과 철저」에서의 주장도 이와 동일한 맥락에 있었다. 「문학의 가치」에서 이광수가 환경의 중요성만을

224 이폴리트 텐, 정재곤 역, 『예술철학』, 나남, 2013, 106면.
225 위의 책, 108면.

강조하고 민족성을 소홀히 하였다면, 「중용과 철저」에서 그는 시대나 환경이 아니라 민족성을 결정적인 요인으로 보았다. 이 글에서 그가 긍정적으로 평가한 것은 시대정신이 아니라 '상'으로 대변되는 영구적 인성, 즉 민족성이었다. 이광수가 프로문학으로 대변되는 시대정신을 부정한 이유는 그것이 민족성 개조를 저해하기 때문이었다.

> 혁명적 문학만이 今後의 唯一한 朝鮮의 文學이 될 리는 萬無할뿐더러 나는 도리어 中庸의 精神을 잃은, 즉 人性의 永久的이요, 本質的이요, 常的인 原理(즉 愛라든가 正義라든가 容恕라든가 하는)를 無視한 革命的文學(近來에 朝鮮이 보이는 바와 같이 憎惡와 憤怒와 殺伐과 罪惡 같은 것을 人性의 本質인 듯이 가장 尊貴한 거신 듯이 讚揚하는) 오히려 眞正한 革命을 害하고 眞正한 民族性向上을 害하는 것이라고 본다.[226]

"時代精神은 그 時代의 一時的特色은 될지언정 永久性을 가진 것은 아니다." 프로문학이라는 시대정신은 조선의 인성을 대표할 수 없었다. 여기서 언급된 인성은 조선의 민족성을 뜻하였다. 「양주동 씨의 철저와 중용을 읽고」에서 이광수는 인성의 영구적이고 본질적인 원리로 '애'와 '정의' 그리고 '용서'를 들고 있으며, 1922년에 발표한 「민족개조론」에서는 조선의 민족성을 박애와 관대 등으로 규정하였다. 「중용과 철저」의 영구적인 인성은 바로 변하지 않는 민족성을 가리키는 것이었다. 이광수의 판단에 의하면 시대정신으로서의 프로문학이 분노와 살육 등을

226 「양주동 씨의 철저와 중용을 읽고」, 『이광수전집』 16, 155면.

조선인의 인성으로 착각하였고, 이는 진정한 민족성 향상을 저해하였다.

「민족개조론」에서 이광수는 귀스타브 르 봉의 『민족 진화의 심리학적 법칙』에 근거하여 조선의 민족성을 분석하였다. 그에 의하면 조선의 근본적 성격은 "漢文式觀念으로 할하면 仁과 義와 禮와 勇이외다. 그것을 現代式用語로 말하면, 寬待, 博愛, 禮義, 禁慾的(廉潔), 自尊, 武勇, 快活"이었다.(「민족개조론」, 17 : 192) 조선의 민족성에는 허위, 비사회성 등 부정적인 면도 있었지만, 근본적인 성격은 매우 우수하였다. 민족성은 변하지 않는다고 본 르 봉의 이론을 수용한 이광수는 조선의 민족개조가 가능하다는 결론을 내렸다.

주관적인 개조는 "道德的으로는 虛僞와 詭譎과 憎惡, 憤怒, 怨嫌, 猜忌를 버림"(「예술과 인생」, 16 : 31)에서 시작하는 것이었다. 이광수는 열등 감정을 제거하여 긍정적인 민족성을 부활시키려고 하였다. 이를 위해서 그는 수양동맹회를 조직하고 조선 민족을 개조하려고 많은 노력을 기울였다. 그러나 프로문학은 "民心의 病的弱點을 利用하여 憎惡, 爭鬪, 詛呪, 殺戮의 劣等感情을 挑發하고 激勵"(「중용과 철저」, 16 : 146)하였다. 프로문학은 이광수가 제거하고자 한 증오와 분노 등 열등감정을 장려하였다. "이광수의 논의에 의하면, 열등 감정은 계급문학이 추구하는 혁명의 정서적 토대이며, 신흥문예가 민중에게 제공하는 병적인 정서"였다[227] 병적인 감정은 민족성을 타락하게 이끌 수밖에 없었다. "우리 民族의 現在의 衰頹를 招한 根本的 思想은 진실로 八字說을 中心으로 한 宿命論的 人生觀과 따라서 나오는 모든 病的 性格이외다."(17 : 166) 1921년에 발표한 「팔자

227 김동식, 「민족개조와 감정의 진화」, 『한국학연구』 29, 인하대 한국학연구소, 2013, 50면.

설을 기초로 한 조선인의 인생관」에서 이광수는 이를 지적하였다. 반면에 프로문학은 "증오와 분노와 살육과 죄악"등 부정적인 감정을 인성의 본질로 규정하고 찬양하였다. 따라서 이광수는 프로문학을 "眞正한 民族性 向上을 害하는 것"이라고 주장하였다. 그에게 프로문학은 일시적인 시대정신으로 "인성의 깊은 흐름"에 도달하지 못하며, 열등 감정을 격력하여 조선의 민족성을 해롭게 하는 사상이었다. 이광수가 민족성에 대한 사고에서 출발하였기에 프로문학을 긍정적으로 평가할 수 없었다.

한편 저우쭤런은 중국문학사에서 자유주의자로 평가되어 왔다. 그의 자유주의는 5・4운동 시기에 개인의 해방을 주장하면서 혁명문학에 대한 비판적 태도를 보였던 것을 의미하였다.[228] 앞서 확인한 바와 같이, 저우쭤런은 1907년에 아나키즘을 수용하였고, 1920년대에 상호부조론에 근거한 '신촌' 문화운동을 주창하였다. 1920년대에 들어서 중국에서도 마르크스주의와 프로문학이 대두하였다. 아나키즘사상이 중국으로 유입된 것은 1906년경의 일이었고, 아나키즘은 그 후 1930년까지 전성기를 누리다가 1930년에 이르러 쇠퇴하였다.[229] 중국 5・4운동 시기의 사회주의는 마르크스와 엥겔스의 과학사회주의가 아니라 국가사회주의, 민주사회주의 그리고 아나키즘 등 여러 가지 유파를 포함한 복잡한 사상이었다.[230] 1920년대에 마르크스주의가 주류 사상으로 발전하면서 마르크스주의와 아나키즘과 사이에는 많은 논쟁이 발생하였다. 이를 아나키즘 논쟁이라고 일컫는다. 저우쭤런은 이 논쟁에 직접 참여

228 錢理群, 「試論五四時期'人的覺醒'」, 『文學評論』, 中國社會科學院文學研究所, 1989; 陳思和, 「關與周作人的傳記」, 『中國現代文學研究叢刊』, 中國現代文學館, 1991.
229 Arif Dirlik, 孫宜學 譯, 『中國革命中的無政府主義』, 廣西師範大學出版社, 2006, 9면.
230 孟慶澍, 『無政府主義與五四新文化』, 河南大學, 2006, 179면.

하지 않았으나, 1920년대부터 1930년대에 이르는 시기까지 꾸준히 프로문판을 비판하였다.

> 크로포트킨은 상호부조가 유일한 것은 아니지만 진화의 한 요소라고 주장한다. 그가 증명하고자 한 것은 인류의 생존은 생존경쟁이 아니라 상호부조에 의한 것이라는 점이다. 사실은 상호부조도 생존경쟁이다. 평화 시대에는 상호부조하고 위험이 발생하면 협동해서 대적한다. (…중략…) 계급투쟁은 마르크스가 날조한 것이 아니라 틀림없이 존재한 것이다. (…중략…) 그 구체적 투쟁 방법에 대하여 나는 문외한이라 구체적으로 잘 모르겠다. 단지 상호부조도 그중의 한 방법이다.[231]

1926년 유럽 여행을 마친 베이징대학 총장 차이위안페이는 귀국 인터뷰에서 "크로포트킨의 상호부조론을 동정하고 마르크스주의의 계급투쟁을 반대한다"[232]고 자신의 입장을 밝혔다. 저우쭤런은 이 인터뷰를 보고 「문외한의 주석門外漢的按語」을 발표하였다. 저우쭤런이 1917년에 베이징대학 교수로 임명되었던 것은 차이위안페이의 추천 덕분이었다. 『저우쭤런 일기』 1918년 1월 23일 기록에는 진덕회進德會에 가입했다는 기록이 남아 있다. "오전에 학교로 가고 진덕회에서 을종乙種 회원[233]으

231 「門外漢的按語」, 『周作人散文全集』 4, 512~513면. "克魯泡特金自己也承認互助是天演之一因數, 並不是唯一的因數. 他想證明人生並不專靠生存競爭, 也靠互助, 其實互助也是生存競爭, 平和時是互相扶助, 危險時即協同對敵了. (…中略…) 階級鬥爭已經是千真萬確的事實, 並不是馬克思捏造出來的. (…中略…) 至於詳細的鬭法我因為是外行不大知道, 但互助總也是其中方法之一."

232 『申報』, 1926.2.5.

233 진덕회 회원은 갑 · 을 · 병 세 부류로 나누어졌다. 을종 회원은 "화류계에 드나들지 않음, 도박을 안 함, 축첩을 안 함, 벼슬을 안 함, 의원을 안 함"이라는 계율을 지켜야 했다.

로 등록했다."[234] 진덕회는 1912년에 아나키스트 리스정 등이 만든 아나키즘 성향의 도덕 자율 조직이었다. 당시 교육부 장관이었던 차이위안페이가 진덕회에 우선적으로 가입하였다. 1918년 1월 베이징대학 총장이 된 차이위안페이는 베이징대학에도 진덕회를 설립하였다.[235] 『저우쭤런 일기』에는 베이징대학에 진덕회가 설립되면서 저우쭤런이 진덕회에 가담한 정황이 설명되어 있다. 저우쭤런은 베이징대학에 부임하면서부터 차이위안페이와 함께 진덕회에서 활동하였다.

그러나 표면상으로 「문외한의 주석」은 차이위안페이의 주장을 비판하는 식으로 쓰였다.[236] "이 계급이 투쟁하지 않아도 다른 계급이 투쟁을 걸어온다. 이는 곳곳에서 보이는 사실이라서 우리는 찬성하거나 반대할 여지가 없다."(「門外漢的按語」, 4 : 512) 계급투쟁을 반대한다는 차이위안페이의 말에 저우쭤런은 계급투쟁이 엄연히 존재하는, 무시할 수 없는 사실임을 명시하면서 차이위안페이의 주장에 반발하였다. 그러나 여기서 아이러니 수법이 저우쭤런의 장기였음을 상기할 필요가 있다. 계급투쟁이 마르크스가 날조한 것이 아니라는 저우쭤런의 말을 있는 그대로 받아들여 저우쭤런이 계급투쟁에 찬성했다는 연구도 제출되었으나, 이 글 전체에서 확인할 수 있는 저우쭤런의 태도는 계급투쟁을 반대하는 입장이었다.[237] 「문외한의 주석」이 발표된 1926년에 중국에서는 북벌北伐 전쟁이 발발하였다. 북벌 전쟁은 1926년부터 1928년까지 국민당과

234 周作人, 『周作人日記』 上, 大象出版社, 1998, 729면.

235 湯銳, 『民國初年的進德活動』, 天津師範大學 碩士論文, 2011.

236 차이위안페이의 아나키즘사상과 5·4시기 마르크스 사상의 전파 양상은 차태근, 「5·4운동시기 문명전환론과 사회주의」(『중국현대문학』 53, 한국중국현대문학학회, 2010)을 참조.

237 黃江蘇, 「周作人的文學道路」, 復旦大學 博士論文, 2011, 51면.

공산당이 연합하여 북양北洋 군벌을 토벌한 전쟁이었다. 그러나 북벌 전쟁이 발발하기 전부터 국민당과 공산당은 권력을 두고 다투고 있었다. 이 시기 중국은 내전 상황에 처해 있다. 계급투쟁이 마르크스의 날조가 아니라는 저우쭤런의 말은 바로 내전 상황을 가리키는 것이었다.

"동물계는 종을 이루어 살아서 종 내부는 이익과 손해를 공유한다. 그러나 인류는 이익과 손해를 공유할 수 없다. 따라서 상호부조의 범위가 축소되어 종족에서 계급으로 좁혀지게 된다."(「門外漢的按語」, 4 : 512) 동물은 같은 종 내부에서 상호부조하기 때문에 생존하나 인류는 개인적, 집단적 이익을 추구한 끝에 민족 내부에 전쟁이 일어난다. 환언하자면 외부의 침략에 노출된 중국인들은 내부적으로 단결하지 못하고 서로를 공격하고 있었다. 이 맥락에서 저우쭤런은 중국인의 후진성을 발견하고 있었다.

"그 구체적 투쟁 방법에 대하여 나는 문외한이라 구체적으로 잘 모르겠다. 단지 상호부조도 하나의 방법이다."(「門外漢的按語」, 4 : 512) 이 문장은 계급투쟁을 냉소적으로 풍자한 것이다. 저우쭤런은 표면적으로는 계급투쟁에는 문외한임을 천명하지만, 글의 말미에서 상호부조의 방법을 제시함으로써 '문외한'이 일종의 위장임을 밝혔다. 크로포트킨에 의하면 "인류의 생존은 생존경쟁에 의한 것이 아니라 상호부조에 의한 것이다. 사실은 상호부조도 생존경쟁이다. 평화 시대에 상호부조하고 위험이 발생 시 협동해서 대적한다".(4 : 512) 중국이 살아남을 수 있는 가능성은 계급투쟁에 있지 않고 상호부조에 있었다. 저우쭤런은 "평화적인 수단으로 혁명의 결과를 획득"(「新村的討論」, 2 : 285)하려고 '신촌' 문화운동을 제창하였다. 마르크스주의와 아나키즘은 모두 공산사회를 추구하는 사상이지만 공산사회를 달성하는 방법에서 이견을 보였다. 아나키즘은 개조를 방법론으로 선택하였고, 마르크스주의는 혁명을 수단으로 설정하였다. 저우쭤런이 보기에 국내 전쟁을 비롯한 계급투쟁은 이미 중국을 상당히 어려운 상황으로 몰아넣었다. 저우쭤런은 혁명으로 공산주의를 달성하겠다는 마르크스주의를 민족 내부의 갈등을 조장하는 원인으로 보고 마르크스주의에 반대하였다.

저우쭤런은 계급투쟁설을 신봉하지 않았고, 마르크스주의 문학도 긍정적으로 평가하지 않았다. 1926년 『창조월간』이 상하이에서 창간되면서부터 혁명문학이 강조되기 시작하였다. 혁명문학은 대중을 높이 평가하면서 대중을 획득하야 한다고 역설하였다. "부르주아의 이데올로기가 대중에 주는 독성과 악영향을 제거하고 대중을 획득하여 그들에게 용기를 주어 그들의 자신을 유지시켜야 한다."[238] 대표적으로 1928년에 발표된 「문학혁명에서 혁명문학으로」에서 청팡우成仿吾는 혁명문학자가 문학을 대중에게 선전하여 대중의 열정을 불러일으켜 최종적으로 혁명을 추진해야 한다고 주장하였다. 이에 저우쭤런은 문학의 대중화를 반대하는 입장을 분명하게 드러낸다.

> 혁명문학은 문학을 정치 활동을 달성하는 도구로 삼는데, 선전이 수단이고 성공은 그 목적이다. (…중략…) 혁명문학의 필치는 군중의 분기를 불러일으키는 의도가 있다.[239]

238 成仿吾, 「縱文學革命到革命文學」, 『創造月刊』, 1928.2; 『革命文學論爭資料選編』 上, 知識産業出版社, 2010, 102면.

239 「文學的貴族性」, 『周作人散文全集』 5, 416면. "講革命文學的, 是拿了文學來達到他政治活動的一種工具, 手段在宣傳, 目的在成功. (…中略…) 革命文學的筆調, 用意在引動群衆之奮起."

여기서 프로문학의 '대중'을 저우쭤런이 '군중'으로 바꾸어 쓰고 있다는 점에 주목해야 한다. 저우쭤런은 군중이라는 단어를 사용함으로써 프로문학이 의도한 '노동대중'의 의미를 제거하고, 오합지중烏合之衆의, 어리석고 통제할 수 없는 무리라는 의미를 기입하였다. 저우쭤런은 귀스타브 르 봉의 『군중심리』의 맥락에서 군중이라는 단어를 선택하였다.

프로문학은 대중을 혁명의 주체로 만들고자 하였다. 반대로 저우쭤런은 1900년대부터 대중을 부정하는 입장을 견지하였다. 1908년에 발표한 「장중역기庄中譯記」에서 그는 민중을 '어리석은 군중'으로 불렀을 만큼 대중을 무식한 무리로 보았다. "군중은 모두 어리석은 사람이다. 어리석은 사람은 결코 똑똑해지지 않을 것이다."(「復古傾向的激化」, 3 : 350) 저우쭤런에게 군중은 이성을 상실한 무리이기에 그들의 분기는 민족을 진화시키지 못할 뿐만 아니라, 오히려 민족의 몰락을 재촉하였다.

> 어리석고 잔인한 횡행은 가장 잔혹한 인과응보다. 그것이 후대에 남긴 후환이 적국의 어떠한 형식의 침략보다 더 심각하다. 내가 권비를 반대하는 것이 여기에 있다.[240]

> 예전에 황제, 지금은 군중을 주인으로 하는데 그 독단 전치에 있어서 별 차이가 없다.[241]

240 "愚蠢與兇殘之一時的橫行乃是最酷烈的果報, 其貽害於後世者比敵國的任何種懲創尤為重大. 我之反對拳匪以此."「讀京華碧血錄」, 『周作人散文全集』 3, 420면.

241 "以前是皇帝而現今則群眾為主, 其武斷專制卻無所異."「黑背心」, 『周作人散文全集』 4, 206면.

앞서 살펴봤듯이 저우쭤런은 1899~1901년간에 발생한 의화단운동의 주체를 명나라의 유민으로 보고, 그 폭력성을 비판하였다. 1924년에 저우쭤런은 의화단운동을 부분적으로 다룬 「경화벽혈록」을 읽고 「경화벽혈록을 읽고」를 썼다. 저우쭤런에 따르면 이 소설은 의화단의 잔인성과 어리석음을 잘 묘파한 작품이었다. "톈진 해군학당을 헐어버렸다고 들었다."[242] 저우쭤런에게 군중의 봉기는 파괴만 초래하고 건설적인 기능을 수행할 수 없었다.

앞 절에서 저우쭤런의 군중 의식이 귀스타브 르 봉의 『군중심리』와 관련이 있는 것을 확인하였다. 『군중심리』에서 르 봉은 군중의 무식함뿐 아니라 군중의 폭력성도 비판하였다. 저우쭤런도 군중의 폭력성에 대하여 비판적 입장을 취하였다. "남이 반혁명이라고 그(르 봉—인용자)를 아무리 욕해도 그가 말한 것은 사실이다. 그는 군중이라는 우상의 베일과 외투를 벗기고 진실을 보여준다. (…중략…) 나는 군중을 못 믿는다. 군중은 폭군과 순민의 평균일 뿐이다. 따라서 군중을 근거로 한 모든 주의와 운동을 나는 부정할 수밖에 없다."(「北沟沿通信」, 5 : 437) 르 봉에 의하면 개인이 무리를 지어 군중이 되면 이성을 상실하고 폭력성을 드러냈다. "개인도 군중이 되면 야만인이 되어버리고 만다. 즉 본능에 따라 행동하는 인간으로 전락하고 마는 것이다. 그런 개인은 무의식성과 폭력성, 잔인성을 지녔을 뿐만 아니라 원시적 존재처럼 열광하며 영웅적 행위를 하기도 한다."[243] 저우쭤런에게 의화단의 폭력적 행위야말로 바로 군중의 잔인성을 증명하는 사례였다. 의화단운동은 외침을 막아 내겠다

242 周作人, 『周作人日記』 上, 大象出版社, 1998, 144면.
243 르 봉, 이재형 역, 『군중심리』, 문예출판사, 2013, 41면.

는 구호를 들고 봉기하였지만 살인, 방화 등의 범죄를 저질렀고, 심지어 학생이 다니는 학당까지 헐어버렸다. 결과적으로 의화단운동은 침략자를 격퇴하지 못했으며 "사경에 이르는 중국의 생명력을 더욱 손상시켰다."(「讀京華碧血錄」, 3 : 420) 저우쭤런에게 의화단운동과 같은 군중운동은 문명을 파괴하고 무질서만 초래하는 것이었다. "지금까지 문명을 창조하고 이끌어 나간 것은 소수의 지적인 귀족들이었지 결코 군중은 아니었다. 군중은 오직 파괴하기 위한 힘밖에 없다. 그들의 지배는 항상 야만적인 상태의 한 단계를 의미한다."[244] 저우쭤런은 르 봉의 『군중심리』를 수용하여 군중운동을 옹호한 프로문학에 반대하는 근거로 삼았다.

저우쭤런은 의화단의 폭력성이 청년 세대에 출현할 것을 염려하였다. "나는 또한 현대의 청년들이 우리보다 더 많은 전통적 정신을 지닌다고 생각한다. 어떻게 된 일인지 모르겠지만 이들은 완전한 중국인 같다."(「讀京華碧血錄」, 3 : 420) 청년들은 혁명의 이름으로 자신들의 범죄를 묵인하였다. 저우쭤런이 볼 때 이런 행위는 야만적이고 폭력적인 의화단의 전통이 유전된 것이었다. 1929년에 학생 폭력 사건을 경험하면서 저우쭤런은 학생의 폭력성을 다시금 확인하게 되었다. 저우쭤런은 베이핑대학北平大學 여자대학女子學院에 강의하러 가는 길에 학생 폭력 사건을 목격하였다. 갑자기 법학대학의 학생들이 "들어와서 대문을 잠그고, 한 무리의 남학생이 경비원 한 명을 때리고 있었으며, 본 대학의 여학생 한 명이 종을 울리러 가는데 다른 무리의 남학생에게 맞았다. 이때 구내전화도 끊겼다."(「在女子學院被囚記」, 5 : 560) 이는 대학의 용지 문제로 법학대학 학생들이 여자

244 위의 책, 22면.

대학에 들어가서 학생을 때리고 교직원을 가둔 사건이었다. 저우쭤런은 중국 최고 대학의 학생들이 폭력을 주도했다는 사실에 더욱 절망하였다. 그는 "중국인이라는 것의 진실적인 면을 알게 되었다".(5 : 560) 저우쭤런에게 대중으로서의 중국인은 야만적인 존재였다. 대중의 야만성과 폭력성으로 인해 저우쭤런은 프로문학을 부정했다. 프로문학이 대중을 선동하여 혁명을 추구하기 때문이었다.

"잡지나 신문에서 글을 쓰는 것에는 세 가지 태도가 있다고 생각한다. 갑은 계몽적 태도이고, 을은 영업적인 태도이다. 그리고 병은 선전적인 태도이다. 나 자신은 갑 플러스 약간의 을이다. (…중략…) 나는 아직도 대중이 무슨 말을 좋아하는지를 모르겠다."(「再談文」, 6 : 623) 저우쭤런은 글쓰기를 목적에 따라 계몽적, 영업적, 선전적 세 가지로 분류하고, 자신은 계몽적 글쓰기와 영업적 글쓰기를 한다고 주장하였다. 이때 선전적인 글쓰기는 물론 프로문학을 의미하였다. 이 글에서 저우쭤런은 대중에게 선전하는 방법을 잘 모르겠다고 고백하였다. 「문외한의 주석」과 마찬가지로, 그는 대중에게 선전하는 문학을 거부하였다.[245] 혁명문학가에게 프롤레타리아 계급은 "반항의 감정, 해방에 대한 욕망 그리고 왕성한 혁명사상을 지니고" 있어야 했고, "문학, 프롤레타리아가 필요한 문학은 반드시 프롤레타리아 계급의 사상, 감정, 욕구의 대변이어야" 했다.[246] 프로문학은 프롤레타리아 계급의 문학이었고, 프로 작가에게 프로문학은 개인이나 민족의 해방이 아니라 프롤레타리아 계급의 해방을 추구하는 문학이었다. 환언컨대 프로 작가들은 문학도 계급으로 나누었

245 여기에서 대중은 물론 프롤레타리아 계급을 일컫는다.

246 馮乃超, 「冷靜的頭腦」, 『創造月刊』, 1928.8; 『創造社資料』 上, 知識産業出版社, 2010, 191면.

다. 그들은 문학에 계급성과 집단성을 부여하였다.

> 내 생각에 문예는 개인화의 방향으로 진화하고 있다. 개인 안에는 자연히 대량의 민족적 분자가 내포되어 있다. 그 작품은 국민적이지, 집단적인 것이 아니다.[247]

문학의 계급성을 선전하는 프로문학과 달리 저우쭤런은 여전히 문학의 개인성을 주장하였다. 그는 프로문학이 내세운 계급성과 집단성을 부정하고 문학의 민족성을 역설하였다. 문학은 개인의 창작물이며, 개인은 민족의 유전을 받아 민족성을 보유한 존재였다. 자연스럽게 문학은 민족적 분자가 포함된 것으로 간주되었다. 앞서 살펴본바, 저우쭤런은 1922년에 발표한 「국수와 구화國粹與歐化」에서 르 봉의 유전설에 근거하여 외국문학의 수용이 자국문학의 본질을 훼손하지 못한다고 주장하였다. 민족성이 변하지 않기 때문이었다. 1920년대 후반에 마르크스주의자들은 한 민족 안에 두 개의 계급이 있고, 두 계급이 서로 투쟁한다고 믿었다. 마르크스주의자들과 달리 저우쭤런은 여전히 민족을 생존의 단위로 보았다. "중국의 민족의식을 강화시킬 필요가 있다. 간단히 말하면, 이는 중국 민족이 사상·감정에 있어서 하나로 연결되기를 바라는 것이다. (…중략…) 인위적으로 분리시키지 않으면 문화 내지 감정이 분리되지 않는다."(「國語與漢字」, 7 : 276~277) 중국은 내전을 겪으며 정치적으로 분열되어 있었다. 그러나 저우쭤런은 인위적으로 분리하지 않는

247 「文學的未來」, 『周作人散文全集』 7, 156면. "我想文藝的變動終是在個人化著, 這個人裡自然仍含著多量的民族分子, 其作品總只是國民的而不能是集團的了."

이상, 민족적 사상과 감정은 동일성을 유지할 수 있다고 믿었다. 프로문학이 계급성과 집단성을 중심으로 민족문학을 부정하는 상황에서 저우쭤런은 민족성을 강화할 필요가 있다고 역설하였다. 그는 민족성을 강화하는 방법으로 문학을 선택하였다.

> 나는 중국 민족에게 보여주려는 야심에서 글을 쓴다. 자신의 당파와 고향 사람을 위해서만 쓰는 것이 아니다.[248]

전술했듯이 저우쭤런은 외국문학을 자국어로 번역하면 바로 자국문학이 된다고 주장하였다. 저우쭤런은 그만큼이나 문자와 문학에 민족성이 담겨 있다고 생각하였다. 프로문학이 성행한 1930년대에 이르러서도 그는 여전히 문학과 민족성의 긴밀한 관계에 의지하였다. "자신의 진실한 사상과 감정을 일반적인 중국어로 표현하여 남부동서로 널리 퍼지게 함으로써 중국어 계통을 지닌 인민으로 하여금 읽도록 해야 한다. 이 점을 통해서 중국 민족의 사상과 감정이 서로 연결된다."(「國語與漢字」, 7 : 277) 내전과 계급투쟁으로 중국은 사분오열되었고, 혁명문학은 중국의 분열을 더욱 심화시킬 수밖에 없었다. 저우쭤런은 이러한 상황을 타개하기 위해서 민족과 민족성에 대한 믿음을 고수하였다. 분열된 중국에서야말로 중국인의 민족적 사상과 감정을 유지하는 것이 무엇보다도 중요하였다. 작가가 자국어로 진실한 사상을 전달하면 그것은 바로 민족문학이 된다는 저우쭤런의 주장은 이 같은 맥락에서 제출되었다.

248 「國語與漢字」, 『周作人散文全集』 7, 277면. "我寫文章的野心是想給中國民族看, 並不是單為自己的黨派或地方的人而寫的."

중국어로 창작한 민족문학은 중국 민족에게 제공되어야 했다. 문학은 당파성을 선전하는 것이 아니라 국민의 사상적 연대를 강화하는 것이었다. 작가는 민족성을 띤 문학을 통해서 민족적 공감대를 환기시켜야 했다. 저우쭤런은 민족문학을 통해서 정신적으로라도 민족적 통일성을 유지할 수 있다고 주장하였다. 따라서 저우쭤런의 글쓰기는 어느 당파가 아니라 전체 국민에게 자신의 주장을 보여주기 위한 것이었다. 계급투쟁이 날로 치열해지던 1920년대 후반부터 저우쭤런은 민족문학이라는 자신의 위치를 더욱 분명하게 밝혔다. 그에게 문학은 민족의 산물이자 민족의 통일을 유지하는 방법이었다.

"내가 小說을 쓰는 데 첫째가는 목표가 '이것이 朝鮮人에게 읽혀지어 利益을 주라' 하는 것임은 勿論이다."(「여의 작가적 태도」, 16 : 192) 조선인에게 이익을 주려 소설을 쓴다는 이광수의 자의식은 중국 민족에게 보여주려는 데에 글을 쓰는 야심이 있다고 밝힌 저우쭤런과 놀라울 정도로 닮았다. 프로문학이 주류가 되던 시기에 이광수과 저우쭤런은 계급문학을 부정하고 문학의 민족성을 선택하였다. 그들은 계급투쟁이 진화와 생존의 원동력인 상호부조의 원리에 어긋난다는 점에서 프로문학을 거부하였다. 이광수와 저우쭤런은 유학생 시절부터 상호부조론을 수용하였고, 상호부조론에 근거하여 '이상촌'이라는 비폭력적 방법으로 사회개조를 시도하였다. 그들에게 민족 내부의 계급투쟁은 민족의 진화를 방해하고, 민족을 더욱 쇠락시키는 것이었다. 이광수는 계급문학이 쟁투와 살육 등의 부정적인 감정을 불러일으켜 새로운 민족성의 형성에 치명적인 악영향을 준다고 판단하였다. 저우쭤런은 문명을 파괴하고 민족을 야만적 단계로 이끌 위험이 있는 대중의 폭력성을 경계하였고, 대중의 폭력성을 부추기는 프로문학에 반대하였다. 이광수와 저우쭤런은 크로포트킨의 『상호부조론』과 귀스타브 르 봉의 『민족 진화의 심리학적 법칙』, 『군중심리』를 이론적 근거로 삼아 민족문학을 선택하고 프로문학을 비판하였다.

제6장

민족, 문학 그리고 진화

이광수와 저우쭤런은 1930년대 말부터 친일 행보를 시작하였다. 1920년대까지 그들은 열정적인 민족주의자였고, 날로 쇠락하는 민족을 구원하기 위하여 온갖 노력을 다하였다. 1840년의 아편전쟁과 1876년의 강화도 조약 이후, 중국과 한국은 차차 (반)식민지로 전락하여 서양 열강의 침략을 받기 시작하였다. 다윈과 헉슬리의 생물진화론, 그리고 스펜서의 사회진화론이 유입되면서 동아시아 지식인들은 낙후의 원인을 진화론의 원리에서 찾아내고자 하였다. 대부분의 지식인처럼 이광수와 저우쭤런도 진화론에 주목하였다.

그러나 약육강식의 원리에 따르면 한국과 중국은 도태를 면하기 어려웠다. 이 시기에 크로포트킨의 『상호부조론』도 아나키스트들에 의해 동아시아에 소개되었다. 사회진화론자들은 생존경쟁이 민족과 민족 사이뿐만 아니라 같은 민족 내부에서도 벌어진다고 보았다. 그러나 크로포트킨은 동물계에서 한 종과 다른 종 사이에서는 생존경쟁이 우세하지만 같은 종에서는 상호부조가 두드러진다고 역설한다. 그의 상호부조론에 의하면 상호부조가 활발한 동물종이 살아남을 기회가 더 많다. 상호부조론은 1906년경 일본에 소개되었고, 이 시기에 이광수와 저우쭤런은 모두 일본 유학 중이었다. 당시 활발하게 전개되었던 아나키즘 사상운동은 이광수와 저우쭤런에게 영향을 주었다.

우선 주지하듯이 아나키즘은 국가로 대변되는 모든 권력을 부정한다. 1910년에 발표한 「금일 아한 청년과 정육」에서 확인할 수 있듯 국가와 법률은 인간의 자유를 억압하는 도구로 인간에게 고통만 준다고 이광수는 생각하였다. 국가와 법률에 대한 부정적인 견해는 1920년대에 발표한 「예술과 인생」에서 국가주의에 대한 비판까지 이어진다. 기존 연구는 그의 국가관에 대한 성찰 없이 민족주의를 상수로 두고 연구하는 경향이 강하였다. '정'의 해방을 촉구하던 이광수는 국가라는 강권적 도구를 긍정적으로 보지 않았기에 생존의 단위를 민족으로 설정하였다. 저우쭤런은 1907년에 중국 아나키즘 기관지 『천의보』에 투고하면서부터 아나키즘의 영향을 받아 국가에 대한 부정적 태도를 드러냈다. 1912년의 중화민국 건국은 국가에 대한 부정적 인식이 확고하게 뿌리내린 사건이었다. 공화제를 실시한 중화민국이 여전히 백성을 억압했기 때문이다.

다음으로 이광수와 저우쭤런 상호부조를 주장하였다. 1900~1910년대 이광수는 상구상제를 내세우며, 생존경쟁의 원리가 "상구상제"라는 사상을 압도하는 현실을 안타까워하였다. 「농촌계발」에서 그는 조선이 낙후된 원인을 상구상제의 결핍에서 찾고, 이를 극복하는 이상촌 '금촌'을 제시하였다. 금촌은 공유제를 실시하는 자치적 공동체로, 공동체 성격을 띤 이상촌은 「모범촌」과 「용동」에서도 확인된다. 작품 속 이상촌이 가상의 공동체였다면 1922년에 이광수가 조직한 수양동맹회는 실재한 공동체였다. 이광수는 조직의 이론적 근거로 「민조개조론」과 「소년에게」를 발표하였다. 두 글에서 이광수는 '단체' 개념을 제기하고 자수자양을 지향하는 단체를 바탕으로 민족을 개조해야 한다고 주장하였고. 그 근거는 크로포트킨의 『상호부조론』이었다. 이광수는 상호부조가 생존을 지속시킨다는 『상호부조론』을 인용하면서 단체의 중요성을 역설하였다. 『상호부조론』의 영향을 고려할 때 이광수의 민족개조사상의 저변에는 아나키즘이 깔려 있었다고 말할 수 있다.

자유주의자로 규정되는 저우쭤런도 『상호부조론』을 깊이 탐독하였다. 저우쭤런은 1920년에 천두슈 등과 함께 베이징공독호조단을 발기하였고, 자택에서는 아타라시키무라의 베이징 지부를 만들었다. 또한 저우쭤런은 직접 일본의 아타라시키무라를 방문하기도 하였다. 그는 평화로운 수단으로 사회를 개조하려고 아타라시키무라운동에 열중하였다. 무샤노코지 사네아쓰는 상호부조하는 마을공동체운동을 통하여 평화로운 방법으로 국가를 대치할 수 있다고 주장하였다. 혁명은 민족 내부의 경쟁으로 유혈과 희생을 동반하지만 공동 노동이 중심이 된 '신촌' 운동은 자치적 공동체를 확산시켜 평화롭게 새로운 시대를 만들 수 있다는 사고에 기반하는 것이었다. 신촌운동의 출발점은 『상호부조론』에서 제시한 촌락 공동체였다. 1920년대 초 일본의 아타라시키무라, 중국의 '신촌' 그리고 조선의 '수양동맹회'는 모두 민족개조를 이끌어갈 이상촌을 꿈꾸며 만들어간 공동체였다.

이상촌이 민족개조의 사회적 실현이라고 한다면 르 봉의 『민족 진화의 심리학적 법칙』은 민족개조의 심리학적 근거를 제공해 주었다. 이광수는 민족개조가 바로 민족성 개조를 의미한다고 보았다. 그에 의하면 민족성은 변하지 않는 근본적 성격과 변화하는 부속적 성격으로 구성된다. 이광수는 조선의 근본적 성격을 인·의·예·용으로 보고 부속적 성격만 개조하면 민족개조가 완성될 것이라고 선언하였다. 개조의 방법은 소수의 변이, 개체의 자각을 불러일으키는 것이었다. 이광수는 『민족 진화의 심리학적 법칙』에 근거를 두고 민족성의 불변성과 가변성 이론을 전개하였지만 개조의 방법에 있어서는 르 봉의 주장을 수용하지 않았다. 아시아 인종을 중등 민족으로 분류한 르 봉은 상등 인종과의 혼혈을 통해서만 민족개조가 가능하다고 주장하였다. 그러나 이광수는 르 봉의 제국주의적인 주장을 조선에 소개하지 않았다. 오히려 그는 단군 시대부터 형성된 조선의 민족성은 훌륭하며, 주요한 등의 시인에게 나타난 유전의 변이는 민족 재구성의 가능성을 보여준다고 역설하였다.

저우쭤런도 1910년에 일본에서 번역·출간된 르 봉의 『군중심리』와 『민족 진화의 심리학적 법칙』을 바로 접한 것으로 보인다. 그가 조상의 피와 성격이 모두 후세로 유전된다고 지적했던 것은 『민족 진화의 심리학적 법칙』의 영향이었다. 저우쭤런은 봉건사회에서 민중 대부분을 어리석은 군중으로 전락시키는 우민 정책을 경계하며 중국의 민족성 비판에 나섰다. 하지만 그 역시도 이광수처럼 민족이 재건될 수 있다고 믿었다. 저우쭤런도 공자의 시대에 형성된 민족성이 근본적으로 우수한 것이라고 보았기 때문이었다. 근본적 성격을 재현하고 '약'으로써 '어지러운 분자'인 부속적 성격을 치료한다면 민족성 개조는 성공할 수 있었다.

민족의 신체를 만들어 가는 것도 민족개조의 일환이었다. 이는 우생학적 연애관에 근거하여 민족의 실체인 인간의 체질을 개선하는 것이었다. 이광수와 저우쭤런은 자유연애를 주창하면서 동물로부터 진화한 인간의 자연적 본성인 '정'과 '성'을 성스러운 것으로 규정하였다. 연애도 인간의 본능적인 욕구이며, 연애의 해방은 봉건적 도덕에서 인간을 해방시키는 작업이었다. 그러나 이광수와 저우쭤런이 추구한 것은 결코 연애라는 감정의 해방만이 아니었다. 그들이 겨냥한 것은 우생학이었고, 그들은 진화론적 연애관에 주목하였다. 자유연애와 자유이혼으로 동아시아 지식인에게 큰 영향을 준 엘렌 케이는 진화론적 연애관의 지지자였다. 엘렌 케이는 『연애와 결혼』에서 연애의 자유는 보장되어야 하지만 민족의 체질에 해로운 생육은 제한되어야 한다고 주장하였다. 이광수와 저우쭤런에게 큰 영향을 준 생물학자 헥켈도 우생학을 신봉하였다. 우생학은 생물의 번식과 양육에 관한 이론이었고 훌륭한 국민을 키우는 데 목적을 두었다. 이광수와 저우쭤런도 우생학적 연애관을 수용하였고, 개인을 봉건적 가정에서 해방시키는 동시에 민족으로 편입시키기를 주장하였다. 전근대적 결혼 제도 아래에서 태어난 인간이 가문을 빛내는 자녀였다면 근대적 연애결혼으로 태어난 인간은 개인이자 민족의 '종'이었다. 이광수와 저우쭤런는 근대적 연애의 선구자로서 자유연애를 열정적으로 소개했지만, 그들이 진실로 추구하였던 것은 개인의 탄생과 민족의 '종'의 재생산과 개조였다.

동아시아에서 문학은 재도지문으로 인식되어 왔다. 그러나 메이지유신 이후 서양의 문학 개념이 도입되면서 문학은 문학성과 자율성을 지닌 독립 학문으로 소개되었다. 이광수와 저우쭤런이 유학하던 시기에 일본에서는 서양 근대문학에 대한 논의가 활발하게 진행되었고, 일본 지식인에 의한 문학개론서의 집필도 이루어졌다. 선행 연구들은 이광수가 쓰보우치 쇼요의 『소설신수』와 시마무라 호게쓰의 『문학개론』으로부터 영향을 받았음을 밝혀냈다. 문학이 정적 분자를 포함한다는 「문학의 가치」의 논지가 문학이 지와 정으로 구성된다는 시마무라 호게쓰의 『문학개론』을 수용하여 제출되었다면, 6년 후 발표된 「문학이란 하오」에서 이광수는 문학이 바로 정에 해당한다고, '포함한다'는 표현을 살며시 수정하였다. 두 저술 사이의 변화는 혼마 히사오의 『신문학개론』과 긴밀한 관계가 있어 보인다. 혼마 히사오는 윈체스터의 『문학비평의 제 원리』를 인용하면서 지知를 제거한 문학 개념을 주장하였다. 인간의 감정이 불변하기 때문에 문학의 가치도 영구성을 획득한다는 이광수의 주장이 윈체스터의 문학론과 일치한다는 점을 고려할 때, 「문학이란 하오」의 이광수가 윈체스터로부터 적지 않은 영향을 받았음을 알 수 있다. 헌트도 1900년대의 일본 지식계에 큰 영향을 주었는데, 혼마 시하오의 『신문학개론』이 헌트의 주장을 비중 있게 소개하였다. 중국에서 최초로 서양 근대 문학의 개념을 소개한 저우쭤런의 「문장론」은 헌트의 문학론을 소개하고 정리한 글이었다. 이 글에서 저우쭤런은 종래의 문학 개념을 폐기하고 새로운 기원으로 Literature를 수용해야 한다고 주장하였다. 저우쭤런에게 문학은 유교의 사상을 전하는 도구가 아니라 상상적Ideal, 감흥적Impassioned, 그리고 미적Artistic인 것이었다. 저우쭤런은 문학이 독립된 학문 영역일 뿐 아니라 사회적 역할도 수행한다고 주장하였다. 문학은 먼 효과遠功가 있어 인간의 감정에 스며들어가 인간사회를 진화시킨다. 저우쭤런이 볼 때 이것이야말로 문학의 가장 중요한 기능이었다.

이광수는 「문학의 가치」에서부터 지정의 삼분법을 제시하였다. 이광수의 지정의 삼분법은 시마무라 호게쓰의 『문학개론』과 와세다 미사학

연구뿐 아니라 미학에서도 적지 않은 영향을 받았다. 지정의 삼분법은 1870년경 니시 아마네에 의해 미학 용어로 일본에 소개되었다. 1894년에 발표한 「미학 및 미술상의 연구」에서 시마무라 호게쓰는 지정의 삼분법을 집중적으로 검토하였다. 1908년에 그는 『미학개론』과 『문학개론』 두 권의 개론서를 간행하였고, 『미학개론』에서 그는 미학이 예술적 현상과 인생을 연구하는 학문이라고 지적하였다. 호게쓰는 1910년에 출판한 『문예개론』에 와서 지정의론을 문예 영역에 도입하였다. 『미학개론』과 『문학개론』이 간행되던 시기에 이광수는 유학생 신분으로 일본에 체류 중이었다. 그는 호게쓰의 『문학개론』을 받아들여 정적 분자라는 용어를 사용하였다. 『문학개론』에 지정의 삼분법이 등장하지 않기 때문에 이광수의 지정의 삼분법은 호게쓰의 미학론에서 유래했다고 추정할 수 있다. 이광수의 문학 개념이 미학과 관련된 것이었다면 저우쭤런의 문학 개념은 미사학과 관련이 있었다. 저우쭤런은 「문장론」에서 문학이 아닌 문장으로 Literature를 번역하였고 문학이란 번역어가 널리 사용된 시기에도 문장이라는 용어를 택하였다. 문장은 전통적인 글을 의미하였지만 영어 sentence의 번역어이기도 하였다. 『백학연환 · 총론』(1870)에서 니시 아마네는 Literature를 문장으로 번역하고, 그 하위 장르로 수사학을 거론하였다. 수사학은 문학의 일부분이었다. Literature=문학이라는 구조가 안착한 후, 쓰보우치 쇼요의 『미사논고』와 시마무라 호게쓰의 『신미사학』에서 문장을 sentence의 번역어로 사용하기 시작하였다. 문학의 하위 장르인 수사학에서의 문장은 sentence였다. 일본에서 수사학은 언문일치와 더불어 대두하였다. 저우쭤런은 「문장론」과 같은 해에 발표한 「애현편」에서 중국에서의 언문 불일치는 민족의 쇠락을 초래한다고 주장하였다. 이 때문에 저우쭤런에게 수사학적 문학관은 단지 하나의 문학적 활동만이 아니라 민족의 생존을 좌우하는 것이기도 하였다. 저우쭤런은 언문일치를 염두에 두고 수사학을 강조하였고, 문장을 Literature의 번역어로 사용하였다.

이광수와 저우쭤런은 서양의 근대문학 개념으로 종래의 문학 개념을 대치해야 한다고 주장했지만 그들의 진정한 목표는 민족문학의 재건이었다. 「문학이란 하오」에서 이광수는 민족성을 거론하며 중국사상에서 벗어나 조선문학을 건설해야 한다고 역설하였다. 그는 조선문학을 건설할 수단으로 서양문학의 번역을 제시하였다. 이때 서양문학의 번역은 외국문학을 이식함으로써 조선문학이 완성된다는 뜻이 아니었다. 이광수는 한 민족의 문자와 문학에는 민족성이 내포되어 있기 때문에, 외국문학을 자국어로 번역하는 순간에 번역문학은 조선의 민족성에 의해 개조되어 조선문학으로 변형된다고 보았다. 저우쭤런은 중국 현대문학은 외국에서 유래했다고 선언하였다. 그러나 저우쭤런에게 '중국 현대문학'은 외국에서 유래한 문학이 중국 땅에 심겨 중국의 물과 공기를 흡수했기 때문에 피어난 것이 중국의 꽃이었다. 외국문학이 중국인의 손을 거쳐 중국어로 옮겨지면 중국화가 이루어지는 것이었다.

이광수는 민족문학을 재건하는 과정에서 문학과 민족의 관계를 전도시킨 적이 있었다. 지정의 삼분법에 주목했던 1910년대에는 논의의 중심이 문학에 있었다. 그러나 1920년대에 그가 지정의의 합일을 주장하면서 중심축은 민족으로 옮겨갔다. 그는 조선문학이 오직 장래에 있을 것이라는 1910년대의 주장을 수정하여 『춘향전』, 『심청전』, 민요, 더 나아가서는 무당의 노래까지 조선문학으로 인정한다. 이러한 경향은

1920년대 민족성에 대한 관심을 증가하면서 활발하게 전개된 민속학 연구와 관련이 있었다. "음담패설"과 "망신망가망지 황음"으로 규정되었던 조선의 민요는 1920년대에 와서 일본의 민속 연구자에 의해 본격적으로 수집되었다. 이 시기에 이광수는 『조선민요의 연구』의 편집위원이 되었다. 민요를 비롯한 전통문학 양식에서 민족성을 엿볼 수 있다고 주장한 민속학을 수용한 이광수는 조선민중의 노래에 조선의 민족성이 담겨 있다고 보고 전통문학 양식을 조선문학으로 인정하게 되었다. 반면에 저우쭤런은 1908년이라는 이른 시기부터 전래의 문학을 중국문학으로 인정하였다. 저우쭤런은 일본 유학 시절에 민족성과 민속학에 많은 관심을 가졌고, 일찍이 프레이저, 헤르더 그리고 야나키타 구니오의 주장을 수용하고 민요를 민족의 소리로 인지하였다. 민요는 민족성의 표현이고 민요를 채집하는 일은 중국의 민족성을 확인하는 작업이었다. 저우쭤런은 1918년부터 중국민요 수집에 몰두하였다. 저우쭤런에게 민요는 형식적 수준은 낮지만 민족문학의 출발점이었다.

이광수와 저우쭤런은 모두 1920년대에 대두한 프로문학을 비판하였다. 프로문학의 '혁명론'과 계급투쟁은 상호부조론과 양립할 수 없었기 때문이다. 상호부조론은 민족 내부의 투쟁이 민족을 약화시킨다고 보았다. 수양동맹회와 '신촌'이라는 자치공동체를 통해서 민족개조를 기획한 이광수와 저우쭤런은 프로문학의 혁명론에 반대할 수밖에 없었다. 더구나 프로문학이 민족성을 타락시켜 민족개조를 방해하는 증오나 살인과 같은 부정적인 감정을 선전하면서 이광수에게 강력한 저항감을 불러일으켰다. 저우쭤런은 프로문학의 대중성에 반대하였다. 그는 대중을 어리석고 폭력적인 무리로 보았고, 대중의 봉기는 파괴만을 낳을 뿐 새로운 문명을 건설할 수 없다고 주장하였다. 결국 이광수와 저우쭤런은 프로문학의 혁명 및 계급을 부정하고 민족문학의 재건에 힘을 기울였다. 그들에게 민족은 생존의 단위였고, 민족문학은 민족성을 발전시키고 전승하여 민족의 부활을 이끌어내는 것이었다.

참고문헌

①기본자료

이광수, 『이광수전집』, 삼중당, 1962.

양주동, 「철저와 중용」, 『조선일보』, 1926.1.23.

이윤재, 「주장」, 『동광』, 1926.10.

周作人, 『周作人散文全集』, 廣西師範大學出版社, 2009.

②논문

고운선, 「성 담론의 수용과 저우쭤런의 심미관」, 『중국학논총』 22, 중국학연구소, 2007.

______, 「저우쭤런 산문에 나타난 문학 담론 연구」, 고려대 박사논문, 2009.

구인모, 「무정과 우생학적 연애론」, 『비교문학』 28, 한국비교문학회, 2002.

구장률, 「'문학지'의 번역」, 『민족문학사연구』 47, 민족문학사학회, 2011.

권보드래, 「동포와 역사적 감각」, 『근대계몽기 지식의 발견과 사유 지평의 확대』, 소명출판, 2006.

______, 「정의 발견과 근대성」, 『문학과교육』, 한국교육미디어, 2000.가을.

______, 「진화의 갱생, 인류의 탄생」, 『1919년 3월 1일에 묻다』, 성균관대 출판부, 2009.

김경민, 「이광수 소설에 나타난 '연애'의 의미 연구」, 『한국근대문학연구』 15, 한국근대문학회, 2007.

김대권, 「헤르더의 민요집 비교 분석」, 『괴테연구』 26, 한국괴테학회, 2013.

김동식, 「낭만적 사랑의 의미론」, 『문학과사회』 53, 문학과지성사, 2001.

______, 「한국문학 개념 규정의 역사적 변천에 관하여」, 『한국현대문학연구』 30, 한국현대문학회, 2010.

______, 「1910년대 이광수의 문학론과 한국 근대문학의 비민족주의적 기원들」, 『비평문학』 45, 한국비평문학회, 2012.

______, 「민족개조와 감정의 진화」, 『한국학연구』 29, 인하대 한국학연구소, 2013.

______, 「진화 · 후진성 · 1차 세계대전」, 『한국학연구』 37, 인하대 한국학연구소, 2015.

김미정, 「주작인에게 민속학은 무엇이었을까?」, 『중국어문학지』 48, 중국어문학회, 2014.

김재영, 「이광수 초기 문학론의 구조와 와세다 미사학」, 『한국문학연구』 35, 고려대 민족문화연구원, 2008.

김태준, 「이광수의 문학론」, 『동방학지』 83, 연세대 국학연구원, 1994.

김택호, 「개화기의 국가주의와 1920년대 민족개조론의 관계 연구」, 『한국문예비평연구』 13, 한국현대문예비평학회, 2003.
김항, 「개인, 국민, 난민, 사이의 '민족'」, 『민족문화연구』 58, 고려대 민족문화연구원, 2013.
김행숙, 「이광수의 감정론」, 『상허학보』 33, 상허학회, 2011.
김현주, 「1910년대 '개인', '민족'의 구성과 감정의 정치학」, 『현대문학의연구』 22, 한국문학연구학회, 2004.
______, 「논쟁의 정치와 민족개조론의 글쓰기」, 『역사와현실』 57, 한국역사연구회, 2005.
______, 「자유연애의 이상과 파국」, 『우리문학연구』 26, 우리문학연구회, 2009.
김효진 · 김영민, 「계몽운동 주체의 변화와 '청년'의 구상」, 『사이間SAI』 7, 국제한국문학문화학회, 2009.
김홍국, 『1920년대 초 민족개조론 검토』, 『한국근현대사연구』 19, 한국근현대사학회, 2001.
노종상, 「동아시아 초기 근대소설의 민족주의 양상」, 고려대 박사논문, 2002.
박성진, 「1920년대 전반기 사회진화론의 변형과 민족개조론」, 『한국민족운동사연구』 17, 한국민족운동사연구회, 1997.
박슬기, 「이광수의 개조론과 기독교 윤리」, 『한국현대문학연구』 35, 한국현대문학회, 2011.
서영채, 「무정과 소설적 근대성」, 『문학사상』 232, 문학사상사, 1992.2
______, 「한국 근대소설에 나타난 사상의 양상과 의미에 대한 연구」, 서울대 박사논문, 2002.
서희원, 「이광수의 문학, 종교, 정치의 연관에 대한 연구」, 동국대 박사논문, 2011.
신연재, 「동아시아 3국의 사회진화론 수용에 관한 연구」, 서울대 박사논문, 1991.
양일모, 「동아시아의 사회진화론 재고」, 『한국학연구』 17, 인하대 한국학연구소, 2007.
엘리 최, 「이광수의 「민족개조론」 다시 읽기—세계적 흐름으로서의 개조론의 문맥에서의 구스타프 르 봉의 위상과 관련하여」, 『문학사상』 423, 문학사상사, 2008.1
윤대석, 「1930년대 '피'의 담론과 일본어 소설」, 『우리말글』 51, 우리말글학회, 2011.
______, 「일본이라는 거울—이광수가 본 일본 · 일본인」, 『일본비평』 3, 서울대 일본연구소, 2010.
이경훈, 「인체 실험과 성전」, 『동방학지』 117, 연세대 국학연구원, 2002.
이광린, 「구한말 진화론의 수용과 그 영향」, 『한국 개화사상 연구』, 일조각, 1979.
이동재, 「이광수의 '정'과 한국 근대문학」, 『현대문학이론연구』 24, 현대문학이론학회, 2005.
이병헌, 「이광수의 문학론 연구」, 『민족문화연구』 22, 고려대 민족문화연구원, 1989.
이상현, 「근대 독일 민속학자들의 민족 이데올로기와 사회적 실천」, 『동아시아의 근대와 민속학의 창출』, 민속원, 2008.
이연숙, 「일본에서의 언문일치」, 『역사비평』 70, 역사비평사, 2005.
이용태, 「외래사상과 저우쭤런의 수용 연구」, 『동아인문학』 18, 동아인문학회, 2010.
이재선, 「이광수의 사회심리학적 문학론과 '퇴화'의 효과」, 『서강인문논총』 24, 서강대 인문과학연구소, 2008.
이중재, 「이광수 문학론의 연대기적 고찰」, 『동국어문학』 5, 동국어문학회, 1993.
이해경, 「상호문화적 연구 대상으로서의 민요」, 『한국민요학』 26, 한국민요학회, 2009.
이현식, 「문학의 자율성, 주체의 발견, 근대라는 미망」, 『문학과사회』, 문학과지성사, 1998.
임경화, 「'민족'의 소리에서 '제국'의 소리로」, 『일본연구』 44, 한국외대 일본연구소, 2010.
장영우, 「진화론과 민족개조론의 내포」, 『한국문예창작』 11-2, 한국문예창작학회, 2012.
전승주, 「1920년대 민족주의 문학과 민족 담론」, 『민족문학사연구』 24, 민족문학사학회, 2004.
정병호, 『이광수의 초기 문학론과 일본문학사의 편제』, 『일본학보』 59, 한국일본학회, 2004.
정용재, 「구한말 진화론의 수용」, 『찰스 다윈-인간 다윈과 다위니즘』, 민음사, 1988.
조경희, 「저우쭤런의 문예관 연구」, 『중국어문논총』 17, 중국어문학회, 1994.
조항근, 「周作人論」, 南京大學 博士論文, 1998.
주진오, 「독립협회의 사회사상과 사회진화론」, 『손보기 정년기념 한국사학논집』, 지식산업사, 1988.
차승기. 「두 가지 과거와 계몽의 변증법」, 『작가세계』 57, 작가세계, 2003.
차태근, 「중국 청말 민초 문화사상 연구」, 베이징사범대 박사논문, 2003.
______, 「량치차오와 중국 국민성 담론」, 『중국현대문학』 45, 한국중국현대문학학회, 2008.
______, 「5·4운동 시기 문명 전환론과 사회주의」, 『중국현대문학』 53, 한국중국현대문학학회, 2010.
최성경, 「저우쭤런의 인간의 문학에 관한 고찰」, 『중국어문논총』 24, 중국어문학회, 2003.
최주한, 「민족개조론과 상애의 윤리학」, 『서강인문논총』 30, 서강대 인문과학연구소, 2011.
______, 「이광수의 민족개조론 재고」, 『인문논총』 70, 서울대 인문학연구소, 2013.
최혜실, 「문정에 나타난 근대성, 사랑, 성」, 『여성문학연구』 1, 한국여성문학학회, 1999.
하정일, 「소통의 부재 혹은 민중 동원의 수단으로서의 소통」, 『인문연구』 55, 영남대 인문과학연구소, 2008.

허민, 「1910년대 공/사 분할의 전치와 문학적 주체의 정치성」, 『반교어문연구』 31, 반교어문연구회, 2011.
허수, 「식민지기 '집합적 주체'에 관한 개념사적 접근」, 『역사문제연구』 23, 역사문제연구소, 2010.
홍석암, 「이광수의 문학론 연구」, 『한민족문화연구』 2, 한민족문화학회, 1997.
홍윤희, 「저우쭤런의 민속학 연구와 '신화'」, 『중국어문학논집』 33, 중국어문학논집, 2005.
황의돈, 「민중적 규호의 제일성인 갑오의 혁신운동」, 『개벽』 22, 1922.4.1.
황재문, 「문학론 문장론 문학사론에서의 전통의 문제」, 『한국학논집』 43, 계명대 한국학연구원, 2011,
황종연, 「문학이라는 역어」, 『한국어문학연구』 32, 한국어문학연구학회, 1997.

高娟, 「周作人思想論略」, 山東大 博士論文, 2005.
郭建玲, 「一種信仰的懷疑－周作人文學思想的進化色彩」, 『海南師範學院學報』, 海南師範學院, 2004.
郭建玲・楊聯芬, 「一種信仰的懷疑」, 『海南師範學院學報』, 海南師範學院, 2004.
郭紹虞, 「文學觀念與其含義之變遷」, 『東方雜誌』 25, 1928.1.
羅長青, 「周作人人與文學觀念的特殊接受」, 『上海交通大學學報』, 上海交通大學, 2011.
盧文婷, 「周作人與顧頡剛」, 『江蘇社會科學』, 江蘇省哲學社會科學界聯合會, 2014.
鄧利, 「試論周作人的文學批評」, 『北方論叢』, 哈爾濱師範大學, 2001.
馬宏柏・徐峰, 「文學珍貨的兩種形態」, 『徐州師範大學學報』, 徐州師範大學, 2011.
徐仲佳, 「思想革命的利器」, 『魯迅硏究月刊』, 北京魯迅博物館, 2009.
成仿吾, 「縱文學革命到革命文學」, 『創造月刊』, 1928.2.
蘇雪林, 「周作人先生硏究」, 『靑年界』, 1934.12.
梁啓勳, 「國民心理與教育之關係」, 『新民叢報』, 1903.2.2.
楊聯芬, 「戀愛之發生與現代文學觀念變遷」, 『中國社會科學』, 中國社會科學雜誌社, 2014.
黎楊全, 「論廚川白村對周作人文學觀的影響」, 『南京師範大學文學院學報』, 南京師範大學, 2005.
閻立飛, 「文學與文章」, 『天津社會科學』, 天津社會科學院, 2011.
葉振忠, 「魯迅周作人民俗觀之比較」, 『中南民族學院學報』, 中南民族學院, 2001.
王國維, 「文學小言」, 『教育世界』 139, 1906.12.
王立群, 「論周作人的性愛觀」, 『湖州師範學院學報』, 湖州師範學院, 2007.

王向遠,「周作人文學觀念的形成演變及來自日本的影響」,『魯迅研究月刊』, 北京魯迅博物館, 1998.
熊開萬,「周作人在民俗學研究方法上的貢獻」,『理論界』, 遼寧省社會科學界聯合會, 2007.5.
劉師培,「文章源始」,『國粹學報』 1-1, 1905.
劉全福,「發新潮於舊澤」,『內蒙古社會科學』, 內蒙古社會科學院, 2006.
李大釗,「階級競爭與互助」,『每週評論』, 1919.7.6.
李東木,「芳賀矢一『國民性十論』與周氏兄弟」,『山東社會科學』, 山東省社會科學界聯合會, 2013.
李培艶,「'新村主義'與周作人的新文學觀」,『中國現代文學研究叢刊』, 中國現代文學館, 2014.
李雅娟,「以"人"爲目標的文學政治實踐」, 北京大 博士論文, 2013.
李春,「文學飜譯如何進入文學革命」,『中國現代文學研究叢刊』, 中國現代文學館, 2011.
李春梅,「周作人女性解放思想的獨異性」,『中國現代文學叢刊』, 中國現代文學館, 2013.
林建剛,「勒庬思想在中國的傳播及影響」,『開放時代』, 廣州市社會科學院, 2009.
林分紛,「周作人的民間立場及其對新文學的建構」,『南京師範大學文學院學報』, 南京師範大學, 2007.
林恒靑,「武者小路實篤的新村運動及其對周作人的影響」, 福建師範大 碩士論文, 2001.
張法,「中國文學理論學科發展回望與補遺」,『文藝研究』, 中國藝術研究院, 2006.
莊錫華,「傳統文化與周作人文學思想的重識」,『福建論壇』, 福建社會科學院, 2005.
錢理群,「試論魯迅與周作人的思想發展道路」,『中國現代文學研究叢刊』, 中國現代文學館, 1981.
______,「魯迅, 周作人文學觀發展道路比較研究」,『中國社會科學』, 中國社會科學雜誌社, 1984.
______,「周作人的民俗研究餘國民性考察」,『北京大學學報』, 北京大, 1988.
______,「試論五四時期'人的覺醒'」,『文學評論』, 中國社會科學院文學研究所, 1989.
趙京華,「周作人與柳田國男」,『魯迅研究月刊』, 北京魯迅博物館, 2002.
趙冬梅,「論柳田國男與周作人的鬼怪思想」,『文學教育』, 華中師範大學, 2014.
趙泓,「新村主義在中國的傳播路徑及其影響」,『華南理工大學學報』, 華南理工大學, 2014.
朱曉江,「以虛靈之物爲上古之方舟」,『杭州師範大學學報』, 杭州師範大學, 2010.
______,「論周作人散文的反抗性特徵及其思想內涵」,『文學評論』, 中國社會科學院 文學研究所, 2011.
陳高原,「論中國改造民族性的社會思潮」,『近代史學研究』, 中國社會科學院 近代史研究所, 1992.
陳思和,「關與周作人的傳記」,『中國現代文學研究叢刊』, 中國現代文學館, 1991.
陳懷宇,「赫尔德與周作人」,『淸華大學學報』, 淸華大學, 2009.9.
湯銳,「民國初年的進德活動」, 天津師範大 碩士論文, 2011.
馮乃超,「冷靜的頭腦」,『創造月刊』, 1928.8.
何勇,「從功利到審美」,『魯迅研究月刊』, 北京魯迅博物館, 2001.

賀殿廣, 「論周作人文學思想的現代性」, 『文藝爭鳴』, 吉林省文學藝術界聯合會, 2011.
韓弘偉, 「新村主義與新村建設的政治緣起與實踐」, 『學術論壇』, 廣西社會科學院, 2013.
胡有淸, 「二三十年代周作人文學思想論析」, 『南京大學學報』, 南京大, 1997.
黃江蘇, 「周作人的文學道路」, 復旦大 博士論文, 2011.
黃開發, 「周作人的文學與功利主義」, 『中國現代文學硏究叢刊』, 中國現代文學館, 2004.
黃科安, 「周作人隨筆創作的獨特思維」, 『貴州社會科學』, 貴州省社會科學院, 2006.
黃善明, 「論五四后周作人文藝思想之轉變」, 『山東社會科學』, 山東省社會科學界聯合會, 2000.

③ 단행본

권보드래, 『연애의 시대』, 현실문화연구, 2003.
________, 『한국 근대소설의 기원』, 소명출판, 2000.
권혁률, 『춘원과 루쉰에 관한 비교문학적 연구』, 역락, 2007.
김기석, 『남강 이승훈』, 현대교육총서출판사, 1964.
김면, 『독일 민속학』, 민속원, 2012.
김윤식, 『근대 한국문학 연구』, 일지사, 1973.
______, 『이광수와 그의 시대』 1 · 2, 솔, 1999.
김현주, 『사회의 발견』, 소명출판, 2013.
류준필, 『동아시아의 자국학과 자국문학사 인식』, 소명출판, 2013.
박명규, 『국민 · 인민 · 시민』, 소화, 2009.
박찬승, 『민족 · 민족주의』, 소화, 2011.
서영채, 『사랑의 문법』, 민음사, 2004.
신채호, 『단재 신채호 전집』, 형설출판사, 1979.
이네나가 시부로 편, 연구공간 '수유+너머' 일본근대사상팀 역, 『근대일본사상사』, 소명출판, 2006.
이재선, 『이광수 문학의 지적 편력』, 서강대 출판부, 2010.
임경화 편, 『근대 한국과 일본의 민요 창출』, 소명출판, 2005.
전복희, 『사회진화론과 국가사상』, 한울, 2010.
조세현, 『동아시아 아나키스트의 국제 교류와 연대』, 창비, 2010.
차기벽, 『민족주의 원론』, 한길사, 2005.
최원식, 『문학』, 소화, 2012.
최주한, 『이광수와 식민지 문학의 윤리』, 소명출판, 2014.

關峰,『周作人的文學世界』, 社會科學出版社, 2011.
孟慶澍,『無政府主義與5・4新文化』, 河南大學, 2006.
常峻,『周作人文學思想及創作的民俗文化視野』, 上海書店出版社, 2009.
施愛東,『中國現代民俗學檢討』, 社會科學文獻出版社, 2010.
梁啓超,『新大陸遊記』, 社會科學文獻出版社, 2007.
______,『新民說』, 遼寧人民出版社, 1994.
______,『飮氷室合集』6, 中華書局, 1988.
溫儒敏,『中國現代文學批評史』, 北京大學出版社, 1993.
兪祖華,『深沈的民族反省』, 山東人民出版社, 1996.
李澤厚,『中國近代思想史論』, 人民出版社, 1986.
林傳甲,『中國文學史』, 廣州存眞閣, 1914.
章太炎,『文學論略』, 群衆圖書公司, 1925.
錢理群,『周作人硏究二十一講』, 中華書局, 2004.
______,『周作人傳』, 北京十月文藝出版社, 2005.
周作人,『知堂回想錄』, 香港 : 三育圖書文具公司, 1980.
______,『周作人日記』, 大象出版社, 1998.
______,『歐洲文學史』, 河北教育出版社, 2002.
止庵,『周作人傳』, 山東畵報出版社, 2009.
哈迎飛,『周作人思想硏究』, 人民文學出版社, 2007.
胡雲翼,『新著中國文學史』, 上海北新書局, 1932.
戶曉輝,『現代性與民間文學』, 社會科學文獻出版社, 2004.
洪長泰, 董曉萍 譯,『到民間去－1918～1937年的中國知識分子與民間文學運動』, 上海文藝出版社. 1993.
黃曼君,『中國近百年文學理論批評史』, 湖北教育出版社, 1996.

④ 번역서 및 국외 저서

구노 오사무・쓰루미 슌스케, 심원섭 역,『일본근대사상사』, 문학과지성사, 1994.
와다 토모미, 방민호 역,『이광수 장편소설 연구』, 예옥, 2014.
하타노 세츠코, 최주한 역,『무정을 읽는다』, 소명출판, 2008.
__________, ______ 역,『일본 유학생 작가 연구』, 소명출판, 2011.
Charles Darwin, 송철용 역,『종의 기원』, 동서문화사, 2013.
Elliott Oring, 나경수 역,『민중과 민속의 장르』, 전남대 출판부, 2004.

Gustave Le Bon, 이재형 역, 『군중심리』, 문예출판사, 2013.
H. A. Taine, 정재곤 역, 『예술철학』, 나남, 2013.
Johann Gottfried von Herder, 안성찬 역, 『인류의 교육을 위한 새로운 역사철학』, 한길사, 2011.
Kropotkin, 김유곤 역, 『한 혁명가의 자서전』, 우물이있는집, 2009.
________, 문석우 역, 『러시아문학의 이상과 현실』, 작가와비평, 2011.
________, 백용식 역, 『아나키즘』, 개신, 2009.
________, 하기락 역, 『상호부조론』, 형설출판사, 1994.
Lewis A. Coser, 신용하・박명규 역, 『사회사상사』, 일지사, 1981.
Nicolai Hartmann, 김성윤 역, 『미학이란 무엇인가』, 동서문화사, 2012.
Rousseau, 정봉구 역, 『에밀』 상, 범우사, 2003.
Thomas Henry Huxley, 이종민 역, 『진화와 윤리』, 2012.
張競, 임수빈 역, 『근대 중국과 연애의 발견』, 소나무, 2007.

William George Aston, 芝野六助 譯, 『日本文學史』, 大日本圖書株式會社, 1908.
Gustave Le Bon, 『民族發展の心理』, 大日本文明協會, 1910.
子安加餘子, 『近代中國における民俗學の系譜』, 御茶の水書房, 2008.
太田善男, 『文學概論』, 博文館, 1906.
三上參次・高津鍬三郎, 『日本文學史』, 金港堂本店, 1890.
丘淺次郎, 『進化論講話』(增補), 東京, 開成館, 1914.
________, 劉文典 譯, 『進化論講話』, 上海 : 亞東圖書館, 1927.
坪內逍遙, 『美辭論稿』, 春陽堂, 1927.
林森太郎, 『日本文學史』, 博文館, 1905.
和田繁二郎, 『近代文學創成期硏究』, 櫻楓社, 1974.
根岸宗一郎, 「周作人留日期文学論の材源について」, 『中国研究月報』 583, 1996.
福田清人・松本武夫, 『武者小路實篤』, 淸水書院, 1979.
島村抱月, 『新美辭學』, 『抱月全集』 2, 天佑社, 1920.
________, 『美學概論』, 『抱月全集』 3, 天佑社, 1920.
________, 『美學未定稿』, 『抱月全集』 3, 天佑社, 1920.
________, 「文學概論」, 『抱月全集』 4, 天佑社, 1920.
________, 「美學及美術上の硏究」, 『抱月全集』 3, 天佑社, 1920.
本間久雄, 章錫琛 譯, 『新文學概論』, 上海 : 商務印書館, 1926.

奥平康弘 編,『昭和思想統制史資料』1, 高麗書林, 1991.

Hunt, 傳東華 譯,『文學論』, 商務印書館, 1935.
Herbert Spencer, 張雄武 譯,『社會靜力學』, 商務印書館, 1999.
Gustave Le Bon, 張公表 譯,『民族進化的心理定律』, 商務印書館, 1935.
Ernst Heinrich Haeckel, 上海外國自然科學哲學著作編譯組,『宇宙之謎』, 上海人民出版社, 1974.
Ellen Key, 朱舜琴 譯,『戀愛與結婚』, 上海光明書局, 1926.
Bakunin, 馬驤聰 外役,『國家主義與安那其』, 商務印書館, 1981.
Arif Dirlik, 孫宜學 譯,『中國革命中的無政府主義』, 廣西師範大學出版社, 2006.
Henry Havelock Ellis, 潘光旦 譯,『性心理學』, 臺灣 : 仙人掌叢刊, 1979.

Herbert Spencer, *Social Statics*, London : Chapman, 1851.
Haeckel, lankester(trans.), *The History of Creation* VI, New York : D. Appleton reprinted, 1892.
H. A. Taine, *History of English literature*, New York : Henry Holt & Company, 1886.
Gustave Le Bon, *The Psychology of Peoples*, Arno Press A New York Times Company, 1974.
C. T. Winchester, *Some Principles of Literature Criticism*, New York : The Macmillan Company, 1899.

西周,「知說」,『西周哲學著作集』, 岩波書店, 1933.
____,「譯利學說」,『西周哲學著作集』, 岩波書店, 1933.
____,「美妙學說」,『西周哲學著作集』, 岩波書店, 1933.
____,「百學連環總論」,『明治文學全集』3, 筑摩書房, 1967.
武者小路實篤,「新しき村に就ての對話」『武者小路實篤集』, 筑䕶書房, 1955.
__________,「ある青年の夢」『武者小路實篤集』2, 筑䕶書房, 1955.

간행사 동아시아 심포지아·메모리아 총서를 펴내며

'동아시아 심포지아'와 '동아시아 메모리아'는 한국연구원과 성균관대학교 비교문화연구소가 공동으로 기획하여 출간하는 총서다. 향연을 뜻하는 라틴어에서 딴 심포지아는 플라톤의 『심포지온』에서 비롯되었으며, 오늘날 학술토론회를 뜻하는 심포지엄의 어원이자 복수형이기도 하다. 메모리아는 과거의 것을 기억하고 기념하기 위해 현재의 기록으로 남겨 미래에 물려주어야 할 값진 자원을 의미한다. 한국연구원과 성균관대학교 비교문화연구소는 지금까지 축적된 한국학의 역량을 바탕으로 새로운 동아시아 인문학의 제창에 뜻을 함께하며, 참신하고 도전적인 문제의식으로 학계를 선도하고 있는 신예 연구자의 저술을 적극적으로 지원하기 위해 학술 총서 '동아시아 심포지아'와 자료 총서 '동아시아 메모리아'를 펴낸다.

한국연구원은 학술의 불모 상태나 다름없는 1950년대에 최초의 한국학 도서관이자 인문사회 연구 기관으로 출범하여 기초 학문의 토대를 닦는 데 기여해 왔다. 급속도로 달라지고 있는 학술 환경 속에서 신진 학자와 미래 세대에 대한 후원에 공을 들이고 있는 한국연구원은 한국학의 질적인 쇄신과 도약을 향한 교두보로 성장했다. 성균관대학교 비교문화연구소는 2000년대 들어 인문학 연구의 일국적 경계와 폐쇄적인 분과 체제를 극복하기 위해 분투해 왔다. 제도화된 시각과 방법론의 틀을 벗어나기 위해서는 서로 다른 영역이 끊임없이 대화하고 소통하면서 실천적인 동력을 찾아내야 한다는 것이 성균관대학교 비교문화연구소가 지닌 문제의식이자 지향점이다. 대학의 안과 밖에서 선구적인 학술 풍토를 개척해 온 두 기관이 힘을 모음으로써 새로운 학문적 지평을 여는 뜻깊은 계기가 마련되리라 믿는다.

최근 들어 한국학을 비롯한 인문학 전반에 심각한 위기의식이 엄습했지만 마땅한 타개책을 찾지 못하고 있다. 한편으로는 낡은 대학 제도가 의욕과 재량이 넘치는 후속 세대를 감당하지 못한 채 활력을 고갈시킨 데에서 비롯되었고, 또 다른 한편으로는 시대의 변화를 선도하는 학문 정신과 기틀을 모색하지 못했기 때문이라는 것이 우리의 진단이자 자기반성이다. 의자 빼앗기나 다름없는 경쟁 체제, 정부 주도의 학술 지원 사업, 계량화된 관리와 통제 시스템이 학문 생태계를 피폐화시킨 주범임이 분명하지만 무엇보다 학계가 투철한 사명감으로 대응하지 못했을 뿐 아니라 오히려 자발적으로 길들여져 온 것이 엄연한 현실이다.

지금 우리에게 절실한 과제는 새로운 학문적 상상력과 성찰을 통해 자유롭고 혁신적인 학술 모델을 창출해내는 일이다. 이를 위해서는 다음 시대의 학문을 고민하는 젊은 연구자에게 지원을 망설이지 않아야 하며, 한국학의 내포와 외연을 과감하게 넓혀 동아시아 인문학의 네트워크 속으로 뛰어들기를 두려워하지 말아야 한다. 그 첫걸음을 '동아시아 심포지아'와 '동아시아 메모리아'가 기꺼이 떠맡고자 한다. 우리가 함께 내놓는 학문적 실험에 아낌없는 지지와 성원, 그리고 따끔한 비판과 충고를 기다린다.

한국연구원 · 성균관대학교 비교문화연구소

동아시아 총서 기획위원회